Gerd Brenner
Kira Brenner

Methoden für alle Fächer

Dr. Gerd Brenner unterrichtet an einem Gymnasium die Fächer Deutsch und Englisch, ist Autor von didaktischen Fachbüchern und Deutsch-Lehrwerken sowie Moderator in der Lehrerfortbildung.
Kira Brenner unterrichtet die Fächer Sozialwissenschaften und Mathematik an einem Gymnasium.

Gerd Brenner und Kira Brenner

Methoden für alle Fächer

Sekundarstufe I und II

Die in diesem Werk angegebenen Internetadressen haben wir überprüft (Redaktionsschluss 15.06.2011). Dennoch können wir nicht ausschließen, dass unter einer solchen Adresse inzwischen ein ganz anderer Inhalt angeboten wird.

www.cornelsen.de

Bibliografische Information: Die Deutsche Bibliothek verzeichnet diese Publikation in der Deutschen Nationalbibliografie; detaillierte bibliografische Daten sind im Internet über http://www.dnb.de abrufbar.

2., überarbeitete Auflage 2011
© 2011 Cornelsen Verlag Scriptor GmbH & Co. KG, Berlin
Das Werk und seine Teile sind urheberrechtlich geschützt. Jede Nutzung in anderen als den gesetzlich zugelassenen Fällen bedarf deshalb der vorherigen schriftlichen Einwilligung des Verlags.
Hinweis zu den §§ 46, 52 a UrhG: Weder das Werk noch seine Teile dürfen ohne eine solche Einwilligung eingescannt und in ein Netzwerk eingestellt oder sonst öffentlich zugänglich gemacht werden. Dies gilt auch für Intranets von Schulen und sonstigen Bildungseinrichtungen.
Projektleitung: Dorothee Weylandt, Berlin
Redaktion: Maria Bley, Baldham / Daniela Brunner, Düsseldorf
Layoutkonzeption: Torsten Lemme, Berlin
Layout: Carola Fuchs und Torsten Lemme, beide Berlin
Technische Umsetzung und Programmierung / Umsetzung der CD-Materialien: zweiband.media, Berlin
Umschlaggestaltung: Magdalene Krumbeck, Wuppertal
Illustrationen: Peter Barczewski, Leipzig
Druck und Bindearbeiten: CPI – Clausen & Bosse, Leck
Printed in Germany
ISBN 978-3-589-23299-4

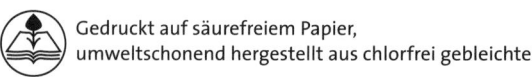
Gedruckt auf säurefreiem Papier,
umweltschonend hergestellt aus chlorfrei gebleichten Faserstoffen.

Inhaltsverzeichnis

Kursiv gesetzte Einträge verweisen auf verwandte Methoden in anderen Kapiteln

Vorwort 14

1 Lernen organisieren 17

Lernfähigkeiten bewusst machen und trainieren
Lerntypen-Test 18
   Mnemotechnische Verknüpfung (→ 8, S. 269)
Oberbegriffe 20
Progressive Muskelentspannung 21
Selbsteinschätzung 23
Stärken-Schwächen-Profil 25

Lernen planen
Abc-Analyse 26
Ausschreibung 27
   Fragenbaum/Planungsbaum (→ 6, S. 197)
Zeitplan 29

Lernen als Einzelarbeit organisieren
Freiarbeit 31
Kompetenz-Konstruktion 33
Stationenlernen/Lernen an Stationen 35
Stillarbeit/Einzelarbeit 37
Wettbewerb 38
Wochenplanarbeit 40

Lernen in Kleingruppen organisieren
   Fallstudie (→ 3, S. 120)
Gruppenarbeit 42
Gruppenpuzzle/Experten-Methode 44
Partnerarbeit/Tandem/Partnerpuzzle 45
Themenzentrierte Interaktion (TZI) 47
Übungsfirma/Juniorenfirma 49

Lernen in Großgruppen organisieren
Lehrgespräch 50
Lernen durch Lehren 52
   Moderation (→ 6, S. 223)
Projekt 53

Planspiel	55
Zukunftswerkstatt	57

Lernen begleiten und dokumentieren
Anker-Ideen	59
Beobachtungsbericht	60
Lernplakat	61
Lernjournal/Lerntagebuch (→ 9, S. 288)	
Methoden-Portfolio	62

2 Gruppen gestalten und begleiten ... 63

Gruppen bilden
Kurzthemen-Gruppen	64
Memory-Tausch	65
Moleküle	66
Spontangruppen	67
Vier-Ecken-Spiel (→ 6, S. 221)	
Zufallsgruppen	68

Gruppen lernen sich kennen
Begrüßungsrituale	69
Gespiegelte Vorstellung	70
Partnerinterview/Steckbrief	71
Passwort	72
Schattenriss-Porträt	73
Sprechweisen	74
Kugellager (→ 6, S. 213)	

Gruppenprozesse planen und voranbringen
Ausschreibung (→ 1, S. 27)	
Entscheidungstorte	75
Schneeball	76

Gruppenprozesse begreifen und verbessern
(siehe auch → 9)
Feedback-Bogen	77
Feedback-Interview	78
Gruppenplastik-Feedback (→ 9, S. 299)	
Gruppenvertrag	79

Heißer Stuhl 80
Spiegeln 81

Gruppen konzentrieren
Ausatmen 83
Kooperatives Lernen 84
Denk-Starter 86
    Fantasiereise (→ 3, S. 141)
    Progressive Muskelentspannung (→ 1, S. 21)
Sitz-Starter 88
Steh-Starter 90
Stop and go 92
Stromunterbrechung 93
Stummes Ruhesignal 94
Zurückspulen/Letzter Satz 95

Gruppen beenden
(siehe auch → 9)
Sonnenblume 96
Tortendeckel 98

3 Recherchieren und erkunden 99

Ein Thema entfalten
Bilderbuffet (→ 7, S. 251)
Blätterlawine/Stumm-schriftlicher Dialog 100
Blitzlicht (→ 9, S. 305)
Brainstorming 101
Cluster (→ 4, S. 167)
Fragenbaum/Planungsbaum (→ 6, S. 197)
Tischset 102

Recherche vorbereiten
Bibliografieren 104
Fragebogen 105
Index-Recherche 107
Online-Bibliografie **E** 108

Recherche traditionell durchführen
Archivarbeit 109
Befragung 111

E *kennzeichnet Methoden mit elektronischen Medien*

Beobachtung 113
Bibliotheksrecherche 115
Erkundung 117
Experiment 118
Fallstudie 120
Interview 122
Sachverständigenbefragung 124

Recherche im Internet durchführen
Internetrallye **E** 126
Lesezeichen **E** 127
Operatoren-Abfrage **E** 128
Phrasensuche **E** 130
WebQuest **E** 131

Recherche in der Lebenswelt durchführen
Aktionsforschung 133
Foto-Dokumentation 134
Narratives Interview 135
Oral History/Spurensuche vor Ort 136
Umfrage 137
Verstecktes Theater 139

Erkundung von Innenwelten durchführen
   Brief in die Zukunft (→ 9, S. 286)
Fantasiereise 141
   In-/Out-Liste (→ 6, S. 198)

Erkundungen mit der Dynamik von Gruppen verbinden
Dreier-Interview 143
Forumtheater 144
Playback-Theater 145
Rollenspiel 146
   Vier-Ecken-Spiel (→ 6, S. 221) 221
Werteauktion 148
Zeitungstheater 149

Erkundetes dokumentieren
   (siehe auch → 6)
Ablage 150
Internet-Wissensdepot **E** 151

Mitschrift	153
Portfolio	155
Zeitleiste (→ 4, S. 171)	

4 Informationen strukturieren, verarbeiten, bewerten ... 157

Informationen hierarchisch strukturieren
Baumdiagramm	158
Begriffshierarchie/Concept Map	159
Flussdiagramm E	160
Kartenabfrage/Metaplan	161
Mindmap E	163
Numerische/gemischte Gliederung	165

Informationen nichthierarchisch strukturieren
Cluster	167
Matrix	169
Zeitleiste	171

Informationen verarbeiten
Computersimulation E	173
Diagramme (→ 7)	
Hypothesenbildung	174
Modell	175
Planspiel (→ 1, S. 55)	
Soziogramm	177

Informationen bewerten
Bepunkten (→ 7, S. 226)
Entscheidungsspiel (→ 6, S. 210)

5 Filme verarbeiten ... 179

Filme aktiv sehen
Bildausfall	180
Film-Exposition	181
Tonausfall	183
Wirklichkeitsbezug	184

Filme interpretieren
| Figuren-Kommentar | 185 |

Figuren-Konferenz 186
Figuren-Konstellation 187
Figuren-Soziogramm 188
Stumm-schriftlicher Dialog 189
Subtexte 190
Vor-Film 191

Filme werten
Stimmungsbarometer (→ 9, S. 295)
Trailer 192
Votum-Ei (→ 9, S. 297)

6 Gespräche führen 193

Gespräch vorbereiten
Ampelspiel 194
Ankreuzblatt 195
Bildverfremdung **E** 196
Fragenbaum/Planungsbaum 197
In-/Out-Liste 198
Pro-Kontra-Texte 199
Provokationsbilder/Impulsbilder **E** 200
Sprechblasen 201
Symbolische Bilder 202
Zitat-Oppositionen 203

Gespräch gestalten
Aquarium 204
Debatte 205
Diskussion 207
Diskussion mit Gruppenschutz 209
Entscheidungsspiel 210
Expertenpodium 211
Kreuzverhör 212
Kugellager 213
Lawinengespräch 214
Plenumsdiskussion 215
Positionsspiel 216
Prioritätenspiel 217
Pro-Kontra-Debatte 218

Redekette 220
Vier-Ecken-Spiel 221

Gespräch begleiten
Echo 222
Moderation 223
  Spiegeln (→ 2, S. 81)
Themenspeicher 225

Gespräch im Ergebnis festhalten
Bepunkten 226
Ergebnisprotokoll 227
  Flussdiagramm (→ 4, S. 160)
  Mindmap (→ 4, S. 163)
Verlaufsprotokoll 228

7 Präsentieren 229

Präsentation einzeln mündlich gestalten
Impulsreferat 230
Rede 231
Referat 233
Sandwichvortrag 235
Sukzessives Aufdecken 236
Thesenvortrag 237
Vortrag 238

Präsentation in Gruppen mündlich gestalten
  Expertenpodium (→ 6, S. 211)
Galeriegang/Museumsgang 240
Magazinsendung **E** 241
Talkshow 243
  Verstecktes Theater (→ 3, S. 139)

Präsentation komplex schriftlich gestalten
Ausstellung 244
Broschüre/Magazin 246
  Foto-Dokumentation (→ 3, S. 134)
Internet-Präsentation **E** 248
  Portfolio (→ 3, S. 155)
  Wettbewerb (→ 1, S. 38)

Präsentation visuell unterstützen
Balkendiagramm **E** 250
Bilderbuffet 251
Blasendiagramm **E** 252
Flächendiagramm **E** 253
Kreisdiagramm/Tortendiagramm **E** 254
Kurvendiagramm/Liniendiagramm **E** 255
Merkzettel 256
    Mindmap (→ 4, S. 163)
    Modell (→ 4, S. 175)
Säulendiagramm **E** 257
Wandzeitung 258

8 Üben und einprägen 259

Üben mit Wissensnetzen
Analogisierung 260
Ankermethode 262
Bebilderung 263
Falsche Freunde 264
Lernhierarchie 265
Loci-Methode 266
Logische Netze 267
    Mindmap (→ 4, S. 163)
Mnemotechnische Verknüpfung 269

Üben mit Gruppendynamik
Domino 271
Schlüsselfragen 272
Trimino 273

Üben mit Lernspielen
Begriffspantomime 274
Initialenrätsel 275
Memory 276
Quartett 277
Tabu 278

Üben mit selektiven Verfahren
Lernkartei 279
    Lernplakat (→ 1, S. 61)

Lückentext 281
   Modell (→ 4, S. 175)
Perspektivierung 282
Progressives Auswischen 284

9 Evaluieren 285

Evaluation individuell schriftlich einleiten
Brief in die Zukunft 286
Feedback-Brief 287
Lernjournal/Lerntagebuch 288
Multiple-Choice-Test 290
Zielscheibe 292

Evaluation kollektiv schriftlich einleiten
Ideen- und Klagemauer 293
Koordinaten 294
Stimmungsbarometer 295
Stimmungskurve 296
Votum-Ei 297

Evaluation aktional einleiten
Gruppenbild 298
Gruppenplastik-Feedback 299
Punktwertung 300
Soziometrisches Feedback 301
Standogramm 303
Stumme Imitation 304

Evaluation mündlich durchführen
Blitzlicht 305
Feedback-Gespräch 306
Vielredner–Wenigredner 307
Vermutungen 308
Zuschreibung 309

Literatur 310

Sachregister 314

Methodenregister 316

Vorwort

Schülerinnen und Schüler sollen *„das Lernen lernen"* und damit in die Lage versetzt werden, ihre *Bildungsprozesse zunehmend selbstständig zu steuern*. Dieses bildungspolitische Ziel gehört sicherlich nicht in die Reihe jener vielen didaktischen Konjunkturen, die kommen und gehen.
Die Formel „Das Lernen lernen!" signalisiert vielmehr einen grundlegenden Wandel unserer Bildungsinstitutionen, denn diese müssen sich auf die veränderten Bedingungen der Informationsgesellschaft einrichten:

- Die Fähigkeit, sich autonom in Informationsangeboten zu bewegen, wird immer wichtiger. Das erfordert besonderes *Prozesswissen* und *Methodenbewusstsein*.
- Die Überfülle des möglichen Wissens zwingt dazu, Informations- und Lernverfahren so zu kombinieren, dass auf aktuelle Herausforderungen flexibel mit jeweils neuem Wissensaufbau reagiert werden kann. Das erfordert eine zunehmende *Breite der Lernmethoden* (und deshalb auch der Lehrmethoden).
- Von jedem Einzelnen wird lebenslanges Lernen erwartet. Das erfordert eine besondere *Nachhaltigkeit und Intensität* der Aneignung von Lernverfahren.

Und schließlich ist es auch ein traditionelles humanistisches Ziel, junge Menschen zu *autonomen Persönlichkeiten* zu erziehen. Die Fähigkeit, die eigenen Bildungsprozesse zunehmend selbst in die Hand zu nehmen, gehört sicherlich dazu; der souveräne Umgang mit Methoden des Lernens ist hierfür unabdingbar.
Die Grenze zwischen Methoden des Lehrens und denen des Lernens ist in einem solchen Konzept nicht mehr trennscharf. Was vorher den Unterrichtenden vorbehaltenes Prozesswissen war, soll nun auch zunehmend den Lernenden zur Verfügung stehen.
Lehrerinnen und Lehrer werden hierbei keineswegs arbeitslos. Im Gegenteil: Neben die Aufgabe, mit Schülerinnen und Schülern Sachwissen aufzubauen, tritt eine zweite Kompetenz: die Expertschaft für den Aufbau von *Prozess*wissen. Wer als Lehrerin oder Lehrer über ein breites Spektrum an Methoden des Lehrens und Lernens verfügt, kann zudem jene methodische Monotonie des Lernens vermeiden, die in unseren Schulen immer noch vielen die Lust am Lernen austreibt.

Dieses Buch erörtert nicht den gesellschaftlichen Kontext, der eine Ausweitung des Lernrepertoires nahelegt; es konzentriert sich auch nicht auf didaktische Reflexionen zur Initiierung und Begleitung von Lernprozessen; vielmehr zielt es direkt auf den prozeduralen Kern der Bildungspraxis: auf *Methoden des Lehrens und Lernens*. Die Sammlung bietet etwa 200 solcher Verfahren an. Sie wurden in verschiedenen Bildungsfeldern erprobt:

- in der Schule,
- in der Lehrerfortbildung,
- auf dem sogenannten „Nachmittagsmarkt" der Selbstlernhilfen,
- in Lerngruppen an Universitäten,
- in der außerschulischen Bildungsarbeit.

Ziel des Bandes ist es, herkömmliche Methoden des Lehrens und Lernens auf aktuellem Stand zu beschreiben und didaktisch einzuordnen, insbesondere aber auch neuere Lehr- und Lernmethoden vorzustellen.

Das methodische Repertoire umfasst Verfahren für verschiedene Lernumgebungen:
- Methoden der *Lernorganisation* – von Formen der Einzelarbeit bis hin zur Großgruppenarbeit
- *lerndiagnostische Verfahren* zur Steuerung *individueller Bildungsprozesse* und Verfahren zur *Stärkung der Selbststeuerung* Einzelner (Lerntypentest, Verfahren zur Steigerung der Konzentration, Evaluationsmethoden etc.)
- Verfahren des *Informationserwerbs und der Informationsverarbeitung* für *individuelle* Bildungsprozesse (Rechercheverfahren, Präsentationsmethoden etc.)
- *gruppendynamisch-aktionale* Verfahren (Planungsverfahren für Lerngruppen etc.)
- Verfahren, die das *gesprochene Wort* in den Mittelpunkt stellen (Diskussionsverfahren etc.)
- Verfahren, die *gedruckte Texte* erschließen
- Methoden, die *Medien* nutzen (E-Learning, Filmanalyse etc.)
- *Verfahren des Übens* von Wissensstoff, mit denen die Nachhaltigkeit des schulischen Lernens verbessert werden kann

Die vorgestellten Methoden decken insgesamt die Anforderungen an Bildungsprozesse breit ab.

Damit diese Methodensammlung schnell und flexibel eingesetzt werden kann, sind die Methoden verschiedenen *Lernsituationen* sachlogisch zugeordnet:

1. Lernen organisieren
2. Gruppen gestalten und begleiten
3. Recherchieren und erkunden
4. Informationen strukturieren, verarbeiten, bewerten
5. Filme verarbeiten
6. Gespräche führen
7. Präsentieren
8. Üben und einprägen
9. Evaluieren

Der schnelle Zugriff auf passende Methoden wird folgendermaßen unterstützt:
- Eine *Mindmap* am Anfang jedes Kapitels macht die didaktischen Optionen auf einen Blick sichtbar.
- Der *Kolumentitel* ermöglicht eine schnelle Zuordnung.
- Alle Methoden werden nach gleichem Schema vorgestellt: Neben einer Grafik oder Beispielen, die die Methoden näher kennzeichnen, sind kurze Hinweise zu Sozialform, Dauer, benötigten Medien, Alters- und Fächerangaben vorangestellt. Anschließend wird über das *didaktische Potenzial* einer Methode, über nötige *Vorbereitungen,* den

konkreten *Ablauf* und die *didaktische Umsetzung* informiert. Ergänzt wird dies durch Hinweise zur *Weiterarbeit*, zu didaktisch ähnlich einsetzbaren *Methoden-Alternativen* und weiterführende *Literaturhinweise*.

- *Sachregister* und *Methodenregister* erschließen das Methodenrepertoire dieses Bandes *alphabetisch*. Integriert sind auch viele *englischsprachige Methodenbezeichnungen* (z. B. im Hinblick auf die Nutzung im bilingualen Unterricht).
- Methoden des Lernens mit elektronischen Medien *(E-Learning)* sind im Inhaltsverzeichnis mit einem E gekennzeichnet. (Diese Methoden können z. T. auch ohne elektronische Medien verwendet werden.)
- Ergänzend enthält das Inhaltsverzeichnis *Querverweise* auf Methoden, die verschiedenen Lernsituationen zugeordnet werden können.
- Auf der beigefügten CD-ROM finden Sie eine Reihe von Planungshilfen für die Unterrichtsvorbereitung, die Gestaltung von Lehrproben, Ausbildungsseminaren oder Lehrerfortbildungen. Zusammengestellt wurden z.B. Planungshilfen zur individuellen Förderung und zum kooperativen Lernen, außerdem editierbare Druckvorlagen und ergänzende Materialien zu einer ganzen Reihe von Methoden, die direkt im Unterricht genutzt werden können und damit die Unterrichtsvorbereitung entlasten.

Mönchengladbach 2011
Gerd Brenner und Kira Brenner

1 Lernen organisieren

Lernfähigkeiten bewusst machen und trainieren

- Lerntypen-Test 18
  Mnemotechnische Verknüpfung 269
- Oberbegriffe 20
- Progressive Muskelentspannung 21
- Selbsteinschätzung 23
- Stärken-Schwächen-Profil 25

Lernen planen

- ABC-Analyse 26
- Ausschreibung 27
  Fragenbaum/Planungsbaum 197
- Zeitplan 29

Lernen als Einzelarbeit organisieren

- Freiarbeit 31
- Kompetenz-Konstruktion 33
- Stationenlernen 35
- Stillarbeit 37
- Wettbewerb 38
- Wochenplanarbeit 40

Lernen organisieren

Lernen in Kleingruppen organisieren

- *Fallstudie 120*
- Gruppenarbeit 42
- Gruppenpuzzle 44
- Partnerarbeit 45
- Themenzentrierte Interaktion (TZI) 47
- Übungsfirma/Juniorenfirma 49

Lernen in Großgruppen organisieren

- Lehrgespräch 50
- Lernen durch Lehren 52
  Moderation 223
- Projekt 53
- Planspiel 55
- Zukunftswerkstatt 57

Lernen begleiten und dokumentieren

- Anker-Ideen 59
- Beobachtungsbericht 60
- Lernplakat 61
  Lernjournal/Lerntagebuch 288
- Methoden-Portfolio 62

1 LERNFÄHIGKEITEN bewusst machen und trainieren

Lerntypen-Test

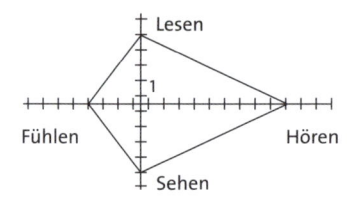

Sozialformen: Einzelarbeit
Dauer: 15–40 Min.
Medien: Diagnosebogen
Klassen: ab Klasse 8
Fächer: alle

Didaktisches Potenzial
S. vergewissern sich ihrer persönlichen Lernmöglichkeiten.
Ein Lerntypen-Test macht s. klar, ob sie eher
- über das Auge und/oder das Ohr und/oder eigenes Handeln,
- durch Diskussionen mit anderen und/oder durch Lesen und Schreiben,
- durch Analysieren und logisches Schließen oder durch Fallstudien, Experimentieren und spielerisches Gestalten

lernen. Die S. bereiten sich so darauf vor, ihren persönlichen Lernstil bewusst und gezielt einzusetzen und zu entwickeln.

Vorbereitungen
Vorbereitet werden *Diagnosebögen,* die in einer Reihe einschlägiger Titel angeboten werden (vgl. Schräder-Naef 2002, S. 109; Wieke 2002, S. 27), oder eine Testserie (s. u.).

Ablauf
Die S. erhalten einen Diagnosebogen und sollen anhand von Fragestellungen, die auf verschiedene Lerntypen zielen (Beispiele s. u.), ihre persönliche Lernpraxis möglichst genau überprüfen und einschätzen. Zusätzlich bzw. alternativ kann eine *Testserie* angesetzt werden (vgl. Kneip u. a., S. 32 ff.; Novak, S. 72 ff.). Dabei werden jew. zehn verschiedene Sachverhalte nacheinander jew. zwei Sekunden lang
- als Gegenstand gezeigt,
- auf einem Blatt als groß geschriebener Begriff gezeigt,
- als Begriff vorgelesen,
- (evtl. mit verbundenen Augen) als Gegenstand ertastet.

Nach jeder Präsentationsserie (jew. zehn Sachverhalte) werden die S. für genau 30 Sek. in eine Rechenaufgabe u. Ä. verwickelt, um das Gedächtnis zu belasten. Anschließend sollen sie in einer vorbereiteten Liste diejenigen der zehn Sachverhalte eintragen, an die sie sich noch erinnern können. Das Testergebnis zeigt, ob Informationen beim jeweiligen S. am besten über das Sehen, das Lesen, das Hören oder das Fühlen ins Gedächtnis gelangen.

Didaktischer Kommentar
Bei den klassischen Lerntypen, dem *visuellen* (Lernen durch Sehen), dem *auditiven* (Lernen durch Hören), dem *haptischen* (Lernen durch Anfassen) und dem *kinästhetischen* (Lernen durch Ausprobieren), handelt es sich um Idealtypen, die in der Regel gemischt vorkommen. Beim visuellen Typ kann zwischen dem Sehen von Gegenständen und dem Lesen von

Informationen unterschieden werden (vgl. der oben beschriebene Test). In neuerer Zeit werden in der Fachliteratur außerdem ein *kommunikativer* und ein *medienorientierter* Lerntyp beschrieben. Lernstile von S. sind z. T. genetisch bedingt, z. T. gehen sie aber auch auf die persönliche Lernbiografie zurück.

Tipps zur Umsetzung
In einem Fragebogen können z. B. Feststellungen wie die folgenden mit einer Bewertungsskala von -3 (trifft gar nicht zu) bis +3 (trifft voll zu) versehen werden:
- Am besten kann ich mitdenken, wenn die Lehrerin/der Lehrer spricht.
- Beim Lernen bewege ich z. T. unbewusst die Lippen.
- Um Vokabeln zu lernen, höre ich eine Übungskassette.
- Musik im Hintergrund stört mich beim Lernen.
- Wenn ein S. etwas aus dem Buch vorliest, behalte ich das.
- In Biologie z. B. lerne ich am schnellsten, wenn ich mir die Abbildungen anschaue.
- Wenn ich etwas aufmerksam lese, behalte ich es.
- Ich kann mir gut merken, wo etwas im Buch steht.
- Beim Erklären benutze ich Hände und Füße.
- Intensiv lernen kann ich, wenn ich hin und her laufe.

Die fünf ersten Feststellungen treffen für einen auditiven, die drei folgenden für einen visuellen und die beiden letzten für einen haptischen/kinästhetischen Lerntyp zu.
Die S. sollten sich selbst klar machen, welches Lernprofil (welche Mischung von Lerntypen) bei ihnen vorliegt. Sie können dann auf besondere Hilfen hingewiesen werden:
- *Visuelle Lerntypen:* z. B. bildliche Darstellungen aller Art, → Mindmaps, Markieren mit verschiedenen Farben, → Lernplakat, → Lernkartei;
- *Auditive Lerntypen:* z. B. zuhören, sich etwas vorsagen, beim Lernen Selbstgespräche führen, Kassetten selbst besprechen und abhören;
- *Haptischer und kinästhetischer Typ:* z. B. Sachverhalte im → Modell nachbauen, → Rollenspiele, → Experimente.

Alternativen
- Selbsteinschätzung (S. 23)
- Stärken-Schwächen-Profil (S. 25)

Hinweise zur Weiterarbeit
- Zusammenstellung von Methoden, die dem eigenen Lernprofil in besonderer Weise entsprechen, und Nutzung dieser Methoden bei der Vorbereitung auf Klassenarbeiten/Prüfungen

Literatur
Regula Schräder-Naef: Rationeller Lernen lernen. Ratschläge und Übungen für alle Wissbegierigen. 19. Aufl., Weinheim, Basel 2000, S. 51
Regula Schräder-Naef: Lerntraining in der Schule. Weinheim, Basel 2002, S. 32 f., 92 u. 109
Kaja Novak: Lernstrategien anwenden. München 2004, S. 66 ff.
Thomas Wieke: Schule. Clever zum Erfolg. Würzburg 2002
Winfried Kneip u. a.: Lern-Landkarten. Ganzheitliches Lernen. Mülheim/Ruhr 1998, S. 32 ff.

1 LERNFÄHIGKEITEN bewusst machen und trainieren

Oberbegriffe *(Hypernym)*

Beispiel

Schiff
       → Fahrzeug
Fahrrad

Sozialformen: Einzel- oder Partnerarbeit
Dauer: 5–10 Min.
Medien: Arbeitsblatt
Klassen: ab Klasse 5
Fächer: alle

Didaktisches Potenzial
S. üben begriffliche Zusammenfassungen.
Die Methode entwickelt und trainiert das Abstraktionsvermögen dadurch, dass zwei Begriffe unter einen dritten, abstrakteren gefasst werden sollen. Die S. üben sich so in gedanklichen Hierarchisierungen.

Vorbereitungen und Ablauf
Die Lehrperson bereitet ein Arbeitsblatt vor, auf dem in zwei Spalten jeweils Begriffe aufgeführt sind, die von den S. unter einen Oberbegriff gefasst werden sollen. Für die Klassen 5 bis 6 kommen z. B. folgende Begriffe infrage (Lösungen in der rechten Spalte):

Spatz	Bussard	*Vogel*
Venus	Erde	*Planet*
Hass	Enttäuschung	*Gefühl*
Nudeln	Apfel	*Lebensmittel*
Zange	Schraubenzieher	*Werkzeug*

Didaktische Hinweise
Die begriffliche Verallgemeinerung ist eine der zentralen Denkleistungen bei der Strukturierung und Verarbeitung von Informationen. Für sehr viele Lernaktivitäten benötigen die S. die Fähigkeit, Sachverhalte mithilfe von Begriffen unterschiedlichen Abstraktionsgrades zu hierarchisieren.
Im Sinne einer inneren Differenzierung können leistungsstarke S. für ihre Mits. solche Arbeitsblätter selbst entwickeln.
In höheren Klassenstufen lassen sich mit dieser Methode komplexere Sachverhalte begrifflich zusammenfassen (z. B. Romantik–Klassik → Kulturepoche; Novelle–Kurzgeschichte → Epik).

Alternativen
- Kreuzworträtsel lösen

Hinweise zur Weiterarbeit
- Begriffshierarchie (S. 159)

Literatur
Martin Asmussen: Lerntipps. Hilfen zur selbstständigen Verbesserung der Lern- und Arbeitstechniken, 5. bis 7. Klasse. Mannheim u. a. 2001

1 LERNFÄHIGKEITEN bewusst machen und trainieren

Progressive Muskelentspannung *(Progressive muscle relexation)*

Sozialformen: Einzelarbeit/Plenum
Dauer: 1–2 Min.
(ohne Vorübungen)
Medien: –
Klassen: ab Klasse 5
Fächer: alle

Didaktisches Potenzial
S. konzentrieren sich durch Entspannung des Körpers.
Durch kurzzeitige Konzentration auf ihren Körper und auf positive Vorstellungen erleben die S. einen besonderen Entspannungszustand der Körpermuskeln, bauen damit auch psychische Spannungen ab und verbessern ihre Konzentrationsfähigkeit.

Vorbereitungen
Bevor die eigentliche Entspannungsübung beginnt, können Übungen vorgeschaltet werden, die eine systematische *Anspannung* und anschließende gezielte *Entspannung* verschiedener Muskelpartien vorsehen. Die S. erleben damit die Wirkung von Entspannung und stellen sich auf das anschließende Entspannungs-Szenario ein.
Eine mögliche Vorübung ist:
- *Gewichtheber:* Jeder geht in die Hocke und stellt sich dabei vor, dass er – wie bei einer Gewichtheber-Meisterschaft – eine besonders schwere Last sicher greifen, vor die Brust bringen und dann nach oben stemmen muss. Dabei sollen alle beteiligten Muskelpartien intensiv angespannt werden. Hat man das Gewicht über den Kopf gestemmt, hält man es fünf Sekunden lang und lässt es dann zu Boden fallen. Es folgt ein entspannendes Schütteln des ganzen Körpers.

Weitere Hinweise s. u.

Ablauf
Die eigentliche Entspannungsübung basiert ebenfalls auf einer *vorgestellten Situation* (vgl. dazu auch ➔ Fantasiereise):
Die S. setzen sich entspannt hin. Jeder stellt sich dann eine sehr angenehme, entspannende Situation aus seinem bisherigen Leben vor, die ihm als besonders positiv in Erinnerung geblieben ist. Die Augen sind dabei zunächst geöffnet, können aber auch geschlossen werden, wenn die Vorstellung intensiver wird. Eine Intensivierung der inneren Bilder erreicht man dadurch, dass man sich genau ins Gedächtnis ruft, was die verschiedenen Sinne (Auge, Ohr, Geruchs- und Tastsinn) in der erlebten Situation wahrgenommen haben.
S. können eine bestimmte Vorstellung in Stresssituationen durchaus immer wieder neu aktivieren.

Didaktischer Kommentar
Das Verfahren wurde 1943 von Edmund Jacobson entwickelt und wird heute vielfach als Mittel u. a. gegen Prüfungsangst und Lampenfieber eingesetzt. Es basiert auf der Einsicht, dass Situationen psychischer Anspannung (z. B. Angst) immer von Muskelkontraktionen begleitet werden, die u. a. Empfindungen von Beengung hervorrufen. Durch das Verfahren der „Progressiven Muskelentspannung" sollen solche Muskelkontraktionen und – im Zusammenspiel von Körper und Geist – auch psychische Spannungen (weitgehend) gelöst werden.

Tipps zur Umsetzung
Weitere vorbereitende Übungen könnten sein:
- *Seilziehen:* Die S. stellen sich vor, dass sie mit aller Kraft an einem Seil ziehen müssen. Sie strecken die Arme nach vorne, stellen ein Bein schräg hinter das andere, spannen alle relevanten Muskelpartien, insbesondere der Arme und Beine so intensiv wie möglich an und ziehen das Seil gegen den Widerstand des imaginären Gegners langsam an ihren Körper heran. Zwischenzeitlich kann der Gegner wieder die Oberhand gewinnen. Nach knapp einer Minute entspannt sich jeder durch Schütteln der Arme und Beine.
- *Isometrische Übungen* (Isometrik, griech.: gleiche Länge): Mit solchen Übungen werden beliebige Muskeln des Körpers für eine gewisse Zeit deutlich angespannt, ohne dass sie gedehnt werden. Man sitzt z. B. auf einem Stuhl, presst Daumen und Ballen beider Hände auf die Sitzfläche und spannt die Armmuskeln so stark an, bis der Körper fast vom Stuhl abhebt. Anschließend lässt man die Arme herunterbaumeln.

Auch solche Übungen entspannen durch gezielte Anspannung. Isometrische Übungen können S. auch während einer Klassenarbeit bzw. Klausur einsetzen, sobald sie an sich Anzeichen von Konzentrationsmangel wie Flüchtigkeitsfehler, Ungeduld, mangelnde Ausdauer und die Tendenz zur Selbstablenkung feststellen.
Ähnliche Übungen sind auch unter → Sitz-Starter und → Steh-Starter zu finden.

Alternativen
- Ausatmen (S. 83)

Hinweise zur Weiterarbeit
- Klausur/Test/Klassenarbeit
- Unterrichtsphasen, die besondere Konzentrationsleistungen der S. erfordern

Literatur
Jürgen Thal: Bewegungs- und Entspannungsübungen. In: Pädagogik, 12/2006, S. 22–25
Ursula Oppolzer: Bewegte Schüler lernen leichter. Dortmund 2004, S. 27
Werner Metzig, Martin Schuster: Lernen zu lernen. 6. Aufl., Berlin u. a. 2003, S. 164 ff. u. 185
Hans-Jörg Henning: Immer locker bleiben! 70 Wohlfühl-Übungen für Büro, Seminar und Schule. Weinheim, Basel 2001

1 LERNFÄHIGKEITEN bewusst machen und trainieren

Selbsteinschätzung (Self-assessment)

Beispiel
Planen:
- die eigene Arbeit langfristig planen
- die Zeit sinnvoll einteilen, um Arbeitsplanungen umsetzen zu können
- mit anderen zusammen ein Arbeitsvorhaben planen

Sozialformen: Einzel-, Partnerarbeit
Dauer: 30 – 45 Min.
Medien: Diagnosebogen
Klassen: ab Klasse 7
Fächer: alle

Didaktisches Potenzial
S. betrachten selbstkritisch ihre Lernkompetenzen.
Die S. setzen sich mit ihrer persönlichen Lern(un)kultur auseinander und entwickeln ein realistisches Selbstbild davon, wie sie ihre Schülerrolle ausfüllen.

Vorbereitungen
Die Lehrperson bereitet für die S. – je nach Altersgruppe sprachlich angepasst – ein Ankreuzblatt zur Selbstdiagnose vor, das in der ersten Spalte eine Reihe von Kompetenzen und in den beiden folgenden Spalten Ankreuzmöglichkeiten unter den Überschriften „Das fällt mir eher schwer" und „Das fällt mit eher leicht" vorsieht. Vorgegebene Kompetenzen können z. B. sein:
Sich selbst steuern:
- den eigenen Lernstand realistisch einschätzen
- Kompetenzlücken selbst feststellen und schließen
- gezielt üben
- sich bei der Arbeit konzentrieren
- in Lerngruppen rationell und zielgerichtet arbeiten

(Teilkompetenzen zum Bereich „Planen" s. o.; weitere Kompetenzbereiche s. u.)

Ablauf
Die S. füllen den Diagnosebogen zunächst in Einzelarbeit aus. Anschließend setzen sie sich mit einem Partner ihrer Wahl zusammen, um
- die Ergebnisse zu vergleichen,
- über gemeinsame Kompetenzdefizite zu sprechen,
- einige Vorschläge zu notieren, welche Kompetenzen in der Lerngruppe in nächster Zeit besonders trainiert werden sollten.

Didaktischer Kommentar
„Das Lernen lernen" ist seit Ende der 1990er-Jahre ein zentrales Anliegen jeder Bildungsinstitution. Eine Grundvoraussetzung für selbstgesteuertes Lernen ist die Fähigkeit der S., die eigenen Lernkompetenzen selbst zu diagnostizieren und zu überblicken.

Tipps zur Umsetzung

Ein Diagnosebogen für S. kann weitere Kompetenzangaben enthalten, und zwar:
Informationen recherchieren und verarbeiten:
- Informationsquellen gezielt und zeitökonomisch nutzen
- wichtige von unwichtigen Informationen unterscheiden
- neue Informationen (z. B. aus Texten) in vorhandenes Wissen einordnen
- eine übersichtliche Stoffsammlung anlegen
- sich immer wieder einen Überblick über Wissen/Informationen verschaffen
- zügig lesen und trotzdem wissen, was im Text steht
- Schlüsselaussagen von Texten sicher erfassen

Erinnern:
- gerade Gelesenes für die Verarbeitung behalten
- Lernstoff über längere Zeit behalten
- im Unterricht Notizen so übersichtlich anfertigen, dass sie später nutzbar sind

Kooperieren, diskutieren, entscheiden:
- mit anderen zusammenarbeiten
- frei sprechen
- die eigene Meinung in Gruppen verständlich und effektiv einbringen
- Gesprächstechniken kennen
- Gesprächsregeln beachten
- sachliche Kritik üben und Kritik von anderen ertragen

Präsentieren:
- eigene Texte effektiv planen und entwickeln
- eigene Texte sprachlich korrekt schreiben
- eigene Texte inhaltlich und optisch gut gliedern
- Fachbegriffe in eigenen Texten sachgerecht einsetzen
- Gestaltungsmittel in eigenen Texten gezielt einsetzen
- Texte flüssig und sinngestaltend vortragen

Alternativen
- Stärken-Schwächen-Profil (S. 25)
- Lerntypen-Test (S. 18)

Hinweise zur Weiterarbeit
- Übungen wie → Oberbegriffe (S. 20) mit der gesamten Lerngruppe oder differenziert in Schwerpunkt-Gruppen

Literatur

Regula Schräder-Naef: Lerntraining in der Schule. Weinheim, Basel 2002
Heinz Klippert: Methoden-Training. Weinheim 2004, S. 22 ff.
Barbara Carle-Gladbach u. a.: Konzentration. Training von Gedächtnis, Wahrnehmung und logischem Denken, 4. bis 6. Klasse. Mannheim u. a. 2001
Martin Asmussen: Lerntipps. Hilfen zur selbstständigen Verbesserung der Lern- und Arbeitstechniken, 5. bis 7. Klasse. Mannheim u. a. 2001
Gerd Brenner: Texte schreiben: Alles klar! Trainingskurs für die Oberstufe. Berlin 2004, S. 4 f.

1 LERNFÄHIGKEITEN bewusst machen und trainieren

Stärken-Schwächen-Profil

Polaritätsprofil

	trifft voll zu	trifft öfter zu	...	
kreativ				langweilig
...				...

Sozialformen: Einzel-, Partnerarbeit, Plenum
Dauer: 1–2 Std.
Medien: –
Klassen: ab Klasse 8
Fächer: SoWi, D, Rel/Ethik

Didaktisches Potenzial
S. gleichen persönliche Kompetenzen mit typischen Anforderungen ab.
Die Methode hilft S., das eigene Lernprofil zu begreifen und Umsteuerungen vorzunehmen.

Vorbereitungen und Ablauf
Zur Vorbereitung erhalten die S. zunächst die Aufgabe, aus Wochenendausgaben von Tageszeitungen und aus Wochenblättern Stellenanzeigen auszuschneiden, die bestimmte persönliche Anforderungen und Kompetenzen beinhalten (z. B. Teamfähigkeit, schnelle Auffassungsgabe, Belastbarkeit, Organisationstalent).
Im Unterricht stellen die S. daraus gruppenweise in Form eines Polaritätsprofils ein Stärken-Schwächen-Profil zusammen. Die Profile werden im Plenum ergänzt. Anschließend erstellt dann jeder sein persönliches Profil, indem er in einer Skala von „trifft keinesfalls zu" bis „trifft voll zu" für sich ein Kreuz setzt. Im Plenum kann dann abschließend diskutiert werden, welche Fähigkeiten in welchen schulischen Lernsituationen von Bedeutung sind und wie sie verbessert werden könnten.

Didaktische Hinweise
Nach dem Erstellen eines Selbstbildes kann jeder S. einen anderen in der Lerngruppe bitten, ihn aus seiner Sicht einzuschätzen, also ein Fremdbild zu erstellen, ohne dass der Mits. das Selbstbild zunächst gesehen hat. Die beiden können dann die Unterschiede zwischen Selbst- und Fremdbild diskutieren. Diese Zusammenarbeit setzt einiges Vertrauen voraus. Die Partner sollten sich daher frei wählen dürfen.

Alternativen
- Selbsteinschätzung (S. 23)
- Lerntypen-Test (S. 18)

Hinweise zur Weiterarbeit
- Entwicklung eines persönlichen Übungsprogramms zur Verbesserung der Lernfähigkeit

Literatur
Im Internet: www.berufszentrum.de/muster/Eigenanalyse.doc
www.bewerbung-forum.de/staerken_schwaechenprofil.html

1 LERNEN planen

Abc-Analyse

Beispiel
- Neue Englisch-Vokabeln vor unserem Schüleraustausch (A)
- Aufgegebene Übung zu Stoff X, den ich schon beherrsche (B)
- …

Sozialformen:	Einzelarbeit
Dauer:	5–10 Min.
Medien:	–
Klassen:	alle
Fächer:	alle

Didaktisches Potenzial
S. gewichten anstehende Aufgaben.
Die Methode kommt aus dem Bereich der Wirtschaft. S. gewichten und kategorisieren mit ihr Lernaufgaben, die in nächster Zeit anstehen.

Vorbereitungen und Ablauf
Jeder S. sichtet regelmäßig (täglich, alle zwei Tage oder wöchentlich) die anstehenden Lernaufgaben und schätzt ihre Wichtigkeit für den persönlichen Wissenszuwachs ab. Die Aufgaben werden dabei in drei Kategorien eingeteilt:
- A: Aufgaben, die bald erledigt werden müssen und mit denen ein persönlich wichtiger Erkenntniszuwachs verbunden ist, der Vorteile bringt
- B: Aufgaben, die bald erledigt werden müssen und die dem S. nach eigener Einschätzung einen eher mittleren Erkenntniszuwachs bringen
- C: Aufgaben, die nicht sofort erledigt werden müssen und die persönliche Kenntnisse oder Fertigkeiten vermutlich kaum voranbringen

Die Aufgaben der Kategorie A erhalten in einem → Zeitplan oberste Priorität und ein großes Zeitvolumen. Aufgaben der Kategorie B müssen im Zeitplan bald berücksichtigt werden, erhalten aber weniger Zeit. Aufgaben der Kategorie C werden zunächst verschoben.

Didaktische Hinweise
Mit dem Verfahren trainieren S., ihren Lernprozess bewusst mitzusteuern. Sie können die ABC-Analyse auf schulische Lernnotwendigkeiten, aber auch auf ihr informelles Lernen jenseits der Schule (z. B. auf Hobbys und die darin steckenden Lernpotenziale oder auf Freizeittätigkeiten wie das Surfen im Internet) beziehen. Die Wichtigkeit des Erkenntniszuwachses können sie im Hinblick auf die eigene persönliche Lernbiografie und im Hinblick auf schulische Notwendigkeiten einschätzen.

Hinweise zur Weiterarbeit
- Zeitplan (S. 29)

Literatur
Sabine U. Krämer, Klaus D. Walter: Arbeitstechniken von A–Z. Eibelstadt 2004, S. 11 f.

1 LERNEN planen

Ausschreibung *(Call for bids)*

Sozialformen: Plenum, Gruppenarbeit
Dauer: 1–2 Std.
Medien: Poster
Klassen: ab Klasse 9
Fächer: alle

Didaktisches Potenzial
S. entwickeln konkrete Planungen für eine Arbeitsphase.
Das Verfahren der Ausschreibung ermöglicht es S., eine Orientierung für einen stark selbstgesteuerten Gruppenprozess planerisch präzise zu entwickeln.
Mit Ausschreibungen erarbeiten sich S. ein zentrales Steuerungsinstrument insbesondere für arbeitsteilige Vorhaben im Rahmen eines → Projekts. Die Ausschreibung ist dann ein Bezugspunkt, der in komplexen schülerorientierten Lernprozessen die Ziele und die notwendigen Arbeitsschritte auf dem Weg dahin in ihrem logischen Zusammenhang im Bewusstsein hält.

Vorbereitungen
S. und L. bringen Textsammlungen, Fotos, Internetadressen und sonstige Materialien, mit denen ein vereinbartes Thema erschlossen werden könnte, in den Unterricht mit. Auf dieser Basis können Ausschreibungen schrittweise vorbereitet werden (s. u.).

Ablauf
Gruppen, die sich für ein materialgestütztes Teilthema (s. Tipps) besonders interessieren, erhalten den Auftrag, dazu einen möglichst genauen Projektplan zu erstellen, und zwar nach Art der Ausschreibung für die Auftragsvergabe von Kommunen oder Firmen. Dieser Projektplan soll umfassen:
- eine präzise Umschreibung des Teilthemas, mit dem sich die jeweilige Gruppe beschäftigen könnte,
- Angaben zu Materialien, die bei der Ausarbeitung verwendet werden sollten,
- evtl. Angaben zu Erkundungsmethoden (z. B. → Operatoren-Abfrage, → Beobachtung, → Umfrage), mit denen weitere Informationen gesammelt werden könnten,
- eine Angabe zum Endprodukt, das von der Arbeitsgruppe erstellt werden sollte,
- eine Darstellung der Arbeitsschritte mit zu veranschlagender Zeit.

Die Ausschreibungen werden ausgehängt. Jeder S. hat die Möglichkeit, die Gruppe zu wechseln und sich einem interessant erscheinenden Vorhaben zuzuwenden. Der Zuspruch entscheidet darüber, welche „Angebote" den „Zuschlag" erhalten und welche nicht aufgegriffen werden.

Didaktischer Kommentar

Mit diesem Verfahren verzichtet die Lehrperson auf eine detailliert festlegende Vorwegplanung von Unterrichtsabläufen; stattdessen gestaltet sie einen lernanimativen Anfang. In den folgenden Phasen des Ausschreibungsverfahrens tritt sie als Berater und Vermittler von Materialien und Denkanstößen auf.

Ausschreibungen kommen dem Bedürfnis der S. entgegen, selbst aktiv zu werden. Die Rollenkonstruktion der Lehrperson muss es zulassen, dass sie einen vorplanerisch festgelegten *Lehrgang* aufgibt, um durch Unterstützung von Lernpotenzialen einen möglichst eigenständigen *Lerngang* der S. zu ermöglichen. Dann entwickelt die Methode in besonderer Weise die Selbststeuerungskompetenz der S.

Tipps zur Umsetzung

Im Vorfeld der Ausschreibung sind folgende Arbeitsschritte sinnvoll:

- Mit Methoden wie dem ➔ Brainstorming werden im Rahmen des vereinbarten Themas erste Vorschläge für interessante Teilthemen gesammelt, an deren Erarbeitung die S. ein besonderes Interesse zeigen.
- Die Ideen werden gebündelt und in Form von Überschriften auf Ausschreibungspostern/-blättern notiert.
- Anschließend werden zunächst alle *Überschriften* für Teilthemen, dann alle mitgebrachten *Materialien* im Klassen-/Kursraum ausgelegt und – falls Computer genutzt werden können – Internetseiten aufgerufen.
- Die S. machen nun einen Rundgang: Sie schauen sich die vorgeschlagenen Teilthemen an und prüfen, ob es in den zugänglich gemachten Materialien interessante Grundlagen zur Erarbeitung eines favorisierten Themenbereiches gibt. Funde werden laufend auf den Überschriftenblättern notiert (unter Nennung von Buchtitel und Seite bzw. Internetadresse).

Bei der Erarbeitung der Ausschreibungen sollte darauf geachtet werden, dass für die Erarbeitung der Teilthemen ein etwa gleich langer Zeitrahmen vorgesehen wird.

Alternativen

- Ideen- und Klagemauer (S. 293)
- Schneeball (S. 76)

Hinweise zur Weiterarbeit

- Testen der ausgeschriebenen Vorhaben in einer Pilotstunde
- Umsetzung eines arbeitsteiligen Projekts
- Präsentation der Ergebnisse mit Verfahren wie
  ➔ Ausstellung (S. 244), ➔ Internet-Präsentation (S. 248) oder ➔ Magazin (S. 246)

Literatur

Gerd Brenner: Subjekt sein in der Schule. Zur Praxis eines schülerorientierten Unterrichts. München 1981, S. 95 ff.

1 LERNEN planen

Zeitplan *(Schedule)*

Sozialformen: Einzelarbeit
Dauer: 10 – 60 Min.
Medien: –
Klassen: ab Klasse 5
Fächer: alle

Didaktisches Potenzial
S. organisieren die zeitlichen Abläufe in ihrem Alltag.
Die S. organisieren ihren persönlichen Arbeitsprozess und berücksichtigen dabei wesentliche Rahmenbedingungen (sonstige Verpflichtungen, persönlichen Biorhythmus, Lernpsychologie, s. u.).

Vorbereitungen
Zur Vorbereitung einer Zeitplanung klärt jeder S., welche Motive und Bedürfnisse in seinem Arbeitsprozess in der Regel eine Rolle spielen. Nach A. H. Maslow, einem Vertreter der amerikanischen humanistischen Psychologie, ist jede planerische Selbststeuerung von den folgenden Bedürfnisstufen geprägt:
1. *Grundbedürfnisse:* biologische Notwendigkeiten wie Essen, Trinken, angenehme Temperatur
2. *Sicherheitsbedürfnisse:* z. B. gesicherter Lebensunterhalt
3. *Soziale Bedürfnisse:* z. B. regelmäßige Möglichkeiten, mit Freunden zusammen zu sein
4. *Ich-bezogene Bedürfnisse:* z. B. in der Schule erfolgreich sein
5. *Bedürfnis nach Selbstverwirklichung:* höchste Stufe der Bedürfnisbefriedigung, z. B. Selbstausdruck in einem gelungenen Song-Text

Dabei muss zunächst eine Befriedigung der zuerst aufgeführten Bedürfnisse gegeben sein, bevor die für schulisches Lernen relevanten Stufen 4 und 5 zum Zuge kommen können. Für S. wäre es nach diesem Ansatz besonders wichtig, dass sie nicht immer wieder sehr viel Kraft und Überlegung im Hinblick auf Stufe 3 aufwenden müssen. In die Zeitplanung sollten darum genügend Phasen eingebaut sein, die für ihre sozialen Bedürfnisse Spielraum lassen. (Zu weiteren Planungsgrundlagen s. u.)

Ablauf
Erstellt werden Tages- und Wochenpläne, die z. B. im Halbstundentakt in handelsübliche Tischplaner eingetragen werden können. Die Pläne werden regelmäßig (z. B. einmal pro Woche) auf ihre Brauchbarkeit hin überprüft. Wenn eine sinnvolle Lernorganisation routinisiert ist und die Grundlagen für die Planungsentscheidungen internalisiert sind, können die schriftlichen Planungen evtl. eingestellt werden.

Didaktischer Kommentar
Die Selbststeuerung insbesondere längerfristig anzulegender Arbeitsprozesse ist bei vielen S. schwach entwickelt. Ein effektives Zeitmanagement ist oft nur in Ansätzen vorhanden. Daher ist es für viele S. notwendig, persönliche Planungskompetenzen gezielt aufzubauen.

Tipps zur Umsetzung
S. können weitere Planungsgrundlagen berücksichtigen:
- Die Ziele, die mit dem Arbeitsplan verfolgt werden, sollten realistisch und nicht zu hoch gesteckt sein. Misserfolgsorientierte S. stecken sich entweder unrealistisch hohe oder viel zu niedrige Ziele. Die damit verbundenen Erfahrungen wirken demotivierend, da sich befriedigende Arbeitsergebnisse meist nicht einstellen (vgl. Metzig/Schuster, S. 27).
- Tagespläne sollten besonders die biorhythmisch günstigen Zeiten für Arbeitsphasen reservieren. Welche dies sind, sollte jeder S. für sich persönlich herausfinden.
- Bei der Planung sollte berücksichtigt werden, dass sehr ähnliche Inhalte (z. B. Vokabeln für zwei Fremdsprachen) nicht unmittelbar nacheinander geübt werden sollten, da sonst die sog. *Ähnlichkeitshemmung* das Behalten erschwert und die Motivation schnell nachlassen kann.
- Unmittelbar nach dem Lernen von Sachverhalten, die ins Langzeitgedächtnis übergehen sollen, ist es sinnvoll, stark erregende Erlebnisse (z. B. spannende Filme oder Videospiele) zu vermeiden, da sonst eine *retrograde Amnesie* (Vergessen des zuvor Gelernten) eintreten kann (vgl. Metzig/Schuster, S. 46).
- Für das Lernen förderlich ist ein mittleres Erregungsniveau (ebd.). Darum sollten auch vor einem wichtigen Lerntermin aufregende Erlebnisse (z. B. ein spannendes Fußballspiel) vermieden werden.
- Da im Schlaf Inhalte ins Langzeitgedächtnis transportiert werden, können kurze Wiederholungsphasen vor dem Schlafengehen hilfreich sein.
- Ein Zeitplan sollte sinnvolle kurze Pausen und auch genügend Freizeit vorsehen.
- Langfristige Lern- und Arbeitsvorhaben wie die Vorbereitung einer Klausur oder eine Facharbeit sollten vom Endpunkt (Klausurtermin oder Abgabetermin) her geplant und unter Berücksichtigung sonstiger Verpflichtungen realistisch eingeteilt werden.

Alternativen
- Selbsteinschätzung (S. 23)
- Ausschreibung (S. 27)

Hinweise zur Weiterarbeit
- Bei auftretenden Problemen Lerntypen-Test (S. 18)
- Wochenplanarbeit (S. 40)
- ABC-Analyse (S. 26)

Literatur
Regula Schräder-Naef: Rationeller Lernen lernen. Ratschläge und Übungen für alle Wissbegierigen. 19. Aufl., Weinheim, Basel 2000, S. 134 ff.
Winfried Kneip u.a.: Lern-Landkarten. Ganzheitliches Lernen. Mülheim/Ruhr, 1998, S. 78 ff. u. 82 ff.
Werner Metzig, Martin Schuster: Lernen zu lernen. 6. Aufl., Berlin u. a. 2003

1 LERNEN als Einzelarbeit organisieren

Freiarbeit *(Independent study)*

Sozialformen: Einzel-, Partnerarbeit
Dauer: eine Stunde und länger
Medien: div. Lernmaterialien
Klassen: alle
Fächer: alle

Didaktisches Potenzial
S. gestalten ihren Lernprozess mit vorgegebenen Materialien selbst.
In der Freiarbeit wird das Lernen an Entscheidungen der S. gebunden. Es findet in einer didaktisch anregenden Lernumgebung statt, die von der Schule bzw. der Lehrperson eingerichtet worden ist. Neben der Erarbeitung von Themen kontrollieren die S. auch ihren Lernerfolg in wachsendem Umfang selbst. Das Lernen der S. ist also in hohem Maße selbstgesteuert. Organisatorisch kann die Freiarbeit in die ➜ Wochenplanarbeit eingeordnet werden.

Vorbereitungen
Wichtig ist die Vorbereitung geeigneter Lernmaterialien (➜ Wochenplanarbeit). Diese sollen altersgerecht sein und einen besonderen Aufforderungscharakter haben. Außerdem sollten sie die didaktischen Absichten, die die Lehrperson mit ihnen verbindet, eindeutig zum Ausdruck bringen. Die Materialien erfordern ein sehr sorgsam erarbeitetes didaktisches Konzept.
Klassenräume, in denen Freiarbeit angeregt werden soll, sollten in eine einladende Lernumgebung mit offenen Materialregalen und Ruhezonen umgestaltet werden.

Ablauf
Soll Freiarbeit in einer Klasse neu eingeführt werden, müssen die S. zunächst in die Lern- und Sozialformen dieses Lernverfahrens eingeführt werden. Anschließend erhalten sie *Pflichtmaterialien* mit detaillierten Arbeitsanregungen, die sie auf jeden Fall durcharbeiten sollen. Zusätzlich bekommen sie aber auch *„Kürmaterialien"*, deren Erarbeitung freiwillig ist. In späteren Phasen können die Arbeitsanregungen zu den Materialien weniger detailliert sein oder ganz wegfallen, da die S. eine Kompetenz für den Umgang mit Lernangeboten dann selbst aufgebaut haben. Allerdings ist bei leistungsdifferenzierten Gruppen weiterhin eine unterschiedliche Intensität von Arbeitsanregungen vorzusehen.
Freiarbeit kann in der Sekundarstufe I in die Stundentafel fest eingeplant oder über einige Zeit in den Fachunterricht integriert werden.

Didaktischer Kommentar
Freiarbeit ist eine besonders ausgeprägte Form des differenzierten und individualisierten Unterrichts, die auf Ansätze der Reformpädagogik (Montessori, Petersen, Freinet) zurückgeht und eine Reaktion auf sehr lehrerzentrierte Unterrichtsformen war. Seit den 1980er-Jahren ist sie in Grundschulen verbreitet, hat aber auch in den Schulformen der Sekundarstufe I Einzug gehalten. „Frei" sind für die S. nur die zeitliche Gestaltung und die Arbeitsformen, vorgegeben sind jedoch die Themen und der stoffliche Rahmen. Die S. erhalten die Aufforderungen zum Lernen nicht direkt vom L., vielmehr sind diese in die Materialien integriert.
Die S. müssen diese Arbeitsform eine Zeit lang praktizieren, bevor sie in der Lage sind, die Potenziale der Freiarbeit selbstständig und effektiv zu nutzen.

Tipps zur Umsetzung
Stärker als im Frontalunterricht wird die Lehrperson in der Freiarbeit zum Berater der S. und ist von einigen Anforderungen des Frontalunterrichts entlastet; sie muss aber bei der Erstellung von Lern- und Erfolgskontrollmaterialien erhebliche Vorarbeiten leisten.
Selbsterstellte Materialien werden oft laminiert, damit sie mehrfach verwendet werden können. Diese Materialien liegen sortiert in Schränken oder auf Regalen im Klassenraum für die S. bereit.
Verhaltensregeln: Die S. können für die Freiarbeit folgende *Verhaltensregeln* an die Hand bekommen:
- Ich störe andere nicht bei ihrer Arbeit.
- Ich behandele Arbeitsmaterialien so, dass sie an andere weitergegeben werden können.
- Ich bringe alle Materialien zügig an ihren Ort zurück, wenn ich sie nicht mehr benötige.
- Eine neue Aufgabe fange ich erst dann an, wenn ich eine angefangene zu Ende gebracht habe.

Alternativen
- Stationenlernen (S. 35)
- Gruppenpuzzle (S. 44)

Hinweise zur Weiterarbeit
- Portfolio (S. 155)
- Lerntagebuch (S. 288)
- In höheren Jahrgangsstufen Fortführung der Freiarbeit in Form von
    → Wettbewerbsbeiträgen (z. B. Jugend forscht), → Referaten (S. 233), Facharbeiten etc.

Literatur
Wilhelm H. Peterßen: Kleines Methoden-Lexikon. München 1999, S. 105 ff.
Engelbert Groß (Hrsg.): Freies Arbeiten in weiterführenden Schulen. Donauwörth 1992
Gabriele Krüsmann u. a.: LehrerInnen lernen Freie Arbeit. Mülheim/Ruhr 1991
Hilbert Meyer: Schulpädagogik, Band II. Berlin 1997, S. 167 f.
Kersten Reich: Konstruktivistische Didaktik. Weinheim 2008 (CD)

1 LERNEN als Einzelarbeit organisieren

Kompetenz-Konstruktion *(Problem-Based Learning)*

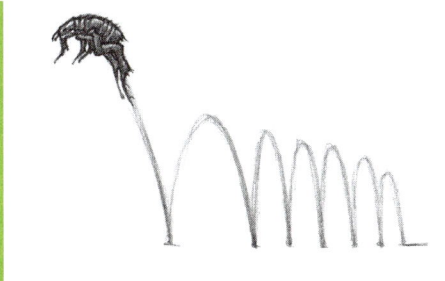

Sozialformen: Einzel-, Gruppenarbeit
Dauer: Schritte 1–5: 60 Min.,
Schritt 6: mehrere Tage,
Schritt 7: 45 Min.
Medien: –
Klassen: ab Klasse 9
Fächer: alle

Didaktisches Potenzial
S. lösen selbstständig ein Problem.
In Situationen mit struktureller Nähe zu alltäglichen Anwendungssituationen stellen sich die S. fachlichen Problemen und erwerben bei deren Lösung die Kompetenz, Erfahrungen und Einsichten zu übertragen und sich in Problemfeldern sachgerecht zu bewegen. Die S. erwerben dabei ihr Wissen selbstgesteuert – begleitet von beratenden Lehrkräften.

Vorbereitungen
Die Lehrperson entwirft oder besorgt einen sinnvoll konstruiertes Fallbeispiel.

Ablauf
Für Kompetenz-Konstruktionen (PBL) schlägt Agnes Weber (s. u.) ein mehrschrittiges Problemlösungsverfahren in Form eines *„Siebensprungs"* vor, das längere Phasen von Einzelarbeit umfasst:

1. Die S. werden in einer Lerngruppe mit einem exemplarischen *Problemfall* konfrontiert, der authentisch und lebensweltnah konstruiert ist. Mithilfe der Lehrperson aktivieren die S. ihr Vorwissen zu einer möglichen Lösung des Problemfalls. Dabei geht es zunächst um *Begriffe,* mit denen man den Fall fassen kann.
2. Die S. definieren, was das vermutete *Problem* ist, und formulieren ein bis drei Fragen.
3. Es folgt eine *Problemanalyse.* Ausgehend von ihrem Vorwissen generieren die S. *individuell* Erklärungen und Hypothesen zu dem Fall (→ Hypothesenbildung).
4. Die Hypothesen werden in der Lerngruppe abgeglichen und Oberbegriffen zugeordnet.
5. Die S. formulieren in der Lerngruppe offene Fragen *(Lernfragen),* die beantwortet werden müssten, um das Ausgangsproblem zu lösen.
6. Die S. beschaffen sich im *Selbststudium* Wissen, mit dem die Lernfragen beantwortet werden können. Sie wählen Informationen aus, strukturieren sie und überprüfen auf dieser Basis ihre Hypothesen. Dabei kommen verschiedene Verfahren wie die → Bibliotheks- bzw. Internetrecherche oder die → Sachverständigenbefragung zum Zuge.
7. Die Rechercheergebnisse zu den Lernfragen werden in der Lerngruppe ausgetauscht und abgeglichen. Anschließend wird das neue Wissen, z. B. in Form eines → Portfolios, in das subjektive Vorwissen integriert.

Didaktischer Kommentar

Unter der Bezeichnung *Problem-Based Learning* (PBL) breitet sich diese Methode in Kanada und den USA, aber auch in anderen Ländern (z. B. der Schweiz) seit einigen Jahrzehnten aus. Schwerpunkte gibt es insbesondere in der Hochschulausbildung und der Berufsausbildung. PBL wird bewusst von allen instruktionsdidaktischen Methoden abgegrenzt und als ein Verfahren des konstruktivistischen und individuellen Lernens verstanden. Allerdings findet dieses in sozialen Zusammenhängen statt. Die dahinterstehende Grundeinsicht ist, dass Wissen nicht einfach von einer Person auf die andere übertragen werden kann, sondern dass jeder Lernende sein Wissen aktiv und selbstständig aufbauen muss. Instruierende Lehreraktivitäten treten damit in den Hintergrund; Lehrende werden zu Lernprozessbegleitern, die S. bei der Konstruktion des individuellen Wissens behilflich sind.

Tipps zur Umsetzung

Damit der methodische Schritt weg von der Instruktion und hin zur Konstruktion gelingt, muss der Ausgangsimpuls (der Problemfall) besonders transfer- und anschlussfähig sein. Problembeschreibung und Problemlösung sollten sich leicht mit dem bisherigen Denken der S. vernetzen lassen (vgl. Weber, S. 71 ff.).

Lehrende stehen bei der Kompetenz-Konstruktion der S. nicht mehr im Mittelpunkt des Geschehens; PBL erfordert also einen Paradigmenwechsel, was die Lehrerrolle anbetrifft (statt „a sage on the stage" nun „a guide on the side").

L. sind bei diesem Lernverfahren Tutoren bzw. Lernberater, die besondere Aufgaben haben bei der

- Konstruktion von Problemaufgaben (s. o.),
- fachlichen Beratung selbstgesteuerter Lernprozesse der S.,
- → Moderation von Gruppentreffen,
- Motivation der Lernenden,
- Gestaltung von → Portfolios und
- Evaluation der Lernprozesse.

Alternativen
- Projekt (S. 53)
- Planspiel (S. 55)
- Zukunftswerkstatt (S. 57)

Hinweise zur Weiterarbeit
- Portfolio (S. 155)

Literatur

Agnes Weber: Problem-Based Learning. Ein Handbuch für die Ausbildung auf der Sekundarstufe II und der Tertiärstufe. Bern 2004

Verena Steiner: Exploratives Lernen. Der persönliche Weg zum Erfolg. Ein Arbeitsbuch für Studium, Beruf und Weiterbildung. Zürich, München 2000

J. R. Rankin (Ed.): Handbook on Problem-based Learning. New York 1999

Britta Kohler: Problemorientierte Gestaltung von Lernumgebungen. Weinheim 1998

Zusatzinformationen zu dieser Lernmethode und Links zu weltweiten Erfahrungen mit PBL unter: www.hep-verlag.ch/mat/pbl

1 **LERNEN** als Einzelarbeit organisieren

Stationenlernen/Lernen an Stationen

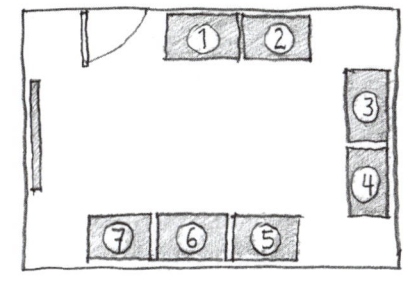

Sozialformen: Einzel- oder Partnerarbeit
Dauer: eine bis mehrere Stunden
Medien: vielschichtige Materialien
Klassen: alle
Fächer: alle

Didaktisches Potenzial
S. arbeiten Materialien an verschiedenen Plätzen aufgabengesteuert und selbstständig durch.
Stationenlernen ist eine Form der themenbezogenen → Freiarbeit. Das Lernen wird räumlich auf mehrere Stationen verteilt und vermittelt S. so auch eine räumliche Vorstellung vom „Lernfortschritt". Das Verfahren fördert die Selbststeuerung und Selbstverantwortung der S. und erlaubt gleichzeitig eine Individualisierung des Lerntempos und der Lernintensität an verschiedenen Lernstationen. Stationenlernen trägt so zur Binnendifferenzierung des Lernens in einer Lerngruppe bei.

Vorbereitungen
An verschiedenen Stationen in einem Raum oder in mehreren Räumen, die die S. später ansteuern, werden vorbereitete Materialien sowie zugehörige Aufgaben gebündelt zur Verfügung gestellt. Die Materialien sollten so ausgewählt bzw. hergestellt sein, dass sie von S. ohne ständige Interventionen der Lehrperson erarbeitet werden können und entdeckendes Lernen ermöglichen.
Die Arbeitsaufträge sollten einen besonders aktivierenden Charakter haben, die Stationen auch Materialien zur Selbst- bzw. Partnerkontrolle des Lernfortschritts bereithalten.

Ablauf
Nach einer Themeneinführung und einer Einweisung in das Verfahren (falls das Stationenlernen noch nicht bekannt ist) durchlaufen die S. die Lernstationen selbstständig in einer vorgegebenen Zeit. Dabei können sie an jeder Station Umfang und Schwierigkeitsgrad ihrer Arbeit selbst wählen und ihren Lernfortschritt testen. Sind die Materialien vom Einfachen zum Komplexen gestaffelt, steuern die S. die Stationen in einer bestimmten Reihenfolge an.

Didaktischer Kommentar

Diese methodische Neuentwicklung der letzten Jahrzehnte hat Vorläufer z. B. im *Zirkeltraining* des Sports (S. bewegen sich im Uhrzeigersinn durch den Raum und nutzen nach und nach die an mehreren Stationen bereitgestellten Übungsmöglichkeiten). Das Stationenlernen ist ein konstruktivistisches Lernmodell, das den Eigenanteil des S. an seinem Wissenszuwachs betont.

Für die verschiedenen Formen der Ausgestaltung des Stationenlernens gibt es heute weitere Bezeichnungen:
- *Lernstraße* (lineare Anordnung der Stationen),
- *Lernzirkel* (aufeinander abgestimmte Stationen mit verbindlichem Durchlauf),
- *Lerntheke/Lernladen* (eher offenes thematisches Angebot mit Pflicht- und Wahlbereichen) oder
- *Lernzone* (Anordnung der Stationen in sachlich einander zugeordneten Gruppen/Unterthemen).

Anders als in einem → Projekt werden die S. durch das vorstrukturierte Material eng geführt und erhalten nicht so viel Spielraum zur eigenen Entwicklung des Themas. Das Verfahren eignet sich nicht zur Erarbeitung von Themen, bei denen Diskussionen im Klassen- oder Kursplenum wichtig für den Lernfortschritt sind, oder für solche, die sich nicht sequenzialisieren lassen.

Die Gestaltung der Materialien sollte präzise themenbezogen sein und einen blinden Material- und Aufgabenaktionismus vermeiden.

Tipps zur Umsetzung

Stationenlernen erfordert umfangreiche Materialien. Diese sehr zeitaufwändige Vorbereitung wird sinnvollerweise arbeitsteilig (zusammen mit Kolleginnen und Kollegen, auch schulformübergreifend) gestaltet. In der Regel erfordern Verfahren wie das Stationenlernen daher schulorganisatorische Innovationen.

Wenn das Material der Stationen insgesamt aufeinander aufbaut und die S. eine bestimmte Reihenfolge der Bearbeitung einhalten müssen, empfiehlt es sich, zwischen einigen Stationen zur Abpufferung von Staus Angebote zur Vertiefung oder Entspannung bereitzuhalten, die nur bei „Staugefahr" genutzt werden sollen.

Alternativen
- Projekt (S. 53)
- Planspiel (S. 55)
- Gruppenpuzzle (S. 44)
- Gruppenarbeit (S. 42)

Hinweise zur Weiterarbeit
- Portfolio (S. 155)
- Ablage (S. 150)

Literatur

Roland Bauer (Hrsg.): Schülergerechtes Arbeiten in der Sekundarstufe I: Lernen an Stationen. Berlin 1997
Wilhelm H. Peterßen: Kleines Methoden-Lexikon. München 1999, S. 270 ff.
Ulrich Meyer u.a. (Hrsg.): Handbuch Methoden im Geschichtsunterricht. Schwalbach/Ts. 2004, S. 515 ff.
Kersten Reich: Konstruktivistische Didaktik. Weinheim 2008 (CD)

1 LERNEN als Einzelarbeit organisieren

Stillarbeit/Einzelarbeit *(Seatwork)*

Sozialformen: Einzelarbeit
Dauer: 5–15 Min.
Medien: –
Klassen: ab Klasse 5
Fächer: alle

Didaktisches Potenzial
S. erarbeiten eine Aufgabe still für sich.
Als methodisches Element des → Lehrgesprächs, der → Gruppenarbeit, der → Freiarbeit, der → Wochenplanarbeit und anderer Formen des Lernens trainiert die Stillarbeit die Kompetenz der S., ohne eingreifende Lenkung durch die Lehrperson für sich einen Arbeitsprozess zu bewältigen. Stillarbeit kann auch eingesetzt werden, um mit S. die Konzentration auf sich selbst zu trainieren und die Produktivität stiller Arbeit zu erfahren.

Vorbereitungen und Ablauf
Die S. sollten sich in einem Raum befinden, in dem ein Arbeiten ohne besondere Ablenkung möglich ist.
Die S. erhalten den Auftrag, in einer zeitlich begrenzten Unterrichtsphase konzentriert und ohne mit anderen zu sprechen an einer Sache zu arbeiten. Um der Stillarbeit die nötige Ausrichtung und Dynamik zu geben, sollten die S. eine inhaltlich klar umrissene Aufgabe erhalten und evtl. Materialien an die Hand bekommen, die ein hohes Anregungspotenzial aufweisen und die Konzentration auf eine Sache unterstützen. Eine Kontaktaufnahme im Flüsterton mit dem Nachbarn sollte nur in Notfällen gestattet sein.

Didaktische Hinweise
Die S. lernen, Störpotenziale für sich auszublenden und einem Arbeitsvorhaben den Vorrang einzuräumen. In vielen Didaktiken kommt die „Pädagogik der Stille" zu kurz, obwohl stilles Arbeiten eine wichtige Komponente von Bildungsprozessen ist. So ist Stillarbeit in der Schule z. B. auch ein wichtiges Training für die häusliche Lernsituation der S. (Hausaufgaben etc.).
Steht genug Raum zur Verfügung, können S. sich an Einzeltische zurückziehen, um die Konzentration zu unterstützen.

Alternativen
- Stationenlernen (S. 35)

Hinweise zur Weiterarbeit
- Austausch mit dem Partner
- Vortragen der Ergebnisse im Plenum

Literatur
Wilhelm H. Peterßen: Kleines Methoden-Lexikon. München 1999, S. 274 f.
Kersten Reich: Konstruktivistische Didaktik. Weinheim 2008 (CD)

1 LERNEN als Einzelarbeit organisieren

Wettbewerb *(Competition)*

Beispiele
- Nehmt an unserem Wettbewerb teil und werdet zu Regisseuren in eurer eigenen Multimedia-Show!
- Sich regen bringt Segen? Arbeit in der Geschichte

Sozialformen:	Einzelarbeit (z. T. Kleingruppen)
Dauer:	mehrere Tage bzw. Monate
Medien:	–
Klassen:	ab Klasse 5 (oft ab 8 oder später)
Fächer:	nahezu alle

Didaktisches Potenzial
S. messen sich (schulübergreifend) mit anderen.
Die S. beteiligen sich an einem der über 30 Wettbewerbe, die in Deutschland jährlich bundesweit ausgeschrieben werden. Sie entwickeln ihre Kenntnisse und Kompetenzen selbstständig, z. T. auch mit beratender Hilfe von Lehrkräften, und vergleichen ihr Leistungsvermögen mit dem Gleichaltriger.

Vorbereitungen
Weit im Vorfeld einer Wettbewerbssaison werden die aktuellen Teilnahmebedingungen eingeholt. Die S. besorgen sich diese aus dem Internet (Adressen s. u.). Ins Auge gefasst werden kann z. B. eine Teilnahme an folgenden Wettbewerben:
- *Geschichtswettbewerb um den Preis des Bundespräsidenten:* Initiator ist die Körber-Stiftung in Hamburg. Jährlich gibt es viele tausend Teilnehmerinnen und Teilnehmer aus den Klassen 8 bis 13.
- *Wettbewerb „Demokratisch Handeln":* Initiator ist die Theodor-Heuss-Stiftung. Teilnehmen können alle Schülerinnen und Schüler.
- *Bundeswettbewerb Fremdsprachen:* Initiatoren sind der Bildung und Begabung e. V., der Stifterverband für die Deutsche Wissenschaft und das Bundesministerium für Bildung, Wissenschaft, Forschung und Technologie. Teilnehmen können Schülerinnen und Schüler der Jahrgangsstufen 7 bis 13.

Weitere Wettbewerbe s. u. Die teilnehmenden S. werden in Schulen oft von dazu beauftragten Lehrpersonen betreut.

Ablauf
Die Wettbewerbe sind oft so organisiert, dass schulinterne und/oder regionale Treffen der teilnehmenden S. (und der sie betreuenden L.) stattfinden, bei denen Sieger ermittelt und erste Preise vergeben werden. Die Sieger können an Landes- und schließlich an Bundeswettbewerben teilnehmen.

Didaktischer Kommentar
Das sehr breite Angebot an Wettbewerben bietet S. mit ganz verschiedenen Talenten die Möglichkeit, außerunterrichtlich eigene Kompetenzen zu entwickeln und sich mit Gleichgesinnten schulintern, regional und evtl. überregional auszutauschen.

Tipps zur Umsetzung
Weitere Wettbewerbe sind z. B.:
- *Jugend forscht:* Initiator ist die Stiftung Jugend forscht e. V. Teilnehmen können alle S. bis 22 Jahre. Adresse im Internet: www.jugend-forscht.de .
- *Bundeswettbewerb Mathematik:* Initiatoren sind der Bildung und Begabung e. V., das Bundesministerium für Bildung, Wissenschaft, Forschung und Technologie, der Stifterverband der Deutschen Wissenschaft und die Kultusministerkonferenz. Teilnehmen können S. aller Altersstufen. Adresse im Internet: www.bundeswettbewerb-mathematik.de .
- *Jugend musiziert:* Veranstaltet werden Regional-, Landes- und Bundeswettbewerbe; es gibt Solowertungen in Disziplinen wie Klavier, Gesang oder Gitarre und Ensemblewertungen in Disziplinen wie Bläser, Streicher oder Neue Musik. Träger ist der Deutsche Musikrat; finanziell unterstützt wird der Wettbewerb vom Bundesministerium für Familie, Senioren, Frauen und Jugend sowie von den Sparkassen.
- *ProjektWerkstatt:* Eingereicht werden Werkstücke zu wechselnden Themen. Initiator ist die Bundeszentrale für politische Bildung. Teilnehmen können S. der Jahrgangsstufen 5 bis 11. Adresse im Internet: www.bpb.de – Veranstaltungen/Wettbewerbe.
- *Deutscher Gründerpreis für Schüler:* Die teilnehmenden S. von 16 bis 21 Jahren setzen fiktive Unternehmensgründungen (vgl. → Übungsfirma) praktisch um. Initiatoren sind die Sparkassen, das ZDF, das Magazin „Stern" und die Porsche AG.
Adresse im Internet: www.startup-werkstatt.de .
- *Schule macht Zukunft:* Die teilnehmenden S. der Klassen 9 bis 13 setzen sich mit einem technisch-gesellschaftlichen Thema auseinander. Initiator ist das Magazin „Focus".
Adresse im Internet: www.focus.de/schuelerwettbewerb .

Alternativen
- Schulische Arbeitsgemeinschaften unter Leitung von L. und/oder S.

Hinweise zur Weiterarbeit
- Dokumentation von Arbeiten auf der Homepage oder in einem Jahrbuch der Schule

Literatur
Wolfgang Beutel/Sven Tetzlaff: Wozu Schülerwettbewerbe? In: Pädagogik, 4/2007, S. 58–59
Wolfgang Beutel/Sven Tetzlaff: Schülerwettbewerbe und Schulentwicklung. In: *Peter Fauser/Rudolf Messner (Hrsg.):* Fordern & Fördern. Was Schülerwettbewerbe leisten. Hamburg 2007, S. 141–153
Überblick und aktuelle Informationen zu Schülerwettbewerben im Internet unter:
www.bundeswettbewerbe.de
www.bildungsserver.de/wettbew.html
www.bmbf.de (Förderung/Wettbewerbe)
www.bundeswettbewerb-fremdsprachen.de
www.demokratisch-handeln.de
www.geschichtswettbewerb.de

1 LERNEN als Einzelarbeit organisieren

Wochenplanarbeit *(Weekly target setting)*

Sozialformen:	Einzelarbeit, teilw. Partnerarbeit
Dauer:	jeweils eine Woche o. länger
Medien:	je nach Unterrichtsstoff
Klassen:	alle
Fächer:	alle außer Fremdsprachen

Didaktisches Potenzial
S. organisieren das Lernen vorgegebener Inhalte über einen längeren Zeitraum selbst. Dieses Verfahren gibt den S. im Vorhinein einen Überblick über ihr Lernpensum für die anstehende Woche oder einen längeren Zeitraum und lässt ihnen Spielraum zur freien und eigenverantwortlichen Gestaltung ihrer Arbeit. Während die Lehrperson fachliche Ziele und Inhalte vorgibt, überlässt sie den S. die eigenverantwortliche Entscheidung über die zeitliche Gestaltung der Wochenplanarbeit. Die S. werden so zu einem hohen Grad an Lernautonomie angeleitet. Zugleich ermöglicht das Verfahren in Lerngruppen ein hohes Maß an innerer Differenzierung, da die S. ganz verschiedene Wege gehen können.

Vorbereitungen
Wochenweise oder in größeren Abständen werden für die S. Aufgaben festgelegt, die in der Regel in Pflichtaufgaben und freiwillige Zusatzaufgaben unterteilt sind. Die Aufgaben für die Wochenplanarbeit sollten nicht zu umfangreich sein, damit wirklich Spielraum für eine eigenverantwortliche Gestaltung des Lernprozesses durch die S. bleibt. Außerdem dürfen die Aufgaben für die Wochenpläne nicht alle aufeinander aufbauen, da den S. sonst kein Entscheidungsspielraum bleibt.

Ablauf
Die S. erhalten von der Lehrperson eine Zusammenstellung von Aufgaben. Über die Reihenfolge ihrer Erledigung und die Sozialform (Einzel- oder Partnerarbeit) entscheidet jeder einzelne S. dann in eigener Verantwortung. Allerdings muss er sich entscheiden und festlegen. S. und L. schließen so wöchentlich einen Vertrag über die Lernarbeit einer Woche. Zugleich treffen die S. miteinander Vereinbarungen über die Nutzung (knapper) Ressourcen des Lernens. Alle Vereinbarungen werden jeweils auf Wandtafeln oder Plakaten klassen- bzw. kursöffentlich dokumentiert.

Die Lernerfolgskontrolle erfolgt in der Regel – der Philosophie dieses Verfahrens folgend – ebenfalls selbstständig durch die S. mithilfe von Lösungsblättern.

Didaktischer Kommentar

Das Lernverfahren mit Wochenplänen geht u.a. auf den „Kleinen Jena-Plan" (1927) von Peter Petersen und die „Arbeitsschule" von Célestin Freinet zurück. Zusammen mit der
→ Freiarbeit hat sich die Wochenplanarbeit in den letzten Jahrzehnten besonders in den Grundschulen, z. T. aber auch in der Sekundarstufe I ausgebreitet.
Ein Vorteil des Verfahrens ist es, dass leistungsstarke S. einer steilen Lernprogression folgen oder in die Breite eines Themas arbeiten können, während sich leistungsschwächere S. derselben Lerngruppe auf wenige Kernaufgaben konzentrieren können.
Die Wochenplanarbeit bereitet mit ihrem hohen Grad an Selbststeuerung auf Phasen der Lernbiografie vor, in denen die permanente Anleitung durch andere reduziert ist (z. B. Ausbildung, Studium).
Für den fremdsprachlichen Unterricht ist das Verfahren weniger geeignet, da S. in langen selbstgesteuerten Phasen in der Regel in ihre Muttersprache wechseln.
Einige S. vermissen in der Wochenplanarbeit auch den kontinuierlichen Kontakt mit einem Erwachsenen, der sie über persönliche und fachliche Ausstrahlung dazu motiviert, sich Lernstoffe zu erschließen.

Tipps zur Umsetzung

- Bei der Planung der Arbeit können Zeiten für Hausaufgaben integriert werden. In einem solchen Wochenplan entfällt dann die Hausaufgabe, der Umfang der vereinbarten Arbeiten ist aber so angelegt, dass Teile des Materials zu Hause bearbeitet werden müssen.
- In der Regel kann die Lehrperson nicht alle Wochenplanarbeiten selbst kontrollieren; daher sind Möglichkeiten der Selbstkontrolle wichtig. Die Lehrkraft sollte aber regelmäßig in die Arbeiten der S. Einblick nehmen.
- Vgl. auch → Freiarbeit.

Alternativen

- Freiarbeit (S. 31)
- Stationenlernen (S. 35)
- Projekt (S. 53)

Hinweise zur Weiterarbeit

- Portfolio (S. 155)
- Projekt (S. 53)
- In höheren Jahrgangsstufen Fortführung der Wochenplanarbeit in Form umfangreicherer selbstständiger Erarbeitungen wie z. B.
  → Wettbewerbe (S. 38),
  → Referate (S. 233), Facharbeiten

Literatur

Wilhelm H. Peterßen: Kleines Methoden-Lexikon. München 1999, S. 287 f.
Wolfgang Mattes: Methoden für den Unterricht. Paderborn 2002, S. 60 f.
Kersten Reich: Konstruktivistische Didaktik. Weinheim 2008 (CD)
Christina Huf/Georg Breidenstein: Schülerinnen und Schüler bei der Wochenplanarbeit. In: Pädagogik 4/2009, S. 20 ff.

1 LERNEN in Kleingruppen organisieren

Gruppenarbeit *(Group work)*

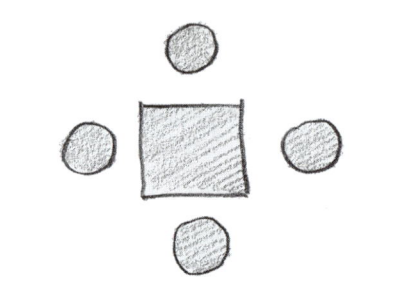

Dauer: 10 Min. und mehr
Medien: –
Klassen: alle
Fächer: alle

Didaktisches Potenzial
S. erarbeiten sich Unterrichtsstoffe kooperativ und ohne direkte Lenkung.
In der Gruppenarbeit, einer Form der inneren Differenzierung, lösen S. arbeitsteilig oder arbeitsgleich Aufgaben, die vorher im Klassen- bzw. Kursplenum definiert worden sind. Diese Arbeits- und Sozialform fördert die persönliche und soziale Kompetenz der S., da während der Gruppenarbeit – stärker als im lehrerzentrierten Unterricht – Selbststeuerung, Entscheidungsfähigkeit und Kooperation gefordert sind.

Vorbereitungen
Vor der Gruppenarbeit steht die Gruppenbildung. Ähnlich wie bei der → Partnerarbeit kann sie nach Sympathie und Freundschaftsbeziehungen in der Lerngruppe, nach Leistungsfähigkeit oder auf andere Weise erfolgen (z. B. → Spontangruppen, → Vier-Ecken-Spiel, → Moleküle, → Zufallsgruppen).
Die Gruppenarbeit wird von der Lehrperson *arbeitsteilig* oder *arbeitsgleich* angelegt (s. u.). Bei beiden Formen kann zudem entschieden werden, ob *aufgabengleich* oder *aufgabenverschieden* gearbeitet werden soll. Bei Aufgaben verschiedenen Schwierigkeitsgrades zum selben Themenaspekt können zusätzliche Differenzierungsmöglichkeiten genutzt werden. Die Aufgaben sollten insgesamt so bemessen sein, dass alle Gruppen ihre Arbeit im selben zeitlichen Rahmen erledigen können.

Ablauf
Die Gruppenarbeit besteht in der Regel aus drei Phasen:
- Zunächst kann sich jede Gruppe in einer *Einarbeitungsphase* mit ihrer Aufgabenstellung und dem zugrunde liegenden Material vertraut machen (evtl. Lesephase, gemeinsame Klärung der Aufgabenstellung etc.).
- Es folgt eine *Erarbeitungsphase*, in der die S. miteinander Probleme lösen oder Ideen entwickeln.
- Sie endet mit der *Vorbereitung einer Präsentation*, bei der Arbeitsergebnisse zusammengefasst und strukturiert werden, damit sie anschließend im Plenum adressatengerecht vorgetragen werden können.

Für die Arbeit wird ein zeitlicher Rahmen gesetzt, an den sich alle Gruppen halten sollen.

Didaktischer Kommentar

Gruppenarbeit, in der Fachliteratur auch als *Gruppenunterricht* bezeichnet, wurde erstmalig in den 1920er-Jahren von Peter Petersen in der Jena-Plan-Schule regelmäßig praktiziert. Sie bringt einen weit höheren Planungsaufwand mit sich als z. B. Frontalunterricht, ist jedoch bei S. beliebt, da sie sich in dieser Arbeitsform wechselseitig unterstützen können. Die Partizipation der S. am Unterrichtsgeschehen ist bei der Gruppenarbeit insgesamt höher als beim Plenumsunterricht.

Viele Untersuchungen haben ergeben, dass leistungsschwächere S. in *leistungsheterogenen* Gruppen besser lernen als in *leistungshomogenen*. Ob leistungsstarke S. in heterogenen Gruppen angemessen angeregt werden, ist umstritten.

Im Hinblick auf die gesamte Lerngruppe kann Gruppenarbeit entweder konkurrierend und *wettbewerbsbezogen* oder einander *ergänzend* angelegt werden. Arbeitsgleiche Gruppen tendieren oft zu Konkurrenzverhalten; bei arbeitsteiligen Gruppen ist diese Tendenz stark abgeschwächt. Arbeitsteilige Gruppenarbeit ist zur Gestaltung eines gemeinsamen komplexen Produkts (z. B. zum Schreiben eines Theaterstücks) weniger geeignet, es sei denn, wesentliche Entscheidungen werden vorher im Plenum getroffen.

Tipps zur Umsetzung

Empfehlenswert sind Gruppengrößen von drei bis sechs Mitgliedern. Jede Gruppe sollte einen *Moderator* wählen (→ Moderation), der auf einen konstruktiven Ablauf der Arbeit und auf die Einhaltung zeitlicher Vorgaben achtet.

Sind S. nicht geübt, die Freiräume der Gruppenarbeit konstruktiv zu nutzen, kann es zu Leerlauf kommen. Als Vorstufe sollten sie dann zunächst Erfahrungen mit → Partnerarbeit machen. Die Intensität der Mitarbeit in Gruppen nimmt zu, wenn die Zuständigkeit für die Präsentation (Berichterstatter) nicht zu Beginn der Arbeit, sondern erst am Ende der Gruppenarbeit (z. B. per Los) entschieden wird, sodass alle Gruppenmitglieder veranlasst sind, sich auf eine Präsentation vorzubereiten.

Unterrichtszusammenhänge

Gruppenarbeit ist sowohl in Erarbeitungs- als auch in Übungsphasen sinnvoll.

Alternativen
- Partnerarbeit (S. 45)
- Gruppenpuzzle (S. 44)
- Themenzentrierte Interaktion (TZI) (S. 47)

Hinweise zur Weiterarbeit
- Expertenpodium (S. 211)
- Ausstellung der Arbeitsergebnisse (S. 244)
- Talkshow (S. 243) zur Präsentation der Gruppenergebnisse
- Vortrag (S. 238) eines Gruppenmitglieds

Literatur
Wolfgang Mattes: Methoden für den Unterricht. Paderborn 2002, S. 32 ff.
Kersten Reich: Konstruktivistische Didaktik. Weinheim 2008 (CD)
Elke Dreyer/Katrin Harder: 99 Tipps Partner- und Gruppenarbeit. Berlin 2009

Gruppenpuzzle/Experten-Methode *(Jigsaw)*

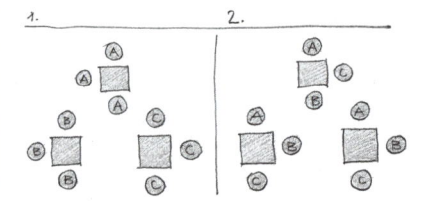

Sozialformen: Gruppenarbeit
Dauer: je nach Stoffumfang
Medien: –
Klassen: ab Klasse 5
Fächer: alle

Didaktisches Potenzial

Jeder S. nimmt Informationen auf und gibt sie weiter.
Alle S. werden aktiviert, Informationen intensiv aufzunehmen, da sie wissen, dass sie ihre Einsichten anschließend – auf sich alleine gestellt – an andere weitergeben sollen.

Vorbereitungen und Ablauf

Die für die Gruppenarbeit (Expertengruppen; s. u.) benötigten Materialien sollten von der Lehrperson bereitgestellt werden.
Zu Beginn des Gruppenpuzzles wird jeder S. einer *Stammgruppe* zugeteilt (Losverfahren), die einen komplexen Sachverhalt erarbeiten soll. Jede Stammgruppe entsendet je ein Mitglied (wieder per Losverfahren) in *Expertengruppen*. In diesen Gruppen wird jeweils ein Teilthema erarbeitet. Nach einer vorgegebenen Zeit finden sich alle wieder in ihrer *Stammgruppe* ein. In diesen vermittelt nun jeder S. als Experte das Wissen, das er vorher in der *Expertengruppe* erarbeitet hat. Am Ende der zweiten Gruppenrunde sind also alle S. über alle Teilthemen informiert.

Didaktische Hinweise

Mithilfe des Gruppenpuzzles kann man komplexere Themenbereiche in einer Lerngruppe arbeitsteilig einführen und dabei die S. breit aktivieren. Voraussetzung für dieses Verfahren ist, dass sich ein Stoffbereich in mehrere etwa ähnlich anspruchsvolle Teilthemen untergliedern lässt.
Da jeder S. in der zweiten Gruppenphase als Experte für sein Teilthema die Referentenrolle zu übernehmen hat, besteht eine besondere Motivation, sich während der ersten Arbeitsphase gründlich kundig zu machen. So wird dem bekannten Nachteil der üblichen Gruppenarbeit, dass nämlich Einzelne arbeiten und der Rest sich zurückhält, vorgebeugt.
Nach Abschluss des Gruppenpuzzles kann der zu klärende Sachverhalt in der Stammgruppe oder auch im Plenum vertiefend erörtert werden.

Alternativen

- Gruppenarbeit (S. 42)
- Partnerarbeit (S. 45)

Hinweise zur Weiterarbeit

- Wandzeitung (S. 258)
- Suchaufgabe

Literatur

Heinz Klippert: Teamentwicklung im Klassenraum. Weinheim, Basel 2001, S. 214 ff.
Frank Müller: Lesetraining. Weinheim und Basel 2009, S. 77–89

1 LERNEN in Kleingruppen organisieren

 Partnerarbeit/Tandem/Partnerpuzzle

Dauer: 10 – 30 Min.
Medien: –
Klassen: alle
Fächer: alle

Didaktisches Potenzial
S. arbeiten phasenweise zu zweit zusammen.
Die Zusammenarbeit mit einer Partnerin/einem Partner ist eine wichtige Vorstufe zur Teamarbeit. Die beiden Partner können entweder nebeneinander- oder sich gegenübersitzen. Sitzen die Partner nebeneinander, können sie gemeinsam an einem Gegenstand arbeiten bzw. gemeinsam eine Aufgabe lösen; sitzen sie sich gegenüber, können sie z. B. etwas miteinander üben (Partnerdiktat u. Ä.).

Vorbereitungen
Partnerarbeit ist die Arbeits- und Sozialform mit dem geringsten organisatorischen Aufwand. In der Regel arbeiten diejenigen S. phasenweise zusammen, die in einer Klasse/einem Kurs unmittelbar nebeneinandersitzen. Ansonsten können bei der Partnerarbeit entweder in etwa leistungshomogene S. oder S. mit unterschiedlichem Leistungsvermögen zusammengebracht werden *(Tandem)*. Arbeiten S. mit unterschiedlichem Leistungsvermögen zusammen, kann der leistungsstärkere S. für den leistungsschwächeren bestimmte Unterstützungsmaterialien vorbereiten.
Der Arbeitsauftrag kann die Chance nutzen, dass Lernpartner sich wechselseitig Rückmeldungen zu ihrem aktuellen Lernstand geben und korrigierend bzw. ergänzend in aktuelle Arbeitsprozesse des Partners eingreifen.

Ablauf
Die S.-Paare erhalten einen Arbeitsauftrag und eine zeitliche Vorgabe zur Erledigung der Aufgabe. Während der Partnerarbeit unterhalten sich die beiden S. in gemäßigter Lautstärke und bereiten ggf. eine Präsentation ihrer Arbeitsergebnisse vor. Am Ende der Partnerarbeitsphase können dann mehrere Paare ausgewählt oder ausgelost werden, die ihre Ergebnisse im Plenum vortragen. Die anderen S. erhalten die Gelegenheit, noch nicht genannte Aspekte zu ergänzen.
Beim *Partnerpuzzle* erarbeitet sich die Hälfte einer Klasse in Stillarbeit ein Teilthema A, die andere Hälfte der Klasse erschließt sich ein anderes Teilthema B. Jeder tauscht sich anschließend mit einem anderen über sein Teilthema aus, in dem er nun „Experte" ist. In einem Puzzle-Verfahren setzt sich jeder S. mit dem Teilthema A mit einem anderen zusammen, der das Teilthema B vertritt. Die Informationen werden möglichst intensiv ausgetauscht.

Didaktischer Kommentar
Die Partnerarbeit kommt dem Bedürfnis von S. nach überschaubaren sozialen Zusammenhängen entgegen und kann ein förderliches Klima für Lernprozesse schaffen. Allerdings kann das Interesse an einem „gemütlichen Zusammensein" die Arbeitsaufträge auch in den Hintergrund treten lassen.

Tipps zur Umsetzung
Um die Flexibilität der S. in einer Klasse/einem Kurs zu verbessern, können die beiden Kooperationspartner auch durch Auslosen oder andere Verfahren der Gruppenbildung von Mal zu Mal anders zusammengesetzt werden.

Diese methodische Variante löst auch das Problem, dass einzelne S. ab und zu keinen Partner finden. In solchen Situationen muss die Lehrperson ohnehin eingreifen, um eine Verfestigung von Außenseiterpositionen zu verhindern.

Sollen die Ergebnisse der Partnerarbeit anschließend ins Plenum eingebracht werden, kann unterschiedlich verfahren werden:
1. Die Partner entscheiden selbst, wer vorträgt.
2. Am Ende der Partnerarbeit entscheidet das Los, wer die Ergebnisse einbringt.
3. Die Partner tragen beide arbeitsteilig vor.

(Zu unterschiedlichen Methoden der Präsentation → Kapitel 7)

Unterrichtszusammenhänge
Partnerarbeit kann insbesondere in Erarbeitungs- und Übungsphasen eingesetzt werden. In allen sprachlichen Fächern, aber auch in anderen geisteswissenschaftlichen Fächern können in Partnerarbeit *Dialoge* vorbereitet werden, in denen vorgegebene Informationen in restrukturierter Form wiedergegeben werden. Eine solche kreative und aktionale Form der gedanklichen Reorganisation in der Partnerarbeit spricht S. besonders an.

Alternativen
- Gruppenpuzzle (S. 44)
- Gruppenarbeit (S. 42)
- Lehrgespräch (S. 50)

Hinweise zur Weiterarbeit
- Plenumsdiskussion (S. 215) oder andere Formen der Diskussion wie → Debatte (S. 205)

Literatur
Ulrich Meyer u.a. (Hrsg.): Handbuch Methoden im Geschichtsunterricht. Schwalbach/Ts. 2004, S. 481 ff.
Wilhelm H. Peterßen: Kleines Methoden-Lexikon. München 1999, S. 223 f.
Regula Schräder-Naef: Rationeller Lernen lernen. Ratschläge und Übungen für alle Wissbegierigen. 19. Aufl., Weinheim, Basel 2000, S. 64 ff.
Gotthard Breit u.a. (Hrsg.): Methodentraining für den Politikunterricht II. Schwalbach 2007, S. 175 ff.
Kersten Reich: Konstruktivistische Didaktik. Weinheim 2008 (CD)

Themenzentrierte Interaktion (TZI) *(Theme-centred interaction)*

Es/Thema
Umwelt
Ich
Wir/Gruppe

Sozialformen: Gruppenarbeit, Plenum
Dauer: ab 30 Min.
Medien: –
Klassen: alle
Fächer: alle

Didaktisches Potenzial
S. begreifen ihr Lernen als Zusammenspiel von Individuum, Gruppe und Thema.
Das Verfahren der Themenzentrierten Interaktion (TZI) verbindet Notwendigkeiten der sachlichen Klärung bzw. Informationsvermittlung mit der Persönlichkeitsentfaltung des Individuums und den Ansprüchen von Gruppen an den Einzelnen. Angestrebt wird eine dynamische Balance zwischen einer einzelnen Person (dem Ich), den Gruppeninteraktionen (dem Wir) und dem Thema bzw. der Aufgabe (dem Es) in einem Lernprozess. Das TZI-Verfahren berücksichtigt auch, dass die Gruppe mit ihrem Lernprozess Einflüssen der sie umgebenden gesellschaftlichen Wirklichkeit ausgesetzt ist.

Vorbereitungen
Die Gruppenmitglieder erhalten klar umrissene Orientierungen für ihr Verhalten im gemeinsamen Arbeitsprozess (s. Tipps zur Umsetzung). Zugleich richtet sich die Lehrperson darauf ein, bei der Einführung des Themas auch von sich selbst und der eigenen Motivation bei diesem thematischen Schwerpunkt zu sprechen, damit sie als Person für die S. erfahrbar wird und die S. ein Modell erhalten, wie man persönlich – und nicht nur sachlich-abstrakt – mit einem Thema in Beziehung treten kann.

Ablauf
Zu Beginn der gemeinsamen Arbeit stellt die Lehrperson einen persönlichen Bezug zum Thema her (s. o.) und auch die S. erhalten die Gelegenheit, das Thema persönlich für sich zu entdecken (vgl. z. B. → Blätterlawine, → Tischset). Die S. werden auch darüber informiert, wie im Verlauf der Arbeitsphase (Stunde) verschiedene Gruppengrößen (Einzel-, Partner-, Gruppen- oder Plenumsarbeit) eingesetzt werden.
Darauf folgt eine Plenumsphase, in der Informationen vermittelt werden.
Anschließend erhalten die S. jeweils Gelegenheit, sich in kleineren Gruppen über das Gehörte auszutauschen und gedankliche Schritte kritisch nachzuvollziehen.
Informationsaufnahme und Interaktion wechseln sich also ab. Nach Gruppenphasen kann jeder S. für sich aufschreiben, was für ihn beim Plenumsvortrag und bei der Gruppenreflexion wichtig war.
Diese Eindrücke werden anschließend wieder ins Plenum getragen.

Didaktischer Kommentar
Das TZI-Verfahren strebt an, jedem Einzelnen Verantwortung für den Lernprozess zu übertragen. Dieses Verfahren, das von Ruth Cohn (* 1912) auf der Grundlage der Humanistischen Psychologie und der Gestalttherapie entwickelt wurde, bezieht die Individualität von Lernenden auf sachliche Schwerpunkte und auf Gemeinschaftlichkeit.

Tipps zur Umsetzung
Den Gruppenmitgliedern werden vor Beginn ihres Arbeitsprozesses einige Grundregeln für die Gruppenphasen an die Hand gegeben, die ihnen helfen sollen, sich authentisch in diese Gruppen einzubringen:
1. Vertritt dich selbst in deinen Aussagen; sage „ich" und nicht „wir" oder „man".
2. Wenn du eine Frage stellst, solltest du sagen, warum die Frage für dich wichtig ist.
3. Halte dich mit Interpretationen von Äußerungen anderer möglichst lange zurück; formuliere lieber deine persönlichen Reaktionen auf diese Äußerungen.
4. Vermeide Verallgemeinerungen.
5. Seitengespräche haben Vorrang; sie stören zwar, sind aber wichtig.
6. Allerdings sollte nur einer reden; wenn mehrere gleichzeitig sprechen wollen, sollte man sich in Stichworten verständigen, um was es gehen soll und wie die Reihenfolge der Äußerungen sein soll.

Ruth Cohn hebt hervor, dass in der Gruppenarbeit jeder seine eigene Chairperson sein soll und dass Störungen Vorrang haben.
Die Rückführung der Gruppenerfahrungen ins Plenum kann mit Methoden wie → Aquarium/*Fishbowl* oder → Kugellager gestaltet werden.
In der Themenzentrierten Interaktion werden oft *Schweigephasen* eingesetzt (z. B. nach Phasen eines Vortrags oder eines Gruppengesprächs), um
- nachzudenken,
- eine Zwischenbilanz zu ziehen,
- für sich selbst zum Thema neue Fragerichtungen zu entwickeln,
- ein Thema oder Gruppenereignis auf den Einzelnen wirken zu lassen.

Alternativen
- Gruppenpuzzle (S. 44)
- Stationenlernen (S. 35)

Hinweise zur Weiterarbeit
- Lerntagebuch (S. 288)
- Portfolio (S. 155)

Literatur
Cornelia Löhmer/Rüdiger Standhardt: TZI – Die Kunst, sich selbst und eine Gruppe zu leiten. Stuttgart 2008
Friedrich Ewert: Themenzentrierte Interaktion (TZI) und pädagogische Professionalität von Lehrerinnen und Lehrern. Wiesbaden 2008
Ulrich Meyer u. a. (Hrsg.): Handbuch Methoden im Geschichtsunterricht. Schwalbach/Ts. 2004, S. 502 ff.
Ruth C. Cohn, Irene Klein: Großgruppen gestalten mit Themenzentrierter Interaktion. Mainz 1993

1 LERNEN in Kleingruppen organisieren

Übungsfirma/Juniorenfirma

Sozialformen: Gruppenarbeit
Dauer: regelmäßig über mehrere Monate
Medien: –
Klassen: ab Klasse 11
Fächer: SoWi

Didaktisches Potenzial
S. erwerben selbsttätig betriebswirtschaftliche Kompetenzen.
S. begeben sich mit einer Übungsfirma in eine simulierte und zugleich reale wirtschaftliche Situation, sie trainieren dabei Selbstständigkeit und Teamfähigkeit und entwickeln handlungsorientiertes Denken in Zusammenhängen.

Vorbereitungen und Ablauf
Die S. entwickeln im Rahmen einer Arbeitsgemeinschaft oder im Rahmen des Unterrichts eine Geschäftsidee und ein Organigramm für einen wirtschaftlichen Betrieb. Sie besetzen die wichtigen Positionen in diesem Betrieb (z. B. Einkauf, Verkauf, EDV, Sekretariat, Werbung, Rechnungswesen und Personal) und wickeln dann durch reale Planung, Einkäufe und Verkäufe Geschäfte ab.

Didaktische Hinweise
Das Verfahren wurde auch unter dem Namen „Schülerfirma" bekannt. Zum Teil sind Übungsfirmen – bei Beratung durch L. – auf dem Schulgelände in großen Pausen geschäftlich tätig, organisieren Nachhilfe, Einkaufshilfen oder Gepäckdienste, Entrümpelungs- oder Flohmarktdienste usw. Mit Schülerfirmen verfolgen Schulen in erster Linie pädagogische Absichten und keine Gewinninteressen (die Einnahmen werden z. B. für Mittelbeschaffung von Fördervereinen verwendet). Die S. üben sich in der ganzheitlichen Betrachtung von Problemen und im selbstständigen Lernen.
Eine Schülerfirma wird in der Regel von der Schulleitung genehmigt; der Schulträger stimmt der Nutzung schulischer Sachmittel zu. Bei noch nicht volljährigen S. wird das Einverständnis der Eltern eingeholt. Bei Umsatz und Gewinn sind Geringfügigkeitsgrenzen einzuhalten.

Alternativen
- Projekt (S. 53)
- Planspiel (S. 55)

Hinweise zur Weiterarbeit
- Zertifikate für „Mitarbeiterinnen und Mitarbeiter" der Schülerfirmen

Literatur
Liane Paradies, Hans Jürgen Linser: Üben, Wiederholen, Festigen. Berlin 2003, S. 210 ff.
Melanie Hillebrand/Silke Tunat: Berufliches Lernen in Schüler- und Juniorenfirmen. Frankfurt/M. u.a. 2006

1 LERNEN in Großgruppen organisieren

Lehrgespräch *("Chalk and talk"/Whole class teaching)*

Sozialformen: Plenum
Dauer: 5 – 45 Min.
Medien: Tafel, Projektor etc.
Klassen: alle
Fächer: alle

Didaktisches Potenzial
S. folgen der Präsentation und den Impulsfragen des L.
In einem Lehrgespräch können S. Informationen zügig und strukturiert aufnehmen. Phasen der Informationsvermittlung und der Reflexion können zielgerichtet gesteuert werden. Mit einem Lehrgespräch erhalten alle S. die Möglichkeit, identischen Unterrichtsstoff und gedankliche Klärungsprozesse mitzuvollziehen.

Vorbereitungen
L. bereiten sich auf Lehrgespräche durch eine gründliche didaktische Analyse des Lehrstoffs vor, halten wesentliche Planungsgesichtspunkte für das Lehrgespräch auf einem Stichwortzettel fest und stellen ggf. unterstützende Medien zusammen.

Ablauf
Im Lehrgespräch bringen L. Unterrichtsstoff in kurzen Lernimpulsen (z. B. Mini-Referat, Materialpräsentation) ein und steuern dann einen Austausch über diesen Stoff zwischen ihnen und einzelnen S. Dabei sind die S. aufgefordert, zu den *Inputs* der L. Fragen zu stellen bzw. L.-Fragen zu beantworten. Von allen S. wird erwartet, dass sie sich aktiv mitdenkend am Lernprozess beteiligen. Im Einzelnen sollte der L.
- am Anfang das Ziel der Stofferarbeitung angeben;
- offene Fragen stellen (also Fragen, die Impuls- und Herausforderungscharakter haben und den S. eigene Denkleistungen ermöglichen) und geschlossene Fragen (Fragen, die nur eine Antwort zulassen) vermeiden;
- aktivierende Fragen stellen, die den Denkhorizont der S. in Richtung Lernziel öffnen;
- den Schülern nach jeder Frage einige Sekunden Zeit zum Nachdenken geben, bevor die erste Wortmeldung zugelassen wird;
- bei unklaren Antworten nachhaken;
- die S. ausreden lassen, wenn sie selbst Fragen stellen (evtl. Fragen noch einmal erläutern lassen!);
- Fragen der S. – wenn möglich – an die Lerngruppe zurückgeben;
- aus den Fragen der S. auf weiteren gedanklichen Klärungsbedarf schließen;
- nicht vom Thema abkommen.

Didaktischer Kommentar
Das Lehrgespräch, auch als *fragend-entwickelnder Unterricht* bezeichnet, dürfte immer noch die am häufigsten eingesetzte Lehrmethode sein. Eher abwertend wird das Verfahren auch *Frontalunterricht* genannt. Hilbert Meyer (1997) geht davon aus, dass etwa 75 % des Unterrichts in der Sekundarstufe I und II Frontalunterricht sind, man kann also von einer Monopolstellung dieser Unterrichtsmethode sprechen.
Vorteile gegenüber dem Referat sind z. B., dass beim *Lehrgespräch*
- der Lernstoff in kleine, von S. leichter verkraftbare Einheiten unterteilt werden kann,
- die S. den Lernprozess durch Fragen und Antworten mitgestalten können,
- das Tempo der Informationsvermittlung langsamer ist,
- die Intensität der Reflexion höher ist und die Informationen von S. besser verarbeitet und behalten werden.

Bei einem Lehrgespräch wird nicht erwartet, dass sich alle S. am Gespräch beteiligen, wohl aber, dass alle den L. verstehen können (akustisch und vom Anforderungsniveau her).
Als *Monokultur* des Unterrichtens ist das Lehrgespräch umstritten, da die Lehrperson hier das Monopol über Information und Prozesssteuerung hat und die S. auf Dauer entmündigt werden. Ist der Unterricht fast ausschließlich als Lehrgespräch angelegt, haben S. keine Möglichkeit, selbstständiges Lernen zu trainieren.

Tipps zur Umsetzung
In einem Lehrgespräch können
- Zwischenergebnisse von S. oder L. zusammengefasst werden;
- Ergebnisse laufend in einem Tafelbild oder auf einer Folie dokumentiert werden;
- Fragen oder Bemerkungen der S., die vom thematischen Kern der Stunde wegführen würden, in einem → Themenspeicher gesammelt werden;
- zunächst kleinere, dann auch größere Einheiten an S. übergeben werden;
- andere Verfahren wie → Moderation ergänzend oder auflockernd eingesetzt werden.

Vermieden werden sollten
- abwertende Bemerkungen zu S.-Äußerungen;
- Häufungen von Lehrgesprächen.

Alternativen
- Moderation (S. 223)
- Gruppenarbeit (S. 42)
- Projekt (S. 53)
- Freiarbeit (S. 31)
- Stationenlernen (S. 35)

Hinweise zur Weiterarbeit
- Protokoll (S. 227, 228)
- Übungsaufgaben, z. B.: Lückentext, S. 281, Lernplakat, S. 61

Literatur
Wilhelm H. Peterßen: Kleines Methoden-Lexikon. München 1999, S. 112 ff. u. 168 f.
Ruth Meyer: Lehren kompakt. Von der Fachperson zur Lehrperson. Bern 2004, S. 69 ff.
Hilbert Meyer: Schulpädagogik, Band II. Berlin 1997, S. 166
Hilbert Meyer: Plädoyer für die Wiederbelebung des Frontalunterrichts. In: Ders.: Türklinkendidaktik. Berlin 2001, S. 92 – 118

1 LERNEN in Großgruppen organisieren

Lernen durch Lehren *(Learning by teaching)*

Sozialformen: Einzelarbeit, Plenum
Dauer: 15 – 20 Min. (Plenumsphase)
Medien: Arbeitsblatt
Klassen: ab Klasse 7
Fächer: alle

Didaktisches Potenzial

S. erarbeiten und vermitteln Lernstoff durch Übernahme der Lehrerrolle.
S. übernehmen nach einer entsprechenden Anleitung für kurze Zeit die Lehrerrolle. Sie entwickeln dabei selbstständig Regelwissen, erarbeiten Übungsmöglichkeiten für Mits. und erweitern so in besonderer Weise ihre Methodenkompetenz im Bereich des Lernens.

Vorbereitungen und Ablauf

Ein S. (oder eine kleine Gruppe von S.) erhält den Auftrag, ein überschaubares Sachgebiet selbstständig so durchzuarbeiten, dass er Informationen auf einem Arbeitsblatt für die Mits. aufbereiten kann. Das Arbeitsblatt sollte z. B. Folgendes enthalten:
1. präzise ausgewähltes Beispielmaterial zu dem zu erarbeitenden Sachbereich,
2. eine daraus abgeleitete Regel/Gesetzmäßigkeit und
3. eine Übungseinheit (z. B. Einsetz-, Zuordnungsübung).

Alle bei der Vorbereitung auftauchenden Fragen bespricht der beauftragte S. mit dem L. und legt ihm das erarbeitete Übungsblatt einige Tage vor dem Einsatz im Plenum vor (am besten in digitalisierter Form, damit es bei Bedarf rasch umgearbeitet werden kann). Anschließend wird das Übungsblatt für alle kopiert.
Schließlich erarbeitet der S. (oder die Gruppe) in einem Gespräch mit der gesamten Lerngruppe (→ Moderation) den vorbereiteten Stoff (Schritte 1 und 2) und überprüft die Lösungen in der Übungseinheit (Schritt 3).

Didaktische Hinweise

Das Verfahren stellt größere Anforderungen an S. und kann erst in höheren Jahrgängen (etwa ab Klasse 7) eingesetzt werden. Einzelne S. können die *Lehrerrolle auf Zeit* allerdings auch schon in jüngeren Klassen einnehmen.
Die Lehrperson sollte eigene Aktivitäten darauf beschränken, die Arbeitsdisziplin in der Lerngruppe abzusichern.

Alternativen
- Projekt (S. 53)

Literatur
Hinweise auf Bücher, Videos etc. unter www.LdL.de

1 LERNEN in Großgruppen organisieren

 Projekt *(Project work)*

Beispiele
aus allen Lebensbereichen:
- Projektentwickler (berufliches Profil), Straßenbauprojekt, wissenschaftliche Projektgruppe, Erziehungsprojekt, literarisches Projekt …

Sozialformen:	Plenum, Projektgruppen
Dauer:	mehrere Tage bis Wochen
Medien:	je nach Art des Projekts
Klassen:	ab Klasse 5
Fächer:	alle

Didaktisches Potenzial
S. steuern einen gemeinsamen Arbeitsprozess produktorientiert.
S. arbeiten in Projekten in der Regel arbeitsteilig, handlungsorientiert, planvoll und weitgehend selbstgesteuert an einem definierten Vorhaben. Ihre kollektive Arbeit ist erfahrungsbezogen und zielgerichtet, da ein gemeinsames Endprodukt angestrebt wird.

Vorbereitungen
Mit den o. g. Zielen folgt das Projekt einer bestimmten Prozesslogik, sobald das Thema – etwa mit Verfahren wie → Lawinengespräch oder → Entscheidungstorte – festgelegt worden ist.

Ablauf
Das eigentliche Projekt umfasst dann die folgenden Schritte:
1. *Das Thema entdecken:* Die S. erkunden, welche Dimensionen das Thema umfasst. Dabei geht es u. a. auch darum, Gegenstandsbereiche zu entdecken, die bisher noch nicht im Wahrnehmungshorizont der S. lagen. Die Lehrperson kann in dieser Phase eine für das Projektziel *anregende Lernumgebung* mit Materialauslage etc. schaffen. Zugleich kann auf viele Rechercheverfahren hingewiesen werden (z. B. → Befragung, → Beobachtung, → Erkundung, → Umfrage, → Bibliotheksrecherche oder → Internetrecherche).
2. *Das Projekt planen:* Nachdem die S. die Materialdimensionen ihres Themas und mögliche methodische Umsetzungsmöglichkeiten kennengelernt haben, bilden sie Projektgruppen und planen ihren Arbeitsprozess inhaltlich und zeitlich, z. B. in Form einer → Ausschreibung.
3. *Das Projekt durchführen:* Im Hauptteil des Projekts tauschen sie eigene Erfahrungen im Rahmen des Themas aus (s. u.); außerdem erkunden sie Einzelheiten und recherchieren weiter zum Thema mit Verfahren wie den oben genannten. Teilgruppen müssen sich in dieser Phase regelmäßig abstimmen.
4. *Ein Produkt präsentieren:* Die S. erarbeiten ihre Informationen (s. u.) bis zur Präsentationsreife und gehen mit ihrem Produkt an eine Öffentlichkeit (s. u.).
5. *Das Projekt auswerten:* Abschließend schätzen die S. ihren eigenen Arbeitsprozess selbstkritisch ein (s. u.).

Didaktischer Kommentar
Das Projekt ist eines der wichtigsten Verfahren, mit dem S. ihre Methodenkompetenz erfahren und verbessern können. Da verschiedene Prozessschritte logisch ineinandergreifen

und voneinander abhängen, sind die S. angehalten, langfristig zu planen, bei der Umsetzung ➔ Zeitpläne aufzustellen und sich selbst um deren Einhaltung zu bemühen. Das Projekt trainiert außerdem in besonderer Weise die Zusammenarbeit von S. und wirkt der oft kleinschrittig-zerstückelnden Arbeitsweise vieler Unterrichtsabläufe entgegen (vgl. Brenner, S. 3).

In Schulen finden Projekte außer im Klassen- und Kursverband auch in Form von *Projekttagen* oder *Projektwochen* statt. An diesen Tagen findet der Unterricht in der gesamten Schule in einer Vielzahl von – z. T. altersgemischten – Projekten statt.

Tipps zur Umsetzung
In einzelnen Phasen des Projekts sind bestimmte Formen methodischer Unterstützung sinnvoll:

- Damit S. ein *Thema intensiver entfalten und entdecken* können, kann man Methoden wie ➔ Blitzlicht, ➔ Brainstorming oder ➔ Bilderbuffet einsetzen.
- Bei der *Projektplanung* können methodische Hilfen wie der ➔ Fragenbaum nützlich sein.
- In der zentralen *Durchführungsphase* können die S. neben den o. g., nach außen gerichteten Rechercheverfahren auch Methoden nutzen, in denen sie Gruppen- und subjektive Potenziale aktivieren (z. B. ➔ Vier-Ecken-Spiel, ➔ Rollenspiel).
- Für die *Produktpräsentation* hat eine Projektgruppe eine Fülle von Möglichkeiten zur Verfügung – von der ➔ Talkshow über eine ➔ Ausstellung bis zur ➔ Internet-Präsentation oder zum ➔ Portfolio.
- Bei der *Auswertung* eines Projekts sollten möglichst anregende Methoden der Evaluation eingesetzt werden (z. B. ➔ Feedback-Brief, ➔ Stimmungskurve, für verschiedene Phasen des Projekts ein ➔ Votum-Ei, ein ➔ Standogramm oder eine ➔ Stumme Imitation). Nach solchen stimulierenden Gesprächsstartern sollte das Projekt in den Teilgruppen und im Plenum gründlich ausgewertet werden.

Alternativen
- Planspiel (S. 55)
- Zukunftswerkstatt (S. 57)
- Übungsfirma (S. 49)
- Fallstudie (S. 120)

Hinweise zur Weiterarbeit
- Internet-Präsentation (S. 248)

Literatur
Karl Frey: Die Projektmethode. 11. Aufl., Weinheim, Basel 2010
Wolfgang Emer, Klaus-Dieter Lenzen: Projektunterricht gestalten – Schule verändern. Baltmannsweiler 2005
Wolfgang Emer: Projektarbeit. In: Ulrich Meyer u. a. (Hrsg.): Handbuch Methoden im Geschichtsunterricht. Schwalbach/Ts. 2004, S. 544 ff.
Gerd Brenner: Methodentraining: Projekt Medien und Meinungsbildung. Berlin 2002 (materialgestütztes Gesamtmodell für ein Projekt)
Kersten Reich: Konstruktivistische Didaktik. Weinheim 2008 (CD)

1 LERNEN in Großgruppen organisieren

Planspiel *(Advanced role-play)*

Beispiel
Wie sind in diesem Spiel die wichtigsten Entscheidungen zustande gekommen?

Sozialformen: Gruppenarbeit, Plenum
Dauer: mehrere Stunden
Medien: Infoblätter
Klassen: ab Klasse 9
Fächer: SoWi, Ge, Ek, D

Didaktisches Potenzial
S. simulieren Handlungssituationen mit komplexer Informationsverarbeitung.
Ein Planspiel ist ein strategisches Spiel mit besonderen Lernpotenzialen. Es trainiert eine intensive Informationsaufnahme und -verarbeitung und dient dem Zweck, in einer simulierten Situationskette Informationen und Einsichten möglichst zügig und situationsangemessen in Handlungsentscheidungen umzusetzen. Planspiele sind komplexe, länger andauernde Rollenspiele, in denen Interessengegensätze simuliert werden; sie versetzen S. in Entscheidungsprozesse, in denen ein hoher Handlungsdruck herrscht. Gelernt wird u. a. auch das Analysieren von Problemen und das Abwägen von Entscheidungsalternativen. Insgesamt sind Planspiele auf intensive Weise wissens-, problem- und handlungsorientiert.

Vorbereitungen
Ausgangspunkt von Planspielen ist eine bestimmte Konstellation von sozialen Rollen, die für die Simulation eines gesellschaftlichen Konflikts notwendig sind. Dazu wird eine schriftliche *Problemskizze* angefertigt. Auch die Rollen werden in *Rollenanweisungen* schriftlich umrissen. Hinzu kommen *Informationsblätter,* die den S. die sachlichen Grundlagen ihres Rollenhandelns verdeutlichen.
Für Planspiele benötigt man mehrere Räume.

Ablauf
Ein Planspiel besteht in der Regel aus vier Phasen:
- In einer *Vorbereitungsphase* wird zunächst die Methode des Planspiels erklärt. Anschließend erhalten die S. einen Problemaufriss zu dem Konflikt, den sie in ihrem Spiel simulieren und vorantreiben sollen. Dann werden Spielgruppen gebildet, die die vorgesehenen gesellschaftlichen Rollen (z. B. Arbeitgeber, Gewerkschaften, Regierung) übernehmen (s. o.); am besten bekommt jede Gruppe einen Raum zugewiesen, in dem sie ihre Handlungsschritte beraten kann. Einige S. bilden zusammen mit der Lehrperson die Spielleitung.
- Es folgt eine *Ausarbeitungsphase,* in der die Gruppen sich mit der Ausgangslage des Konflikts und mit ihren Rollen genauer vertraut machen und strategische Optionen überlegen.
- In der *Spielphase* nehmen die Gruppen – immer schriftlich und über die Spielleitung – Verbindung zu anderen Gruppen auf, suchen Verbündete, verhandeln mit anderen Gruppen, treffen Vereinbarungen, modifizieren ihre Strategie etc.
- In einer abschließenden *Reflexionsphase* werden wesentliche Abläufe des Spiels gemeinsam untersucht (s. u.).

Didaktischer Kommentar
In Planspielen bewegen sich S. über längere Zeit in angenommenen sozialen Rollen. In diesen Rollen gestalten sie ein soziales Modell, das die gesellschaftliche Wirklichkeit vereinfacht und damit eher begreifbar macht; die gesellschaftliche Realität darf jedoch nicht simplifiziert werden. Heutigen Planspielen merkt man es nicht mehr an, dass der Ursprung dieser Methode im militärischen Bereich liegt. Im 20. Jh. wurden Planspiele vor allem als „Business-Management-Trainings" weiterentwickelt. In Bildungseinrichtungen dienen Planspiele eher der Entwicklung von Problemlösungskompetenz, Kommunikations- und Kooperationsfähigkeit, Eigeninitiative und von alternativem Denken.

Tipps zur Umsetzung
In der Spielphase kann eine Gruppe z. B. auch entscheiden,
- mehrere andere Gruppen (aber evtl. nicht alle) zu einer Konferenz einzuberufen, um bestimmte Ziele durchzusetzen,
- in strategischer Absicht falsche oder tendenziöse Informationen in Umlauf zu bringen.

Solche Aktionen werden von der Spielleitung beobachtet und kurz protokolliert.
Auch die Spielleitung kann in der Spielphase über neue *Ereigniskarten* weitere handlungsrelevante Informationen an die Gruppen geben.

Arbeitsaufträge
In der Reflexionsphase eines Planspiels können den S. u. a. folgende Fragen vorgelegt werden (s. auch das Beispiel oben):
- Wer hat sich mit welchen Interessen durchgesetzt, wer eher nicht?
- Welche Strategien habt ihr verfolgt und warum musstet ihr sie ändern?
- Welche wichtigen Informationen haben bei Entscheidungen eine große Rolle gespielt und welche eher nicht?
- Denkt ihr, dass Konflikte und Problemlösungen in Wirklichkeit auch so ablaufen? Welche Unterschiede vermutet ihr?

Alternativen
- Projekt (S. 53)
- Zukunftswerkstatt (S. 57)
- Übungsfirma (S. 49)
- Entscheidungsspiel (S. 210)

Hinweise zur Weiterarbeit
- Internetrecherchen wie
  → Operatoren-Abfrage (S. 128)
- Internetrallye (S. 126)
- Bibliotheksrecherche (S. 115)
- Erkundung (S. 117)
- Sachverständigenbefragung (S. 124)

Literatur
Günther Gugel: 1000 neue Methoden. Weinheim 2007, S. 110 ff.
Peter Massing: Planspiele und Entscheidungsspiele. In: Bundeszentrale für politische Bildung: Methodentraining für den Politikunterricht. Bonn 2004, S. 163 ff.
Wolfgang Mattes: Methoden für den Unterricht. Paderborn 2002, S. 58 f.
Kersten Reich: Konstruktivistische Didaktik. Weinheim 2008 (CD)
Heinz Klippert: Planspiele. 5. Aufl., Weinheim 2008

1 LERNEN in Großgruppen organisieren

Zukunftswerkstatt *(Future workshop)*

Beispiel
„Uns ärgert, dass wir viel lernen, aber nachher davon vielleicht nicht leben können."

Sozialformen:	Plenum, Gruppenarbeit
Dauer:	mehrere Stunden
Medien:	Wandzeitungen
Klassen:	ab Klasse 9
Fächer:	SoWi, Ek, Rel/Ethik, Phil

Didaktisches Potenzial
S. verbinden Kritik mit kreativer Problemlösung.
Die Zukunftswerkstatt stellt einen methodischen Rahmen bereit, in dem kritikwürdige Zustände auf den Punkt gebracht und innovative Lösungsvorschläge erarbeitet werden können, die reale Veränderungsperspektiven eröffnen. Die S. verbinden dabei Rationalität und Emotionalität. Das Verfahren trainiert problemlösendes Denken.

Vorbereitungen
Erforderlich sind einige Wandzeitungen sowie weitere Materialien je nach den für die Erarbeitung geplanten Methoden.

Ablauf
Die Zukunftswerkstatt kann in fünf Phasen unterteilt werden:
1. *Eröffnung:* In dieser Phase wird ein Thema festgesetzt und in Form einer Problemfrage zugespitzt.
2. *Kritikphase:* Die S. äußern an einer „Klagemauer" (in Form einer Wandzeitung) ihren Unmut über Sachverhalte, die im Rahmen der Problemfrage für sie von Belang sind (z. B. mit der Methode → Kartenabfrage oder auch in Form eines „TÜV-Mängel-Berichts").
3. *Utopie-/Fantasiephase:* Nun bringen die S. möglichst vielschichtig zum Ausdruck, welche Entwicklungen und Problemlösungen sie sich wünschen. Das kann z. B. in Form eines → Brainstormings oder einer → Fantasiereise mit anschließender Dokumentation der persönlichen Wünsche geschehen. In dieser Phase werden die S. gebeten, Ideen ihrer Mits. vorerst nur zur Kenntnis zu nehmen und noch nicht zu bewerten. Die ersten Ideen werden dann in → Gruppenarbeit gebündelt und weiterentwickelt. Zusätzlich können Planungsskizzen oder Modelle entwickelt werden, die Zukunftswünsche zum Ausdruck bringen.
4. *Umsetzungsphase:* Es folgt eine Ideen- und Projektkonferenz aller S., in der ein Aktionsplan entworfen wird, mit dem die gesteckten Ziele erreicht werden könnten. Die Ergebnisse können auf → Wandzeitungen festgehalten werden.
5. *Präsentation und Abschluss:* In der Schule oder darüber hinaus werden die Ergebnisse der Zukunftswerkstatt öffentlich präsentiert. Daran schließt sich eine Auswertung an (vgl. z. B. → Stimmungskurve oder → Feedback-Brief).

Didaktischer Kommentar
Die Methode der Zukunftswerkstatt ist in Europa von dem Zukunftsforscher Robert Jungk profiliert und insbesondere im Bereich der außerschulischen politischen Bildung vielfach

erprobt worden. Sie fördert zunächst die Kritikfähigkeit, dann aber auch die Kreativität (Utopiephase) und den Realitätssinn (Umsetzungsphase) und ist somit ein ganzheitliches und insgesamt sehr kommunikatives Lernverfahren.

Da es sich bei der Zukunftswerkstatt um ein ergebnisoffenes Verfahren handelt, erfordert es von der Lehrkraft erhöhte Risikobereitschaft und Innovationsfreude.

Tipps zur Umsetzung
Mögliche Anstoßfragen für die *Kritikphase:*
- Was stört/ängstigt mich an der gegenwärtigen Situation?
- Was gefällt mir andererseits?
- Was gefällt/missfällt mir an meinem eigenen Verhalten?

Als Anstoß können auch Satzanfänge wie „Uns ärgert, dass …" oder „Uns macht Angst, dass …" eingegeben werden.

Beim Einstieg in die *Utopiephase* (Utopie, griech.: als unausführbar geltender Plan, Zukunftstraum) ist die Orientierung wichtig, dass es zunächst nicht um Realisierbarkeit von Ideen geht, sondern dass innovatives Denken gefragt ist. Die Ergebnisse der Gruppenarbeit können im Plenum kreativ z. B. in Form von Collagen, → Rollenspielen oder Pantomimen vorgetragen werden.

Beim Übergang in die *Umsetzungsphase* können die interessantesten Ideen mit dem Verfahren → Bepunkten gewichtet werden. Die am höchsten bewerteten Ideen werden herausgegriffen und in → Clustern weiterentwickelt. Bei der Prüfung der Realisierbarkeit spielen die realen (schulischen, gesellschaftlichen) Rahmenbedingungen jetzt wieder eine zentrale Rolle. In der Realisierungsphase sollte immer auch gefragt werden, ob es woanders eine Verwirklichung der Idee eventuell schon gibt.

Unterrichtszusammenhänge
Das Verfahren eignet sich sehr gut für Projektwochen, kann aber auch im Fachunterricht eingesetzt werden.

Alternativen
- Planspiel (S. 55)
- Übungsfirma (S. 49)
- Entscheidungsspiel (S. 210)

Hinweise zur Weiterarbeit
- Erkundung (S. 117)
- Sachverständigenbefragung (S. 124)
- Internetrallye (S. 126)
- WebQuest (S. 131)
- Index-Recherche (S. 107)

Literatur
Günther Gugel: 1000 neue Methoden. Weinheim 2007, S. 200 ff.
Wilhelm H. Peterßen: Kleines Methoden-Lexikon. München 1999, S. 288 ff.
Veronika Fischer u. a.: Handbuch interkulturelle Gruppenarbeit. Schwalbach/Ts., 2001, S. 235 ff.
Beate Kuhnt/Norbert R. Müller: Moderationsfibel Zukunftswerkstätten. Neu-Ulm 2006

1 LERNEN begleiten und dokumentieren

Anker-Ideen *(Advance Organizer)*

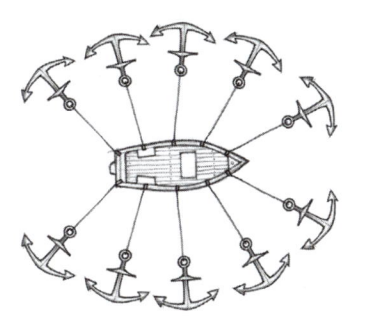

Sozialformen: Plenum
Dauer: 2–10 Min.
Medien: Tafel, Wandzeitung u. Ä.
Klassen: ab Klasse 5
Fächer: alle

Didaktisches Potenzial

S. bereiten eine effektive Aufnahme von neuem Lernstoff vor.
Die Lernpsychologie geht davon aus, dass man neuen Stoff besser behalten kann, wenn die neuen Informationen in bereits vorhandene Wissensnetze des Gehirns integriert werden können. Am Anfang eines Unterrichtsvorhabens erhalten S. deshalb ein kognitives Angebot, mit dem sie den neuen Stoff in ihren bisherigen Wissensbeständen „verankern" können (vgl. Krapp/Weidenmann, S. 612).

Vorbereitungen und Ablauf

Die Lehrperson ermittelt zunächst, welches Vorwissen und welche persönlichen Vorerfahrungen zum neuen Lehrstoff und zu verwandten Stoffen den S. zur Verfügung stehen. Sie gibt den S. Gelegenheit, all das in einem ➔ Brainstorming oder auf andere Weise zu äußern. Zusammen mit den S. werden dann – in Form eines Schiffs (neuer Stoff), von dem mehrere Anker geworfen werden – Ideen dazu entwickelt, was bereits Bekanntes und Neues miteinander zu tun haben könnten.

Didaktische Hinweise

Mit Anker-Ideen konstruieren die S. ihren eigenen Lernfortschritt mit, indem sie von ihren Vorerfahrungen und ihrem Vorwissen her einen Fragehorizont aufbauen. Anker-Ideen haben also besonders in *konstruktivistischen Ansätzen* des Lehrens und Lernens ihren Platz, in denen Lernende ihren Lernfortschritt aktiv aus gegebenen Situationen und Lernumgebungen heraus mitkonstruieren, während der Lehrende unterstützt, anregt und berät.

Hinweise zur Weiterarbeit
- Fragen zum neuen Stoff

Literatur
Andreas Krapp, Bernd Weidenmann (Hrsg.):
Pädagogische Psychologie. Ein Lehrbuch.
4. Aufl., Weinheim 2001
Kersten Reich: Konstruktivistische
Didaktik. Weinheim 2008 (CD)

1 LERNEN begleiten und dokumentieren

Beobachtungsbericht

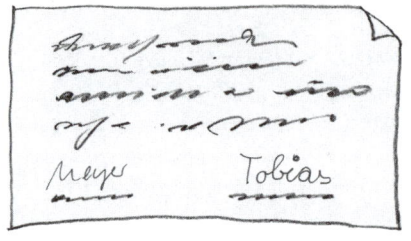

Sozialformen: Einzelarbeit
Dauer: jew. 1–3 Min.
Medien: gesondertes Heft
Klassen: ab Klasse 5
Fächer: alle

Didaktisches Potenzial
S. setzen sich mit ihrem Verhalten auseinander.
S., die zu sozialen Störungen im Klassenverband oder zur Lernverweigerung neigen, setzen sich regelmäßig mit ihrem Verhalten auseinander und bekommen dazu von der Lehrperson ebenso regelmäßig eine Rückmeldung. Ihre Selbstwahrnehmung wird so immer wieder mit einer Fremdwahrnehmung konfrontiert.

Vorbereitungen und Ablauf
Am Ende jeder Unterrichtsstunde trägt der S. in ein Beobachtungsheft ein, wie er sich seiner Meinung nach in dieser Stunde verhalten hat. Dabei sollte er besonders auf Aspekte eingehen, die in letzter Zeit Gegenstand von Beschwerden der Mits. bzw. der Lehrperson waren. Die Lehrperson zeichnet den Kurzbericht nach der Stunde ab und ergänzt evtl. einen eigenen Kommentar. Lassen sich die Verhaltensprobleme des S. schulintern nicht rasch genug lösen, können die Eltern gebeten werden, das Berichtsheft mindestens einmal pro Woche zur Kenntnis zu nehmen und diese Gelegenheit zu nutzen, mit ihrem Kind zu sprechen.
Das Verfahren ist zeitlich begrenzt und wird z. B. nach einem Monat ausgesetzt, kann aber jederzeit wieder aufgenommen werden.

Didaktische Hinweise
Bei gravierenden Verhaltensproblemen wird einem S. gezeigt, dass man regelmäßig auf ihn achtet. Voraussetzung für eine erfolgreiche Anwendung der Methode ist allerdings, dass dem auffälligen S. tatsächlich ein Verhaltensspielraum zur Verfügung steht, den er aus eigener Entscheidung heraus nutzen kann. Zentraler Effekt des Verfahrens ist es, dass der betroffene S. ein oft problematisches Selbstbild nicht mehr ohne weiteres aufrechterhalten kann, wenn es laufend mit Wahrnehmungen anderer (Lehrperson, Eltern) konfrontiert wird.

Alternativen
- Stärken-Schwächen-Profil (S. 25)
- Spiegeln (S. 81)

Hinweise zur Weiterarbeit
- Elterngespräch
- Disziplinarische Maßnahmen

1 LERNEN begleiten und dokumentieren

Lernplakat

Sozialformen: Einzelarbeit, Plenum
Dauer: mehrmals wenige Min.
Medien: Wandzeitung u. Ä.
Klassen: ab Klasse 5
Fächer: alle

Didaktisches Potenzial
S. gestalten eine Merk- und Orientierungshilfe.
Auf Lernplakaten fassen S. wichtige Aspekte von Lerneinheiten zusammen. Die S. gestalten das Plakat entweder zu Hause in ihrem Zimmer oder gemeinsam im Klassen-/Kursraum, damit sie immer wieder an wichtige Daten, Regeln, Formeln, Begriffe, grammatische Strukturen oder Klassenvereinbarungen erinnert werden und sich diese merken.

Vorbereitungen und Ablauf
Ein großer Karton, ein Abschnitt einer Zeitungs- oder einer Tapetenrolle wird gut sichtbar aufgehängt. Für Notizen wird ein dicker Filzstift bereitgelegt.
Das Lernplakat wird so angebracht, dass es den S. immer wieder ins Auge fällt und daher als Merkhilfe seine Wirkung entfaltet. Es wird nach und nach mit wichtigen Informationen beschriftet, die sich aus dem Unterricht ergeben. Diese werden möglichst knapp gefasst und übersichtlich gestaltet. Wenn die Informationen des Lernplakats nach einiger Zeit im Gedächtnis der S. verankert sind, wird es durch ein neues ersetzt.

Didaktische Hinweise
Lernplakate können evtl. zunächst von der Lehrperson, dann aber zunehmend auch von S. selbst gestaltet werden.
Auch persönliche Lernplakate, die zu Hause aufgehängt werden, sollten so platziert sein, dass sie den S. mehrmals am Tag auffallen (z. B. auf dem Türblatt des eigenen Zimmers). Auf diese Weise können u. a. auch Vokabeln, chemische Formeln oder auswendig zu lernende Gedichte notiert werden, die S. sich nur schwer merken können.

Alternativen
- Lernjournal (S. 288)

Literatur
Liane Paradies, Hans Jürgen Linser:
Üben, Wiederholen, Festigen. Berlin 2003, S. 125 ff.

1 LERNEN begleiten und dokumentieren

Methoden-Portfolio

Sozialformen:	Einzel- oder Gruppenarbeit
Dauer:	regelmäßig/ganzjährig
Material:	Ordner
Klassen:	ab Klasse 5
Fächer:	alle

Didaktisches Potenzial
S. dokumentieren und reflektieren Lernmethoden.
Das Lernen zu lernen ist eines der wichtigsten Ziele der Schule. In dem Maße, in dem in Bildungsinstitutionen subjektorientiertes und individualisiertes – und außerhalb der Schule lebenslanges – Lernen zunimmt, wachsen die Anforderungen an die Selbststeuerungskompetenz der Lernenden. Unter anderem geht es dabei um Methodenkompetenz und lerndiagnostische Fähigkeiten, mit denen die Lernenden ihr eigenes Lernen durchleuchten, evaluieren und verbessern können. Das Methoden-Portfolio bietet einen Rahmen, diese Entwicklung lernmethodischer und lerndiagnostischer Kompetenzen als einen permanenten Prozess anzulegen.

Vorbereitungen und Ablauf
Die S. besorgen sich einen Ordner. Jede Woche schreiben sie auf, welches Lern-Know-how sie neu erworben haben. Auf je einem gesonderten Blatt notieren sie:
- die Bezeichnung des Verfahrens oben in großer Schrift (Überschrift, von der Lehrperson im Unterricht bekanntgegeben),
- Ziele des Verfahrens,
- eine Beschreibung des Verfahrens (Handlungsschritte und Tipps zum Ablauf),
- eine Beurteilung des S., wie erfolgreich er *aus seiner Sicht* mit dem Verfahren arbeiten und lernen konnte.

Die einzelnen Blätter werden im Portfolio alphabetisch sortiert.

Didaktische Hinweise
Voraussetzung eines von S. geführten Methoden-Portfolios ist, dass die Lehrperson den S. die Lernmethoden, die sie im Unterricht anwenden, bewusst macht, dass sie das Lernen also regelmäßig auf der Metaebene mit ihnen reflektiert.
In Unterrichtsphasen, in denen eine stärkere Selbststeuerung der S. möglich ist, können sie unter Rückgriff auf ihr Methoden-Portfolio dann Lernwege zunehmend selbst konzipieren.

Hinweise zur Weiterarbeit
- Regelmäßige Überprüfung der eigenen Lernmethodik bei Hausaufgaben etc. durch die S.

Literatur
Gerd Brenner: Bildung und Lernen. In: Benno Hafeneger (Hrsg.): Subjektdiagnosen. Schwalbach/Ts. 2004, S. 223 ff.

2 Gruppen gestalten und begleiten

Gruppen bilden

- Kurzthemen-Gruppen 64
- Memory-Tausch 65
- Moleküle 66
- Spontangruppen 67
  Vier-Ecken-Spiel 221
- Zufallsgruppen 68

Gruppen lernen sich kennen

- Begrüßungsrituale 69
- Gespiegelte Vorstellung 70
- Partnerinterview/Steckbrief 71
- Passwort 72
- Schattenriss-Porträt 73
- Sprechweisen 74
  Kugellager 213

Gruppenprozesse planen und voranbringen

Ausschreibung 27
- Entscheidungstorte 75
- Schneeball 76

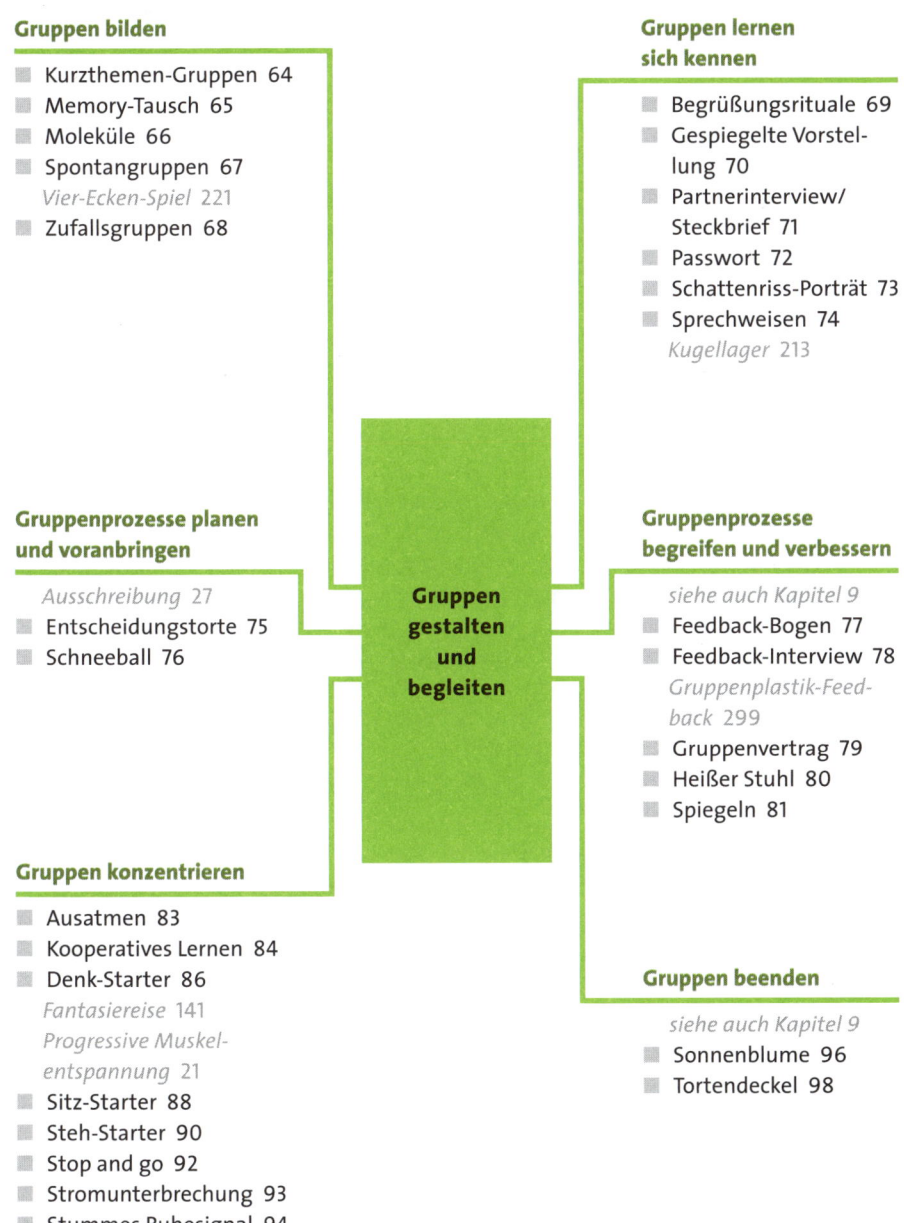

Gruppen gestalten und begleiten

Gruppenprozesse begreifen und verbessern

siehe auch Kapitel 9
- Feedback-Bogen 77
- Feedback-Interview 78
  Gruppenplastik-Feedback 299
- Gruppenvertrag 79
- Heißer Stuhl 80
- Spiegeln 81

Gruppen konzentrieren

- Ausatmen 83
- Kooperatives Lernen 84
- Denk-Starter 86
  Fantasiereise 141
  Progressive Muskelentspannung 21
- Sitz-Starter 88
- Steh-Starter 90
- Stop and go 92
- Stromunterbrechung 93
- Stummes Ruhesignal 94
- Zurückspulen 95

Gruppen beenden

siehe auch Kapitel 9
- Sonnenblume 96
- Tortendeckel 98

2 GRUPPEN bilden

Kurzthemen-Gruppen

Beispiel
Welche Fernsehprogramme schaltest du am häufigsten ein?
- ARD und ZDF
- Viva und MTV
- RTL …

Sozialformen:	Plenum, Kleingruppen
Dauer:	pro Runde 7 Min.
Medien:	Trillerpfeife o. Ä.
Klassen:	alle
Fächer:	alle

Didaktisches Potenzial
S. werden mehrfach anhand gemeinsamer Verhaltensweisen gruppiert.
Mit diesem Verfahren können am Anfang einer Unterrichtsreihe verschiedene Aspekte eines Themas angerissen werden. Dabei tauschen sich die S. in relativ kurzer Zeit (z. B. in einer halben Stunde) in unterschiedlichen Gruppenzusammensetzungen über Teilaspekte des Themas aus. Organisationsprinzip sind jeweils gemeinsame Alltagsentscheidungen, die zugleich Thema einer kurzen Diskussion sind.

Vorbereitungen und Ablauf
Zu mehreren Fragestellungen eines Themas wurden jeweils vier bis sechs verschiedene Antwort-Möglichkeiten zusammengestellt.
- Die *erste Frage* wird aufgerufen und jeder Antwort-Option wird ein bestimmter Teil des Raumes zugeordnet. Die S., die die jeweilige Option wählen, begeben sich dorthin und diskutieren fünf Minuten lang miteinander über die gewählte Antwort. Sobald das Wechselsignal (z. B. Pfeifen) ertönt, brechen sie die Diskussion ab.
- Dann wird die *zweite Frage* genannt und erneut werden verschiedenen Antwort-Optionen bestimmte Bereiche des Raumes zugeordnet. Die S. diskutieren das zweite Thema nun in neuer Gruppenzusammensetzung.
- Mit den *nächsten Fragen* wird ebenso verfahren.

Didaktische Hinweise
Das Verfahren aktiviert auch große Klassen/Kurse.
Alternativ können die Fragestellungen und Antwortmöglichkeiten auch von einigen S. zusammengestellt werden.

Alternativen
- Vier-Ecken-Spiel (S. 221)
- Gruppenpuzzle (S. 44)

Hinweise zur Weiterarbeit
- Fortführung der angerissenen Diskussionen im Plenum

2 GRUPPEN bilden

Memory-Tausch

Sozialformen: rasch wechselnde Partner/Gruppen
Dauer: 3 Min.
Medien: Memory-Karten
Klassen: alle
Fächer: alle

Didaktisches Potenzial
S. organisieren Gruppen spielerisch und bewegungsintensiv.
Das Verfahren setzt eine aktionale Dynamik in Gang, die zunächst zu vielen Kontakten in der Gesamtgruppe führt und dann zur Bildung von Teilgruppen nach dem Zufallsprinzip.

Vorbereitungen und Ablauf
Die Klasse/der Kurs verlässt den Unterrichtsraum für kurze Zeit und begibt sich an einen Ort, der mehr Bewegungsfreiheit bietet (z. B. Flur, Foyer, Außengelände).
Es werden so viele Memory-Karten bereitgestellt, wie Schüler in der Klasse/im Kurs sind. Die Anzahl der *gleichen* Karten richtet sich danach, wie groß die zu bildenden Gruppen sein sollen.
Jeder S. zieht nun eine Karte aus einem Stapel. Dann gehen alle ungeordnet und in wechselnden Richtungen durch den Raum/über den Platz und tauschen dabei permanent ihre Karten aus. Auf ein akustisches Zeichen hin (z. B. Pfeifton, Klatschen, Zuruf) wird der Tausch eingestellt. Nun versuchen alle S. mit gleichen Memory-Karten so schnell wie möglich zueinander zu gelangen. Alle, die gleiche Karten haben, bilden eine Gruppe. Die Gruppen können mehrmals wieder aufgelöst werden. Am Ende wird eine Gruppenkonstellation für eine nachfolgende Arbeitseinheit beibehalten.

Didaktische Hinweise
Diese spielerische Form, Gruppen zu bilden, ist besonders für Anfangsphasen neu zusammengesetzter Klassen/Kurse geeignet, aber auch für Lerngruppen, in denen es verfestigte Cliquenstrukturen gibt.
Das Verfahren bringt ein Bewegungselement in den Unterricht ein und hilft, langwierige Diskussionen über die Zusammensetzung von Arbeitsgruppen zu vermeiden.

Alternativen
- Moleküle (S. 66)
- Vier-Ecken-Spiel (S. 221)
- Spontangruppen (S. 67)
- Zufallsgruppen (S. 68)

Hinweise zur Weiterarbeit
- Bearbeitung einer Aufgabe in der so gebildeten Gruppe

2 GRUPPEN bilden

Moleküle

Sozialformen: Plenum
Dauer: 3 – 5 Min.
Medien: –
Klassen: ab Klasse 5
Fächer: alle

Didaktisches Potenzial
S. setzen spielerisch eine Arbeitsgruppe zusammen.
Das Verfahren regt die Kommunikation der S. untereinander an und unterstützt ihre Eigenaktivität.

Vorbereitungen und Ablauf
Die Lerngruppe begibt sich an einen Ort, der viel Bewegungsfreiheit bietet (z. B. Flur, Foyer, Außengelände). Dort bewegen sich die S. einzeln wie Atome durch den Raum. Dabei gibt die Lehrperson die Geschwindigkeit der Bewegungen durch Temperaturangaben vor. Null Grad bedeutet, dass alles einfriert, die S. stehen still; bei 80 Grad laufen sie ziemlich schnell durcheinander usw. Die Temperatur wird laufend gewechselt.
Nach einiger Zeit erklärt der Spielleiter, dass sich nun – um im physikalischen Bild zu bleiben – Moleküle bilden sollen. Die S. steuern dann schnell und spontan aufeinander zu und fassen sich an den Schultern. Die Größe der Moleküle ergibt sich aus der Ansage des Spielleiters: Sagt er z. B. „Dreier-Moleküle", schließen sich jeweils drei Atome zu einem Molekül zusammen. Nach kurzer Zeit fordert der Spielleiter allerdings zum „Atomzerfall" auf. Alle lösen sich jetzt wieder aus ihrem Molekülverbund und laufen erneut durcheinander.
Zum Schluss gibt die Lehrperson eine Molekülgröße bekannt, die für eine nachfolgende Gruppenarbeitsphase wünschenswert ist. Die S. wissen vorher nicht, wann das Spiel beendet sein wird.

Didaktische Hinweise
Das Verfahren sorgt dafür, dass cliquenartige Strukturen in Lerngruppen auf Zeit aufgelöst werden und die S. ein flexibleres Sozialverhalten trainieren.
Während des Moleküle-Spiels können weitere Vorgaben gemacht werden (z. B. bestimmte Geschlechtermischungen, die gleiche Haar- bzw. Augenfarbe).

Alternativen
- Zufallsgruppen (S. 68)
- Kurzthemen-Gruppen (S. 64)
- Spontangruppen (S. 67)
- Memory-Tausch (S. 65)

Hinweise zur Weiterarbeit
- Gruppenarbeit (S. 42)

2 GRUPPEN bilden

Spontangruppen

Dauer:	2 – 3 Min.
Medien:	–
Klassen:	ab Klasse 5
Fächer:	alle

Didaktisches Potenzial
S. setzen sich nach persönlichen Vorlieben in Gruppen zusammen.
S. bilden Arbeitsgruppen nach Inklusions- und Exklusionsregeln, die informelle Gruppenbildungen in der Freizeit oder in selbstbestimmten Phasen des Schulalltags (Pausen) widerspiegeln und in denen sie sich wohl fühlen.

Vorbereitungen und Ablauf
Die S. können ihre Wünsche äußern, wie Gruppen zusammengesetzt werden sollen. Wird vorgegeben, dass die Gruppen etwa gleich groß sein sollen, bilden „Cliquen" in der Regel harte Kerne, denen sich einzelne S. oder S.-Paare dann evtl. zuordnen können. In der Regel entscheiden die Kerngruppen über die Aufnahme.

Didaktische Hinweise
Spontangruppen bilden in ihrer Zusammensetzung in der Regel die sozialen Konstellationen in einer Lerngruppe ab. Lässt man S. die Wahl, setzen sie sich meist in Spontangruppen zusammen. Diese spiegeln oft Gruppenbildungen in der außerschulischen Lebenswelt der S. wider, die für die Sozialisation von Kindern und Jugendlichen von großer Bedeutung sind. Allerdings können die Regeln und Kommunikationsformen, die sich in solchen Gleichaltrigengruppen ausbilden, mit denen der Schule kollidieren. Solche Kollisionen treten insbesondere in Spontangruppen auf, da sie die außerschulische Gruppendynamik – zumindest teilweise – in den Unterricht hineinholen. Dies gilt auch für die Aufnahme und den Ausschluss von Mitgliedern. Außenseiter oder Freundespaare bleiben so oft ausgegrenzt.

Alternativen
- Zufallsgruppen (S. 68)
- Moleküle (S. 66)
- Memory-Tausch (S. 65)

Hinweise zur Weiterarbeit
- Gruppenarbeit (S. 42)
- Gruppenpuzzle (S. 44)

Literatur
Ulrike Six/Uli Gleich/Roland Gimmler (Hrsg.): Kommunikationspsychologie – Medienpsychologie. Weinheim und Basel 2007 (Stichworte „Gruppen"/„Gruppenstruktur" im Index)

2 GRUPPEN bilden

Zufallsgruppen

Beispiel
„Die Königinnen bilden Gruppe I,
die Könige Gruppe II, die Asse Gruppe III,
die 10er …"

Dauer:	2 Min.
Medien:	evtl. Spielkarten, Lose u. Ä.
Klassen:	alle
Fächer:	alle

Didaktisches Potenzial
S. finden sich schnell in Gruppen zusammen.
Zufallsgruppen lösen verfestigte Strukturen in Lerngruppen auf und veranlassen die S., sich flexibel auf Mits. einzustellen, mit denen sie bisher evtl. nur wenig Kontakt hatten.

Vorbereitungen und Ablauf
Zufallsgruppen können gebildet werden durch
- Verlosen (z. B. verschiedener Symbole);
- Verteilen (von vorher abgezählten Skatkarten, wobei jedes Bild/jede Zahl eine Vierergruppe bildet);
- Abzählen (bei fünf Gruppen Durchzählen der Gesamtgruppe von 1 bis 5);
- Zerschneiden einer entsprechenden Anzahl von Bildern (Gruppenzahl) in Puzzleteile (Anzahl der Gruppenmitglieder), die von den S. wieder zusammengesetzt werden müssen;
- gemeinsame Merkmale wie Geburtsjahr/-monat, Farbe der Hose, Wohnort/Ortsteil (ergibt unterschiedliche Gruppengrößen).

Didaktische Hinweise
Die Zufallsgruppen sind in der Regel sowohl im Hinblick auf die fachliche Kompetenz der S. als auch auf sonstige Merkmale (z. B. Sozialverhalten) gemischt zusammengesetzt. Damit können Unterstützungsleistungen leistungsstärkerer S. für leistungsschwächere in die Wege geleitet werden, ohne dass dieses Kriterium zum offiziellen Prinzip der Gruppenzusammensetzung werden muss. Allerdings ist eine solche Gruppenkonstellation in Zufallsgruppen nicht garantiert.

Alternativen
- Spontangruppen (S. 67)
- Moleküle (S. 66)
- Kurzthemen-Gruppen (S. 64)

Hinweise zur Weiterarbeit
- Gruppenarbeit und Präsentation der Ergebnisse in einem Expertenpodium (S. 211)

Literatur
Jörg Knoll: Kurs- und Seminarmethoden. 11. Aufl., Weinheim und Basel 2007, S. 232 ff.

2 GRUPPEN lernen sich kennen

Begrüßungsrituale

Beispiel
Als Mongolen beriecht ihr eure Wangen und reibt eure Nasen aneinander.

Sozialformen: Plenum, Kleingruppen
Dauer: 20 Min.
Medien: Spielkarten mit Begrüßungsritualen
Klassen: alle
Fächer: alle

Didaktisches Potenzial
S. begrüßen sich interkulturell.
In einer ersten Kennenlernstunde machen sich die S. auf überraschende Weise miteinander bekannt. Zugleich erfahren sie etwas über Begrüßungsrituale fremder Kulturen.

Vorbereitungen und Ablauf
Begrüßungsrituale verschiedener Kulturen (s. u.) werden auf Karten notiert. (Je nach Anzahl der Klassen-/Kursmitglieder kommt dabei jede Begrüßungsart mehrfach vor.) Jeder S. zieht eine dieser Karten. Dann gehen alle S. nacheinander auf mehrere andere S. zu und führen die auf ihren Karten notierten Begrüßungsrituale aus. Dabei versuchen sie diejenigen Mits. zu finden, die das gleiche Ritual wie sie zeigen. Bei diesem Kennenlernspiel soll nicht gesprochen werden.

Hinweise zur Umsetzung
Auf den Karten steht z. B. Folgendes:
- Als Deutsche schüttelt ihr euch die Hände.
- Als Assyrer gebt ihr ein Kleidungsstück her.
- Als Japaner legt ihr die Handflächen auf die Oberschenkel und verbeugt euch.
- Als Inder legt ihr die Innenhandflächen aneinander und verbeugt euch leicht.
- Als Kupfer-Eskimos schlagt ihr euch mit der Faust leicht gegen Kopf und Schulter.
- Als Eipo von Neuguinea schweigt ihr.
- Als Loango klatscht ihr in die Hände.
- Als Lateinamerikaner legt ihr den Kopf auf die rechte Schulter des Gegenübers und schlagt dreimal auf den Rücken; dasselbe dann noch einmal von links.

Hinweise zur Weiterarbeit
- Gespräch darüber, welche Rituale angenehm und welche unangenehm waren.

Literatur
Veronika Fischer u. a.: Handbuch interkulturelle Gruppenarbeit. Schwalbach/Ts. 2001, S. 254 f.

Gespiegelte Vorstellung

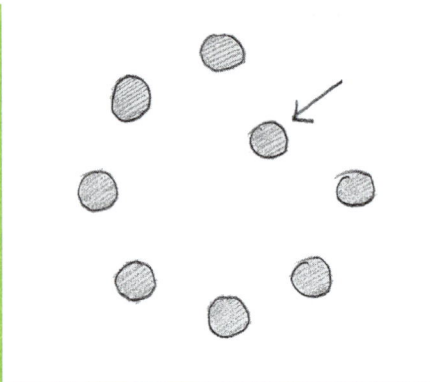

Sozialformen: Plenum
Dauer: 10 – 15 Min.
Medien: –
Klassen: alle
Fächer: alle

Didaktisches Potenzial
S. ahmen Selbstvorstellungen von Mits. nach.
S. machen sich in einer neu zusammengesetzten Lerngruppe miteinander bekannt und merken sich rasch die Namen der Mits.

Vorbereitungen und Ablauf
Die gesamte Lerngruppe begibt sich in einen leeren Raum (z. B. Flur, Foyer, Außengelände) und stellt sich im Kreis auf. Die Lehrperson macht das Spiel vor, indem sie zwei Schritte zur Kreismitte hin geht, eine typische Geste macht und dabei ihren Namen nennt. Dann tritt sie wieder in den Kreis zurück. Anschließend ahmen alle anderen die Aktion nach: Sie treten ein, zwei Schritte nach vorne, ahmen Körperhaltung, Gestik und Mimik des „Vorspielers" möglichst exakt nach und wiederholen den Namen. Dabei sollen auch Tonfall und Stimmlage möglichst genau getroffen werden. Nach und nach tritt jeder S. vor und sagt – begleitet von einer Geste – seinen Namen und alle spiegeln diesen Auftritt.

Didaktische Hinweise
Eine Vorstellungsrunde wird durch ein kleines schauspielerisches Element und die damit verbundene Bewegung lebendig.
In sehr großen Lerngruppen kann diese Form der Vorstellung auch in Teilgruppen erfolgen.

Alternativen
- Sprechweisen (S. 74)
- Begrüßungsrituale (S. 69)

Hinweise zur Weiterarbeit
- Schattenriss-Porträt (S. 73)

2 GRUPPEN lernen sich kennen

Partnerinterview/Steckbrief

Sozialformen:	Partnerarbeit, Plenum
Dauer:	30 – 45 Min.
Medien:	Fragebögen, evtl. Porträtfotos
Klassen:	alle, bes. Klasse 5
Fächer:	alle

Didaktisches Potenzial
S. erhalten mithilfe vorgegebener Fragen erste Informationen über ihre Mits. Diese Methode macht S. in neu zusammengesetzten Klassen/Kursen miteinander bekannt. Da jeder einen Mits. vorzustellen hat, werden alle an dem abschließenden Plenumsgespräch beteiligt. Vorgegebene Fragen erleichtern es ruhigeren S., sich mit ihrem Partner zu unterhalten. Der Steckbrief stützt die Präsentation und baut evtl. vorhandene Ängste, vor der großen unbekannten Gruppe zu reden, ab.

Vorbereitungen und Ablauf
Die Lehrperson teilt die Klasse/den Kurs in Zweiergruppen auf und gibt jedem S. einen mitgebrachten Fragebogen, der z. B. die folgenden Fragen enthalten kann:
- Wie heißt du?
- Wo wohnst du?
- Was sind deine Hobbys?
- Was ist dein Lieblingsbuch, Lieblingstier, Lieblingsessen usw.?

In jeder Zweiergruppe interviewen sich die S. gegenseitig und halten die Ergebnisse in einem Steckbrief fest (stichpunktartige Angaben zu allen Fragen, ergänzt durch ein gezeichnetes Porträt oder ein Foto). Anschließend stellen alle S. ihren Partner im Plenum vor.

Didaktische Hinweise
Steckbriefe eignen sich auch in solchen Situationen gut, in denen die Lehrperson neu in eine Klasse kommt und die S. kennenlernen möchte.
Ist die Klasse neu zusammengesetzt, können die Steckbriefe im Klassenraum ausgehängt werden. Kopien können außerdem zu einem kleinen Klassenmagazin zusammengestellt werden, das später eine Erinnerung an die Klasse darstellt.

Alternativen
- Schattenriss-Porträt (S. 73)
- Passwort (S. 72)

Literatur
Siga Diepold (Hrsg.): Fundgrube Klassenlehrer. Berlin 2004, S. 11 ff.

Passwort

Sozialformen: Plenum
Dauer: 15 – 30 Min.
Medien: –
Klassen: ab Klasse 5
Fächer: alle

Didaktisches Potenzial
S. nehmen in lockerer Atmosphäre mit ihren Mits. Kontakt auf.
In neu zusammengesetzten Gruppen ist es mithilfe dieses Kennenlernspiels möglich, die Ängste abzubauen und schnell vielfältige Informationen einzuholen.

Vorbereitungen und Ablauf
Die Lehrperson geht mit der Klasse/dem Kurs z. B. auf den Schulhof, in das Foyer der Schule etc. Dort stellt sie den S. nacheinander verschiedene Aufgaben, wie z. B.:
Suche dir einen Partner,
- der im selben Ort(steil) wohnt wie du.
- der gleich viele Geschwister hat wie du.
- der in der gleichen Jahreszeit geboren ist wie du.
- der die gleiche Augenfarbe hat wie du.
- der ungefähr so groß ist wie du.
- der das gleiche Hobby hat wie du.
- der das gleiche Lieblingsfach hat wie du.

Die S. erhalten weiterhin die Aufgabe, jeden ihrer Partner zu fragen, wie er heißt, wo er wohnt und was sie sonst noch von ihm wissen möchten.

Didaktische Hinweise
Die einzelnen Phasen sollten nur drei bis fünf Minuten dauern, damit die S. schnell wieder neue Kontakte aufnehmen können.
Da sich die S. nach immer neuen Kriterien einen Partner suchen müssen, kommt jeder Einzelne mit vielen verschiedenen Mits. ins Gespräch, sodass die Atmosphäre in einer neu zusammengesetzten Gruppe schnell aufgelockert wird.

Alternativen
- Partnerinterview (S. 71)
- Schattenriss-Porträt (S. 73)

Hinweise zur Weiterarbeit
- Die S. können in einem Plenumsgespräch berichten, was sie über einzelne Mits. herausgefunden haben.

2 GRUPPEN lernen sich kennen

Schattenriss-Porträt *(Silhouette portrait)*

Sozialformen:	Partner- oder Kleingruppenarbeit
Dauer:	30–60 Min.
Material:	Plakatkartons, evtl. Zeitungsrolle, Lichtquellen
Klassen:	alle
Fächer:	alle

Didaktisches Potenzial
S. bilden andere ab.
Mit diesem Verfahren kann die Kennenlernphase einer neu zusammengesetzten Lerngruppe so gestaltet werden, dass die ersten Produkte der S. einen persönlichen Charakter bekommen und zugleich über längere Zeit im Klassen- bzw. Kursraum präsent bleiben können. Zugleich bietet dieses Verfahren den S. die Möglichkeit, sich den Raum auf kreative Weise anzueignen.

Vorbereitungen und Ablauf
Im Klassen- oder Kursraum werden mehrere Lichtquellen (Lampen, Projektoren) und genügend Kartons bzw. Wandzeitungen bereitgestellt. Die Lerngruppe wird in Kleingruppen aufgeteilt (z. B. per Losverfahren, → Moleküle, → Zufallsgruppen); der Raum wird etwas abgedunkelt.
Mit den Lichtquellen werden nach und nach die Schattenbilder aller S.-Köpfe (Seitenansicht) an die Wände projiziert. Dort werden die Kopfumrisse bei ruhiger Körperhaltung auf weißem Karton bzw. auf einer Wandzeitung nachgezeichnet.
Die Umrisse werden dann ausgeschnitten und
- auf Karton in einer Kontrastfarbe geklebt oder
- als Vorlagen genutzt, um die Kopfumrisse aus schwarzem Karton auszuschneiden.

Mit den Schattenriss-Porträts kann an den Wänden eine Klassen- oder eine Kursgalerie gestaltet werden; dazu werden die Porträts an ihrem unteren Rand mit Namen versehen.

Didaktische Hinweise
Schattenrisse waren in Europa viele Jahrhunderte lang in Mode, bis die Fotografie diese kostengünstige Form des Porträtierens ablöste. Bei diesem Verfahren des Sich-Kennenlernens kommen alle S. gleichermaßen zum Zuge.
Beim Erstellen der Porträts sollten die S. darauf achten, dass der Abstand zwischen den Lichtquellen und der Wand bei allen „Aufnahmen" in etwa gleich ist; sonst entstehen Porträts von unterschiedlicher Größe.

Alternativen
- Partnerinterview (S. 71)

Hinweise zur Weiterarbeit
- Schattenrisse durch Steckbriefe (S. 71) ergänzen

2 GRUPPEN lernen sich kennen

Sprechweisen

Beispiele
- Rede schüchtern!
- Rede hochnäsig!
- Rede wie eine beleidigte Leberwurst!

Sozialformen: Plenum
Dauer: 15 – 20 Min.
Medien: Losbehälter, Sprechkarten
Klassen: 5 – 7
Fächer: alle

Didaktisches Potenzial
S. machen sich auf lustige Weise miteinander bekannt.
Die S. erkunden spielerisch verschiedene Sprechweisen und erleben ganz unterschiedliche sprachliche Rollen. Auf eine lustig sprachglossierende Weise machen sie sich miteinander bekannt.

Vorbereitungen und Ablauf
In einen Losbehälter werden vorbereitete Karten mit Sprechanweisungen und Nieten gegeben. Auf den Sprechkarten steht jeweils
- ein Adjektiv (z. B. zerstreut, aggressiv, ängstlich, überheblich, albern, gelangweilt, gebildet, betrunken, vornehm, kleinkindhaft, starmäßig, sehr laut, anklagend, einsilbig, belehrend, schreiend, cool) oder
- ein Vergleich (z. B. wie ein Pastor in der Kirche).

Die S. versammeln sich in einem leeren Raum (z. B. Foyer, Außengelände) oder in einem größeren freien Bereich eines Raumes. Ein S. zieht nun aus dem Losbehälter eine Karte. Handelt es sich um eine Sprechanweisung, soll er unmittelbar darauf in der angegebenen Weise berichten, wie er an diesem Tag zur Schule gekommen ist und was ihm in der Schule aufgefallen ist. Nach 30 Sekunden zieht er ein neues Los und soll nun abrupt in die neue Redeweise verfallen. Zieht er eine Niete, wird er von einem nächsten Spieler abgelöst. Nach jeder Kurzvorführung kann die Gesamtgruppe raten, welche Sprechweise gemeint war.

Didaktische Hinweise
Mit dieser Methode können die S. bei der ersten Begegnung in Rollen schlüpfen und sich damit spielerisch den anderen vorstellen.
Als zusätzliche Regel kann gelten, dass jeder S. eine gezogene Sprechkarte in den Losbehälter zurückwerfen und neu ziehen kann, falls er dies möchte.

Alternativen
- Begrüßungsrituale (S. 69)

Hinweise zur Weiterarbeit
- Schattenriss-Porträt (S. 73)
- Plenumsgespräch über die ersten Erfahrungen in der Schule

2 GRUPPENPROZESSE planen und voranbringen

Entscheidungstorte

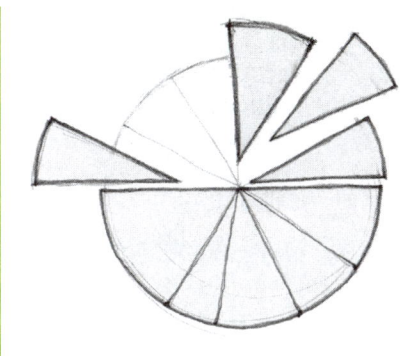

Sozialformen: Einzelarbeit, Plenum
Dauer: 15 – 30 Min.
Medien/
Material: Arbeitsblatt, Plakate, Scheren, Klebstoff
Klassen: ab Klasse 5
Fächer: alle

Didaktisches Potenzial
S. gewichten verschiedene Aspekte eines Themas.
Der Vorteil dieser Methode ist, dass zunächst jeder S. für sich verschiedene Aspekte eines Unterrichtsthemas gewichtet, um dann anschließend die Meinungen und Interessen der gesamten Gruppe anschaulich zu erfahren.

Vorbereitungen und Ablauf
Die Lehrperson bringt für jeden S. ein Blatt Papier mit einem großen Kreis mit. Zu einem Unterrichtsthema werden den S. verschiedene potenzielle Aspekte genannt. Entsprechend der eigenen Einschätzung gewichtet jeder S. die einzelnen Aspekte, indem er seinen Kreis in verschieden große „Tortenstücke" einteilt. Anschließend zerschneidet jeder S. seine „Torte" in die einzelnen beschrifteten Stücke. Die Klasse/der Kurs bildet nun aus den „Tortenstücken", die für gleiche Aspekte stehen, neue Torten. Diese werden auf die einzelnen Aspekten zugeordneten Plakate geklebt. Die Anzahl der Torten gibt Auskunft darüber, wie die Gruppe die Wichtigkeit eines Aspekts einschätzt.

Didaktische Hinweise
Die Entscheidungstorte ist besonders geeignet, um die S. vor Beginn einer Unterrichtsreihe mitentscheiden zu lassen, welche Themenschwerpunkte gesetzt werden sollen.
Anstelle eines Kreises können auch langgezogene Rechtecke in verschieden große Teile geteilt werden.
Ergeben sich durch das Verfahren mehrere Schwerpunkte, können diese auch arbeitsteilig angegangen werden.

Alternativen
- Schneeball (S. 76)
- Bepunkten (S. 226)
- Prioritätenspiel (S. 217)

Hinweise zur Weiterarbeit
- Auswertungsgespräch und gemeinsame Entscheidung über Unterrichtsschwerpunkte

2 GRUPPENPROZESSE planen und voranbringen

Schneeball/Wachsende Gruppe

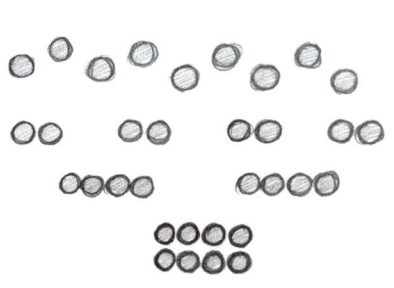

Sozialformen:	Einzel- bis hin zur Plenumsarbeit
Dauer:	20 – 30 Min.
Medien:	DIN-A5-, -A4- und -A3-Blätter
Klassen:	ab Klasse 8
Fächer:	alle

Didaktisches Potenzial
S. einigen sich auf die wichtigsten Aspekte eines Unterrichtsthemas.
Bei dieser Methode artikulieren und reflektieren alle S. zu einem Thema ihre Meinungen und Interessen.

Vorbereitungen und Ablauf
Die S. werden gebeten, zu einem Unterrichtsthema fünf für sie wichtige Aspekte auf ein DIN-A5-Blatt zu schreiben. Anschließend bespricht sich jeder S. mit dem Nachbarn. Die Zweiergruppen müssen sich jeweils auf sechs Aspekte einigen, die auf einem DIN-A4-Blatt festgehalten werden. In einem weiteren Schritt schließen sich jeweils zwei Paare zu einer Vierergruppe zusammen, die sich wiederum – nach einer kurzen Diskussion – auf sechs Aspekte einigen soll. Diese werden in großer Schrift auf ein DIN-A3-Blatt geschrieben. Bei einer Klassengröße bis etwa 20 S. ist das Schneeballverfahren mit den Vierergruppen beendet. Bei mehr als 20 S. werden noch Achtergruppen gebildet, die sich dann auf acht Aspekte einigen müssen und diese wiederum auf einem DIN-A3-Blatt festhalten.
Die DIN-A3-Blätter werden abschließend gut sichtbar aufgehängt und im Plenum besprochen.

Didaktische Hinweise
Bei diesem Verfahren macht sich zunächst jeder S. eigene Gedanken zum Thema, die er dann im Zweiergespräch erläutern muss. Auf diese Weise werden auch stillere S. dazu animiert, sich am Planungsgeschehen zu beteiligen.
Das Verfahren hat aktivierenden Charakter, da seine Prozesslogik *alle* S. ins Spiel bringt.

Alternativen
- Entscheidungstorte (S. 75)
- Bepunkten (S. 226)
- Prioritätenspiel (S. 217)

Hinweise zur Weiterarbeit
- Gemeinsame Vereinbarung zu Unterrichtsschwerpunkten

2 GRUPPENPROZESSE begreifen und verbessern

Feedback-Bogen

Beispiel
- Die Zusammenarbeit in der Gruppe finde ich …
- Unser Umgang mit dem Thema war meiner Meinung nach …

Sozialformen: Einzel-, Gruppenarbeit und Plenum
Dauer: 5–10 Min. (ohne Plenum)
Medien: Feedback-Bögen
Klassen: ab Klasse 7
Fächer: alle

Didaktisches Potenzial
S. reflektieren eine vorangegangene Gruppenarbeit.
Durch die gezielte Reflexion einer Gruppenarbeit lernen die S., sich (selbst)kritisch mit dem Geschehen innerhalb einer Gruppe auseinanderzusetzen. Gleichzeitig wird das Bewusstsein der S. für ihr eigenes Verhalten in der Lerngruppe erweitert.

Vorbereitungen und Ablauf
Im Anschluss an eine Gruppenarbeit erhalten die S. die Aufgabe, diese noch einmal Revue passieren zu lassen und kritisch einzuschätzen. Dazu erhalten die S. zunächst Feedback-Bögen, die sie in Einzelarbeit ausfüllen.
Die Feedback-Bögen beinhalten z. B. Fragen nach
- der Zusammenarbeit in der Gruppe,
- der Zufriedenheit mit dem Ergebnis der Gruppenarbeit und
- der Zufriedenheit mit dem Thema und seiner Behandlung.

Nach dem individuellen Ausfüllen der Bögen werden die Eindrücke in den Arbeitsgruppen ausgetauscht. Zum Schluss folgt eine kurze Berichterstattung aller Gruppen im Plenum. Dabei sollte auch überlegt werden, was die Klasse/der Kurs bei der nächsten Gruppenarbeit anders bzw. besser machen kann.

Didaktische Hinweise
Ein Feedback, egal welcher Art, bietet jedem Gruppenmitglied die Möglichkeit, die Sichtweisen und Perspektiven der Mits. kennenzulernen und damit den eigenen Wahrnehmungshorizont zu erweitern. Auf den Feedback-Bögen können u. a. folgende Satzanfänge stehen:
- Das Arbeitsergebnis finde ich …
- Die Mitarbeit der anderen in der Gruppe fand ich …
- Vorangebracht hat uns, dass …
- Unnötig aufgehalten hat uns, dass …

Hinweise zur Weiterarbeit
- Gruppenvertrag (S. 79)

Literatur
Heinz Klippert: Teamentwicklung im Klassenraum. Weinheim, Basel 2001, S. 128 ff.

Feedback-Interview

Sozialformen: Gruppenarbeit, Plenum
Dauer: 30 – 45 Min.
Medien: –
Klassen: ab Klasse 9
Fächer: alle

Didaktisches Potenzial
S. lassen sich durch Mits. darstellen.
Durch ein Feedback-Interview erhalten S. die Möglichkeit, mitgeteilt zu bekommen, wie sie von ihren Mits. wahrgenommen werden.

Vorbereitungen und Ablauf
Innerhalb der Klasse/des Kurses werden Gruppen aus sechs bis acht S. gebildet. Jeweils drei S. einigen sich auf einen Mits., den sie mithilfe eines Interviews darstellen wollen, ohne dass die anderen Gruppenmitglieder dies hören.
Zwei S. bekommen nun die Rolle der *Interviewer*, der dritte stellt den ausgewählten Mits. dar, nach dessen Gewohnheiten, Interessen, Biografie etc. die Interviewer den *Darsteller* befragen. Der Befragte soll in seinen Antworten deutlich machen, wie er den Dargestellten sieht. Dabei kann er auch mimische oder gestische Besonderheiten und typische Sprachfloskeln des Imitierten hervorheben.
Anschließend sollen die übrigen Gruppenmitglieder anhand der Antworten erraten, welcher Mits. dargestellt wurde. Das Gruppenmitglied, das die dargestellte Person zuerst errät, darf sich zwei Mits. aussuchen, mit denen es dann die nächste Dreiergruppe bildet und ein neues Interview führt.

Didaktische Hinweise
Es sollte berücksichtigt werden, dass ein Feedback-Interview einen Rahmen braucht, in dem sich die Mits. gegenseitig vertrauen. Um dieses Vertrauen zu erreichen, können vor dem Spiel Vereinbarungen getroffen werden (z. B. dass die Teilnahme freiwillig ist oder dass Informationen vertraulich behandelt werden).

Alternativen
- Spiegeln (S. 81)

Hinweise zur Weiterarbeit
- Feedback-Brief (S. 287)

2 GRUPPENPROZESSE begreifen und verbessern

Gruppenvertrag

Beispiel
Für unsere Gruppenarbeit vereinbaren wir,
- dass jeder ausreden kann,
- dass …

Sozialformen:	Partner-/Gruppenarbeit, Plenum
Dauer:	45 – 90 Min.
Medien:	Poster
Klassen:	ab Klasse 5
Fächer:	alle

Didaktisches Potenzial
S. vereinbaren Verhaltensregeln in der Gruppe.
Die S. reflektieren Anforderungen an kooperative Arbeitsformen, legen diese regelhaft fest und einigen sich auf Verfahren, mit denen die Einhaltung dieser Regeln überwacht werden kann.

Vorbereitungen und Ablauf
Anlass eines Gruppenvertrags kann ein Konfliktfall in der Lerngruppe sein.
Das Verfahren kann in folgende Schritte unterteilt werden:
- Unter Nutzung von Verfahren wie → Vier-Ecken-Spiel setzen sich die S. zunächst mit der Frage auseinander, welche Regeln für die Klasse/den Kurs gelten sollen. In Gruppen legen die S. Regel-Vorschläge schriftlich fest.
- Im Plenum werden die vorgeschlagenen Regeln abgeglichen und nach Wichtigkeit geordnet. Die fünf bis zehn wichtigsten Regeln werden miteinander vereinbart und auf einem Poster für alle gut sichtbar notiert.
- Die Lerngruppe vereinbart dann ein Verfahren, mit dem die Einhaltung der Regeln überwacht werden kann (s. u.).

Didaktische Hinweise
Insbesondere in jüngeren Lerngruppen kann ein besonderes Regelbewusstsein und auch ein starkes Interesse an der Überwachung von Verhaltensgrundsätzen angenommen werden. Möglich sind
- eine Beauftragung von „Vier wachen Augen" (je zwei S. pro Woche, die mit Regelverletzern im Auftrag der Klasse sprechen);
- klar definierte Sanktionen für sozialschädliches Verhalten (wie z. B. Ausfegen des Klassenraumes).

Hinweise zur Weiterarbeit
- Heißer Stuhl (S. 80) für notorische Regelverletzer

Literatur
Heinz Klippert: Teamentwicklung im Klassenraum. Weinheim, Basel 2001, S. 190

2 GRUPPENPROZESSE begreifen und verbessern

Heißer Stuhl *(Hot seat)*

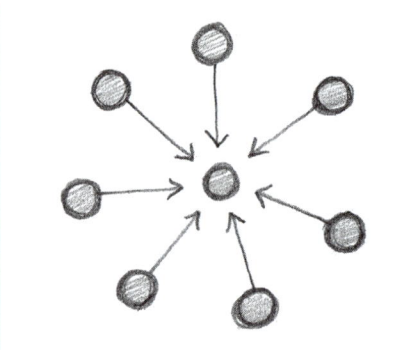

Sozialformen: Gruppenarbeit, Plenum
Dauer: 15 – 25 Min.
Medien: –
Klassen: ab Klasse 7
Fächer: alle (insbes. Klassenlehrerstunden)

Didaktisches Potenzial
S. setzen sich nachhaltig mit eigener Aggressivität auseinander.
Als Verfahren der konfrontativen Pädagogik setzt der „Heiße Stuhl" S. eindringlichen Erfahrungen aus, die auf ihre Aggressionsbereitschaft Einfluss nehmen. Es isoliert den S. bewusst und konfrontiert ihn zugleich unausweichlich mit Opfererfahrungen, um psychische Abschottungen gegen Empathie und Verantwortungsgefühle aufzubrechen.

Vorbereitungen und Ablauf
Ein S., dessen aggressives Verhalten thematisiert werden soll, wird in die Mitte eines Stuhlkreises gesetzt. Er ist verpflichtet, sich den Mitgliedern der Lerngruppe zu stellen. Die Gesprächsregeln sehen vor, dass die Mits. laufend Fragen und bohrende Nachfragen zum dissozialen Verhalten des S. auf dem heißen Stuhl stellen, dass dieser sein Verhalten jedoch verteidigen darf.

Didaktische Hinweise
Zentrales Ziel der Methode ist es,
- die Opfer von Gewalt ausführlich zu Wort kommen zu lassen,
- bei gewaltbereiten S. Neutralisierungstendenzen (Rechtfertigungen des eigenen sozialschädlichen Verhaltens als psychische Abschirmung gegen menschliches Mitgefühl/Empathie und Verantwortungsbewusstsein) aufzudecken und
- dem S. ein realistisches Selbstbild zu ermöglichen.

Erreicht wird damit, dass gewaltbereiten S. die Möglichkeit genommen wird, gewaltsames Handeln für sich selbst umzudefinieren und es als legitim wahrzunehmen.

Alternativen
- Spiegeln (S. 81)

Hinweise zur Weiterarbeit
- Gruppenvertrag (S. 79)

Literatur
Rainer Kilb u.a.: Konfrontative Pädagogik in der Schule. Weinheim 2006, S. 98

2 GRUPPENPROZESSE begreifen und verbessern

Spiegeln *(Mirroring)*

Beispiel
„Mir ist klar, dass du sehr wütend bist."
„Du fühlst dich völlig missverstanden, stimmt's?"

Sozialformen: Gruppenarbeit
Dauer: 20 – 45 Min.
Medien: –
Klassen: ab Klasse 8
Fächer: Klassenlehrerstunden

Didaktisches Potenzial
S. verbessern ihre Fähigkeit, sich in andere hineinzuversetzen.
Spiegeln ist ein zentrales Verfahren der Mediation (Vermittlung/Streitschlichtung). S. trainieren mit dieser Methode das aktive Zuhören und Empathie, also die Fähigkeit, sich in andere hineinzuversetzen und damit die Sichtweisen anderer möglichst umfassend in den eigenen Denkhorizont einzubeziehen.
Mit Spiegeln reagieren S. auf die Streitbereitschaft anderer; Kontrahenten werden in einen kontrollierten Dialog miteinander gebracht.

Vorbereitungen
Nach einem heftigen Streit in der Lerngruppe werden die „Streithähne" zusammengerufen. Ein S. stellt sich als Mediator zur Verfügung, um die Sichtweisen der Konfliktparteien zu spiegeln.

Ablauf
Die Person, die die Mediation übernimmt, setzt sich mit zwei oder mehreren Streithähnen an einen Tisch. Wie ein guter Spiegel, der alles ohne Verzerrungen wiedergibt, wiederholt sie zunächst das, was eine der streitenden Parteien zu dem Streitfall sagt.
- Dabei benutzt sie eigene, andere Worte als der „Streithahn", bemüht sich aber, nichts Wesentliches von dem, was gesagt wurde, auszulassen.
- Sie spiegelt die Inhalte, die sie gehört hat, und/oder die Gefühle derer, die sich geäußert haben, möglichst genau.
- Aggressive Bezeichnungen/Äußerungen werden beim Spiegeln jedoch ausgelassen.
- Um Gefühle wiederzugeben, wird der Gesichts- und Körperausdruck der Sprecher in möglichst neutrale, beschreibende Worte übersetzt.

Mit demselben Verfahren spiegelt der Mediator anschließend auch die Äußerungen der gegnerischen Seite. Der Disput kann mehrmals hin- und hergehen, verlangsamt sich durch die Mediation aber deutlich, sodass die Beteiligten Gelegenheit haben, nachzudenken und ihre Gefühle in den Griff zu bekommen. Als Regel gilt, dass keiner den anderen unterbrechen oder kränken darf.
Zur *Entschärfung des Konflikts* gibt es in der Mediation ein geregeltes Verfahren (s. u.).

Didaktischer Kommentar
An einer ganzen Reihe von Schulen werden S. ab Klasse 8/9 inzwischen gezielt zu Mediatoren ausgebildet, damit sie in akuten Konfliktfällen auf dem Schulgelände hinzugezogen werden können.

Das Spiegeln hat die Funktion,
- dass der Mediator sich in der Paraphrase vergewissert, ob er den Gespiegelten genau verstanden hat;
- dass der Gespiegelte sich in seinen Äußerungen ernst genommen fühlt;
- dass die streitenden Parteien sehen, dass man auch ohne Aggressivität in den Worten über einen Streitfall sprechen kann;
- dass die Streitenden am Modell lernen und Distanz zu dem Streitfall und ihrem eigenen Verhalten bekommen.

Tipps zur Umsetzung
Als *Vorübung* des Spiegelns von Äußerungen kann das pantomimische Spiegeln eingesetzt werden:
Zwei S., die zurzeit „Streithähne" sind, stellen sich gegenüber. Jeweils einer vollzieht für eine gewisse Zeit (z. B. eine Minute lang) langsame Bewegungen, die der andere spiegelverkehrt nachvollziehen muss, und zwar so, dass die Bewegungen beider möglichst völlig synchron stattfinden. Nach der vereinbarten Zeit werden die Rollen des Vormachers und Nachahmers gewechselt.
Haben die Konfliktparteien ihre Sichtweise des Konflikts dargestellt, kann der Mediator folgendes *Verfahren der Streitschlichtung* wählen:
1. *Drehbuch umschreiben:* „Wenn du die Uhr anhalten und zurückdrehen könntest, ab wann hätte etwas anders, besser laufen können?"
2. *Angebote (Lösungsoptionen):* „Was würdest du dir von … wünschen, um wieder mit ihm klarzukommen, und was könntest du ihm zusagen?"
3. *Vereinbarung:* „Also ich wiederhole noch einmal, wie eine Lösung aussehen könnte: … Findest du das gut? … Und du auch?"

Alternativen
- Gruppenplastik-Feedback (S. 299)
- Heißer Stuhl (S. 80)

Hinweise zur Weiterarbeit
- Gruppenvertrag (S. 79)
- Abschließendes pantomimisches Spiegeln (s. Tipps)

Literatur
Dietmar Hauk: Streitschlichtung in Schule und Jugendarbeit. Das Trainingsbuch für Mediationsausbildung. Mainz 2000, S. 69 ff.
Katharina Klees u. a. (Hrsg.): Gewaltprävention. Praxismodelle aus Jugendhilfe und Schule. Weinheim, München 2003
Marshall B. Rosenberg: Gewaltfreie Kommunikation. Aufrichtig und einfühlsam miteinander sprechen. Neue Wege in der Mediation und im Umgang mit Konflikten. Paderborn 2001
Jan Stewart: Wut-Workout. Produktiver Umgang mit Wut. Mülheim/Ruhr 2003
Ulrike Six/Uli Gleich/Roland Gimmler (Hrsg.): Kommunikationspsychologie – Medienpsychologie. Weinheim und Basel 2007 (Stichworte „Empathie" und „Perspektivenübernahme" im Index)

2 GRUPPEN konzentrieren

Ausatmen

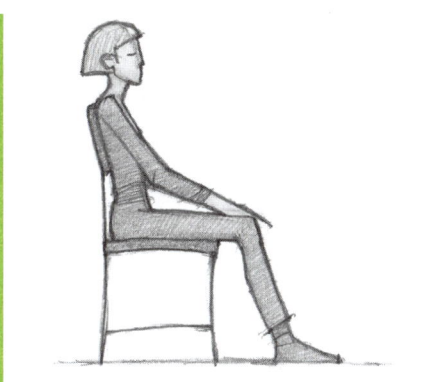

Sozialformen: Einzelarbeit, Plenum
Dauer: 3 – 5 Min.
Medien: –
Klassen: ab Klasse 5
Fächer: alle

Didaktisches Potenzial
S. machen eine Atemübung zur Entspannung.
Die S. entspannen und beruhigen sich und verbessern so ihre Konzentrationsfähigkeit.

Vorbereitungen und Ablauf
Die S. sitzen auf Stühlen, indem sie die Sitzfläche ganz nutzen (also bis an die Rückenlehne heranrücken), beide Füße entspannt auf den Boden stellen und die Hände ebenfalls entspannt auf die Oberschenkel legen. Die Augen können geschlossen sein. Sind die Augen offen, wird während der gesamten Übung ein bestimmter Punkt im Raum fixiert.
Die S. atmen mit locker herunterhängenden Schultern mehrere Male durch die Nase ein und aus, und zwar so, dass durch Pressen des Zwerchfells zuerst der Bauch und dann die Lunge mit Luft gefüllt wird. Beim Einatmen zählen die S. bis drei (drei Sekunden); dann halten sie die Luft bei vier und fünf an (zwei Sekunden), bevor sie beim Ausatmen rückwärts von fünf bis eins zählen (fünf Sekunden). Der Atemtakt kann von der Lehrperson vorgesprochen werden. Zwischen den Atemphasen wird jeweils eine kurze Pause eingelegt.

Didaktische Hinweise
Es sollte darauf geachtet werden, dass die Phase des Ausatmens länger ist als die des Einatmens, da ein umgekehrtes Verhältnis – wie bei Spitzensportlern vor dem Start öfter zu beobachten – nicht zur Entspannung, sondern zur weiteren Aktivierung führt.
Die S. können diese Entspannungsübung bei Bedarf auch individuell einsetzen, z. B. vor oder während einer Klassenarbeit/Klausur, in einer Pause oder auf dem Weg zur Schule.

Alternativen
- Fantasiereise (S. 141)
- Stummes Ruhesignal (S. 94)

Hinweise zur Weiterarbeit
- Fordernde Unterrichtsphasen

Literatur
Winfried Kneip u. a.: Lern-Landkarten. Ganzheitliches Lernen. Mülheim/Ruhr 1998, S. 72

2 GRUPPEN konzentrieren

Kooperatives Lernen *(Collaborative Learning/Cooperative Learning)*

http://www.kooperatives-lernen.de
http://wiki.zum.de/Kooperatives_Lernen

Sozialformen:	Gruppenarbeit
Dauer:	bis zu 90 Min.
Medien:	–
Klassen:	ab Klasse 5
Fächer:	alle

Didaktisches Potenzial

Die S. verarbeiten fachliche Informationen in einem betont kooperativen Verfahren, das ihre Konzentration auf die Sache verstärkt.

Kooperatives Lernen aktiviert alle beteiligten S. in besonderer Weise, indem durch eine besondere Konstruktion methodischer Abläufe eine positive gegenseitige Abhängigkeit der S. voneinander hergestellt wird. Methoden wie das Gruppenpuzzle (S. 44) vermitteln S. durch ihre Prozesslogik, dass Lernziele nur gemeinsam und mit dem Einsatz jedes Einzelnen erreicht werden können. Die Verfahren des Kooperativen Lernens unterstreichen also die individuelle Verantwortung jedes Mitglieds einer Lerngruppe („sink or swim together") und unterstützen damit die Konzentration auf fachliche Klärungen. Unterstützt werden diese prosozial-fachlichen Impulse dadurch, dass das Kooperative Lernen als direkte Interaktion angelegt ist, die alle S. permanent in den Lernprozess involviert; damit ist dem in der Gruppenarbeit oft zu beobachtenden „U-Boot-Verhalten" einzelner S. qua Methode ein Riegel vorgeschoben. Hinzu kommt, dass Gruppenzusammensetzungen ab und zu geändert werden, sodass sich die S. flexibel auf neue Kooperationspartner einstellen müssen. Neben einer Intensivierung fachlicher Lernprozesse erweitern die S. beim Kooperativen Lernen also ihre sozialen und kommunikativen Kompetenzen.

Vorbereitungen

Um Zufallsgruppen (S. 68) zu bilden, die anschließend in anderer Zusammensetzung weiterarbeiten, sind bestimmte Verfahren der Gruppenzuteilung empfehlenswert, mit deren Hilfe die Umorganisation von Gruppen auf unkomplizierte Weise möglich ist. Geeignet ist z.B. ein Skatspiel; für die Ausgangsgruppen können in diesem Fall die Farben (Kreuz, Pik, Herz, Karo) als Zuteilungskriterien gelten und für Folgegruppen dann die Figuren (z.B. Könige, Damen, Buben etc.).

Ablauf

Verfahren des Kooperativen Lernens wie das → Gruppenpuzzle (S. 44) beginnen in der Regel mit einer Gruppenphase, in der das Thema der Unterrichtsstunde erschlossen wird. In einer weiteren Phase werden dann neue Informationen eingegeben, die dann in einer Kleingruppe verarbeitet werden können. Da jeder S. die Aufgabe vor sich sieht und die neuen Erkenntnisse in anderen Konstellationen an Mits. weitergegeben werden, ist die Klärung von Sachverhalten in dieser Phase nicht nur fachlich-sachlich, sondern zusätzlich auch noch verfahrenslogisch motiviert. Es erfolgt dann für jeden Einzelnen ein Gruppenwechsel, in dem jeder S. die Vermittlerrolle übernimmt (→ Lernen durch Lehren, S. 52).

Didaktischer Kommentar

Das Kooperative Lernen verstärkt die kognitive Durchdringung fachlicher Inhalte durch intensive Austauschprozesse. Anders als bei vielen anderen Methoden erfahren prinzipiell alle S. einer Lerngruppe ihre Selbstwirksamkeit, da es bei der Weitergabe von Informationen auf sie persönlich ankommt. Das Verfahren bezieht also alle S. ein, jeder kommt zu Wort (vgl. z. B. auch → Place mat). Zugleich können die S. bei der Verarbeitung fachlicher Inhalte auf ihre Peers zurückgreifen. Das Verfahren nutzt damit den lerntheoretischen Befund, dass viele S. am besten von denen lernen können, deren kognitiver Entwicklungsstand etwas höher liegt als der eigene. Kritisch kann angemerkt werden, dass bei der Weitergabe von Informationen durch leistungsschwächere S. ein gleichmäßiger Informationsstand aller S. nicht immer sichergestellt werden kann. In solchen Fällen ist eine abschließende Plenumsphase ratsam, in der Arbeitsergebnisse für alle gesichert werden. Das Kooperative Lernen wurde nach der Jahrtausendwende insbesondere auch deswegen propagiert, weil in den Schulen zuvor Tendenzen der Individualisierung („Individuelles Lernen") verstärkt worden waren und weil dem ohnehin zunehmenden Individualismus und dem Verlust an sozialen Kompetenzen etwas entgegengesetzt werden sollte. Oft wurden Verfahren des Kooperativen Lernens zunächst jedoch nur als fachlich ungebundene methodische Innovationen gesehen, ohne dass ihre dienende Funktion für fachliche Lernprozesse angemessen reflektiert wurde.

Tipps zur Umsetzung

Eine Variante des Kooperativen Lernens, die in Deutschland insbesondere von dem Kanadier Norm Green propagiert wurde, ist das dreistufige Verfahren *Think – Pair – Share* (Denken – Austauschen – Vorstellen). Im ersten Schritt denken die S. individuell über eine vom L. gestellte Frage, einen Text etc. nach. Im zweiten Schritt tauschen sie ihre individuellen Arbeitsergebnisse aus; in einem dritten Schritt werden die Ergebnisse des gemeinsamen Reflexionsprozesses an andere weitergegeben. Dabei kann es sich um eine anders zusammengesetzte Teilgruppe oder das Klassenplenum handeln.

Alternativen
- Gruppenarbeit (S. 42)
- Themenzentrierte Interaktion (S. 47)
- Projekt (S. 53)
- Planspiel (S. 55)
- Lawinengspräch (S. 214)

Hinweise zur Weiterarbeit
- Lernplakat (S. 61)
- Lerntagebuch (S. 288)
- Matrix (S. 169)
- Baumdiagramm (S. 158)

Literatur

Cordula Hoffmann: Kooperatives Lernen, kooperativer Unterricht. Mülheim 2010

Ludger Brüning/Tobias Saum: Erfolgreich unterrichten durch Kooperatives Lernen. Strategien der Schüleraktivierung. Bd. 1., 5., überarb. Aufl., Essen 2009

Norm Green/KathyGreen: Kooperatives Lernen – im Klassenraum und im Kollegium. Seelze 2005

2 GRUPPEN konzentrieren

Denk-Starter

Sozialformen: Plenum
Dauer: 2 – 3 Min.
Medien: –
Klassen: ab Klasse 5
Fächer: alle

Didaktisches Potenzial
S. aktivieren ihre Denkkapazitäten durch Bewegung.
Die S. aktivieren ihr Gehirn und verbessern ihre Aufnahmekapazität und Konzentrationsfähigkeit, indem sie in einem ganzheitlichen Prozess Denken mit Körperbewegung verbinden. Die Übungen sind so angelegt, dass beide Gehirnhälften aktiviert und miteinander verbunden werden.

Vorbereitungen
Die Verfahren können bei Bedarf meist ganz spontan eingesetzt werden und bedürfen keiner besonderen Vorbereitung. Einige der Übungen erfordern genügend Freifläche.

Ablauf
Mögliche Denk-Starter in *stehender Haltung*:
- *Wechselbeuge:* Mit gegrätschten Beinen beugen die S. den Oberkörper so weit vor, dass die Fingerspitzen die Schuhe berühren können. Dabei soll abwechselnd die linke Hand den rechten Fuß und die rechte Hand den linken Fuß erreichen.
- *Ohren suchen:* Alle S. gehen im Gänsemarsch langsam in eine Richtung. Dabei wird der eine Fuß in gerader Linie vor den anderen gesetzt, als ob man auf einem Seil balancieren würde. Gleichzeitig werden die Arme bewegt: Wird der rechte Fuß nach vorne gesetzt, greift man mit der linken Hand an das rechte Ohr; ist der linke Fuß an der Reihe, fasst man sich mit der rechten Hand an das linke Ohr.
- *Stummer Tanz:* Die S. versetzen sich in Gedanken in einen Tanz-Event. Sie heben abwechselnd das rechte und das linke Knie bis in Beckenhöhe und stützen ganz kurz den gegenüberliegenden Ellbogen darauf ab, bevor ganz schnell die Seiten gewechselt werden.
- *Kreuzklatschen:* Alle stehen und kreuzen die Arme. In dieser Haltung klatschen sie abwechselnd auf ihre Oberschenkel und die Schultern.

Weitere Möglichkeiten in sitzender Haltung s. u. Nach mehrmaligem Einsatz der Übungen reicht es in Folgestunden, die Namen der Denk-Starter anzusagen, um die Übung in Gang zu setzen. Bei stärkeren Konzentrationsverlusten der S. können verschiedene Übungen nacheinander absolviert werden. Zum Abschluss kann man eine Entspannungsübung anbieten (z. B. → Ausatmen).

Didaktischer Kommentar
Lernförderliche Bewegungsübungen sind insbesondere solche, die das Gehirn stimulieren und dabei die Aktivität der linken und rechten Gehirnhälfte verbinden *(Gehirnintegration)*. Gleichzeitige Bewegungen mit beiden Händen oder mit dem rechten Fuß und der linken Hand bewirken einen intensiveren Kontakt zwischen beiden Gehirnhälften. Dies wiederum steigert nach Auskunft von Gehirnphysiologen die Konzentration und die Merkfähigkeit. Entsprechende Übungen sind z. B. in der Angewandten Kinesiologie (auch Brain-Gym genannt) entwickelt worden. Auch Übungen aus dem Bereich von Tai-Chi und Qi-Gong gehören dazu. Allen diesen Übungen ist gemeinsam, dass sie den Energiefluss im Körper verbessern und damit neue Grundlagen für intensive Lernprozesse legen.

Tipps zur Umsetzung
Weitere mögliche Denk-Starter, bei denen die S. auf Stühlen sitzen:
- *Wechselkreis:* Die S. strecken das linke Bein in die Luft und lassen den linken Fuß kreisen; gleichzeitig bewegen sie den rechten Arm in Kreis.
- *Fußkreisen:* Jeder hebt das linke Bein und kreist mit dem Fuß mehrmals linksherum, dann rechtsherum. Anschließend wird ebenso mit dem rechten Fuß gekreist.
- *Bauch und Hinterkopf:* Die S. lehnen sich möglichst entspannt nach hinten. Dann beginnen sie, mit der rechten Hand um den Bauchnabel zu kreisen, während die linke am Hinterkopf auf- und abfährt.
- *Wechselheber:* Die S. heben das linke Knie bis in Nabelhöhe und strecken gleichzeitig den rechten Arm zur Decke. Anschließend verfahren sie spiegelverkehrt und wechseln in rascher Folge.
- *Energizer-Gähnen:* Alle „lümmeln" sich entspannt in ihren Stühlen und gähnen mehrmals ganz laut. Dabei streicht sich jeder mit den Fingerspitzen bei geöffnetem Mund über die Wangenpartien im Bereich der hinteren Backenzähne vom Ober- zum Unterkiefer.

Alternativen
- Sitz-Starter (S. 88)
- Steh-Starter (S. 90)

Hinweise zur Weiterarbeit
- Unterrichtsphasen, die eine hohe Konzentration der S. erfordern

Literatur
Ursula Oppolzer: Bewegte Schüler lernen leichter. Ein Bewegungskonzept für die Primarstufe, Sekundarstufe I und II. Dortmund 2004
Ursula Oppolzer: Gerhirntraining mit Phantasie und Spaß. 3. Aufl., Dortmund 2002
Rudolf Müller: Mehr Bewegung ins Lernen bringen. Energie aufbauen, Leistungsfähigkeit und Lernmotivation erhöhen, Lernstoff verankern. Weinheim u. a. 2003

2 GRUPPEN konzentrieren

Sitz-Starter

Sozialformen: Plenum
Dauer: 2–3 Min.
Medien: –
Klassen: ab Klasse 5
Fächer: alle

Didaktisches Potenzial
S. bewegen sich intensiv in sitzender Haltung.
Mit gezielten und kurzzeitigen Bewegungen im Sitzen bauen S. ihre Ablenkungsimpulse ab und setzen Ressourcen frei für weitere Lernprozesse. Sie aktivieren den Kreislauf, verschaffen dem Körper neuen Sauerstoff, bauen neue Energien auf, stimulieren damit das Gehirn und fördern die Lernmotivation.

Vorbereitungen
Bewegungsübungen im Sitzen können spontan ohne Vorbereitungen begonnen werden.

Ablauf
Folgende Übungen können z. T. mehrfach nacheinander absolviert werden:
- *Händereiben:* Alle S. reiben die Handflächen, bis sie warm werden. Die Wärme wird dann durch Berührung auf die Augenlider und das übrige Gesicht übertragen. Schließlich werden die Ohren massiert.
- *Gähnen und Recken:* Die S. lehnen sich auf ihrem Stuhl so weit wie möglich nach hinten, falten die Hände im Nacken, strecken den Körper und gähnen dabei.
- *Klopfen:* Die S. klopfen ein bis zwei Minuten lang mit den Zeigefingern möglichst schnell auf die Tischplatte.
- *Kreisen:* Die S. sitzen fest auf ihren Stühlen und lassen das Becken in einem möglichst großen Radius kreisen.
- *Beinedrücken:* Die S. sitzen möglichst breitbeinig, kreuzen die Arme vor dem Körper und drücken die Handflächen gegen die Innenseiten der Oberschenkel. Fünf bis zehn Sekunden lang üben sie so mit den Armen deutlichen Druck und mit den Beinen Gegendruck aus. Dann werden zur Entspannung die Arme ausgeschüttelt und die Übung beginnt erneut.
- *Fingerhakeln:* Die S. sitzen aufrecht, heben die Hände bis in Schulterhöhe und haken sie vor dem Körper ineinander. Etwa fünf Sekunden lang ziehen sie die Arme mit ganzer Kraft auseinander, ohne die verhakten Finger zu lösen. Dann werden die Arme ausgeschüttelt.

An die Bewegungs- können Entspannungsübungen angeschlossen werden (z. B. ➔ Ausatmen). Weitere Übungsmöglichkeiten s. u.

Didaktischer Kommentar
Bewegungspädagogische Ansätze gehen von der Einsicht aus, dass Lernen nicht nur im Kopf stattfindet. Denken, Intelligenz und Kreativität, so dieser Ansatz, sind Funktionen des ganzen Körpers. Lernen muss also in angemessener Weise mit körperlicher Bewegung verbunden sein. Gehirnphysiologen sagen uns, dass die Bewegung des Körpers von frühester Kindheit an eine wesentliche Rolle bei der Entstehung von Nervenzellen und neuronalen Netzwerken spielt. Folgt man dieser Einsicht, dann ist es sinnvoll, auch und gerade die zentrale Körperhaltung des Schulalltags, das Sitzen, ab und zu mit Bewegungselementen zu verknüpfen. Es ist sogar sinnvoll, konzentrationsfördernde Bewegungsübungen im Sitzen zu beginnen, da viele S. so weniger Hemmungen zu überwinden haben als im Stehen oder beim Laufen durch den Raum. Außerdem lassen sich Bewegungsübungen im Sitzen in vollmöblierten Klassen- und Kursräumen am leichtesten und schnellsten umsetzen.

Tipps zur Umsetzung
Weitere Sitz-Starter sind:
- *Kniespanner:* Alle sitzen nur noch auf der rechten Seite des Stuhls und stellen den rechten Fuß zur Abstützung auf den Boden. Während der Rücken durchgedrückt ist, nimmt jeder den rechten Fuß in die Hand und zieht ihn in Richtung Po. Dann versuchen alle vorsichtig das Knie nach hinten zu drücken. Der Körper wird einige Sekunden in dieser Haltung gehalten. Dann geschieht das Gleiche spiegelbildlich mit der anderen Körperhälfte.
- *Verdrehte Köpfe:* Die S. stützen sich mit den Beinen gut ab, legen die Hände auf die Oberschenkel und drehen den Kopf so weit es geht bis über die linke Schulter. Die Stellung wird einige Sekunden lang gehalten. Dann wird der Kopf langsam möglichst weit nach rechts gedreht und dort einige Sekunden gehalten.
- *Händefalten:* Alle falten die Hände so, dass der rechte Daumen oben liegt, dann so, dass der linke Daumen oben liegt. Das Tempo des Wechsels wird langsam gesteigert.

Alternativen
- Steh-Starter (S. 90)
- Denk-Starter (S. 86)

Hinweise zur Weiterarbeit
- Unterrichtsphasen, die eine hohe Konzentration der S. erfordern

Literatur
Ursula Oppolzer: Bewegte Schüler lernen leichter. Ein Bewegungskonzept für die Primarstufe, Sekundarstufe I und II. Dortmund 2004
Dieter Krowatschek: Entspannung für Jugendliche. 2. Aufl., Dortmund 2000
Carla Hannaford: Bewegung – das Tor zum Lernen. 4. Aufl., Kirchzarten b. Freiburg 2001
Rudolf Müller: Mehr Bewegung ins Lernen bringen. Weinheim, Basel, Berlin 2003, S. 199

2 GRUPPEN konzentrieren

Steh-Starter

Sozialformen: Plenum
Dauer: 2 – 3 Min.
Medien: –
Klassen: ab Klasse 5
Fächer: alle

Didaktisches Potenzial
S. bewegen sich intensiv in stehender Haltung.
Mit Steh-Startern lösen sich die S. aus ihrer sitzenden Position und bewegen sich intensiv, um ihre geistige Leistungsfähigkeit (wieder) zu verbessern, indem sie ihre Körperkräfte animieren und das Gehirn mit Sauerstoff versorgen.

Vorbereitungen
Steh-Starter können spontan und ohne Vorbereitung eingesetzt werden.

Ablauf
Mögliche Übungen sind:
- *Scheinsitzen:* Die S. stellen sich an einen freien Platz (z. B. hinter ihren Stuhl) und setzen sich eine halbe bis eine Minute lang auf einen imaginären Stuhl. Dabei werden alle beteiligten Muskeln angespannt gehalten. Anschließend hüpft man leicht auf der Stelle.
- *Stehender Sturmlauf:* Die S. rennen in normaler Laufhaltung möglichst schnell auf der Stelle, wobei die Knie möglichst hoch gezogen werden und die Arme vor- und zurückschwingen. (Dazu ist genügend Platz nötig.)
- *Überkreuzbewegung:* Die S. „marschieren" auf der Stelle, indem sie zunächst das linke Knie heben und beide Arme dabei vor dem Körper nach rechts ziehen. Darauf folgt rasch eine spiegelbildliche Bewegung (rechtes Knie hoch und beide Arme nach links).
- *Gleichgewicht:* Die S. legen beide Hände hinten auf die Hüfte, beugen sich so weit wie möglich nach hinten und halten diese Position eine halbe bis eine Minute.
- *Boxen:* Die S. boxen nach vorne in die Luft gegen einen imaginären Gegner. Dabei soll abwechselnd der linke und der rechte Arm nach vorne schnellen; zugleich macht abwechselnd eine Hand eine Faust und bei der zweiten werden die Finger gespreizt.
- *Luftschloss:* Die S. malen mit der linken Hand ein Schloss in die Luft. (Linkshänder nehmen die rechte Hand.)
- *Zähneputzen:* Die S. putzen sich imaginär abwechselnd mit der rechten und der linken Hand heftig die Zähne, wobei die Arme waagerecht gehalten werden sollen.

Weitere Vorschläge s. u. Mehrere dieser Übungen können kombiniert werden. Anschließend kann eine Entspannungsübung folgen (z. B. → Ausatmen).

Didaktischer Kommentar
Stundenlanges Sitzen führt bei S. zu einer mangelhaften Sauerstoffversorgung des Gehirns und damit zu Konzentrationsstörungen. Außerdem kommt es zu Verspannungen der Muskeln und einer Überlastung der Wirbelsäule, denn ihre Belastung ist im Sitzen um ein Vielfaches höher als im Stehen. Pausen mit kurzen Bewegungsübungen im Stehen sind daher besonders im fortgeschrittenen Stadium eines Lerntages sinnvoll, um die körperliche und geistige Leistungsfähigkeit wieder zu stabilisieren.

Tipps zur Umsetzung
Weitere Steh-Starter sind:
- *Beschwörung:* Die S. strecken die Arme nach vorne, halten ihre Hände nebeneinander mit den Handflächen nach unten und verhaken die Daumen miteinander. Dann gehen sie ganz langsam auf die Zehenspitzen und zeigen mit den Armen so weit wie möglich nach links. Die Position wird ca. 15 Sekunden gehalten. Dann werden die Arme – weiterhin mit verhakten Daumen – nach rechts geführt.
- *Bäumchen wechsel dich:* Jeder steht betont aufrecht und streckt die Arme zur Decke. Dabei liegen die Handinnenflächen locker aneinander. Die Arme werden so weit wie möglich nach oben gereckt. Nun hebt man das linke Bein, winkelt es vom Körper ab und legt den linken Fuß an den rechten Oberschenkel. Nach mehrmaligem tiefem Ein- und Ausatmen wird der Vorgang mit dem rechten Fuß wiederholt.
- *Verhaftung:* Jeder legt die linke Hand mit der Handfläche nach außen auf das rechte Schulterblatt und bringt sie möglichst weit nach oben in Richtung Hals. Dann greift jeder mit der rechten Hand über die Schulter und versucht seine eigene linke Hand von oben zu erreichen. Die Finger werden ineinander verhakt. Die Spannung wird für fünf bis zehn Sekunden gehalten, dann werden die Arme ausgeschüttelt und die Übung wird spiegelbildlich wiederholt.

Alternativen
- Sitz-Starter (S. 88)
- Denk-Starter (S. 86)

Hinweise zur Weiterarbeit
- Unterrichtsphasen, die eine hohe Konzentration der S. erfordern

Literatur
Ursula Oppolzer: Bewegte Schüler lernen leichter. Ein Bewegungskonzept für die Primarstufe, Sekundarstufe I und II. Dortmund 2004
Christian Rittelmeyer: Pädagogische Anthropologie des Leibes. Biologische Voraussetzungen der Erziehung und Bildung. Weinheim, München 2002
Rudolf Müller: Mehr Bewegung ins Lernen bringen. Weinheim, Basel, Berlin 2003, S. 44 ff.

2 GRUPPEN konzentrieren

Stop and go

Sozialformen: Plenum
Dauer: 1–2 Min.
Medien: –
Klassen: 5–8
Fächer: alle

Didaktisches Potenzial
S. konzentrieren sich, indem sie genau auf Bewegungen von Mits. achten.
In einem spielerischen Verfahren konzentrieren sich die S. nacheinander auf verschiedene Mits., um zu erreichen, dass sich die gesamte Lerngruppe für kurze Zeit synchron bewegt.

Vorbereitungen und Ablauf
Wie bei stockendem Autoverkehr setzt sich die gesamte Lerngruppe für Sekunden in Bewegung, um dann wieder stillzustehen.
Das Spiel beginnt damit, dass alle S. auf das „Stop and go"-Signal hin aufstehen und sich einander zuwenden. Dann bestimmt die Lehrperson einen S., der sich nun am Platz langsam in einer bestimmten Weise bewegt (z. B. vorbeugen, Arm heben, Kopf leicht drehen). Dabei sollte weiterhin Augenkontakt aller mit dem „Vorturner" möglich sein. Nach etwa zehn Sekunden ruft die Lehrperson einen neuen Namen in den Raum. Für fünf Sekunden verharrt nun jeder zunächst in der momentanen Position, dann ahmen alle die Anschlussbewegungen des neu aufgerufenen S. nach. Nach zehn Sekunden wird erneut gestoppt und gewechselt usw.
Die Übung sollte insgesamt ein bis zwei Minuten dauern. In der Lerngruppe sollte der sportliche Ehrgeiz geweckt werden, das synchrone Bewegen möglichst zwei Minuten lang durchzuhalten. Das Spiel wird aber abgebrochen, sobald ein S. erkennbar den „Faden verloren" hat.

Didaktische Hinweise
Diese Übung kann man nutzen, um mehrere stillere S. „ins Spiel zu bringen".
Am Anfang kommt es bei diesem Spiel manchmal zu Albernheiten; diese legen sich aber, wenn die Übung mit einiger Regelmäßigkeit zur Förderung der Konzentration eingesetzt wird.

Alternativen
- Stummes Ruhesignal (S. 94)
- Zurückspulen (S. 95)

Hinweise zur Weiterarbeit
- Eintragung ins → Lernjournal (S. 288), wie lange die Lerngruppe durchgehalten hat

2 GRUPPEN konzentrieren

Stromunterbrechung

Beispiel
Defekt ist Lisas rechte Hand.

Sozialformen: Plenum
Dauer: 5–10 Min.
Medien: –
Klassen: 5–8
Fächer: alle

Didaktisches Potenzial
S. konzentrieren sich, indem sie Abläufe in der Klasse genau wahrnehmen.
Diese spielerische Methode trainiert das Konzentrationsvermögen und die Kooperation der S.

Vorbereitungen und Ablauf
Ein S. verlässt den Raum. (Evtl. handelt es sich um jemanden, der den Arbeitsprozess gerade gestört hat.) Alle fassen sich im Sitzen schnell an den Händen und bilden einen geschlossenen Stromkreis. Je nach Sitzordnung kann der Stromkreis auch in Schlangenlinien durch den Raum gelegt werden. Die Lerngruppe einigt sich auf eine Stelle, an der dieser Stromkreis unterbrochen ist (z. B. am rechten Unterarm eines S.).
Dann kommt der ratende S. in den Raum zurück. Er fasst den Stromkreis an zwei Stellen an, um ihn „durchzumessen". Damit entstehen zwei getrennte Stromkreise: ein defekter (mit Fehlerstelle) und ein intakter. Sofort lassen alle S., die im intakten Stromkreis sitzen, den Messton „Tüüüt" ertönen. Die anderen bleiben stumm. Der Ratende muss nun verschiedene Teilstücke des Kreises abfassen, um das „Problem" einzugrenzen. Gibt es in einem kleineren abgefassten Teilstück keinen Messton mehr, ist der Ratende der Fehlerstelle nahe gekommen. Er kann den defekten Bereich durch weitere „Messungen" näher eingrenzen. Am Ende muss er bekannt geben, wo genau die „schadhafte Stelle" liegt.

Didaktische Hinweise
Das Verfahren verlangt auch von den Mitspielern hohe Konzentration, da sie entscheiden müssen, wo der Strom fließen kann und wo nicht. Es sollte bei Störungen der Unterrichtskommunikation aber nicht regelmäßig angewendet werden, da solche Störungen von S. sonst aus Spaß an diesem Spiel herbeigeführt werden.

Alternativen
- Stummes Ruhesignal (S. 94)

Literatur
Peter Thiesen: Das Kommunikationsspielebuch. Weinheim, Basel 2002, S. 77 u. 175
Ulrike Six/Uli Gleich/Roland Gimmler (Hrsg.): Kommunikationspsychologie – Medienpsychologie, Weinheim und Basel 2007 (Stichwort „Aufmerksamkeit" im Index)

2 GRUPPEN konzentrieren

Stummes Ruhesignal

Sozialformen: Plenum
Dauer: eine Min. oder weniger
Medien: –
Klassen: alle
Fächer: alle

Didaktisches Potenzial
S. begeben sich in einen Prozess zügiger Konzentration.
Wird in Klassen/Kursen störende Unruhe bzw. Unaufmerksamkeit festgestellt, bewirkt das „Stumme Ruhesignal" eine zügige Konzentration der S.

Vorbereitungen und Ablauf
Die Lehrperson hebt in einer Unruhephase deutlich sichtbar ohne Worte den Arm. Mit den S. ist vereinbart, dass sie das Ruhesignal möglichst rasch aufnehmen, ihre Gespräche einstellen und ebenfalls den Arm heben. Das Wechseln der Kommunikationsebene von der sprachlichen Äußerung zur Körpersprache macht den S. bewusst, dass nun Konzentration erwünscht ist. Die Prozesslogik des Verfahrens bewirkt, dass das erste stumme Signal schnell von einigen in der Gruppe aufgegriffen wird. Dadurch entstehen plötzlich Inseln der Ruhe, die von anderen bemerkt werden. Immer mehr S. schauen in der Klasse/im Kurs umher, um zu sehen, wer den Wechsel von Sprache zu Körpersprache noch nicht mitbekommen hat. Der Rest der Klasse/des Kurses schließt sich dann in der Regel schnell dem Gruppenprozess an. Es herrscht Ruhe.

Didaktische Hinweise
Ein „Stummes Ruhesignal" wirkt in der Regel schneller als traditionelle Ermahnungen zur Ruhe. Das Verfahren sollte möglichst bereits in Klasse 5 eingeführt und in der Lerngruppe ritualisiert werden. Die Methode hat außerdem den Vorteil, dass Plenumsgespräche nicht durch Mahnungen zur Ruhe verbal unterbrochen werden müssen.
In Lerngruppen, bei denen immer wieder Unruhe auftritt, können auch zwei S. ernannt werden, die während einer Stunde ab und zu das „Stumme Ruhesignal" aussenden.

Alternativen
- Verbale Bitte um Ruhe
- Klopfen an der Tafel

Hinweise zur Weiterarbeit
- Weiterführung des kurz unterbrochenen Unterrichts oder Einstieg in eine neue Unterrichtsphase

2 GRUPPEN konzentrieren

Zurückspulen/Letzter Satz

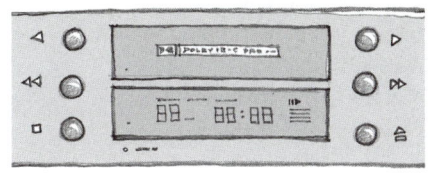

Sozialformen: Plenum
Dauer: je 1 Min.
Medien: –
Klassen: 5 – 7
Fächer: alle

Didaktisches Potenzial
S. registrieren Äußerungen anderer genau und geben sie wieder.
Das Verfahren trainiert die Aufmerksamkeit der S. in Unterrichtsphasen, in denen diese nachzulassen droht oder mehrere S. offensichtlich nicht mehr „bei der Sache" sind.

Vorbereitungen und Ablauf
Die Lehrperson führt in der Lerngruppe ein Ritual ein, das auf das Stichwort „Zurückspulen" hin jederzeit aktiviert werden kann:
- Alle Äußerungen in der kommenden Minute sollen möglichst genau „gespeichert" werden.
- Ein S. stoppt die Zeit, während das Gespräch im Plenum weitergeht.
- Nach genau einer Minute unterbricht er das Gespräch. Es wird ein S. bestimmt, der „Zurückspulen" und alle Äußerungen in der richtigen Reihenfolge möglichst wortwörtlich wiederholen soll.
- Eine kurze Rückmeldung zur „Aufnahme-" und „Wiedergabeleistung" schließt die Rückspul-Runde ab.

Didaktische Hinweise
In Gang setzen können dieses Verfahren auch zwei S., die für die Dauer einer Unterrichtsstunde beauftragt sind, dafür zu sorgen, dass in einer Lerngruppe alle konzentriert mitarbeiten.
Variante: Es wird bereits zu Beginn einer Rückspul-Runde festgelegt, wer die Wiedergabe übernehmen soll.
Eine abgeschwächte Version des Zurückspulens ist das Verfahren „Letzter Satz!": Der Lehrer oder beauftragte S. fordern im Verlauf einer Unterrichtsstunde ab und zu jemanden auf, den zuletzt vom L. oder einem Mits. gesagten Satz zu wiederholen. Dabei sollten die beauftragten S. dieses Verfahren nicht inflationär anwenden, sondern nur dann, wenn sie die begründete Vermutung haben, dass bei einem Mits. die Aufmerksamkeit nachgelassen hat und dass sich Nebenaktivitäten entwickelt haben.

Alternativen
- Stummes Ruhesignal (S. 94)

Hinweise zur Weiterarbeit
- Eintragung ins Lernjournal (S. 288)

Literatur
Heiner Willlms/Ellen Willms: Erwachsen werden. 2. Ausg., 7. Aufl., Wiesbaden 2004

2 GRUPPEN beenden

Sonnenblume

Sozialformen: Plenum
Dauer: ca. 10 Min.
Medien: –
Klassen: ab Klasse 7
Fächer: alle

Didaktisches Potenzial
S. erinnern sich zurück und nehmen voneinander Abschied.
In einer imaginären Zeitreise erleben die Mitglieder verschiedene Stationen der Lerngruppe noch einmal mit und verabschieden sich zugleich mit einem Ritual voneinander.

Vorbereitungen
Die Lerngruppe begibt sich in einen leeren Raum (Flur, Foyer, Außengelände) und stellt sich in einem Kreis auf. Jeder S. sollte zunächst genügend Abstand zum Nachbarn haben. Mitgeteilt wird, dass die Gruppe das Leben einer Sonnenblume nachvollziehen wird.

Ablauf
Alle setzen sich zunächst auf den Boden, schließen die Augen und erinnern sich an die *Anfänge der Lerngruppe*. Die Lehrperson kann – wie bei einer ➜ Fantasiereise – im Abstand von einigen Sekunden Erinnerungsimpulse geben:
„Erinnert euch, wie es war, als ihr in die Klasse/den Kurs gekommen seid. Viele von euch kannten sich nicht (gut). Wer ist euch als Erstes aufgefallen. Warum? Wie ist es euch in den ersten Tagen ergangen? Welche Höhepunkte gab es in der ersten Zeit?" (Dauer: ca. eine Min.)
Dann wird das weitere Leben der Sonnenblume nachvollzogen:
„Ihr könnt jetzt die Augen öffnen und euch langsam erheben. Die Sonnenblume wächst rasch. Erinnert euch daran, wie ihr zu einer Klasse/einem Kurs zusammengewachsen seid. Erinnert euch an Situationen, in denen ihr zusammengehalten habt und euch alle zusammen stark gefühlt habt. Kommt jetzt näher zusammen und legt euch die Arme auf die Schultern. Ihr seid jetzt die Blüte einer Sonnenblume, die im Wind hin und her schwingt. Schließt wieder die Augen und schwingt langsam nach links … jetzt nach rechts … Öffnet jetzt wieder die Augen und schaut möglichst viele in der Runde kurz an. Schwingt dabei weiter hin und her." (Dauer: zwei bis drei Min.)
Zum Schluss werden die S. in die Abschiedssituation gebracht (s. u.).
Schließlich sollten alle still auseinandergehen.

Didaktischer Kommentar

Das Verfahren lädt die S. dazu ein, einen gemeinsamen Lern- und Lebensprozess mit positiven inneren Bildern abzuschließen. Emotionale Bindungen in der Lerngruppe werden noch einmal wachgerufen. Die S. sollen auf symbolische Weise bewusst voneinander Abschied nehmen. Das Bild der „Sonnenblume" macht deutlich, dass es sich bei diesem Abschied um einen natürlichen Prozess handelt, der sich im Leben der S. wiederholen wird. Haben viele Mitglieder der Lerngruppe einen nur sehr oberflächlichen Kontakt zueinander oder gibt es gar deutliche Spannungen, sollte auf diese Form des Abschiednehmens verzichtet werden.

Tipps zur Umsetzung

Zur Vergegenwärtigung der Abschiedssituation können z. B. die folgenden Formulierungen gewählt werden:

„Die Bewegungen lassen nun nach. Kommt langsam zur Ruhe. Schließt die Augen wieder und nehmt die Arme von den Schultern der Nachbarn. Die Sonnenblume ist nun herangereift. Jeder ist nun ein reifer Sonnenblumenkern, der bald aus der Blütenfassung herausfallen wird. … Geht mit geschlossenen Augen ein paar Schritte rückwärts und dreht euch langsam nach außen … Macht euch klar, dass der Wind euch aus dem Blütenstand der Sonnenblume fortgeweht hat. Jeder von euch hat jetzt so viel Energie, eine eigene Sonnenblume ins Leben zu rufen. (Dauer: ein bis zwei Min.)

„Irgendwo werdet ihr landen – zusammen mit anderen – und gemeinsam ein neues Sonnenblumenfeld sein. Öffnet jetzt langsam die Augen. Unsere Klasse/unser Kurs geht jetzt auseinander. Wenn ihr möchtet, könnt ihr euch zum Abschied stumm umarmen und dann weggehen."

Vor dem Sonnenblumen-Ritual können alle S. einen frankierten und adressierten Briefumschlag abgeben. Dann wird ein Abschiedsfoto gemacht, das der Fotograf allen S. in den nächsten Wochen zuschicken wird.

Alternativen
- Tortendeckel (S. 98)
- Brief in die Zukunft (S. 286)
- Feedback-Brief (S. 287)

Hinweise zur Weiterarbeit
- E-Mails an Freunde und Bekannte in der Klasse/im Kurs
- Klassen-/Kurs-Chat im Internet

Literatur

Peter Schlimme, Katja Rauch: 100 und eine Methode zur Projektarbeit mit Mädchen und Jungen in Jugendarbeit und Schule. Groß-Gerau 2003, S. 114

2 GRUPPEN beenden

Tortendeckel

Sozialformen: Plenum
Dauer: 10 – 15 Min.
Medien: Tortendeckel aus Pappe o. Karton, Filzstifte
Klassen: ab Klasse 7
Fächer: alle

Didaktisches Potenzial
S. geben sich zum Abschied Positives mit auf den Weg.
Die S. vollziehen ein lustiges Abschiedsritual, nehmen dabei den Abschied von einer Lerngruppe bewusst wahr und können Mits. eine gezielte Rückmeldung zur gemeinsam verbrachten Zeit geben.

Vorbereitungen und Ablauf
Jedem S. wird mit Klebeband ein Tortendeckel aus Pappe oder ein Karton auf den Rücken geklebt. Dann gehen alle langsam ungeordnet durch den Raum. Zum Abschied kann nun jeder jedem etwas auf den Rücken schreiben. Dabei sollen nur positive Erinnerungen an die gemeinsame Zeit in der Lerngruppe notiert werden. Die Lehrperson sollte beim Herumgehen darauf achten, dass kein S. ohne positive Rückmeldung bleibt.
Die Tortendeckel sollen erst nach Verlassen des Raumes von jedem abgenommen und gelesen werden.

Didaktische Hinweise
Die Rückmeldungen können anonym erfolgen.
Während ein S. etwas auf den Tortendeckel eines anderen schreibt, kann gleichzeitig auf seinem etwas notiert werden. So entstehen immer wieder längere Schreibschlangen, die jedoch bald wieder auseinanderbrechen.

Alternativen
- Feedback-Brief (S. 287)
- Brief in die Zukunft (S. 286)

Hinweise zur Weiterarbeit
- E-Mails an Freunde oder Bekannte in der aufgelösten Lerngruppe

3 Recherchieren und erkunden

Ein Thema entfalten

- *Bilderbuffet* 251
- Blätterlawine 100
- *Blitzlicht* 305
- Brainstorming 101
- *Fragenbaum* 197
- Tischset 102

Recherche traditionell durchführen

- Archivarbeit 109
- Befragung 111
- Beobachtung 113
- Bibliotheksrecherche 115
- Erkundung 117
- Experiment 118
- Fallstudie 120
- Interview 122
- Sachverständigenbefragung 124

Recherche in der Lebenswelt durchführen

- Aktionsforschung 133
- Foto-Dokumentation 134
- Narratives Interview 135
- Oral History/Spurensuche vor Ort 136
- Umfrage 137
- Verstecktes Theater 139

Erkundungen mit der Dynamik von Gruppen verbinden

- Dreier-Interview 143
- Forumtheater 144
- Playback-Theater 145
- Rollenspiel 146
- *Vier-Ecken-Spiel* 221
- Werteauktion 148
- Zeitungstheater 149

Recherchieren und erkunden

Recherche vorbereiten

- Bibliografieren 104
- Fragebogen 105
- Index-Recherche 107
- Online-Bibliografie **E** 108

Recherche im Internet durchführen

- Internetrallye **E** 126
- Lesezeichen **E** 127
- Operatoren-Abfrage **E** 128
- Phrasensuche **E** 130
- WebQuest **E** 131

Erkundung von Innenwelten durchführen

- *Brief in die Zukunft* 286
- Fantasiereise 141
- *In-/Out-Liste* 198

Erkundetes dokumentieren

siehe auch Kapitel 6

- Ablage 150
- Internet-Wissensdepot **E** 151
- Mitschrift 153
- Portfolio 155
- *Zeitleiste* 171

3 THEMA entfalten

Blätterlawine/Stumm-schriftlicher Dialog *(Round robin)*

Sozialformen: Plenum, Gruppenarbeit
Dauer: 5 – 15 Min.
Medien: –
Klassen: ab Klasse 5
Fächer: alle

Didaktisches Potenzial
S. denken sich intensiv schriftlich in ein Thema ein.
Alle S. sind intensiv beschäftigt, um zu einem vereinbarten Thema Ideen zu entwickeln, Ideen anderer aufzugreifen, sie weiterzuführen oder kritisch zu kommentieren.

Vorbereitungen und Ablauf
In der Klasse/im Kurs wird eine Kette festgelegt, über die etwas weitergegeben werden kann und die alle S. einschließt.
Die S. erhalten den Auftrag, jeder für sich auf einem losen Blatt zum aktuellen Thema der Lerngruppe eine *Idee, Einsicht* oder *Frage* zu notieren. Nach einer vereinbarten Zeit (z. B. zwei Minuten) klopft die Lehrperson an die Tafel oder gibt ein anderes Signal. Jeder reicht daraufhin sein Blatt sofort (evtl. mitten im Satz) einen Platz nach rechts weiter. Nun denkt sich jeder so rasch wie möglich in das hinein, was er auf dem neu eingetroffenen Blatt vorfindet, und ergänzt die Notiz. Ideen können erweitert, Fragen beantwortet werden. Nach einer weiteren Zeitspanne (drei bis vier Minuten) klopft die Lehrperson wieder und die Blätter wandern erneut einen Platz weiter nach rechts. Das Verfahren wird – mit wachsenden Zeitabständen – mehrfach wiederholt. Am Ende erhält jeder sein Ursprungsblatt wieder zurück und liest, was aus dem eigenen Anfangsnotat geworden ist.

Didaktische Hinweise
Diese kooperative Methode setzt in Lerngruppen eine besondere Dynamik frei, da alle aktiv beteiligt sind, mehrfach schnelles Einlesen gefordert ist, die Notizen miteinander vernetzt werden und alle Reaktionen bzw. Fortführungen am Ende zur Kenntnis genommen werden.
Da es bei dieser Methode manchmal auch zu scherzhaften Notaten kommt, sollte den S. zuvor erklärt werden, dass es um die gemeinsame Erschließung eines Themas geht.

Alternativen
- Brainstorming (S. 101)
- Blitzlicht (S. 305)

Hinweise zur Weiterarbeit
- Verlesen einiger Lawinenblätter im Plenum und Gespräch zur Auswertung, z. B. in Form eines → Clusters (S. 167)

3 THEMA entfalten

Brainstorming *(Brainstorming)*

Beispiel
Sagt alles, was euch spontan zu dem Wort „Rede" einfällt.

Sozialformen: Plenum, Gruppenarbeit
Dauer: 2 – 3 Min.
Medien: Tafel, Overheadprojektor
Klassen: alle
Fächer: alle

Didaktisches Potenzial
S. arbeiten sich spontan in ein Thema ein.
Ein Brainstorming (dt. Ideenwirbel) sorgt dafür, dass S. zu Beginn einer Unterrichtsreihe ein Thema mit Kurzäußerungen umreißen können. Dabei reagieren sie aufeinander und führen Gedanken anderer in rascher Folge fort. Die S. bringen mit dem Verfahren stichpunktartig Vorerfahrungen und Vorwissen zum angegebenen Thema zur Sprache.

Vorbereitungen und Ablauf
Auf einen Ausgangsimpuls hin, z. B. eine Frage (s. u.), äußern die S. knapp erste Gedanken zu einem Thema. Sie müssen sich dazu nicht melden, sondern rufen ihre Kurzstatements in den Raum. Während des Brainstormings sollen die S. die Äußerungen ihrer Mits. nicht bewerten oder kritisieren, um deren Äußerungsbereitschaft nicht zu blockieren.
Einige S. können die Äußerungen ihrer Mitschüler ungeordnet an der Tafel, auf einer Folie für Overheadprojektoren oder auf Karteikarten notieren. Werden einige Äußerungen offensichtlich nicht erfasst, können die betroffenen S. diese wiederholen, bis sie notiert worden sind. Die notierenden Mits. können durch Blickkontakt etc. kurz bestätigen, dass sie eine Äußerung wahrgenommen haben.

Didaktische Hinweise
Das Verfahren kann zeitlich präzise eingegrenzt werden; es lässt sich daher in der Stundenplanung gut verwenden.
Das Brainstorming verleitet manchmal einige S. zu provozierenden Äußerungen.
Mögliche Fragestellungen sind:
- Was verbindet ihr mit diesem Thema?
- Was verbindet ihr mit diesem Wort?
- Was wollt ihr zu diesem Thema wissen?
- Wer könnte etwas über dieses Thema wissen?

Alternativen
- Blitzlicht (S. 305)
- Cluster (S. 167)
- Fragenbaum (S. 197)

Hinweise zur Weiterarbeit
- Themenspeicher (S. 225)
- Metaplan (S. 161)
- Traditionelle Recherchen und Internetrecherchen wie → Internetrallye (S. 126)

3 THEMA entfalten

Tischset *(Place mat)*

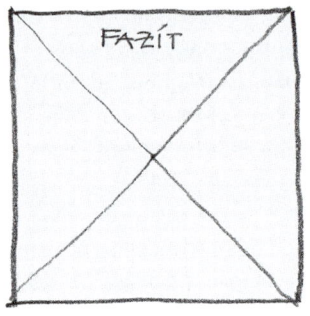

Sozialformen: Einzel-, Gruppenarbeit
Dauer: 10 – 15 Min.
Medien: unterteilte Tischauflage (Plakatkarton, DIN-A3-Bögen)
Klassen: ab Klasse 5
Fächer: alle

Didaktisches Potenzial
S. treten in einen schriftlichen Dialog über ein Thema ein.
Die S. erarbeiten ein Thema zunächst simultan in ➔ Stillarbeit und vertiefen es dann kooperativ, indem sie auf die Notizen anderer Gruppenmitglieder zum Thema reagieren. Nach dieser Reflexions- und Aktivierungsphase führen sie ein materialgestütztes Gespräch und formulieren gemeinsames ein Fazit ihrer Überlegungen.

Vorbereitungen
Für alle S. werden Tischsets nach dem festgelegten Muster (s. u.) angefertigt.
Im Arbeitsraum werden die Tische so gestellt, dass jeweils vier bzw. drei S. an einem Tisch arbeiten können. Die Lerngruppe wird nun in Dreier- bzw. Vierergruppen unterteilt (➔ Zufallsgruppen, ➔ Spontangruppen, ➔ Moleküle) und den Tischen zugeordnet.

Ablauf
Zunächst legt jede Gruppe ihr Set in die Mitte des Tisches. Dann gibt die Lehrperson die Aufgabenstellung bekannt. Sie kann alternativ z. B. lauten:
- Notiert, was ihr zum Thema wisst.
- Notiert Fragen, die euch im Rahmen des Themas wichtig erscheinen.
- Notiert, was wir im Unterricht zum Thema besprechen sollten.

Anschließend wird folgendermaßen verfahren:
- Jeder schreibt in das vor ihm liegende Feld des Papierbogens bzw. Kartons erste Antworten, Fragen oder Anmerkungen. Nach einer zuvor angegebenen Zeitspanne (drei bis fünf Minuten) wird das Tischset im Uhrzeigersinn um 90 Grad gedreht.
- Nun liest jeder die Notizen des Vorgängers und ergänzt diese.
- Nach weiteren Zeitintervallen wird das Tischset so oft weitergedreht, bis jeder jedes Feld ansehen konnte.
- Schließlich diskutieren die Gruppenmitglieder über das Gelesene, einigen sich darauf, welche Gedanken als Gruppenergebnis im Plenum vorgestellt werden sollen, und schreiben dieses Fazit in die Mitte des Tischsets.

Didaktischer Kommentar

Tischsets sind eine neuere Form des *kooperativen Lernens* (vgl. Weidner), das sich in besonderer Weise darum bemüht, die Teambildung in Lerngruppen durch strukturierte Methoden zu unterstützen. Das in Nordamerika insbesondere mit dem Namen von Norm Green verbundene *Cooperative Learning* (→ Kooperatives Lernen, S. 84 f.) reagiert auf die Tatsache, dass Gruppenarbeitsprozesse bisher wegen mangelnder Strukturierungshilfen oft wenig effektiv waren.

Tipps zur Umsetzung

Die Tischsets können so groß sein, dass sie die Tischplatte weitgehend abdecken, können aber auch etwas kleiner ausfallen. Ein Set für eine Vierergruppe sollte folgendermaßen unterteilt werden:

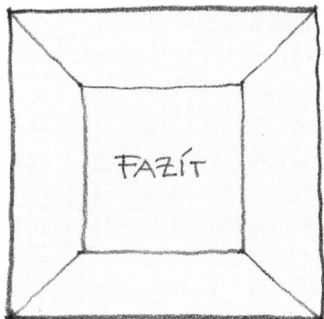

(Zu den Sets für Dreiergruppen s. o.)

Tischsets lassen sich am besten an quadratischen Tischen einsetzen. Falls diese nicht zur Verfügung stehen, sollten auch für rechteckige Tische quadratische Sets verwendet werden, damit diese beim Drehen nicht überhängen. Den S., die an langen Enden sitzen, kann geraten werden, sich weiter über den Tisch zu beugen.
Die Beschriftungen können im Sitzen, aber auch im Stehen vorgenommen werden.
Nach dem letzten Arbeitsschritt können die Sets an den Wänden des Klassen-/Kursraums aufgehängt werden, damit sie für die weitere Arbeit verfügbar bleiben.

Alternativen
- Blätterlawine (S. 100)
- Brainstorming (S. 101)
- Blitzlicht (S. 305)

Hinweise zur Weiterarbeit
- Plenumsdiskussion (S. 215)
- Diskussion mit Gruppenschutz (S. 209)
- Pro-Kontra-Debatte (S. 218)

Literatur
Margit Weidner: Kooperatives Lernen im Unterricht. Das Arbeitsbuch. Seelze-Velber 2003, S. 149 ff.
Spencer Kagan: Cooperative learning resources for teachers. San Juan 1990

3 RECHERCHE vorbereiten

Bibliografieren *(Bibliography)*

Sozialformen:	Einzel-, Partner-, Gruppenarbeit
Dauer:	30 – 45 Min. (evtl. mehrmals)
Medien:	Buch- und Zeitschriftenkataloge
Klassen:	ab Klasse 9
Fächer:	alle

Didaktisches Potenzial
S. machen Informationsquellen namhaft.
Die S. erschließen sich zu einem bestimmten Sachgebiet relevante Informationsquellen insbesondere im Printbereich.

Vorbereitungen und Ablauf
Vor dem Erstellen einer eigenen Bibliografie kann den S. eine wissenschaftliche Bibliografie zu einem bestimmten Themenbereich zugänglich gemacht werden. Die Funktion solcher Informationssammlungen (Benennung und systematische Zusammenstellung fachspezifischer Abhandlungen) sollte erörtert werden. Die S. können auch auf das „Verzeichnis lieferbarer Bücher" verwiesen werden, das in vielen Bibliotheken und Buchhandlungen eingesehen werden kann.
Anschließend erhalten die S. den Auftrag, als Vorbereitung auf ein eigenes fachspezifisches Arbeitsvorhaben (z. B. ein ➔ Referat oder eine Facharbeit) eine Bibliografie zusammenzustellen. Die Art und Weise, in der Titel verschiedener Quellen (z. B. Bücher, Zeitschriften, Internet) dokumentiert werden sollten, kann in den meisten Schulen den Anleitungen zum Verfassen einer Facharbeit entnommen werden.

Didaktische Hinweise
S. sollten mit dem wissenschaftlichen Instrument der Bibliografie vertraut gemacht werden, damit sie sich auf der Suche nach Informationsquellen nicht voreilig auf Zufallsfunde – z. B. im Internet – verlassen, sondern einen Sachbereich umfassender in den Blick nehmen.

Alternativen
- Online-Bibliografie (S. 108)
- Index-Recherche (S. 107)

Hinweise zur Weiterarbeit
- Bibliotheksrecherche (S. 115)

Literatur
Monika Bornemann u. a.: Referate, Vorträge, Facharbeiten. Mannheim 2003, S. 73 f.
Gerd Brenner: Die Facharbeit. In: Bernd Schurf/Andrea Wagener (Hrsg.): Texte, Themen und Strukturen. Berlin 2009, S. 135 – 142

3 RECHERCHE vorbereiten

Fragebogen *(Questionnaire)*

Beispiel
„Bitte nehmen Sie sich ein paar Minuten Zeit, um die folgenden Fragen möglichst genau zu beantworten …"

Sozialformen: Partner-, Gruppenarbeit
Dauer: 1 – 2 Std.
Medien: PC (sinnvoll)
Klassen: ab Klasse 8
Fächer: alle

Didaktisches Potenzial
S. entwickeln ein Instrument für eine Erkundung.
Mit dem Erstellen eines Fragebogens lernen S. ein wichtiges Verfahren der sozialwissenschaftlichen Datenerhebung kennen. Bei → Umfragen und sonstigen Formen der → Befragung dient ein Fragebogen dazu, Informationen in standardisierter Form zu erheben.

Vorbereitungen
Die S. definieren zu einem Untersuchungsbereich, den sie sich vorgenommen haben, Fragerichtungen und -absichten. Diese werden anschließend in das methodische Instrument eines Fragebogens „übersetzt" (s. u.).

Ablauf
Bei der Konstruktion eines Fragebogens müssen die S. zunächst die Entscheidung treffen, ob sie *offene* oder *geschlossene Fragen* stellen möchten.
- Offene Fragen fordern die Befragten auf, selbst eine Antwort zu formulieren.
- Bei geschlossenen Fragen können die Befragten sich zwischen einigen vorgegebenen Antwortalternativen entscheiden (s. u.).

Ein Fragebogen wird dann so aufgebaut, dass in der Regel
- zunächst zu allgemeinen, dann zu speziellen Aspekten eines Themas gefragt wird;
- zu Beginn eine „Eisbrecher-" oder „Kontaktfrage" gestellt wird, die das Interesse der Befragten am Gegenstand weckt und ihre Bereitschaft stützt, den Fragebogen weiter zu bearbeiten;
- persönliche, sensible oder heikle Fragen erst am Ende gestellt werden, damit die Befragten die Beantwortung nicht frühzeitig abbrechen;
- ganz zum Schluss – bei Bedarf – die sog. *demografischen Fragen* (z. B. nach Alter, Geschlecht, Wohnort) gestellt werden.

Didaktischer Kommentar
Bei der Erstellung eines Fragebogens sollten die S. sich die Fragesituation und die Adressaten möglichst genau vorstellen und ihre Entscheidungen zur Konstruktion des Fragebogens (s. o.) daran ausrichten.
Geschlossene Fragen sind für die Befragten leichter zu handhaben. *Offene Fragen* setzen ein gewisses Artikulationsvermögen der Befragten voraus. Sie haben aber den Vorteil, dass die Befragten sich in ihrem eigenen Denkhorizont ausdrücken können und nicht durch Antwortvorgaben in eine bestimmte Richtung gelenkt werden. Die Antworten sind daher nuancenreicher.

Ein Problem offener Fragen ist, dass
- bei *schriftlicher Befragung* eine besondere Schreibbereitschaft der Befragten vorausgesetzt wird,
- bei *mündlicher Befragung* die S. als Interviewer in der Lage sein müssen, Antworten schnell und qualifiziert mitzuprotokollieren.

Tipps zur Umsetzung
Beim Erstellen eines Fragebogens sollte darauf geachtet werden, dass
- die Fragen in einer einfachen Standardsprache ohne Fachbegriffe formuliert werden, um den Befragten ein volles Verständnis der Frage zu ermöglichen;
- die Fragen keine bestimmte Antwort nahelegen, Suggestivfragen also vermieden werden;
- in jeder Frage nur ein einziger klar umrissener Sachverhalt angesprochen wird.

Werden in einem Fragebogen *geschlossene Fragen* eingesetzt, so kann gewählt werden zwischen Fragen
- mit zwei Antwortmöglichkeiten (z. B. „ja" und „nein");
- mehreren Antwortmöglichkeiten, aus denen eine Auswahl getroffen werden kann (Multiple Choice);
- mit Vorgabe mehrerer Antworten, die in eine Rangfolge gebracht werden sollen.

Alternativen
- Fragenbaum (S. 197)
- Impulsreferat (S. 230)
- In/Out-Liste (S. 198)
- Provokationsbilder (S. 200)
- Zitat-Oppositionen (S. 203)

Hinweise zur Weiterarbeit
- Umfrage (S. 137)
- Befragung (S. 111)
- Interview (S. 122)
- Oral History (S. 136)

Literatur
Dieter Spanhel: Grundzüge der Evaluationsforschung. In: Theo Hug (Hrsg.): Wie kommt Wissenschaft zu Wissen? Bd. 2: Einführung in die Forschungsmethodik und Forschungspraxis. Baltmannsweiler 2001, S. 249 ff.
Siegfried Lamneck: Befragung. Ebd., S. 282 ff.
Hermann Denz, Horst O. Mayer: Methoden der quantitativen Sozialforschung. Ebd., S. 75 ff.
Sabine Kirchhoff/Sonja Kuhnt/Peter Lipp/Siegfried Schlawin: Der Fragebogen. Datenbasis, Konstruktion und Auswertung. 5. Aufl., Wiesbaden 2010

3 RECHERCHE vorbereiten

Index-Recherche *(Research with a subject index)*

Definition *Index:* (lat.) alphabetisches Verzeichnis von Namen oder Sachverhalten, die in einem Buch oder einer anderen Informationsquelle vorkommen	**Sozialformen:** Einzel-, Partnerarbeit **Dauer:** 15 – 45 Min. **Medien:** Bücher/Bibliothek **Klassen:** ab Klasse 8 **Fächer:** alle

Didaktisches Potenzial
S. suchen in Quellen einschlägige Stellen.
Mit einer Index-Recherche durchsuchen S. Informationsquellen wie Bücher und Datenbanken gezielt und zeitökonomisch nach gewünschten Informationen.

Vorbereitungen und Ablauf
Bei der Materialsuche zu einem definierten Stoffgebiet ist folgender Ablauf sinnvoll:
- Die S. stellen eine vorläufige Liste themenrelevanter Schlagwörter (Sachbegriffe, aber evtl. auch Personennamen) zusammen, mit deren Hilfe sie auf Suche gehen wollen.
- Sie überprüfen dann, welche der ihnen zugänglichen Bücher zum Themenkomplex im Anhang einen Index oder mehrere Indices (meist Namen- und Sachindex) aufweisen.
- Die Indices werden mithilfe der vorbereiteten Schlagworte durchgesehen; zugleich wird die Schlagwortliste evtl. modifiziert und ergänzt. Dabei nehmen die S. insbesondere Synonyme zu ihren Schlagworten (ähnliche Begriffe) sowie relevante Ober- und Unterbegriffe in ihre Liste auf und intensivieren die Suche.
- Die Titel, in denen man fündig geworden ist, werden in einer → Bibliografie festgehalten; die Fundstellen (Seitenangaben) werden dazunotiert, damit man sie schnell wiederfinden kann.

Didaktische Hinweise
Bei der Vorbereitung von Referaten, Facharbeiten etc. lassen S. die Index-Recherche oft aus und verlassen sich auf einige nach dem Zufallsprinzip im Internet gefundene Texte. Sie sollten auf die Wichtigkeit von Index-Recherchen hingewiesen werden. In Büchern, deren Index einige relevante Textstellen ausweist, können die S. zusätzlich das Inhaltsverzeichnis sichten, um weiteres Material zu finden. Wichtige Fundstellen können kopiert oder exzerpiert werden.

Alternativen - Online-Bibliografie (S. 108)	**Hinweise zur Weiterarbeit** - Referat (S. 233) - Facharbeit

3 RECHERCHE vorbereiten

Online-Bibliografie

Beispiel
Deutsche Literatur
- Epoche: Klassik …
- Gattung: Novelle …

Sozialformen: Einzel-, Partnerarbeit
Dauer: 15 – 45 Min.
Medien: PC mit Internetanschluss
Klassen: ab Klasse 8
Fächer: alle

Didaktisches Potenzial
S. machen Informationsquellen namhaft.
Zur Vorbereitung auf eine → Bibliotheksrecherche oder die → Archivarbeit stellen S. am PC Titel von Büchern oder sonstigen Publikationen zusammen, deren Informationswert sie für relevant halten. Die von vielen S. genutzten *Suchmaschinen* durchforsten das Netz „blind" und liefern über Suchbegriffe auch Dokumente, die das Rechercheziel nur ganz am Rande berühren. Im Unterschied dazu können die S. über *Internetkataloge* gezielter geeignete Literaturhinweise finden. Internetkataloge sind thematisch gegliedert und in der Regel werden die hier aufgenommenen Informationen von Redakteuren ausgewählt.

Vorbereitungen und Ablauf
Die S. rufen im Internet thematische Verzeichnisse (s. u.) auf und gehen bei ihrer Quellensuche nach vorher festgelegten begrifflichen Kategorien vor (s. Beispiele). Zunächst wählen die S. grob für sie relevante Themengebiete und klicken sich dann durch diese hindurch, indem sie von übergeordneten Begriffen zu immer konkreteren Sachverhalten voranschreiten.
Hier einige Adressen von Internetkatalogen:
- www.web.de
- www.dino-online.de
- www.allesklar.de
- www.fireball.de (dort auf Webkatalog gehen)

Didaktische Hinweise
Das Online-Bibliografieren ist im Vorfeld von Bibliotheksbesuchen sehr sinnvoll, da S. dann bereits mit einer klaren Recherchevorstellung in die Bibliothek kommen. Allerdings ist damit zu rechnen, dass die gewählte Bibliothek bei weitem nicht alle Titel der vorbereiteten Liste vorrätig hat. In diesem Fall sollten die S. auf die Möglichkeit der *Fernleihe* hingewiesen werden.

Alternativen
- Systematischer Katalog in einer Bibliothek (→ Bibliotheksrecherche, S. 115)
- Index-Recherche (S. 107)

Hinweise zur Weiterarbeit
- Präsentation (vgl. S. 230 ff.)

3 RECHERCHE traditionell durchführen

Archivarbeit

Sozialformen: Einzel- und Gruppenarbeit
Dauer: mehrere Stunden bzw. Tage
Medien: –
Klassen: ab Klasse 9
Fächer: Ge, SoWi, D, Rel/Ethik

Didaktisches Potenzial
S. tragen zu einem Thema authentisches Material zusammen.
Archivarbeit ist eine Methode des forschenden Lernens, die von S. einiges Engagement verlangt. Bei einer Recherche in Archiven verlassen sich S. nicht auf bereits aufbereitetes Material, sondern gehen selbst auf Entdeckungsreise zu den „Quellen". Anders als in Museen, wo Exponate für das Publikum immer schon bereitgestellt sind, müssen S. sich im Archiv darum bemühen, dass ihnen einzelne Archivalien aus vorhandenen Beständen herausgesucht werden. Sie müssen dazu eine genaue Vorstellung davon entwickeln, was sie suchen und was sie in ihrem Untersuchungsprojekt verwerten möchten. Ist dies gewährleistet, können S. bei der Archivarbeit oft ein detektivisches Interesse und Entdeckerfreude entwickeln.

Vorbereitungen
Zunächst muss entschieden werden, ob Staatsarchive (von Regional-, Landes-, Bundesbehörden etc.), Kommunalarchive (von Städten und Gemeinden), kirchliche Archive (von Pfarr- und Kirchengemeinden, Bistümern etc.), Wirtschaftsarchive (von Einzelfirmen und Konzernen), Parlaments-, Parteien- und Verbandsarchive, Medienarchive (von Zeitungen, Rundfunk- und Fernsehanstalten) oder auch Schularchive konsultiert werden sollen.
Links zu Archiven findet man im Internet z. B. unter:
www.archivschule.de/content

Ablauf
Bei der Nutzung von Archiven sind S. auf Beratung und Hilfe durch Archivpersonal angewiesen. Viele Archive haben in den letzten Jahrzehnten spezielles Personal zur Beratung von S. eingestellt, nachdem der seit 1973 alle zwei Jahre ausgeschriebene „Schülerwettbewerb Deutsche Geschichte um den Preis des Bundespräsidenten" viele S. zur Quellensuche in die Archive geführt hatte. In vielen Archiven arbeiten inzwischen Lehrerinnen und Lehrer, die mit unterschiedlicher Stundenzahl dorthin abgeordnet sind. Verfügt ein Archiv über solches Personal, sollten S. sich gezielt an diese Fachkräfte wenden. Archivalien sind für S. in vielen Archiven inzwischen auch über Mikrofilm- oder Mikrofiche-Lesegeräte zugänglich.
Da viele Institutionen miteinander vernetzt sind, können oft auch die Bestände anderer Archive genutzt werden.

Didaktischer Kommentar
Die Konfrontation mit einer Original-Archivalie macht Sachverhalte, die in Lehrbüchern oft nur in didaktisch gefilterter Weise zu finden sind, für die S. sinnlich und persönlich erfahrbar. Dabei ist allerdings damit zu rechnen, dass viele Dokumente aufgrund alter (Schreib-)Schriften etc. nicht ohne weiteres zugänglich sind und mit Geduld erschlossen werden müssen.

Tipps zur Umsetzung
- Vor einem Archivbesuch sollten die S. in einem wissenschaftspropädeutischen Exkurs erfahren, wie man mit Archivquellen angemessen umgeht.
- Archive stellen z. T. im Internet sog. Findebücher bereit, in denen man Materialien suchen kann. Akten können dann bei einer persönlichen Anreise für einen bestimmten Tag gezielt vorbestellt werden, sodass sie im Benutzersaal schon bereitliegen. (Vgl. dazu z. B. das Hessische Archiv-Dokumentations- und -Informationssystem/HADIS.)
- Informationen über mögliche Quellen in einem Archiv erhält man in der Regel auch über schriftliche Anfragen.
- Für personenbezogene Daten, die bei ihrer Entstehung nicht zur Veröffentlichung bestimmt waren, gelten besondere Sperrfristen.
- Am leichtesten zugänglich ist in der Regel das Archiv der eigenen Schule. In solchen Archiven gibt es oft viele interessante Funde.
- Einige Archive stellen Dokumente in digitalisierter Form ins Internet, sodass für die S. Fahrten zu den Archiven entfallen. Dokumente, die sich für die Verwendung durch S. eignen, stellt z. B. das Hessische Staatsarchiv Darmstadt unter www.stad.hessen.de/DigitalesArchiv/index.html zur Verfügung.
- Im Archiv sollte man eher Exzerpte anfertigen als kopieren; denn viele Archive erheben hohe Kopiergebühren, um ihre Archivalien zu schützen.
- In den Benutzersälen von Archiven sind oft nur Bleistifte, nicht aber Kugelschreiber etc. gestattet. Bei der Vorbereitung eines Archivbesuchs sollte dies bedacht werden.

Alternativen
- Bibliotheksrecherche (S. 115)

Hinweise zur Weiterarbeit
- Schriftliche Dokumentation
- Facharbeit
- Ausstellung (S. 244)
- Referat (S. 233)
- Vortrag (S. 238)

Literatur
Ulrich Meyer u. a. (Hrsg.): Handbuch Methoden im Geschichtsunterricht. Schwalbach/Ts. 2004, S. 446 ff.
Thomas Lange, Thomas Lux: Historisches Lernen im Archiv. Schwalbach/Ts. 2004
Elisabeth Dietrich, Wolfgang Meixner: Quellenstudien in der historischen Forschung. In: Theo Hug: Wie kommt Wissenschaft zu Wissen? Band 1: Einführung in das wissenschaftliche Arbeiten. Baltmannsweiler 2001, S. 127 ff.
Homepage des Arbeitskreises der deutschen Archivpädagogen: www.archivpaedagogen.de

3 RECHERCHE traditionell durchführen

Befragung *(Questioning)*

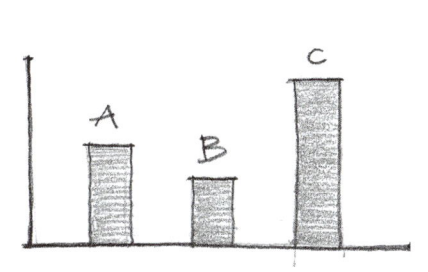

Sozialformen: Gruppenarbeit, Plenum
Dauer: mehrere Tage
Medien: Fragebogen, evtl. Aufnahmegerät
Klassen: ab Klasse 11
Fächer: alle

Didaktisches Potenzial
S. holen in planvoller Weise Meinungen ihnen unbekannter Personen ein.
In einer Befragung besorgen sich S. in regelgeleiteter Kommunikation möglichst zuverlässige Informationen zu einem Thema. Ähnlich wie beim → Interview sind standardisierte und nichtstandardisierte Formen möglich (s. u.). Befragungen machen S. mit Methoden der empirischen Sozialforschung vertraut; sie sind anspruchsvoller als → Umfragen.

Vorbereitungen
Befragungen werden im Plenum einer Lerngruppe in allen Einzelheiten abgesprochen.
- Für *standardisierte Formen der Befragung* werden die Fragen und mögliche Antworten (mindestens zwei) vorweg ausformuliert und – z. B. in Form eines → Fragebogens – in ihrer Reihenfolge festgelegt (vgl. dazu → Umfrage).
- Bei *nichtstandardisierten Formen der Befragung* wird ebenfalls ein Fragenraster entwickelt (→ Umfrage), dieses soll jedoch Flexibilität erlauben. Erarbeitet wird zumindest eine Liste von Stichworten, die in dem zu führenden Befragungsgespräch vorkommen sollen.

Die vorbereitenden Arbeiten können als arbeitsteilige Gruppenarbeit organisiert werden.

Ablauf
Die Befragung selbst führen S. am besten in Partnerarbeit (evtl. auch einzeln) durch. Je nach Erhebungsverfahren können Befragungen in persönlichen Gesprächen, telefonisch, brieflich oder per E-Mail stattfinden.
- In der *standardisierten Befragung* bitten die S. die Befragten, aus vorgegebenen Antwortmöglichkeiten zu einer gestellten Frage die für sie in Frage kommende Antwort oder mehrere Antworten auszuwählen (Multiple-Choice-Verfahren).
- Bei *nichtstandardisierten Befragungen* nutzen die S. ein Frageraster, um die Befragten themengebunden zu Äußerungen zu veranlassen, die aufgezeichnet werden (→ Umfrage; → Narratives Interview). Anders als in der standardisierten Befragung, in der sie klare Anweisungen zum Ausfüllen der Fragebögen geben müssen, halten sie sich bei der nichtstandardisierten Befragung im Gespräch möglichst zurück, um den Befragten viel Spielraum für eigene Äußerungen zu lassen.

Die Auswertung der Ergebnisse erfolgt am besten in Gruppenarbeit.

Didaktischer Kommentar

Die *standardisierte Befragung* setzt voraus, dass den S. alle Antworten auf die Fragen, die sinnvollerweise gegeben werden können, beim Erstellen des Fragebogens selbst bekannt sind. Vorteil dieses Verfahrens ist es, dass die Antworten vergleichbar sind. Ermittelt werden also *quantitative* Verteilungen möglicher Antworten. Allerdings eröffnet sich bei dieser Art der Befragung nicht die Chance, im Kontakt mit den Befragten neue Aspekte eines Themas kennenzulernen. Diese Möglichkeit bieten *nichtstandardisierte* Befragungen.
Einige wissenschaftliche Formen der Befragung sind für S. wegen ihres zeitlichen Umfangs kaum realisierbar, so z. B. die *Längsschnittstudie* bzw. die *Panel-Befragung* (bei der mit wiederholten Erhebungen bei denselben Personen über einen längeren Zeitraum hinweg Meinungsänderungen festgestellt werden können) oder die *Zeitwandelstudie* (bei der bestimmte Erhebungen bei einem vergleichbaren Personenkreis – z. B. bei Schülerinnen und Schülern der Klasse 8 – in mehreren aufeinanderfolgenden Jahren wiederholt werden).
Erfahrungen mit der Befragungsmethode können S. später in einer ganzen Reihe beruflicher Kontexte nutzen (z. B. richterliche Anhörung, polizeiliches Verhör, Expertenhearing, Arzt-Patienten-Gespräch oder journalistisches Interview).

Tipps zur Umsetzung

Schriftliche Befragungen mit der Möglichkeit anonymer Beantwortung sind geeigneter, wenn es um heikle Themen geht oder wenn die Befragten Zeit bekommen sollen, um ihre Antworten genau zu überlegen.
Persönliche Befragungen sind am ergiebigsten, weil bei den Fragen Hilfestellung gegeben werden kann und so in der Regel eine relativ hohe Quote von Antworten erzielt wird.
Eine Sonderform der Befragung ist das *moderierte Gruppengespräch:* Eine kleinere Gruppe von Befragten (zwischen sechs und zehn Personen) führt ein Gespräch über das Befragungsthema; dieses wird von einem S. mit den Mitteln einer nichtstandardisierten Befragung (s. o.) moderiert (→ Moderation).

Alternativen
- Interview (S. 122)
- Sachverständigenbefragung (S. 124)
- Erkundung (S. 117)
- Umfrage (S. 137)

Hinweise zur Weiterarbeit
- Ergebnisprotokoll (S. 227)
- Verlaufsprotokoll
- Bei standardisierten Befragungen Aufbereitung der Ergebnisse als → Balkendiagramm (S. 250), → Säulendiagramm (S. 257), → Kreisdiagramm (S. 254) oder in anderer Diagrammform

Literatur
Siegfried Lamneck: Befragung. In: Theo Hug (Hrsg.): Wie kommt Wissenschaft zu Wissen? Bd. 2: Einführung in die Forschungsmethodik und Forschungspraxis. Baltmannsweiler 2001, S. 282 ff.

3 RECHERCHE traditionell durchführen

Beobachtung *(Observation)*

Sozialformen: Gruppenarbeit
Dauer: eine o. mehrere Stunden
Medien: Protokollbögen, Videokamera u. a.
Klassen: ab Klasse 7
Fächer: SoWi, D, NatWi

Didaktisches Potenzial
S. nehmen Informationen in einem definierten Feld systematisch auf.
Die Beobachtung als bewusstes methodisches Verfahren dient dazu, die Alltagskompetenz der lebensweltlichen Beobachtung zu systematisieren und sie mit wissenschaftlicher Kategorien- und Hypothesenbildung zu verbinden. Beobachtungen dienen also einem systematischen Festhalten direkt (mit den Sinnen) wahrnehmbarer Sachverhalte.

Vorbereitungen
Die S. formulieren zunächst alltagssprachlich eine Problemstellung und „übersetzen" diese – je nach Fach – in eine fachsprachliche Form. Sie legen dann das Ziel ihrer Beobachtung möglichst genau fest (Explorationsphase). In dieser vorbereitenden Phase ziehen sie ihnen bekannte Erklärungstheorien für erwartbare Beobachtungen hinzu. Sie formulieren dabei Vermutungen über theoretische Zusammenhänge, in die sie die zu beobachtenden Phänomene einordnen können. Damit schärfen sie ihre Beobachtungsgabe. Für standardisierte Verfahren (s. u.) wird ein bestimmtes Schema des Protokollierens von Beobachtungen ausgearbeitet.

Ablauf
In sozialwissenschaftlichen Fächern erfolgt die Beobachtung entweder
- *teilnehmend* oder *nichtteilnehmend*: Bei der teilnehmenden Beobachtung sind die S. in den sozialen Zusammenhang, den sie untersuchen, selbst integriert; bei der nichtteilnehmenden Beobachtung registrieren sie Fakten aus einer Außenseiterposition.
- *verdeckt* oder *offen*: Bei der offenen Beobachtung sind die S. als Untersuchende erkennbar; bei der verdeckten Beobachtung bleibt ihre Rolle verborgen.
- *direkt* oder *indirekt*: Bei der direkten Beobachtung nehmen S. Vorgänge *live* wahr; bei der indirekten werden zunächst (Video-)Aufzeichnungen angefertigt, die dann untersucht werden.
- *standardisiert* oder *nichtstandardisiert*: Bei der standardisierten Beobachtung halten sich die S. an ein bestimmtes Schema des Protokollierens von Beobachtungen; bei der nichtstandardisierten Form folgt jeder S. beim Protokollieren seinen momentanen Impulsen.

Didaktischer Kommentar
Im Unterschied zur ➔ Befragung nehmen S. bei einer Beobachtung gegenüber dem Untersuchungsgegenstand eine rein rezeptive Rolle ein. Es muss klar sein, dass man sich mit dieser Methode der Recherche auf das Feststellen äußerlicher Merkmale (in der Regel von Sichtbarem) beschränkt und – anders als z. B. in einer ➔ Umfrage – mentale Zustände (z. B. Wissen, Einstellungen) nicht erfassen kann.
Gegenüber der Befragung mithilfe von ➔ Interviews bietet die Beobachtung den Vorteil, dass Widersprüche zwischen dem von Befragten mitgeteilten und dem tatsächlichen Verhalten ausgeschlossen sind.
Ein Nachteil der Methode ist, dass die Beobachter Vorgänge simultan und umfassend wahrnehmen müssen, was sie oft überfordert. Das Ergebnis ist dann, dass Sachverhalte selektiv wahrgenommen werden.
Nichtstandardisierte Beobachtungen können bei der Auswertung das Problem aufwerfen, dass die Ergebnisse kaum vergleichbar und damit nur schwer zusammenzufassen sind. Andererseits kann man mit diesem Verfahren zu einer besonderen Breite von Informationen gelangen, die mit standardisierten Verfahren meist nicht zu erzielen ist (vgl. dazu die Vor- und Nachteile der offenen und geschlossenen Frage im ➔ Interview).
Beobachtungsverfahren können die S. später beruflich z. B. in der Wissenschaft, bei der Polizei (Observation), als Sozialarbeiter (Sozialraumerkundung) oder als investigativ recherchierende Journalisten nutzen.

Tipps zur Umsetzung
Die S. sollten darauf hingewiesen werden, dass sie die sich ihnen bietenden Wahrnehmungen möglichst in voller Breite zulassen und subjektives Selektieren ausschließen sollten. Um ein selektives Erinnern zu vermeiden, sollten Beobachtungen ad hoc mithilfe vorher gemeinsam abgesprochener schematisierter Notizen (evtl. einer eigens entwickelten Kürzelsprache) möglichst umfassend festgehalten werden. Dabei sollte die Anzahl der Beobachtungskategorien begrenzt sein, um die Beobachter nicht zu überfordern.

Alternativen
- Erkundung (S. 117)
- Befragung (S. 111)
- Sachverständigenbefragung (S. 124)

Hinweise zur Weiterarbeit
- Protokolle (S. 227 u. 228)
- Auswertung in Form von ➔ Hypothesenbildungen oder ➔ Diagrammen (vgl. z. B. Säulendiagramm, S. 257, Balkendiagramm, S. 250, Kreisdiagramm, S. 254)

Literatur
Hermann Denz, Horst O. Mayer: Methoden der quantitativen Sozialforschung. In: Theo Hug (Hrsg.): Wie kommt Wissenschaft zu Wissen? Bd. 2: Einführung in die Forschungsmethodik und Forschungspraxis. Baltmannsweiler 2001, S. 75 ff. (bes. S. 81 ff.)
Siegfried Lamneck: Befragung. Ebd. S. 265 ff.

3 RECHERCHE traditionell durchführen

Bibliotheksrecherche *(Research in a library)*

Sozialformen: Einzel-, Partner-, Gruppenarbeit
Dauer: 30 – 120 Min.
Medien: Bibliothekskataloge
Klassen: ab Klasse 10
Fächer: alle

Didaktisches Potenzial
S. nutzen gezielt vorhandene Informationssammelstellen.
Die gedankliche Systematisierung von Bibliotheken erlaubt S. eine gezielte und zügige Recherche.

Vorbereitungen
Die S. erhalten vor einem Bibliotheksbesuch Informationen zu organisatorischen Besonderheiten des Lernorts. Sie werden darauf hingewiesen, dass
- Bücher und Zeitschriften aus einer *Präsenzbibliothek* nur im Lesesaal der Einrichtung selbst eingesehen werden können;
- Materialien aus einer *Ausleihbibliothek* für begrenzte Zeit mit nach Hause genommen werden können;
- *Verfasserkataloge* (alphabetisch geordnet) und *systematische Kataloge* (nach Sachbereichen geordnet), die zunehmend auch in elektronischer Form zur Verfügung stehen, eine zügige Materialsuche ermöglichen;
- *Bibliothekarinnen* und *Bibliothekare* helfen können, Recherchepläne umzusetzen.

Ihre Materialsuche können die S. mithilfe des → Bibliografierens, einer → Online-Bibliografie und/oder einer → Index-Recherche vorbereiten.

Ablauf
Bei einem Bibliotheksbesuch ist die *Handbibliothek* (mit nicht ausleihbaren Gesamtdarstellungen, Standardwerken, Wörterbüchern und Lexika) ein sinnvoller Ausgangsort für Recherchen. Hier orientieren sich die S. zunächst und gehen von dort zu speziellen Abteilungen.

Mithilfe eines soliden Lexikonartikels verschaffen sich die S. zunächst einen Überblick über ein Sachgebiet und bewegen sich auf dieser Basis in Fachabteilungen der Bibliothek zielorientierter als bei einen direkten Besuch von Fachabteilungen.

Didaktischer Kommentar
Bibliotheken waren seit dem Altertum das Zentrum geistiger Aktivitäten in Hochkulturen. In Zeiten des Internets sind Bibliotheken aus dem Wahrnehmungshorizont vieler S. verschwunden. Die S. sollten darauf hingewiesen werden, dass es
- allgemeine öffentliche Bibliotheken (z. B. Stadt-, Kreisbibliotheken),
- Bibliotheken von Bildungseinrichtungen (z. B. Schulen, Hochschulen),
- Fachbibliotheken (z. B. von Museen, Firmen, Parlamenten, Gerichten)

gibt, die sie evtl. nutzen können. Für spezielle Recherchen kommt auch die → Archivarbeit infrage.

Tipps zur Umsetzung
Viele Bibliotheken bieten *Führungen* an, die genutzt werden sollten.
S. sollten in einer Bibliothek auf vorhandene *Bibliografien* zu definierten Sachgebieten hingewiesen werden, und zwar besonders dann, wenn diese über die bibliografischen Angaben hinaus auch *Abstracts* (Zusammenfassungen) von Publikationen enthalten.
Oft verfügen Bibliotheken auch über einen interessanten *Zeitschriftenbestand*. Die S. können angeregt werden, die Zeitschriftenabteilung aufzusuchen und die letzten Jahrgänge einschlägiger Fachorgane durchzusehen.
Die Aufnahme von Informationen in einer Bibliothek sollte methodisch vorbereitet sein. Mögliche *Dokumentationsmethoden* sind z. B. Quellenprotokolle und Exzerpte, die eine spätere Verarbeitung des recherchierten Materials erleichtern.

Unterrichtszusammenhänge
Bibliotheksrecherchen sind bei allen Unterrichtsvorhaben sinnvoll, bei denen S. Gelegenheit erhalten sollen, sich Wissensbestände selbstständig und zugleich qualitätsorientiert zu erschließen. Meist ist dies mit einer *Exkursion* verbunden.

Alternativen
- Sachverständigenbefragung (S. 124)
- Operatoren-Abfrage (S. 128)
- Fallstudie (S. 120)

Hinweise zur Weiterarbeit
- Referat (S. 233)
- Facharbeit
- Portfolio (S. 155)

Literatur
Klaus Niedermair: Die wissenschaftliche Bibliothek in der Informationsgesellschaft. In: Theo Hug (Hrsg.): Wie kommt Wissenschaft zu Wissen? Band 1: Einführung in das wissenschaftliche Arbeiten. Baltmannsweiler 2001, S. 88 ff.
Regula Schräder-Naef: Rationeller Lernen lernen. Ratschläge und Übungen für alle Wissbegierigen. 19. Aufl., Weinheim, Basel 2000, S. 107 ff.
Gerd Brenner: Die Facharbeit. Von der Planung zur Präsentation. Berlin 2002, S. 36 ff.

3 RECHERCHE traditionell durchführen

Erkundung *(Field trip)*

Beispiel
„Notiert euch Beobachtungen zu …"
„Fragt außerdem … nach …"

Sozialformen: Gruppenarbeit, Plenum
Dauer: 1 – 5 Std.
Medien: Fotoapparat, Videokamera, Notizblöcke
Klassen: alle
Fächer: SoWi, NatWi, D, Ek

Didaktisches Potenzial
S. setzen sich mit einer bestimmten Fragehaltung einer Erfahrung aus.
Mit dieser Methode erkunden S. einen für sie bisher wenig bekannten Ort (z. B. einen Betrieb, ein Naturschutzgebiet, einen sozialen Brennpunkt). Sie verlassen dazu die Schule und lernen gesellschaftliche Wirklichkeit durch eigene Anschauung kennen.

Vorbereitungen und Ablauf
Vor der Erkundung bauen die S. durch vorbereitende Gespräche Interessenhorizonte auf und formulieren evtl. bereits konkrete Fragen für Kontakte mit Gesprächspartnern. Solche Kontakte können vorweg arrangiert werden, damit den S. an Ort und Stelle von Ortskundigen die „Augen geöffnet" werden.
Während der Erkundung werden intensiv Beobachtungen gemacht; diese werden evtl. mit (Video-)Kameras festgehalten. Hinzu kommen Notizen zu Eindrücken und Einsichten. Hintergrundinformationen werden durch Sachverständigenbefragungen am Ort eingeholt.

Didaktische Hinweise
Als alternative Bezeichnungen werden auch *Lerngang* oder *Exkursion* verwendet.
Erkundungen können
- S. in ein Thema einführen und ihre Motivation durch konkrete Erfahrungen in der Lebenswelt steigern;
- im Unterricht erarbeitete Fragehorizonte, Theorien etc. nutzen, um Realerfahrungen in der Lebenswelt verarbeiten zu können.

Da S. bei Erkundungen einen erhöhten Wahrnehmungsdruck verspüren, sollten die Erkundungsphasen nicht zu lang sein. Wichtig ist eine gründliche Auswertung durch Einordnen der Erfahrungen in Wissens- und Reflexionshorizonte der S.

Alternativen
- Sachverständigenbefragung (S. 124)

Hinweise zur Weiterarbeit
- Portfolio (S. 155)

Literatur
Siegfried Grillmeyer/Peter Wirtz (Hrsg.): Ortstermine. Politisches Lernen an historischen Orten. Bd. 1. Schwalbach/Ts. 2006
Kersten Reich: Konstruktivistische Didaktik. Weinheim 2008 (CD)
Michael Klein: Exkursionen. Baltmannsweiler 2007

3 RECHERCHE traditionell durchführen

Experiment *(Experiment)*

Beispiel
Hypothese: Das von der Wasserpest erzeugte Gas ist Sauerstoff.

Sozialformen:	Gruppenarbeit, Partnerarbeit
Dauer:	15 – 90 Min.
Medien:	–
Klassen:	ab Klasse 8
Fächer:	SoWi, NatWi

Didaktisches Potenzial
S. überprüfen eine Annahme in kontrollierter Weise.
In einem Experiment übernehmen S. die Forscherrolle; sie machen in einer planvollen methodischen Abfolge eine wissenschaftliche Beobachtung und werten diese aus. Das Experiment ist ein wichtiges Verfahren der Erfahrungswissenschaften, mit dem wiederholbare Konstellationen von Faktoren und Einflüssen erkannt und interpretiert werden können. S. lernen also zu vermuten, genau zu beobachten, Beobachtetes zu erklären und evtl. Vermutetes zu revidieren bzw. zu präzisieren. In einem Experiment kann man eine Bedingung – oder mehrere Bedingungen gleichzeitig – variieren, um zu ermitteln, ob dies zu einem anderen Ergebnis führt.

Vorbereitungen
Die Vorbereitung eines jeden Experiments (lat.: Versuch) läuft in folgenden Schritten ab:
1. Konfrontation mit einem wissenschaftlich erschließbaren Phänomen.
2. Bildung von Ursachen- und Ablauf-Hypothesen zu dem Phänomen, die auf bisherigen Einsichten in wissenschaftliche Befunde oder auf eigenen empirischen Beobachtungen basieren.
3. Isolierung von Faktoren, die überprüft werden sollen, Ausschalten anderer (Stör-)Variablen und entsprechende Planung eines Versuchsablaufs (Versuchsanordnung). Man spricht von *unabhängigen Variablen,* die beim Experiment gezielt verändert werden, und von *abhängigen Variablen,* die vorhergesagt werden.

Die Vorbereitung kann nach der *MAX-KON-MIN-Regel* erfolgen: Durch die Versuchsanordnung wird die Wirkung unabhängiger Variablen auf die abhängigen Variablen MAXimiert; gleichzeitig werden Einflüsse unerwünschter (Stör-)Variablen auf die abhängigen Variablen KONtrolliert; und die Einflüsse unsystematischer, also zufälliger Variablen werden MINimiert.

Ablauf
1. Durchführung des Experiments mit genauer Dokumentation des Ablaufs (in Form eines Protokolls, ggf. ergänzt durch Zeichnungen u. Ä.)
2. Auswertung mit Überprüfung der Hypothesen

Experimente können z. T. auch in Form von Computersimulationen gestaltet werden.

Didaktischer Kommentar
Wissenschaftsgeschichtlich geht das Experiment auf den Engländer Francis Bacon (1561–1626) zurück, der es in der Epoche der Renaissance als eine strenge Methode der Forschung etablierte und insgesamt einen neuen, naturwissenschaftlich ausgerichteten Wissensbegriff erarbeitete.

Mit dem Experiment trainieren S. insbesondere das Erkennen und Begreifen von Kausalbeziehungen, planvolles Handeln und genaues Beobachten von Abläufen. Außerdem fördert das Experiment das Verstehen von Gesetzmäßigkeiten. Als spezifische Forschungsanordnung ist das Experiment sowohl in den Naturwissenschaften als auch in der quantitativen Sozialforschung verbreitet, dort allerdings in der Regel als *Laborexperiment* (Experiment in einem speziellen Untersuchungsraum) und kaum als *Feldexperiment* (Experiment in einer natürlichen Umwelt). Vorstellbar sind

- *Erkundungs-* oder *explorative Experimente,* die einen offenen Zugang erlauben,
- *Prüfexperimente,* mit denen Annahmen überprüft werden (s. o.) oder auch
- *Demonstrationsexperimente,* in denen S. anderen S. einen wissenschaftlichen Befund nahebringen.

Ein exploratives Experiment kann eine Annahme (eine Hypothese) als richtig *(verifizieren)* oder als falsch *(falsifizieren)* nachweisen.

Experimente müssen so angelegt sein, dass jeder sie bei Einhaltung der gleichen Versuchsbedingungen wiederholen und somit überprüfen kann *(Replikationsfähigkeit)*.

Tipps zur Umsetzung
Zur Auswertung von Experimenten können folgende Verfahren und Darstellungsformen angewendet werden:
- statistische Verfahren (Ermittlung von Häufigkeitsverteilungen und deren grafische Darstellung, s. Weiterarbeit)
- Darstellungen in Tabellenform
- Berechnungen der Zusammenhänge zwischen zwei (quantitativen) Variablen *(Regressionsanalyse)* oder mehr Variablen

Alternativen
- Umfrage (S. 137)
- Fallstudie (S. 120)

Hinweise zur Weiterarbeit
- Versuchsprotokoll
- Dokumentationsformen wie → Balkendiagramm (S. 250), → Säulendiagramm (S. 257) etc.

Literatur
Hermann Denz, Horst O. Mayer: Methoden der quantitativen Sozialforschung. In: Theo Hug (Hrsg.): Wie kommt Wissenschaft zu Wissen? Bd. 2: Einführung in die Forschungsmethodik und Forschungspraxis. Baltmannsweiler 2001, S. 75 ff. (insbes. S. 86 ff.)
Wilhelm H. Peterßen: Kleines Methoden-Lexikon. München 1999, S. 82 ff.
Kersten Reich: Konstruktivistische Didaktik. Weinheim 2008 (CD)

3 RECHERCHE traditionell durchführen

Fallstudie *(Case study)*

Beispiele

- Wie sind die beteiligten Personen in diese Lage hineingeraten?
- Welchen Verlauf nimmt das Ereignis?

Sozialformen: Gruppenarbeit, Plenum
Dauer: mehrere Std.
Medien: Fallschilderung und Zusatzmaterialien
Klassen: ab Klasse 9
Fächer: insbes. SoWi

Didaktisches Potenzial

S. erschließen sich ein Ereignis und gewinnen Einsicht in die Strukturen eines Handlungsfeldes.

Die Fallstudie ist eine Methode des exemplarischen Lernens; sie bezieht realitätsgerechte Fälle und Aufgaben in den Unterricht mit ein. Ereignisse der realen Lebenswelt werden in ihrer Komplexität reduziert und für den Unterricht so zugeschnitten, dass sie von S. möglichst selbstständig bearbeitet werden können. Mit diesem Verfahren wird daher besonders die Kompetenz der eigenständigen Problemlösung entwickelt. Ziel der Fallstudie ist es, in der Auseinandersetzung mit einem konkreten Fall allgemeine Strukturen und fachspezifische Schlüsselbegriffe zu erarbeiten.

Vorbereitungen

Es ist sinnvoll, für Fallstudien fachspezifisch laufend aktuelle Fälle (z. B. interessante Ereignisse und Auseinandersetzungen aus der Tagespresse) in Ordnern zu sammeln und entsprechende Zusatzmaterialien zu ergänzen. Die gesammelten Fälle sollten es ermöglichen, Inhalte zu generalisieren, also über den jeweiligen Fall hinausgehend zu allgemeinen Einsichten zu gelangen. Solche Materialpakete können dann bei Bedarf mit Aufgaben versehen und S. für ➔ Freiarbeit überlassen werden.

Ablauf

Die S. werden zunächst mit einem Fall *konfrontiert*. Anschließend erhalten sie *Informationen* (Zusatzmaterialien), die über die Fallschilderung hinausgehen und die es ihnen erlauben, den Fall zu begreifen und einzuordnen.

- Die S. *untersuchen* den Fall dann sowohl aus der *Binnen-* als auch aus der *Außenperspektive*. Dazu nutzen sie Anregungen für Fragerichtungen (s. u.).
- Nach dieser explorativen Phase werden unterschiedliche Sichtweisen und Einschätzungen der Fall-Akteure *diskutiert*.
- Schließlich folgt eine Phase, in der mithilfe fachlich-begrifflicher Instrumentarien strukturelle Rahmenbedingungen des Falles weiter geklärt werden.

Didaktischer Kommentar

Die Fallstudie, auch *Fallanalyse* genannt, wurde ursprünglich in der akademischen Ausbildung von Kaufleuten in den USA entwickelt. Gegenüber der wissenschaftlichen Fallstudie (vgl. Popp) sind die Anforderungen an das Verfahren in der Schule deutlich reduziert.

Ähnlich wie im wissenschaftlichen Bereich werden eine *Prozessanalyse* des Falles (möglichst genaue Beschreibung des Fallverlaufs) und eine *Bedingungsanalyse* (z. B. wissenschaftliche Modelle zur Erklärung von Abläufen) angestrebt.

Tipps zur Umsetzung
Für schulische Zwecke sind Fälle aus der Lebenswelt von Kindern und Jugendlichen besonders geeignete Untersuchungsobjekte. Besonders in sozialwissenschaftlichen Fächern können für S. zunächst eher unzugängliche strukturelle Zusammenhänge aus der privaten Lebenswelt leichter erschlossen werden als z. B. aus theoretischen Ansätzen.

Arbeitsaufträge
Zur Untersuchung des ihnen vorliegenden Falls können die S. die folgenden Fragen zur Erschließung der *Außenperspektive* erhalten (vgl. auch „Beispiele", s. o.):
- Welche Personen sind in den Fall verwickelt?
- In welcher Lage sind die beteiligten Personen?
- Was ist der Kern ihrer sachlichen Auseinandersetzung?
- In welche Stadien kann die Fallentwicklung unterteilt werden und was ist der Endpunkt?
- Welchen Rahmenbedingungen unterliegen die Fallbeteiligten?
- Welche erkennbaren (evtl. konfligierenden) Ziele verfolgen die Beteiligten?
- Welche Mittel der Interessenverfolgung sind erkennbar?

Zur Erschließung der *Binnenperspektive* können die S. die folgenden Fragen erhalten:
- Wie sehen Fallbeteiligte selbst das Ereignis?
- Welche Informationen könntest du besorgen, um dich noch besser in die Lage des/der Fallbeteiligten hineindenken zu können?
- Hättest du dich in diesem Fall anders verhalten? Warum?

Alternativen
- Projekt (S. 53)
- Planspiel (S. 55)
- Interview (S. 122)

Hinweise zur Weiterarbeit
- Erkundung (S. 117)
- Befragung (S. 111)
- Sachverständigenbefragung (S. 124)
- Beobachtung (S. 113)

Literatur
Gotthard Breit, Detlef Eichner: Die Fallanalyse. In: Bundeszentrale für politische Bildung: Methodentraining für den Politikunterricht. Bonn 2004, S. 89 ff.
Reinhard Popp: Methodik der Handlungsforschung. Im Spannungsfeld zwischen Fallstudie und Projektmanagement. In: Theo Hug (Hrsg.): Wie kommt Wissenschaft zu Wissen? Bd. 2: Einführung in die Forschungsmethodik und Forschungspraxis. Baltmannsweiler 2001, S. 400 ff.
Wilhelm H. Peterßen: Kleines Methoden-Lexikon. München 1999, S. 92 ff.
Kersten Reich: Konstruktivistische Didaktik. Weinheim 2008 (CD)

3 RECHERCHE traditionell durchführen

Interview *(Interview)*

Sozialformen: Einzel- oder Partnerarbeit
Dauer: 5 – 45 Min.
Medien: Aufnahmegeräte
Klassen: alle
Fächer: alle

Didaktisches Potenzial
S. erfragen in einem Gespräch gezielt Informationen.
Ein Interview ist ein zielgerichtetes Gespräch, dessen Ergebnisse an eine begrenzte oder größere Öffentlichkeit weitergegeben werden sollen. Die S. lernen u. a., ein Gespräch strategisch vorzubereiten, es zu strukturieren und kritisch auszuwerten. Mehrere Interviews können im Rahmen einer ➜ Befragung oder ➜ Umfrage geführt werden.

Vorbereitungen
Die S. definieren zunächst Ziele ihres Interviews und legen dann entsprechende Frageabsichten fest. Diese Fragen können unterschiedliche Funktion haben:
- Bei einem *offenen Interview* dienen die vorbereiteten Fragen der Orientierung im Gespräch; eine Reihenfolge bleibt jedoch offen, um spontan auf den Gesprächspartner eingehen zu können.
- Bei einem *vorstrukturierten Interview* wird die Reihenfolge der Fragen erörtert und festgelegt, damit strategische Absichten verfolgt werden können.
- Für ein *standardisiertes Interview* werden die Fragen in einem ➜ Fragebogen zusammengestellt (vgl. auch ➜ Umfrage und ➜ Befragung).

Bei standardisierten Interviews können *geschlossene Fragen* (➜ Fragebogen) formuliert werden, bei den übrigen Interview-Formen, die im Folgenden im Mittelpunkt stehen, sind eher *offene Fragen* angemessen, die evtl. in Form eines *Interviewleitfadens* zusammengestellt werden.

Ablauf
Soll das Interview aufgenommen werden (z. B. mit einer Videokamera, einem Kassettenrekorder), muss man – spätestens kurz vor Beginn – das Einverständnis der Person, die interviewt werden soll, einholen. Die S. führen ein offenes Interview einzeln oder zu zweit in nichtdirektiver Form mithilfe eines Fragenkatalogs bzw. eines Interviewleitfadens (s. u.). Unmittelbar nach Beendigung des Interviews beginnt die Auswertung, da die persönlichen Eindrücke dann noch frisch sind.

Didaktischer Kommentar
Ein Vorteil des Interviews gegenüber einer schriftlichen Befragung ist es, dass Fragen vom Interviewer erläutert werden können.
Außer mit Einzelpersonen können Interviews auch mit Gruppen durchgeführt werden *(Gruppeninterview)*.
Ein nichtlösbares Grundproblem von Interviews ist, dass die Aussagen der Interviewten keine gesicherten Informationen darstellen.

Tipps zur Umsetzung
Eine *offene, nichtdirektive Gesprächsführung* sollte mit den S. vor dem tatsächlichen Interview geprobt werden. Sie beinhaltet,
- dass die S. den Befragten Spielraum für eigene Darlegungen lassen;
- dass die S. die Befragten durch *aktives Zuhören* unterstützen, indem sie z. B. deren Äußerungen ab und zu zusammenfassen und so sicherstellen, dass sie diese auch richtig verstanden haben;
- dass die S. evtl. auch die von den Befragten gezeigten Gefühle spiegeln (→ Spiegeln).

Anders als beim → Narrativen Interview achten die interviewenden S. jedoch darauf, dass die in einem *Interviewleitfaden* oder einem *Fragenkatalog* zusammengestellten Aspekte auch tatsächlich zum Tragen kommen.
Das Interview kann folgendermaßen aufgebaut sein:
- Mit einer zentralen Frage wird das Gespräch zunächst impulshaft eröffnet.
- Dann wird den Befragten Gelegenheit gegeben, selbst weitere Aspekte spontan einzubringen.
- Schließlich werden die restlichen Fragen in der zweiten Hälfte des Interviews genutzt, um das Gespräch aktiv weiter voranzutreiben.

Alternativen
- Oral History (S. 136)

Hinweise zur Weiterarbeit
- Vorspielen einer O-Ton-Aufnahme in der Lerngruppe mit anschließendem Gespräch
- Transkription des gesamten Interviews oder einiger interessanter Passagen

Literatur
Ulrike Hugl: Qualitative Inhaltsanalyse. In: Theo Hug (Hrsg.): Wie kommt Wissenschaft zu Wissen? Bd. 2: Einführung in die Forschungsmethodik und Forschungspraxis. Baltmannsweiler 2001, S. 356 ff.
Siegfried Lamnek: Befragung. Ebd., S. 282 ff.
Gerd Brenner: Die Facharbeit: Von der Planung zur Präsentation. Berlin 2002, S. 24
Willhelm Matthiessen/Bernd Schurf/Wieland Zirbs (Hrsg.): Deutschbuch 9. Gymnasium Bayern. Berlin 2007, S. 18 – 22

Sachverständigenbefragung

Sozialformen: Kleingruppen, Plenum
Dauer: 45 – 90 Min. (ohne Vorbereitungen)
Medien: Fragenkatalog, Interviewleitfaden
Klassen: ab Klasse 5
Fächer: alle

Didaktisches Potenzial
S. befragen eine sachverständige Person, die von außen in die Schule kommt.
Die Expertenbefragung dient der möglichst zeitökonomischen Aufnahme von Informationen. Im Gegensatz zu vielen handlungsorientierten Methoden, die auf Simulation beruhen, stellt sie eine reale Handlungssituation dar.

Vorbereitungen
Eine Sachverständigenbefragung setzt voraus, dass in den vorangehenden Unterrichtsstunden (Informationsphase) zunächst in Kleingruppen und dann mit der gesamten Lerngruppe ein ➜ Fragenkatalog oder ein ➜ Interviewleitfaden entwickelt wurde. Dafür sollte überlegt werden, welche Informationen man nur von der Expertin bzw. dem Experten und nicht aus Büchern oder Zeitungen bekommen kann. Experten verfügen in der Regel nicht nur über Fachwissen, sondern auch über Insiderwissen, das nicht öffentlich diskutiert wird (z. B. über aktuelle Einstellungen innerhalb ihrer Organisation oder Branche). Die ausgewählte Person sollte dann auch nur zu solchen Informationen befragt werden, die nicht leicht aus anderen Quellen zu beziehen sind. Hilfreich für die Erstellung der Fragen sind Informationen über die Expertin bzw. den Experten (z. B. zu Person, Tätigkeiten, Laufbahn). Für die Befragung müssen ein Moderator und mehrere Interviewer festgelegt werden. Sachverständige können sein: Politiker, Verbandsvertreter, Wissenschaftler, Fachkräfte aus verschiedenen Berufen oder Menschen, die von bestimmten gesellschaftlichen Entwicklungen betroffen sind.

Ablauf
Nachdem der Moderator die sachverständige Person begrüßt und kurz vorgestellt hat, findet die eigentliche Sachverständigenbefragung statt (Anwendungsphase), bei der die S. die vorbereiteten Fragen stellen. Der Moderator achtet während der Befragung darauf, dass der vorgesehene Zeitrahmen möglichst eingehalten wird, und leitet auch die evtl. anschließende Diskussion.

Didaktischer Kommentar
Die Sachverständigenbefragung bietet eine gute Möglichkeit, die Schule zu öffnen und die gesellschaftliche Realität zumindest ansatzweise aktiv zu erkunden. Sie ist dazu geeignet,

Insiderwissen zugänglich zu machen, und ermöglicht S., Erfahrungen zu machen, die sie in ihrem alltäglichen Umfeld nicht machen würden. So können sie z. B. Einblicke in andere Religionen, Kulturen oder soziale Milieus erhalten.

Gerade S. der Oberstufe reizt es oft, mit den Experten zu diskutieren. Während der Befragung sind Diskussionen zunächst jedoch nicht wünschenswert, da sie den Informationsfluss stören. Darum sollte die Lehrperson darauf achten, dass im Anschluss an die Befragung genügend Zeit für eine Diskussion bleibt.

Tipps zur Umsetzung
- Vor einer Befragung sollten die S. mit der Themenstellung bereits vertraut sein.
- Für die Befragung selbst sollte genügend Zeit eingeplant werden.
- Damit zu Beginn der Befragung keine Stille eintritt, sollten schon vorher S. für jede Frage bestimmt werden. Die Reihenfolge der Fragen sollte im Fragenkatalog festgelegt sein.
- Aufgabe des Moderators ist es, während der Befragung darauf zu achten, dass die sachverständige Person die Fragen konkret beantwortet und nicht weitschweifig erzählt. Dazu ist es hilfreich, wenn die Lehrperson sie über das Vorwissen der Klasse, die Vorbereitung der Befragung und die Unterrichtsreihe informiert, damit die S. dort abgeholt werden können, wo sie stehen, und nicht durch für sie unverständliche Antworten überfordert werden.
- Um zu verhindern, dass die Befragung in eine Diskussion oder Debatte umschlägt, ist es hilfreich, eine sachverständige Person einzuladen, die nicht zu unmittelbar von einem Thema persönlich betroffen ist und womöglich eine ganz andere Position als die Klasse/der Kurs vertritt.
- Statt die sachverständige Person in die Schule einzuladen, besteht auch die Möglichkeit, sie in ihrem Wirkungsfeld aufzusuchen und zu befragen.

Alternativen
- Interview (S. 122)
- Befragung (S. 111)
- Beobachtung (S. 113)

Hinweise zur Weiterarbeit
- Portfolio (S. 155)
- Mitschrift (S. 153)
- Ergebnisprotokoll (S. 227)
- Die S. sollten ggf. darauf hingewiesen werden, dass die Expertendarlegungen eine einseitige Sicht wiedergeben; ergänzend kann ihnen die Sichtweise anderer Experten dargelegt werden.

Literatur
Peter Massing: Handlungsorientierter Politikunterricht. Schwalbach/Ts. 1997, S. 54 ff.
Günther Gugel: 1000 neue Methoden. Weinheim 2007, S. 147
Bundeszentrale für Politische Bildung (Hrsg.): Methodentraining für den Politikunterricht. Bonn 2004, S. 227 ff.
Jochen Gläser/Grit Laudel: Experteninterviews und qualitative Inhaltsanalyse. Lehrbuch. 2. überarb. Aufl., Wiesbaden 2006
Ulrich Lipp/Hermann Will: Das große Workshop-Buch. Weinheim und Basel 2008, S. 47 ff.

3 RECHERCHE im Internet durchführen

Internetrallye

Beispiel
Einstein-Rallye
Zum Einstein-Jahr die Einstein-Rallye
– Lern den genialen Physiker kennen

Sozialformen: Einzel- oder Partnerarbeit
Dauer: für zehn Fragen ca. 60 Min.
Medien: PC mit Internetanschluss
Klassen: ab Klasse 5
Fächer: alle

Didaktisches Potenzial
S. üben den Umgang mit dem Browser und das gezielte Lesen von Internetseiten.
Durch Internetrallyes lernen die S., das Internet gezielt zum Lösen von Fragen zu nutzen. Dabei besuchen sie Internetseiten, die von der Lehrperson so gewählt sein sollten, dass sie besonders informativ und interessant sind und den S. einen besonderen Lernzuwachs bieten.

Vorbereitungen und Ablauf
Die Lehrperson hat die Möglichkeit, auf thematische Rallyes zurückzugreifen, die im Internet angeboten werden. Dort sind Rallyes über Städte, Länder, Epochen und Schriftsteller etc. gesammelt (z. B. unter www.learnetix.de).
Internetrallyes können auch selbst erstellt werden. Dies hat den Vorteil, dass die Rallye individuell auf den Lerngegenstand des Unterrichts und das Leistungsniveau der Klasse/des Kurses abgestimmt werden kann. Zu Beginn der Rallye wird den S. dann eine bestimmte Anzahl Fragen gegeben, die sie mithilfe des Internets lösen sollen. Dabei besteht die Möglichkeit, den S. eine Liste mit Links zu geben, die sie für die Bearbeitung der Fragen nutzen sollen. Alternativ können die S. die Lösungen auch mithilfe von Suchmaschinen herausfinden, was das Anspruchsniveau erhöht.

Didaktische Hinweise
Internetrallyes können auch von den S. selbst in Gruppenarbeit erstellt werden. Die einzelnen Gruppen stellen dann Fragen (und Links) für ihre Mits. zusammen. In diesem Fall sollten für die Erarbeitung von fünf Fragenkomplexen ein bis drei Unterrichtsstunden eingeplant werden.

Hinweise zur Weiterarbeit
- Numerische/gemischte Gliederung (S. 165)

Literatur
Sybille Breilmann u.a. (Hrsg.): Computer, Internet & Co. im Deutsch-Unterricht. Berlin 2003, S. 212 ff.

3 RECHERCHE im Internet durchführen

Lesezeichen

Sozialformen:	Einzel- oder Partnerarbeit
Dauer:	max. 1 Min.
Medien:	PC mit Internetanschluss
Klassen:	alle
Fächer:	alle

Didaktisches Potenzial
S. halten sich Quellen im Internet zugänglich.
Die S. bekommen eine Methode an die Hand, mit deren Hilfe sie bestimmte Internetseiten mit relevanten Informationen schnell wiederfinden können. So müssen sie nicht von neuem im Internet surfen, um an dieselben Informationen zu gelangen. Die S. werden hierdurch zum effektiven Arbeiten angehalten.

Vorbereitungen und Ablauf
In der Regel bieten Browser den Service des „Lesezeichens" (Netscape Navigator) oder „Favoriten" (Internet Explorer). Hiermit lassen sich Internetseiten kennzeichnen, die dann durch Anklicken direkt geladen werden können.
Das Kennzeichnen sei hier beispielhaft für den Netscape Navigator beschrieben:
- Um eine geöffnete Internetseite mit einem „Lesezeichen" zu versehen, klickt man auf das Icon „Communicator".
- Im sich öffnenden Browser-Fenster klickt man nun auf „Lesezeichen" und anschließend auf „Lesezeichen hinzufügen".
- Das Fenster schließt sich automatisch, sobald der Mauszeiger losgelassen wird.
- Beim erneuten Anklicken des Icons „Communicator" wird der Name der Internetseite, der auf diese Weise unter „Lesezeichen" abgelegt wurde, mit angezeigt.
- Durch Anklicken dieser Adresse gelangt man nun unmittelbar wieder auf die gewünschte Internetseite.

Auf diese Weise gekennzeichnete Seiten können in weiteren Ordnern verwaltet werden.

Didaktische Hinweise
Insbesondere bei Internetrecherchen möchten die S. oft eine zuvor schon besuchte Seite erneut aufrufen. Da viele Internetseiten jedoch sehr lange und komplizierte Adressen haben, ist es schwierig, sich diese zu merken. Hier empfiehlt es sich, das Hilfsmittel „Lesezeichen" zu verwenden, um relevante Internetseiten schnell wieder aufrufen zu können.

Alternativen
- Online-Bibliografie (S. 108)

Hinweise zur Weiterarbeit
- Kopieren der gesammelten Lesezeichen zur Verwendung in einer Literaturliste
- Verwendung der Lesezeichen für Links in → Internetrallyes (S. 126)

3 RECHERCHE im Internet durchführen

Operatoren-Abfrage

Beispiele		**Sozialformen:**	Einzel- oder Partnerarbeit
AND-Abfrage	+Shakespeare+Macbeth	**Dauer:**	10 – 30 Min.
NOT-Abfrage	+Goethe-Drama	**Medien:**	PC mit Internetanschluss
NEAR-Abfrage	Frankreich NEAR Wein	**Klassen:**	ab Klasse 5
OR-Abfrage	Geografie OR Geographie	**Fächer:**	alle

Didaktisches Potenzial
S. nutzen eine Suchmaschine mithilfe von Operatoren.
Die Abfrage mithilfe sog. Boolescher bzw. logischer Operatoren erleichtert eine gezielte und effektive Recherche im Internet. Die S. bekommen eine Möglichkeit an die Hand, aus der Masse von Informationen, die das Internet bietet, gezielt diejenigen herauszufiltern, die sie im Rahmen ihres Recherchevorhabens als brauchbar definiert haben. Sie vermeiden so planloses Surfen im Internet.

Vorbereitungen
Die S. definieren zwei oder mehr Teilbereiche ihres Themas und fassen sie in Begriffe.

Ablauf
Diese Begriffe geben die S. nun in kombinierter Form als Such-Operatoren (s. u.) in eine Internet-Suchmaschine (s. u.) ein. Es gibt verschiedene Typen von Abfragen:
AND-Abfrage: Hier werden zwei oder mehr Teilbereiche eines Themas definiert und in Begriffe gefasst. Diese gibt man in eine Internet-Suchmaschine ein, und zwar ohne Leerzeichen mit Pluszeichen verbunden (Schema +x+y). Man erhält eine Auflistung von Internetdokumenten, die sowohl Inhalte zum Thema X als auch zum Thema Y aufweisen. Bei manchen Suchmaschinen können die Begriffe auch mit einem „AND" verbunden werden. (Google verbindet alle eingegebenen Begriffe automatisch mit einem AND.)
NOT-Abfrage: Sie ist dann sinnvoll, wenn der Suchbegriff auch Sachverhalte mit erfasst, die nicht erwünscht sind und ausgeschlossen werden sollen. Die Suchergebnisse können dann eingeschränkt werden, indem für das nichterwünschte Begriffssegment ein zweiter möglichst trennscharfer Unterbegriff gewählt wird. Dieser wird mit einem Minuszeichen versehen (Schema +x-y), meist ohne Leerzeichen (bei Google muss allerdings vor dem Minuszeichen ein Leerzeichen stehen). Man erhält dann solche Dokumente, in denen Inhalte zum Thema X zu finden sind, das Stichwort Y jedoch nicht vorkommt. Je nach Suchmaschine können die Suchbegriffe auch mit den Operatoren NOT oder NOT y AND x versehen werden. (Weitere Verfahren s. Tipps zur Umsetzung)

Didaktischer Kommentar
Suchmaschinen sind S. in der Regel bereits bekannt. Sollten Informationen notwendig sein, können einige Adressen großer Suchmaschinen (www.google.de; www.lycos.de; www.altavista.com; www.yahoo.de und www.metager.de, eine Metasuchmaschine, die andere Suchmaschinen durchsucht) angegeben werden.

Tipps zur Umsetzung
Für die Suche mit Operatoren muss man in den Suchmaschinen oft auf „Erweiterte Suche" gehen.
Den S. kann der Tipp gegeben werden, die jeweilige Hilfe-Funktion der Suchmaschine zu nutzen, um die genauen Regelungen für den jeweiligen Operator herauszufinden, denn diese Regelungen sind bei den Suchmaschinen nicht einheitlich. Weitere Suchverfahren sind:
NEAR-Abfrage: Mit ihr wird die Auswahl der Internetseiten noch stärker eingeschränkt als mit der AND-Abfrage. Hier werden mehrere Stichwörter mit dem Abstandsoperator NEAR verbunden (Schema x NEAR y). Man erhält Dokumente, in denen die Suchbegriffe X und Y in einem Abstand von höchstens zehn Wörtern vorkommen. Somit ist die Wahrscheinlichkeit sehr groß, dass diese Wörter in einem gedanklichen Zusammenhang stehen.
Viele Suchmaschinen überprüfen automatisch, ob mehrere additiv eingegebene Begriffe in Dokumenten nahe beieinander stehen. Das Eingeben des NEAR-Operators ist dann nicht mehr notwendig.
OR-Abfrage: Sie ist dann sinnvoll, wenn es für einen zu recherchierenden Sachbereich zwei konkurrierende Begriffe/Wörter gibt. Man verbindet mehrere Stichwörter mit dem Operator OR (Schema x OR y) und erhält dann Dokumente, in denen mindestens einer der Begriffe vorkommt.
Eine OR-Abfrage ist z. B. auch dann sinnvoll, wenn es bei einem Begriff mehrere Schreibweisen gib. Dieser Abfrage verhindert dann, dass die Suchmaschine wesentliche Bereiche des Recherchefeldes „übersieht".

Die Verknüpfung von Begriffen mithilfe von logischen Operatoren wird in Suchmaschinen unterschiedlich realisiert. Man sollte daher zunächst überprüfen, ob die gewählte Suchmaschine tatsächlich die Notation OR oder eine andere verwendet.

Alternativen
- Internet-Wissensdepot (S. 151)
- WebQuest (S. 131)
- Index-Recherche (S. 107)
- Bibliotheksrecherche (S. 115)

Hinweise zur Weiterarbeit
- Lesezeichen (S. 127)
- Internet-Präsentation (S. 248)
- Portfolio (S. 155)
- Referat (S. 233)

Literatur
Ute Fenske: Recherchieren mit Suchdiensten – in zwei Stufen. In: Sybille Breilmann u. a. (Hrsg.): Computer, Internet & Co. im Deutsch-Unterricht. Berlin 2003, S. 55 ff.
Gerd Brenner: Die Facharbeit. Von der Planung zur Präsentation. Berlin 2002, S. 34

3 RECHERCHE im Internet durchführen

Phrasensuche

Beispiele
- „August der Starke"
- „der kategorische Imperativ"

Sozialformen: Einzel- oder Partnerarbeit
Dauer: 10 – 30 Min.
Medien: PC mit Internetanschluss
Klassen: ab Klasse 5
Fächer: alle

Didaktisches Potenzial
S. nutzen eine Suchmaschine mithilfe einer Kombinations-Operation.
Die Phrasensuche ist ein Werkzeug für die Internet-Recherche, mit dem Dateien im Internet ermittelt werden können, in denen bestimmte Wortkombinationen vorkommen. Ähnlich wie bei der → Operatoren-Abfrage lernen die S. mit der Phrasensuche, das Internet gezielt für Recherchen zu nutzen.
Die Phrasensuche kann dann sinnvoll eingesetzt werden, wenn es eine bestimmte Wortgruppe gibt, die für einen zu recherchierenden Themenbereich zentral ist. Dabei ist das Werkzeug nur dann brauchbar, wenn in den Zieltexten immer ein völlig identischer Wortlaut erwartet wird.

Vorbereitungen und Ablauf
Man gibt in eine Suchmaschine im Internet (→ Operatoren-Abfrage) eine bestimmte Formulierung (eine aus mehreren Elementen bestehende Wortgruppe) ein und versieht diese am Anfang und am Ende mit hochgestellten Anführungszeichen. Die Suchmaschine weist dann Texte nach, die genau diese Wortkombination enthalten.

Didaktische Hinweise
Mit der Phrasensuche lassen sich auch Zitat-Quellen und Plagiate, also nichtgekennzeichnete Übernahmen aus Fremdwerken, nachweisen (u. a. Quellen besonders auffälliger und ungewöhnlicher Formulierungen in Facharbeiten, Referaten etc.).
Auch für den Fall, dass die Internet-Quelle eines abgespeicherten Zitats verlorengegangen ist, kann man das Zitat mithilfe der Phrasensuche einem Text zuordnen lassen.

Alternativen
- WebQuest (S. 131)
- Operatoren-Abfrage (S. 128)

Hinweise zur Weiterarbeit
- Lesezeichen (S. 127)

3 RECHERCHE im Internet durchführen

WebQuest

Beispiel
„Wisst ihr, welche Geschichte eure Hose hat? Informiert euch mithilfe der Link-Liste über die Herstellung von Hosen und beantwortet die folgenden Fragen: …"

Sozialformen: Einzel-, Partner-, Gruppenarbeit, Plenum
Dauer: mehrere Stunden
Medien: PC mit Internetanschluss
Klassen: ab Klasse 5
Fächer: alle

Didaktisches Potenzial
S. nutzen Fragenkatalog als Orientierung für Internetrecherche.
Ein WebQuest ist ein computerbasiertes Lernarrangement. Den S. wird eine Fragestellung oder eine Problemsituation präsentiert, zu deren Beantwortung bzw. Lösung sie selbsttätig und zielgerichtet im Internet recherchieren sollen. Dabei werden sie durch vorgegebene Suchimpulse unterstützt. Ihnen wird am PC eine Lernumgebung geboten, die die Wahrscheinlichkeit von Rechercheerfolgen deutlich erhöht, zugleich aber noch genügend Spielraum für eigenes Suchen lässt.

Vorbereitungen
Das Verfahren geht davon aus, dass S. bei Recherchen im Internet ein Suchkonzept benötigen, das von der Lehrperson vorbereitet werden sollte. Dazu stellt sie aufgrund eigener Recherchen eine Sammlung interessanter Links zu einem Recherchevorhaben zusammen. Je nach Alter und Interneterfahrung der S. werden die Such-Operationen unterschiedlich detailliert angegeben.

Ablauf
Als Einstieg in ein WebQuest erhalten die S. eine thematische Orientierung (z. B. eine Frage oder eine kurze Problemdarstellung). Diese mündet in eine Aufgabenstellung, die in Teilgruppen gelöst werden kann.
Die Lehrperson stellt dann eine *Materialübersicht* vor, die Internetlinks, evtl. aber auch Verweise auf CD-ROMs oder bereitliegende Printmaterialien enthält (s. u.).
Die darauffolgende *Recherche* kann dadurch unterstützt werden, dass die S. zu ihrem Material eine Reihe erschließender Fragen erhalten, die sie beantworten sollen. Die Lehrperson berät die S. als Recherche-Coach.
Eine *Präsentation* und *Auswertung* der Rechercheergebnisse im Plenum schließt das WebQuest ab.

Didaktischer Kommentar
Das Verfahren, das in den 1990er-Jahren in den USA entwickelt wurde, macht es möglich, die Internetrecherche dem Alter und den jeweiligen Kompetenzstufen der S. anzupassen und so Misserfolgserlebnisse zu vermeiden. Zudem vermittelt es S. Möglichkeiten des effektiven Umgangs mit der Informationsflut des Internets. Das methodische Verfahren beim WebQuest und die Chancen dieser Methode sollten nach Abschluss eines Rechercheprojekts reflektiert werden.

Tipps zur Umsetzung
Vielfach muss die Einbindung von Text- und Bilddateien in eigene Textdokumente am PC noch angeleitet werden.
Die S. sollten auch darauf hingewiesen werden, dass alle aus dem Internet übernommenen Dokumente mit einer Quellenangabe versehen werden sollten.

Arbeitsaufträge
Aufträge für ein arbeitsteiliges WebQuest können z. B. so formuliert sein:
Gruppen 1 und 2:
- Gebt die folgende Internetadresse ein und wählt sie an: ....
- Geht nun im Index auf den Link .... und auf den Link ....
- Druckt einige interessante Texte aus.
- Nutzt auch das Buch mit dem Titel „ … " und schaut im Index nach, welche Informationen zum Thema „ … " geboten werden.

Gruppe 3:
- Gebt die folgende Internetadresse ein und wählt sie an: ....
- Wählt den Link ....
- Markiert den Textabschnitt ....
- Kopiert den Abschnitt und speichert ihn als Word-Datei ab.
- Holt euch Hilfe, wenn es nicht klappt.
- Legt nun die CD-ROM „ … " ein und sucht in der Übersicht auf der ersten Seite einen Link zu „ … ". Folgt dieser Spur.

Alternativen
- Bibliotheksrecherche (S. 115)
- Archivarbeit (S. 109)
- Erkundung (S. 117)
- Sachverständigenbefragung (S. 124)

Hinweise zur Weiterarbeit
- Gestaltung einer Seite mit weiterführenden Links für die Homepage der Schule
- Portfolio (S. 155)

Vgl. hierzu insgesamt die Kapitel
- Informationen hierarchisch strukturieren (S. 158 ff.)
- Informationen nichthierarchisch strukturieren (S. 167 ff.)
- Informationen verarbeiten (S. 173 ff.)

Literatur
Siegfried Frech: Das Internet – Recherchieren und Informieren. In: Bundeszentrale für politische Bildung: Methodentraining für den Politikunterricht, Bonn 2004, S. 65 ff.
Heinz Moser: Abenteuer Internet. Lernen mit WebQuests. Zürich 2000
Interessante Internetadresse: www.webquests.de

3 RECHERCHE in der Lebenswelt durchführen

Aktionsforschung *(Action research)*

Beispiel
„Erforscht zusammen mit allen Beteiligten die Situation in den Pausen und probiert Verbesserungen aus."

Sozialformen: Gruppenarbeit
Dauer: 4 Std. und mehr
(z. B. Projektwochen)
Medien: –
Klassen: ab Klasse 8
Fächer: SoWi, Rel/Ethik, Phil

Didaktisches Potenzial
S. verbinden eine Recherche in der Lebenswelt mit deren Umgestaltung.
Das Verfahren der handlungsorientierten Erkundung setzt S. in die Lage, durch genaue Betrachtung und Analyse eines Handlungsfeldes selbst zur Entwicklung neuer Handlungsstrategien beizutragen und darüber mit Akteuren in einem Handlungsfeld in einen Dialog einzutreten.

Vorbereitungen und Ablauf
Ähnlich wie in einer → Fallstudie können die S. Fragen zur Erkundung der Außenperspektive und der Innenperspektive von Akteuren im Handlungsfeld erhalten. Sie gehen mit diesen Fragen in einen Handlungszusammenhang, der sie selber betrifft (s. u.) und klären Abläufe und Einflussfaktoren durch genaue Beschreibung *(thick description)* und Betrachtung von verschiedenen Seiten; außerdem überlegen sie Alternativen, die sie praxisnah zusammen mit den Betroffenen im Untersuchungsfeld entwickeln.

Didaktische Hinweise
Im Gegensatz zur → Beobachtung oder → Befragung geht es bei der Aktionsforschung um teilnehmende Veränderung. S. nehmen untersuchend an einem sozialen Prozess teil und vermitteln in Gesprächen Veränderungsimpulse. Das Verfahren verknüpft also in besonderer Weise Erkenntnis und Handeln.
Vorstellbar ist das z. B. bei der Umgestaltung von Pausenregelungen in der Schule oder bei der Betreuung jüngerer S. in Bussen.

Alternativen
- Narratives Interview (S. 135)
- Experiment (S. 118)

Literatur
Reinhold Popp: Methodik der Handlungsforschung. In: Theo Hug: Wie kommt Wissenschaft zu Wissen? Bd. 2: Einführung in die Forschungsmethodik und Forschungspraxis. Baltmannsweiler 2001, S. 400 ff.

3 RECHERCHE in der Lebenswelt durchführen

Foto-Dokumentation

Beispiel
„In welchen Stimmungen befinden sich eigentlich die S. unserer Schule? Nehmt ganz verschiedene Situationen auf."

Sozialformen:	Partner-, Gruppenarbeit
Dauer:	30 – 60 Min.
Medien:	Film- und Fotokameras
Klassen:	ab Klasse 5
Fächer:	D, Ge, SoWi, Rel/Ethik, Ek

Didaktisches Potenzial
S. halten interessante Beobachtungen im Bild fest.
Die S. wählen in ihrer Lebenswelt besondere optisch-atmosphärische Eindrücke aus und halten die von ihnen erkundeten Sachverhalte im Bild fest.

Vorbereitungen und Ablauf
In einer Vorlaufphase werden die S. durch Methoden wie → Bilderbuffet, → In-/Out-Liste oder → Fallbeschreibung für ein Thema sensibilisiert.
Sie haben sich Kameras (am besten Digitalkameras) besorgt und halten dann während eines Erkundungsgangs in Einzelarbeit oder kleinen Gruppen thematisch aufschlussreiche Situationen und Vorgänge fest, um sie anschließend im Plenum gedanklich weiterzuverarbeiten. Wurden Digitalfotos aufgenommen, können diese mithilfe eines Laptops und eines Beamers an die Wand projiziert und von allen S. diskutiert werden.

Didaktische Hinweise
Angesichts des Übergewichts rein verbaler Arbeitsweisen sind optische Untermalungen von Themen eine wichtige Ergänzung.
Möglich sind Erkundungen außerhalb, aber auch innerhalb der Schule. So können die S. zu einigen Themen (vgl. Beispiel) in kleinen Pausen in den Klassenzimmern, auf Fluren, in Schulbussen oder auf dem Schulweg Aufnahmen machen. Wichtige Motive sollten mehrfach (z. B. in verschiedenen Perspektiven, Brennweiten, zu verschiedenen Tageszeiten) aufgenommen werden, damit eine sinnvolle Auswahl getroffen werden kann.

Alternativen
- Erkundung (S. 117)

Hinweise zur Weiterarbeit
- Verarbeitung zu einer Bildcollage (in Kooperation mit dem Kunstunterricht)
- Ausstellung (S. 244)

Literatur
Heinrich Brinkmöller-Becker (Hrsg.): Die Fundgrube für Medienerziehung. Berlin 1997, S. 66 ff.
Irmintraud Wienerl/Simone Fleischmann/Ursula Rotte (Hrsg.): Das Methoden-Handbuch Grundschule. München 2007, S. 167 ff.

3 RECHERCHE in der Lebenswelt durchführen

Narratives Interview

Beispiele
„Erinnern Sie sich daran, mit welchen Sorgen im Kopf Sie damals eingeschlafen sind?"
„Und wie haben Ihre Kinder das damals erlebt?"

Sozialformen:	Einzel-, Partnerarbeit
Dauer:	20 – 45 Min.
Medien:	evtl. Aufnahmegeräte
Klassen:	ab Klasse 8
Fächer:	alle

Didaktisches Potenzial

S. erkunden lebensgeschichtliche Details eines anderen.
Mit einem narrativen Interview veranlassen S. Befragte, themenrelevante Ereignisse aus ihrem Leben in Form einer autobiografischen Stegreiferzählung so vorzutragen, dass z. B. Probleme, Zustände oder Ziele lebendig werden.

Vorbereitungen und Ablauf

Zur Vorbereitung des Interviews (vgl. auch ➔ Interview) überlegen sich die S. einige Fragen, die geeignet sind, Befragte zum Erzählen zu bringen. Während des Interviews üben sie Zurückhaltung, um die Gedankengänge der Befragten nicht zu stören. Sie greifen erst wieder ein, wenn der Erzählfaden des Befragten reißt. Die S. stellen dann eine Frage, die geeignet ist, einen neuen Erzählfluss auszulösen.
Mit dem Einverständnis der Befragten können die narrativen Interviews aufgezeichnet werden. Dabei ist ein Audiorekorder geeigneter als ein Videorekorder, weil viele Befragte bei Kameraaufnahmen eine Redehemmung verspüren.

Didaktische Hinweise

Das narrative Interview ist – als qualitatives Interview – zugleich eine Form der aktivierenden Befragung. Es geht u. a. auf F. Schütze zurück (vgl. Schütze, S. 283 ff.). Da die Befragten bei diesem offenen methodischen Verfahren Gelegenheit haben, selbst Schwerpunkte zu setzen, entwickelt sich zwischen Befrager und Befragtem schnell eine ziemlich authentische Kommunikation.

Alternativen
- Erkundung (S. 117)

Hinweise zur Weiterarbeit
- Transkription der Aufzeichnungen

Literatur
Ivonne Küsters: Narrative Interviews. Grundlagen und Anwendungen. Lehrbuch. Wiesbaden 2006

3 RECHERCHE in der Lebenswelt durchführen

Oral History/Spurensuche vor Ort

Beispiel
„Fahrt zu der 80-jährigen Frau X und bittet sie, euch auf Platt etwas über die Hochzeitsbräuche vor 60 Jahren zu erzählen."

Sozialformen: Partner-, Gruppenarbeit
Dauer: 15 – 45 Min. (ohne Anreise)
Medien: Audio- oder Videorekorder
Klassen: ab Klasse 8
Fächer: D, Ge, Rel/Ethik, SoWi

Didaktisches Potenzial
S. lassen sich über Vergangenes berichten.
S. nutzen mündliche Quellen, um geschichtliche Ereignisse und Abläufe in der authentischen Perspektive der „einfachen Leute" als subjektives Erleben Betroffener nachzuvollziehen.

Vorbereitungen und Ablauf
Die S. unternehmen eine Exkursion zu einer Person in ihrer Nähe, die über einen sie interessierenden Sachverhalt aus der Vergangenheit anschaulich erzählen kann. Zentraler methodischer Baustein des Verfahrens ist das → Narrative Interview, mit dem Zeitzeugen veranlasst werden, innerhalb eines vorgegebenen thematischen Rahmens lebensgeschichtliche Ereignisse zu schildern.

Didaktische Hinweise
Oral History macht Vergangenheit in besonderer Weise lebendig. Das Verfahren wurde in den 1980er-Jahren profiliert, um der Geschichtsschreibung aus der Sicht der Mächtigen eine „Geschichte von unten" entgegenzusetzen und zugleich zur Entwicklung einer *Geschichte des Alltags* beizutragen. Ergründet werden können auf diese Weise z. B.
- Bräuche der Vergangenheit anhand dialektsprachlicher Erzählungen (Sprachgeschichte Deutsch),
- religiöse Riten der Vergangenheit anhand umgangssprachlicher Schilderungen (Religionsgeschichte),
- interessante oder problematische Phasen der jüngeren politischen Geschichte wie das Leben in der ehemaligen DDR (Geschichte, Sozialwissenschaften).

Die Gespräche können aufgezeichnet und als O-Ton-Dokumente für weitere Zwecke verwendet werden.

Alternativen
- Umfrage (S. 137)
- Verstecktes Theater (S. 139)

Hinweise zur Weiterarbeit
- Magazinsendung (S. 241)
- Referat (S. 233)

Literatur
Albert Müller: Zu den Methoden der Geschichtsforschung. In: Theo Hug (Hrsg.): Wie kommt Wissenschaft zu Wissen? Bd. 2: Einführung in die Forschungsmethodik und Forschungspraxis. Baltmannsweiler 2001, S. 181 ff. (bes. S. 187 ff.)

3 RECHERCHE in der Lebenswelt durchführen

Umfrage *(Survey)*

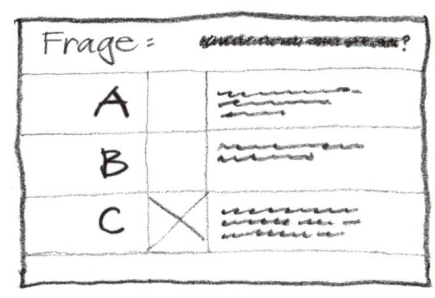

Sozialformen:	Einzel-, Partnerarbeit; Vorbereitung/Auswertung: Plenum o. Gruppenarbeit
Dauer:	30 Min. bis mehrere Stunden
Medien:	evtl. Fragebögen, Aufnahmegeräte
Klassen:	ab Klasse 7
Fächer:	alle

Didaktisches Potenzial
S. erkunden gezielt die Meinungen anderer.
Mit Umfragen (Meinungsumfragen) finden S. heraus, was eine bestimmte, vorher definierte Personengruppe (Zielgruppe) über ein Thema denkt. Dabei kann es um das Spektrum der Meinungen oder um die prozentuale Verteilung bestimmter Positionen gehen. Entscheiden die S. sich für *geschlossene Fragen,* erwarten sie von den Befragten keine eigenen Formulierungen und keine eigenständigen Gedankenentwicklungen. Dagegen lassen Umfragen mit *offenen Fragen* subjektive Reaktionen der Befragten zu. Umfragen machen S. mit Methoden der empirischen Sozialforschung vertraut; sie sind weniger anspruchsvoll als (wissenschaftliche) ➔ Befragungen.

Vorbereitungen
Grundlage für Meinungsumfragen mit geschlossenen Fragen ist in der Regel ein ausgearbeiteter *Fragebogen* (s. u.). Für Umfragen mit offenen Fragen werden meist *Impulsfragen* ausgearbeitet, von denen angenommen wird, dass sie die Befragten auf das Thema konzentrieren und zugleich zu Äußerungen anregen. Es ist sinnvoll, Fragebögen und Impulsfragen vor Beginn der Erhebung bei Probanden zu testen, die ähnliche Merkmale aufweisen wie die Zielgruppe.
Vor Beginn einer Umfrage unter S. muss die Schulleitung über die Aktion informiert werden.

Ablauf
Einzeln, in Paaren oder kleinen Gruppen sprechen die S. Personen an vorher festgelegten Orten an. Sie stellen sich und das Umfrageprojekt zunächst vor und bitten dann die Angesprochenen, ihre geschlossenen oder offenen Fragen zu beantworten. Aus Datenschutzgründen wird den Befragten zugesichert, dass ihre Angaben anonym ausgewertet werden.

- Bei Umfragen mit *geschlossenen Fragen* werden die Ergebnisse in Diagrammform oder in anderer Weise aufbereitet (s. u.).
- Bei *offenen Umfragen* werden die Antworten der Befragten für die spätere Auswertung entweder aufgezeichnet oder mitprotokolliert. Zumindest wichtige Teile von Aufzeichnungen werden anschließend transkribiert.

Didaktischer Kommentar

Geschlossene Fragen lassen sich erheblich leichter auswerten als offene; sie kommen S. entgegen, die an *quantitativen Verteilungen* von Meinungen interessiert sind.
Bei Umfragen mit offenen Fragen treten oft Probleme mit der Vergleichbarkeit der Antworten auf. Diese Form der Umfrage sollte dann gewählt werden, wenn *Meinungsvielfalt* und *-tiefe* zu einem bestimmten Thema im Mittelpunkt stehen.
Vorsicht ist bei der *Interpretation* von Umfrageergebnissen geboten: Die S. sollten darauf hingewiesen werden, dass Daten, die bei einer bestimmten Gruppe von Befragten erhoben worden sind, nicht vorschnell auf andere Gruppen oder gar auf den Bevölkerungsdurchschnitt übertragen werden dürfen.

Tipps zur Umsetzung

Ein Fragebogen kann verschiedene Typen von Fragen enthalten:
- *Alternativfragen,* die nur zwei mögliche Antworten (z.B. „ja" oder „nein") vorsehen;
- *Multiple-Choice-Fragen,* die den Befragten mehrere Antwortmöglichkeiten anbieten, aus denen sie eine oder mehrere auswählen können;
- *Skalierungen,* bei denen die Befragten in einem vorgegeben Spektrum (z. B. zwischen „bin voll damit einverstanden" und „lehne das total ab") eine Position einnehmen und an einer entsprechenden Stelle ein Kreuz machen.

Bei Umfragen mit offenen Fragen sollten Techniken des → Interviews genutzt werden. Nach Zusicherung der Anonymität kann man die Befragten bitten, Angaben zu Alter und Geschlecht zu machen, damit eine differenzierte Auswertung möglich ist.
Den Anspruch, eine *repräsentative* Umfrage durchzuführen, sollte man bei schulischen Meinungsumfragen nicht erheben. Allerdings können Annäherungen an Repräsentativität versucht werden. Dazu müsste die Stichprobe der Befragten so zusammengestellt werden, dass eine dem Durchschnitt der anzusprechenden Bevölkerungsgruppe entsprechende Mischung des Alters, des Geschlechts, der sozialen Schichtung etc. gegeben ist.

Alternativen
- Befragung (S. 111)
- Sachverständigenbefragung (S. 124)
- Erkundung (S. 117)

Hinweise zur Weiterarbeit
- Diagrammerstellung, z. B.
  - → Balkendiagramm (S. 250),
  - → Säulendiagramm (S. 257),
  - → Kreisdiagramm (S. 254)
- Ausstellung (S. 244)
- Magazinsendung (S. 241)

Literatur
Rolf Porst: Fragebogen. Ein Arbeitsbuch. Wiesbaden 2007
Wolfgang Mattes: Methoden für den Unterricht. Paderborn 2002, S. 124 f.
Sabine Walper, Rudolf Tippelt: Methoden und Ergebnisse der quantitativen Kindheits- und Jugendforschung. In: Heinz-Hermann Krüger, Cathleen Grunert (Hrsg.): Handbuch Kindheits- und Jugendforschung. Opladen 2002, S. 189 ff. (insbes. S. 192 ff.)

3 RECHERCHE in der Lebenswelt durchführen

Verstecktes Theater

Sozialformen: Gruppenarbeit, Plenum
Dauer: 2 Std. (mit Vorbereitung)
Medien: –
Klassen: ab Klasse 8
Fächer: SoWi, D, Rel/Ethik, Phil

Didaktisches Potenzial
S. binden Zuschauer real in einen Konflikt ein und erkunden so Sozialverhalten.
Das „Versteckte Theater" bezieht S. als *Schauspieler* sehr intensiv in Sozialraumerkundungen ein. Probleme werden Zuschauern so vor Augen geführt, dass deren Reaktion unausweichlich wird. Nach Augusto Boal befinden sich S. im „Versteckten Theater" sowohl in einer Lehr- als auch in einer Lernsituation. Alle Akteure erfahren, dass Alltagshandlungen veränderbar sind.

Vorbereitungen
Die S. bereiten als Gruppe von *Schauspielern* eine Konflikt-Szene vor, die sie in einer bestimmten Öffentlichkeit (z. B. in einem Bus, einer U-Bahn oder an einer Bushaltestelle mit vielen Wartenden) wie einen realen, nichtinszenierten Konflikt darstellen wollen. Die Szene wird mehrmals in unterschiedlichen Variationen durchgespielt, damit die S. auf verschiedene Reaktionen der umstehenden bzw. sich in der Nähe befindenden *Zuschauer* vorbereitet sind.

Ablauf
Bei der Durchführung sind zwei verschiedene S.-Gruppen aktiv:
- Eine Gruppe setzt die vorbereitete Szene situationsangepasst so um, dass die Zuschauer sie zunächst nicht als *Theater* wahrnehmen, sondern für lebensecht halten. Nach einer gewissen Zeit können die Zuschauer über den wirklichen Sachverhalt aufgeklärt werden.
- Andere S. nehmen nicht an der versteckten Inszenierung teil, sondern haben den Auftrag, das Verhalten der Zuschauer genau zu beobachten und zu registrieren. Dazu sollten sie sich am Ort des Geschehens oder in unmittelbarer Nähe befinden.

Die Inszenierung kann an verschiedenen Orten mehrmals wiederholt werden. Anschließend findet ein Auswertungsgespräch im Plenum statt (s. u.).

Didaktischer Kommentar

Das „Versteckte Theater" – auch „Unsichtbares Theater" genannt – geht auf Augusto Boal zurück und knüpft an Situationen an, die S. bekannt sind: das Streiche-Spielen, mit dem Kinder Erwachsene auf die Probe stellen. Ebenso wie in diesen Situationen des provokativen Kinderspiels kann es beim „Versteckten Theater" zu unwirschen Reaktionen kommen. Da die S. dies erwarten, müssen sie eine Hemmschwelle überwinden, bevor sie sich dazu entscheiden, bei der Schauspielgruppe mitzumachen. Das „Versteckte Theater" kann auch als eine betont aktionale Form der Präsentation gewählt werden.

Tipps zur Umsetzung

Die S. können in der Vorbereitungsphase Hypothesen zu den vermutlichen Reaktionen der Zuschauer formulieren.
Der Ort für die Aufführung sollte so ausgewählt werden, dass
- das Spiel gut inszeniert werden kann,
- Zuschauer voraussichtlich einige Zeit am Ort bleiben,
- der Ort für die Schauspieler überschaubar ist und
- die Akteure sich gut verteilen können.

Im inszenierten Spiel sollten Gewaltanwendungen oder gar gesetzlich riskante Handlungen ausgeschlossen bleiben. Während der Inszenierung sollte die Beobachtergruppe genau registrieren, ob und wann die herbeigeführte Situation eskalieren könnte. Das Spiel sollte dann rechtzeitig abgebrochen werden.
Nach der Inszenierung sollte die Gelegenheit genutzt werden, mit einigen unfreiwilligen Zuschauern zu diskutieren; sehr oft hat diese Form der Recherche nämlich Kommunikation auslösenden Charakter. Zu Gesprächen kommt es oft nicht nur zwischen den Zuschauern und den Schauspielern, die nach den Absichten ihrer Inszenierung gefragt werden, sondern auch unter den Zuschauern. Boal, der Erfinder des „Versteckten Theaters", rechnet damit, dass die Zuschauer anderen über den Vorfall erzählen und damit die Wirksamkeit des Auftritts steigern.
In einem Auswertungsgespräch sollten die Anfangshypothesen (s. o.) überprüft werden. Anhand der Notizen der Beobachtungsgruppe können Erklärungen für das tatsächliche Verhalten der Zuschauer entwickelt werden.

Alternativen
- Erkundung (S. 117)
- Narratives Interview (S. 135)
- Oral History (S. 136)

Hinweise zur Weiterarbeit
- Mitschrift (S. 153)

Literatur
Augusto Boal: Theater der Unterdrückten. Frankfurt/M. 1979
Augusto Boal: Theater der Unterdrückten. Übungen und Spiele für Schauspieler und Nicht-Schauspieler. Frankfurt/M. 1989
Bernd Ruping (Hrsg.): Gebraucht das Theater! Die Vorschläge von Augusto Boal. Remscheid 1991 (Bundesvereinigung Kulturelle Jugendbildung)

3 ERKUNDUNG von Innenwelten

Fantasiereise *(Guided phantasy)*

Beispiel
„Dein Körper wird gerade wieder wach. Du streckst und reckst dich wie morgens nach dem Wachwerden."

Sozialformen: Einzelarbeit, Plenum
Dauer: 3 – 10 Min.
Medien: Text/Erzählung, evtl. Abspielgerät
Klassen: alle
Fächer: alle

Didaktisches Potenzial
S. entspannen und konzentrieren sich auf eine angeleitete Vorstellung.
Die Fantasiereise ist ein meditatives Verfahren, das S. dazu einlädt, sich zu entspannen und sich ganz subjektiv auf ein Thema einzulassen. Es aktiviert die Vorstellungskraft der S. und trainiert einen entspannten Umgang mit den eigenen Innenwelten. Schließlich dient das Verfahren auch der Stärkung der Konzentrationsfähigkeit.

Vorbereitungen
Die Lehrperson hat einen Text bzw. eine Erzählung vorbereitet, die als Grundlage der Fantasiereise vorgetragen werden soll. Darin sind an passenden Stellen Pausenzeichen eingetragen. Die S. lassen sich irgendwo im Klassen-/Kursraum entspannt nieder und schließen die Augen. Es soll Ruhe herrschen, damit alle ganz konzentriert zuhören können.

Ablauf
Als Einstimmung und Untermalung einer Fantasiereise kann leise, entspannende Musik gespielt werden.
1. *Hinführung:* Wenn alle zur Ruhe gekommen sind, beginnt die Lehrperson langsam und in einem ruhigen Tonfall eine Geschichte vorzulesen oder etwas zu erzählen. Dabei wird in der Regel anfangs möglichst anschaulich ein Ausgangsort geschildert, an dem die „Reise" beginnen soll. In diesen Abschnitt können mehrere Ruhe-Instruktionen (s. u.) integriert werden.
2. *Eigentliche Reise:* Im weiteren Fortgang macht der Erzähler ab und zu Pausen, um den S. die Gelegenheit zu geben, das Vorgetragene möglichst intensiv auszufantasieren. Der Reisetext sollte bei den S. möglichst viele Sinne aktivieren. Die S. behalten ihre Augen dabei weiterhin geschlossen. In diesen Abschnitt können Schwere- und Wärmeinstruktionen (s. u.) eingebaut werden.
3. *Rückführung:* Die S. können angehalten werden, die Arme auszustrecken, tief ein- und auszuatmen und die Augen zu öffnen (vgl. „Beispiel").

Nach der Fantasiereise sollte Zeit sein für eine stille Nacharbeit des Erlebten, z. B. in schriftlicher oder künstlerischer Form. Anschließend findet ein Auswertungsgespräch im Plenum statt.

Didaktischer Kommentar
Da die Lehrperson sich mit ihren Äußerungen bei einer Fantasiereise in die Innenwelten von S. begibt, sollte sie vorsichtig mit diesem Zugang umgehen. Ausgeschlossen werden sollten

meinungsbeeinflussende oder gar manipulative Inhalte. Eine Fantasiereise sollte nur in Klassen oder Kursen durchgeführt werden, zu denen die Lehrperson ein Vertrauensverhältnis aufgebaut hat.

Tipps zur Umsetzung
Die „Reise" dauert nur einige Minuten , um die S. nicht überzustrapazieren. Störungen durch S., die bei der ersten Erprobung des Verfahrens auftreten können, sollten nicht zur Unterbrechung der „Reise" führen; sie werden erst im Anschluss an die Fantasiereise im Plenum besprochen.
Am Ende der „Reise", wenn die S. „zurückgeholt" werden, hebt der Erzähler deutlich die Stimme.
Als *Entspannungsübungen* können Fantasiereisen Elemente des *autogenen Trainings* enthalten (Verfahren der konzentrativen Selbstentspannung) wie
- Ruheinstruktionen („Atme gleichmäßig ein und aus. Atme ganz ruhig und entspanne dich. Du spürst jetzt, wie die Anspannung deines Körpers nachlässt. Du spürst, wie der Körper auf der Unterlage liegt. Schalte ganz ab und erfahre die Ruhe in deinem ganzen Körper ... ")
- Schwere- und Wärmeinstruktionen („Deine Arme und Beine sind jetzt ganz schwer und warm geworden. Du spürst, wie das Blut durch die Adern fließt.")

Unterrichtszusammenhänge
Fantasiereisen können dazu genutzt werden, auf kreative Weise in ein Thema einzuführen, zu dem es bei den S. bereits einen eigenen Erfahrungshintergrund gibt. Sie eignen sich aber auch dazu, am Ende von Unterrichtsreihen wichtige Sachverhalte noch einmal im Zusammenhang innerlich zu erleben.

Alternativen
- Playback-Theater (S. 145)

Hinweise zur Weiterarbeit
- Schriftliche „Reise"-Reportage

Literatur
Wolfgang Mattes: Methoden für den Unterricht. Paderborn 2002, S. 42 f.
Heinz Klippert: Teamentwicklung im Klassenraum. Übungsbausteine für den Unterricht. Weinheim, Basel 2001, S. 90 f.
Gerda Maschwitz/Rüdiger Maschwitz: Von Phantasiereise bis Körperarbeit. Existenzielle Methoden – gekonnt eingesetzt. München 2004, S. 144 – 156
Jörg Knoll: Kurs- und Seminarmethoden. 11. Aufl., Weinheim und Basel 2007, S. 202 ff.
Kersten Reich: Konstruktivistische Didaktik. Weinheim 2008 (CD)
Elke Dreyer/Katrin Harder: 99 Tipps Partner- und Gruppenarbeit. Berlin 2009, S. 96 u. 100

3 ERKUNDUNGEN mit der Dynamik von Gruppen verbinden

Dreier-Interview

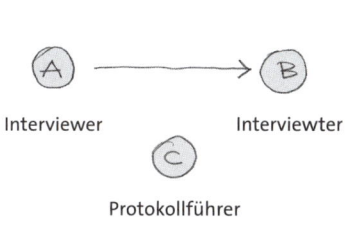

Sozialformen: Gruppenarbeit, Plenum
Dauer: 10 – 20 Min.
Medien: Protokollblatt
Klassen: ab Klasse 5
Fächer: alle

Didaktisches Potenzial
S. interviewen sich wechselseitig zu einem gemeinsamen Thema.
Die S. entfalten ein Thema in einer Kleingruppe, indem jeder abwechselnd in den Mittelpunkt gerückt wird und seine Vorkenntnisse und Interessen formuliert. Der Arbeitsprozess wird über drei verschiedene Rollen gesteuert, die von jedem nacheinander eingenommen werden. Dabei hören die S. aktiv zu, fragen gezielt nach und paraphrasieren möglichst exakt.

Vorbereitungen und Ablauf
Die Lerngruppe wird in Dreiergruppen aufgeteilt (z. B. → Spontangruppen, → Zufallsgruppen, → Moleküle). Den S. werden dann die Rollen kurz vorgestellt und bei Bedarf erklärt:
- Interviewer (vgl. → Interview),
- Befragter
- Protokollant (→ Verlaufsprotokoll)

Anschließend finden drei Interviews statt, wobei jeder einmal jede der drei Rollen übernimmt.
Mögliche Fragestellungen:
- Was weißt du über das Thema?
- Woher weißt du das?
- Was ist für dich bei diesem Thema besonders wichtig?

Die Protokolle können in einer → Mindmap zusammengefasst werden, bevor die Gruppe ihre Ergebnisse im Plenum vorstellt.

Didaktische Hinweise
Am Beginn eines Unterrichtsvorhabens beteiligt die Methode alle S. sehr intensiv und umfassend an der Feststellung der Ausgangslage und bereitet Schwerpunktentscheidungen vor. Das Verfahren kann auch bei anderen Methoden wie dem → Projekt sinnvoll eingesetzt werden.

Alternativen
- Werteauktion (S. 148)
- Vier-Ecken-Spiel (S. 221)

Hinweise zur Weiterarbeit
- Planung eines Unterrichtsvorhabens

3 ERKUNDUNGEN mit der Dynamik von Gruppen verbinden

Forumtheater

Sozialformen: Kleingruppen, Plenum
Dauer: 30–90 Min.
Medien: –
Klassen: ab Klasse 7
Fächer: alle

Didaktisches Potenzial
S. erkunden die Wirkkräfte sozialer Konflikte.
Das Forumtheater als eine Sonderform des → Rollenspiels dient dazu, in Gruppen einen sozialen Konflikt im eigenen intensiven Erleben nachzuvollziehen.

Vorbereitungen und Ablauf
Eine Gruppe von S. erhält den Auftrag, eine konflikthafte Situation in einem szenischen Spiel auszugestalten. Die Konfliktsituation soll in dem Rollenspiel zunächst nur möglichst intensiv in Szene gesetzt, aber nicht gelöst werden. Die Szene wird im Plenum vorgeführt. Auf dem Höhepunkt des Konflikts wird die Präsentation beendet.
Anschließend wird die Szene wiederholt, wobei eine tragende Rolle von einem anderen Spieler aus dem Plenum besetzt wird. Von diesem neuen Spieler soll nun eine Lösung des Konflikts versucht werden. Da es aber zu einer Konfrontation der „neuen" Hauptrolle mit den „alten" Spielern kommt, die ihre Verhaltensstrategien beibehalten möchten, fällt eine Lösung nicht leicht. Dieses zweite Spiel wird anschließend im Plenum reflektiert. Mit den Präsentationen weiterer Gruppen wird im Plenum ebenso verfahren.

Didaktische Hinweise
Der Erfinder dieser Rollenspielvariante, Augusto Boal („Theater der Unterdrückten"), versteht das Forumtheater als eine spielerische Realitätsprüfung. Es soll klar werden, wie schwer es ist und wie viel Fantasie es erfordert, festgefügte soziale Strukturen zu überwinden.

Alternativen
▪ Zeitungstheater (S. 149)

Literatur
Günther Gugel: 1000 neue Methoden. Weinheim 2007, S. 94 ff.
Roger Schaller: Das große Rollenspiel-Buch. Weinheim, Basel 2001, S. 100 ff.

3 ERKUNDUNGEN mit der Dynamik von Gruppen verbinden

Playback-Theater

Beispiel
„… Da habe ich gemerkt, dass auch bei uns Kinder in Armut leben. Als das Mädchen nämlich …"

Sozialformen: Plenum, Kleingruppen
Dauer: 5–15 Min.
Medien: –
Klassen: alle
Fächer: alle

Didaktisches Potenzial
S. stellen Erlebnisse von Mits. szenisch dar.
Mit dieser Sonderform des Rollenspiels können S. eigene Erlebnisse, die im Rahmen des aktuell behandelten Themas von Bedeutung sind, mithilfe der Lerngruppe erlebnishaft vergegenwärtigen und reflektieren.

Vorbereitungen und Ablauf
Der persönliche Erlebnisbericht eines S. zum Thema der Unterrichtsreihe wird im Plenum aufgegriffen und von Mits. spontan szenisch umgesetzt. Dabei soll außer auf die zu wählenden Worte besonders auf die Körpersprache geachtet werden. Der Erzähler der Ausgangsgeschichte übernimmt keine Rolle, sondern schaut zu. Nach und nach werden auf diese Weise mehrere persönliche Erlebnisse der S. „zurückgespielt". Nach jedem Spiel erklärt der Erzähler der Ausgangsgeschichte, ob die aktionale Umsetzung treffend und aus seiner Sicht plausibel war.

Didaktische Hinweise
Das von Jonathan Fox in den 1970er-Jahren entwickelte Verfahren (vgl. Fox 1996) geht auf vorliterarische Kulturtraditionen zurück, in denen Geschichten von Teilnehmern eines Erzählkreises spontan improvisierend szenisch umgesetzt wurden.

Hinweise zur Weiterarbeit
- Verschriftlichung von Szenen

Literatur
Roger Schaller: Das große Rollenspiel-Buch. Grundtechniken, Anwendungsformen, Praxisbeispiele. Weinheim, Basel 2001, S. 105 f.
Jonathan Fox: Renaissance einer alten Tradition: Playback-Theater, Köln 1996

3 ERKUNDUNGEN mit der Dynamik von Gruppen verbinden

Rollenspiel *(Role play)*

Sozialformen: Gruppenarbeit
Dauer: 5 – 20 Min.
Medien: Rollenkarten
Klassen: ab Klasse 7
Fächer: alle

Didaktisches Potenzial
S. gestalten und entwickeln soziale Rollen in gruppendynamischer Form.
Rollenspiele ermöglichen es S., Situationen – insbesondere konflikthafte Situationen – möglichst realitätsgerecht aktional nachzuvollziehen und nach Lösungsmöglichkeiten für Probleme zu suchen. Dabei kann es sich um *Interrollenkonflikte* (Konflikte zwischen verschiedenen Rollenträgern) oder um *Intrarollenkonflikte* (widerstrebende Erwartungen an den Träger einer Rolle) handeln. In der Gestaltung eines Rollenspiels geht es für die S. einerseits um *Role-taking* (Rollenübernahme, Einfühlung in eine Rolle und Identifikation mit ihr), andererseits aber auch um *Role-making* (Ausfüllen und Erweitern der Verhaltenspotenziale, die in einer Rolle stecken). Durch Probehandeln erschließen sich die S. auch solche Verhaltensoptionen, die bislang nicht zu ihrem Verhaltensspektrum gehörten. Sie entwickeln zugleich ihre Fähigkeit der Wahrnehmung sozialer Abläufe und ein erhöhtes Bewusstsein eigener Verhaltensweisen.

Vorbereitungen
Für die zu spielenden Rollen können Rollenkarten (s. o.) vorbereitet werden, die die spezielle Ausgangslage für die handelnde Person (persönliche Daten, Lebenslauf), ihr bisheriges Verhaltensspektrum sowie ihre Ansichten und Meinungen skizzieren.

Ablauf
Zunächst werden die Rollen zugeteilt (z. B. über freiwilliges Melden, Verlosen). Dann wird das Spiel durch spontane soziale Aktion im Rahmen der vorgegebenen Rollen entwickelt. Nach einer zuvor festgelegten Zeit (5 bis 20 Minuten) erfolgt eine Reflexionsphase, in der über die Rollenausfüllung der Spieler, die Konfliktgestaltung und -lösung nachgedacht wird (siehe Tipps zur Umsetzung). Mit dem neuen Bewusstseinsstand kann das Spiel dann bei gleicher oder veränderter Rollenbesetzung wiederholt werden.

Didaktischer Kommentar
Das pädagogische Rollenspiel grenzt sich von rein trainierenden Ansätzen dadurch ab, dass es hier nicht darum geht, Normen, Werte und sonstige Rollenelemente unreflektiert

zu übernehmen; vielmehr sollen Rollen und ihre Anforderungen kritisch betrachtet werden können. Neben Empathie wird so auch Rollendistanz entwickelt.
- Die *empathische Herausforderung* kann z. B. durch ➔ Spiegeln einer Rolle bewältigt werden.
- *Rollendistanz* kann entwickelt werden durch Rollenrotation, Rollentausch und Beiseitetreten (kurzes Verlassen der „Bühne", um die Situation von außen zu betrachten und aus dieser Perspektive heraus neue Verhaltensimpulse zu erhalten).

Rollenspiele erlauben insgesamt ein Probehandeln, bei dem auch ungewohnte oder als problematisch empfundene Verhaltensweisen durchgespielt werden können.
Je nach Ausgestaltung dienen Rollenspiele ganz unterschiedlichen Zwecken:
- Mit dem ➔ Playback-Theater können mithilfe einer Gruppe persönliche Erlebnisse vergegenwärtigt werden.
- Das ➔ Zeitungstheater nutzt die Dynamik von Gruppen, um die Aussage eines Sachtextes zu erschließen.
- Das ➔ Forumtheater dient dazu, einen sozialen Konflikt im eigenen Erleben innerhalb einer Gruppe nachzuvollziehen.

Tipps zur Umsetzung
Für die Auswertung eines Rollenspiels können folgende Fragen zugrunde gelegt werden:
- Wie haben die Spieler ihre Rollen und die damit verbundenen Herausforderungen empfunden?
- Haben die Spieler ihre Rollen sprachlich, gestisch und mimisch angemessen ausgefüllt und entwickelt?
- Welche Ziele hat jeder Spieler verfolgt?
- Wer hat sich womit warum durchgesetzt?
- Welche sozialen Mechanismen wurden in dem Spiel deutlich?
- Welche Verhaltensalternativen wären an welchen Stellen denkbar gewesen?

Alternativen
- Planspiel (S. 55)
- Blätterlawine (S. 100)
- Erkundung (S. 117)
- Beobachtung (S. 113)
- Interview (S. 122)

Hinweise zur Weiterarbeit
- Verschriftlichung einer Szene(nfolge)

Literatur
Roger Schaller: Das große Rollenspiel-Buch. Grundtechniken, Anwendungsformen, Praxisbeispiele. Weinheim, Basel 2001
Josef Broich: Rollenspiel-Praxis. Köln 1999
Günther Gugel: Methoden-Manual II: Neues Lernen. Weinheim 2003, S. 87 ff.
Wilhelm H. Peterßen: Kleines Methoden-Lexikon. München 1999, S. 255 ff.
Veronika Fischer u. a.: Handbuch interkulturelle Gruppenarbeit. Schwalbach/Ts. 2001, S. 221 ff.
Kersten Reich: Konstruktivistische Didaktik. Weinheim 2008 (CD)

3 ERKUNDUNGEN mit der Dynamik von Gruppen verbinden

Werteauktion

Beispiele		
Neugierde	Ehrlichkeit	
Fleiß	Zuverlässigkeit	
Toleranz	Humor	

Sozialformen: Einzel-, Gruppenarbeit, Plenum
Dauer: 1–2 Std.
Medien: kleine Karteikarten, Werteliste
Klassen: ab Klasse 7
Fächer: D, SoWi, Rel/Ethik, Phil

Didaktisches Potenzial
S. überprüfen ihr persönliches Wertetableau.
Die S. machen sich ihre Wertorientierungen bewusst und vergleichen sie spielerisch mit denen anderer.

Vorbereitungen und Ablauf
Die Lehrperson sammelt – evtl. zusammen mit der Lerngruppe – eine Reihe von Begriffen, die Werte bezeichnen. Solche Begriffe können z. B. sein (s. auch Beispiele):

Gerechtigkeit	Schönheit	Optimismus
Emotionalität	Gesundheit	Offenheit
Konfliktfähigkeit	Eleganz	Vertrauenswürdigkeit
Ordentlichkeit	Zielstrebigkeit	Fröhlichkeit
Selbstlosigkeit	Rücksichtnahme	Erfolg
Korrektheit	Selbstbewusstsein	

Die Werte werden auf Karten notiert und gut sichtbar im Raum verteilt ausgehängt. Alle S. können nun in kleinen Gruppen von Karte zu Karte wandern und die Relevanz des jeweiligen Wertes diskutieren. Anschließend kann jeder in einer Werteliste für sich persönlich 100 Punkte auf die Werte verteilen. Zum Schluss findet eine Auktion statt, in der der jeweilige Wert an den Meistbietenden geht. Zusätzlich können die von den Einzelnen vergebenen Punkte für alle Werte in Gruppen addiert und Rankings angefertigt werden.

Didaktische Hinweise
Die Methode eignet sich als Einstiegsverfahren, an das sich dann die Erarbeitung von Materialien anschließen lässt.

Alternativen
- Rollenspiel (S. 146)

Hinweise zur Weiterarbeit
- Plenumsdiskussion (S. 215)

3 ERKUNDUNGEN mit der Dynamik von Gruppen verbinden

Zeitungstheater

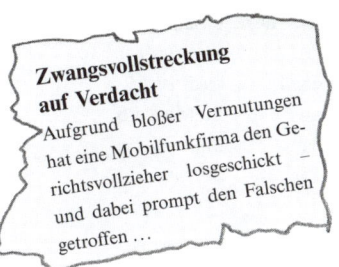

Sozialformen: Kleingruppen, Plenum
Dauer: 30 – 90 Min.
Medien: Zeitungsausschnitte u. a., evtl. Rollenkarten
Klassen: ab Klasse 7
Fächer: alle

Didaktisches Potenzial

S. entwickeln zu einer Meldung einen Handlungsentwurf.
Das Zeitungstheater ist eine Sonderform des Rollenspiels; es nutzt die Dynamik von Gruppen, um die Aussage eines Sachtextes zu erschließen und um dort beschriebene Situationen empathisch nachzuvollziehen und auszugestalten.

Vorbereitungen und Ablauf

Ausgangspunkte dieser Rollenspiel-Variante sind Zeitungsartikel oder auch nur Überschriften solcher Artikel, Meldungen eines Fernsehsenders oder Buchauszüge. Gruppen von S. erhalten den Auftrag, die in dem vorgelegten Text kurz wiedergegebenen Ereignisse in Rollenspielform szenisch darzustellen. Dazu können sie zunächst „Worte hinter den Worten" der Meldung erfinden und die Textaussage so durch konkretisierendes Lesen ergänzen. Dann werden die Rollen verteilt und evtl. Rollenkarten geschrieben (→ Rollenspiel). In mehreren Versuchen wird schließlich eine theatralische Umsetzung der Meldung erarbeitet. Die Szenen werden anschließend im Klassen-/Kursplenum vorgeführt und ausführlich reflektiert.

Didaktische Hinweise

Das Zeitungstheater ist eine Sonderform des Erlebnistheaters, in dem S. Ereignisse aktional und selbsttätig nacherleben. Es wurde von Augusto Boal in den 1960er-Jahren in seinem „Theater der Unterdrückten" in São Paulo entwickelt.
Das Verfahren kann z. B. in Fächern wie Geschichte, Erdkunde und Sozialwissenschaften eingesetzt werden, um (Alltags-)Vorgänge erlebnishaft zu vergegenwärtigen. In Deutsch und Fremdsprachen kann es dazu dienen, Sachtextaussagen lebendig werden zu lassen.

Alternativen

- Forumtheater (S. 144)

Literatur

Günther Gugel: 1000 neue Methoden. Weinheim 2007, S. 91 f.
Roger Schaller: Das große Rollenspiel-Buch, Weinheim, Basel 2001, S. 103
Augusto Boal: Theater der Unterdrückten. Frankfurt/M. 1979

3 ERKUNDETES dokumentieren

Ablage *(Filing)*

Sozialformen: Einzelarbeit
Dauer: 5 – 20 Min.
Medien: Ordner, PC
Klassen: ab Klasse 8
Fächer: alle

Didaktisches Potenzial
S. bringen Dokumente in eine systematische Ordnung.
S. ordnen Informationen, auf die sie Zugriff haben, systematisch und ermöglichen ihre erneute schnelle Nutzung in der Zukunft.

Vorbereitungen und Ablauf
Ablagen können organisiert werden in Form von
- Ordnern,
- Hängemappen,
- elektronischen Ordnern.

Umfangreichere Dokumente, die schnell griffbereit und überschaubar sein sollen, werden am besten in Ordnern oder Hängemappen abgelegt. Das gilt auch für Dokumente, die auf Papier vorhanden sind und zeitintensiv eingescannt werden müssten.
Dokumente, die sowieso elektronisch hergestellt oder bewegt worden sind, werden platz- und kostensparend im Computer abgelegt. Die Suche nach Dokumenten kann dann elektronisch unterstützt werden; außerdem sind diese Dokumente in der Regel schneller auffindbar. Allerdings muss das Sicherungsproblem bedacht werden.

Didaktische Hinweise
Die Ablage sollte so organisiert sein, dass das Einordnen neuer Informationen, aber auch das Auffinden abgelegter Informationen zeitökonomisch möglich ist. Das System sollte je nach eigenem Nutzungsbedarf so ausgeklügelt sein, dass Fehlablagen (und damit die Wahrscheinlichkeit, dass man Dokumente nicht mehr wiederfindet) vermieden werden. Außerdem sollte nicht zu viel Platz benötigt werden.

Hinweise zur Weiterarbeit
- Systematischer Katalog

Literatur
Sabine U. Krämer, Klaus D. Walter: Arbeitstechniken von A – Z. Eibelstadt 2004, S. 13 ff

3 ERKUNDETES dokumentieren

Internet-Wissensdepot

Projekt xy

Themen ▶ _____
▶ _____
▶ _____
▶ _____

Sozialformen: Einzel-, Partnerarbeit
Dauer: über mehrere Tage o. Wochen
Medien: PCs mit Internetzugang
Klassen: ab Klasse 8
Fächer: alle

Didaktisches Potenzial
S. nutzen einen Bereich im Internet, um neue Informationen laufend abzulegen und abzurufen.
In einem Internet-Depot können S. Wissensressourcen laufend ablegen und gemeinsam nutzen, die sie sich z. B. mit einer → Internetrecherche oder einem → WebQuest erschließen, und versorgen sich so wechselseitig mit Informationen zu einem Thema.

Vorbereitungen
Die Lehrperson richtet im Internet einen virtuellen Klassenraum für die Ablage und den Austausch von Informationen ein. Eine gute Möglichkeit dazu bietet z. B. das „Lehrer-Online-Netzwerk" unter www.lo-net2.de . Diese interaktive Arbeitsplattform stellt die hierfür nötige Software zur Verfügung und wurde Ende 2010 bereits von über 6000 Schulen genutzt. Bei lo-net2 registriert ein verantwortlicher L. als Administrator die gesamte Schule, sodass dann alle Lehrer und S. interaktiv miteinander arbeiten können.
Ganz unkompliziert können sich dagegen bei lo-kompakt (www.lo-kompakt.de) einzelne Lehrkräfte registrieren lassen und nur für ihre Klasse lo-kompakt-Accounts anlegen.

Ablauf
In einem definierten Bereich des Internets (z. B. unter www.lo-kompakt.de) können die S.
- ihre Erkenntnisse zu einem Thema festhalten,
- Links setzen zu Internetquellen, die sie für besonders informativ halten,
- ihre Linklisten evtl. kommentieren oder
- Texte abspeichern, die für sie in besonderer Weise themenrelevant sind.

Die Dateien werden von den S. laufend wechselseitig geprüft und evtl. auf den eigenen PC heruntergeladen. Nach einer vereinbarten Zeit kann auf der Basis des Depots eine ausführliche Diskussion im realen Klassenplenum stattfinden.

Didaktischer Kommentar

Ein Vorteil des Internet-Wissensdepots ist es, dass Informationen und Texte jederzeit von verschiedenen Orten aus zugänglich sind und bearbeitet werden können.

Die Lehrperson wird durch das Verfahren bei der Informationssuche entlastet. Wichtig ist, dass das thematische Feld klar eingegrenzt ist. Eventuell kann die Lehrperson als Online-Coach eingreifen und durch entsprechende Hinweise ein Ausufern des thematischen Feldes verhindern.

S., die Informationen in das gemeinsame Depot stellen, sollten diese mit ihrem Namen kennzeichnen, damit die Abläufe transparent bleiben.

Tipps zur Umsetzung

Um alle Mitglieder der Lerngruppe an dem Depot zu beteiligen, sollte es technisch so einfach wie möglich angelegt werden (vgl. *lo-net2*). Damit das Informationsangebot im Depot nicht zu umfangreich wird, kann vereinbart werden, dass eine Höchstzahl von Texten bzw. Links nicht überschritten wird und alte Funde durch bessere neue ersetzt werden.

Das kosten- und werbungsfreie Angebot *lo-net2*, das seit 2010 von der Cornelsen Verlag GmbH betrieben wird, bietet eine Reihe von Vorteilen:

- Ein *Dateiaustausch* ist möglich.
- S. können sich über den für alle Lerngruppenmitglieder frei zugänglichen Bereich hinaus mit der Eingabe eines Passworts einen geschützten Bereich für persönliche Ablagen einrichten.
- Ein *Mailverteiler* erlaubt es der Lehrperson, E-Mails jeweils an alle Mitglieder der Lerngruppe zu verschicken.
- In einen *Terminkalender* können für die Lerngruppe wichtige Daten eingetragen werden.
- In virtuellen Klassenräumen können die S. Ergebnisse von Recherchen u. Ä. mithilfe eines integrierten *Homepage-Generators* im Netz veröffentlichen.
- Durch *Verlinkung mit der Homepage der Schule* können die Arbeitsergebnisse auch in die Öffentlichkeitsarbeit der Schule einbezogen werden.

Ein Problem von Internet-Wissensdepots ist es, dass es zu einer Flut von Textablagen kommen kann, deren Qualität die Lehrperson nicht mehr laufend überprüfen kann.

Alternativen
- Portfolio (S. 155)

Hinweise zur Weiterarbeit
- Publikationen auf einer eigenen Homepage und/oder der Homepage der Schule
- Kommentierte Linkliste

Literatur

Frank Busch, Thomas B. Mayer: Der Online-Coach. Wie Trainer virtuelles Lernen optimal fördern können. Weinheim, Basel 2002, S. 91 ff.

Sybille Breilmann u. a. (Hrsg.): Computer, Internet & Co. im Deutsch-Unterricht. Berlin 2003, S. 163 ff.

3 ERKUNDETES dokumentieren

 Mitschrift *(Written note)*

Beispiele

+ = # † ↓
➔ ⇄ & ≤ ≥

Sozialformen:	Einzelarbeit
Dauer:	je nach Vortragslänge
Medien:	Blätter mit Satzspiegel
Klassen:	ab Klasse 5
Fächer:	alle

Didaktisches Potenzial
S. dokumentieren Aussagen anderer in geordneter Weise.
Die Mitschrift kann bei Erkundungsverfahren eingesetzt werden (z. B. ➔ Befragung, ➔ Sachverständigenbefragung, ➔ Interview), aber auch bei ➔ Diskussionen oder in Unterrichtsstunden, die wichtige Informationen z. B. für Prüfungen vermitteln. Die S. schreiben dabei in strukturierter und planvoller Weise mit, um auf die Äußerungen anderer später gezielt zurückgreifen zu können oder um das Notierte für eine vertiefende Verarbeitung zu nutzen. Sie reduzieren und gestalten Informationen so, dass sie für sie bedeutungsvoll und nutzbar werden.

Vorbereitungen
Die S. haben vorbereitete Mitschriftbögen (s. u.) zur Hand, die am besten gelocht in Ringheftern aufgehoben werden. So können leicht Ergänzungen vorgenommen und Blätter umgeheftet werden. Auf den Blättern sollte genügend Rand für nachträgliche Ergänzungen bleiben.

Ablauf
Die S. erhalten den Auftrag, bei einem ➔ Lehrgespräch oder einem ➔ Referat eines Mits. *gedanklich verarbeitend* mitzuschreiben.
Sie sollen dabei
- den Gedankengang des Vortrags permanent zu überblicken versuchen, damit sie zwischen wichtigen und nebensächlichen Aussagen unterscheiden können;
- nur die zentralen Informationen notieren, also keineswegs alles mitschreiben, weil sie sonst den Anschluss an den Redefluss und Gedankengang des Vortragenden verlieren können;
- Daten, Zahlen und wichtige Namen auf jeden Fall notieren;
- abkürzende Symbole (s. Beispiele) verwenden, um Zeit zu gewinnen;
- die Notizen auf vorbereiteten, für die Nacharbeit sinnvoll gegliederten Blättern festhalten (s. u.) und diese am besten nur einseitig beschreiben;
- zeitnah nach der Mitschrift am Rand weitere gedanklich weiterführende Notizen machen (s. u.), die das Gehörte einerseits begrifflich bündeln und es einem Thema zuordnen, andererseits sollten sie beim Nach-Denken sich ergebende offene Fragen festhalten (Muster s. u.).

Didaktischer Kommentar
In einer Mitschrift leisten S. eine vertiefende Verarbeitung: „Das Mitschreiben gibt dem Lernenden eine Orientierungsaufgabe, die ihn zu einer tieferen Verarbeitung des Stoffs anhält, während das Zuhören leicht zu einer oberflächlichen Verarbeitung der Information werden kann" (Metzig/Schuster, S. 139).

Tipps zur Umsetzung
Für eine Mitschrift kann das folgende Muster verwendet werden:

Thema	Besonderer Aspekt
4–5 zentrale Begriffe	
↓	Unterrichtsmitschrift …
	Offene Fragen, die sich nach dem Durchlesen ergeben → Lexikon → Lehrer etc.

Unterrichtszusammenhänge
Es ist nachgewiesen, dass Lernende, die zu dargebotenem Stoff Notizen anfertigen, mehr wichtige Informationen behalten als solche, die nur zuhören (Metzig/Schuster, S. 37 f.). In allen Fächern können S. daher insbesondere in den für eine Klausur/Klassenarbeit besonders relevanten Stunden zu gezielten Mitschriften angehalten werden.

Alternativen
- Ergebnisprotokoll (S. 227)

Hinweise zur Weiterarbeit
- Gezielte Vorbereitung auf eine Klausur bzw. Klassenarbeit
- Portfolio (S. 155)

Literatur
Regula Schräder-Naef: Rationeller Lernen lernen. Ratschläge und Übungen für alle Wissbegierigen. 19. Aufl., Weinheim, Basel 2000, S. 154 ff.
Werner Metzig, Martin Schuster: Lernen zu lernen. Lernstrategien wirkungsvoll einsetzen. 8. Aufl., Berlin u. a. 2010, S. 37 ff.

3 ERKUNDETES dokumentieren

  Portfolio

Sozialformen: Einzelarbeit
Dauer: regelmäßig über längeren Zeitraum
Material: Ordner/Mappe
Klassen: ab Klasse 5
Fächer: alle

Didaktisches Potenzial
S. stellen recherchierte Materialien und eigene Arbeiten zusammen und kommentieren sie. Das Portfolio ist eine besondere Form der Sammelmappe. Die S. präsentieren in einem Portfolio Arbeitsergebnisse so, dass sie auf den eigenen Lernfortschritt aufmerksam machen. Dabei entwickeln sie ein individuelles Qualitätsbewusstsein für ihre Arbeit und Verantwortung für den eigenen Lernprozess.

Vorbereitungen
Die S. legen eine Mappe oder einen Ordner an, um darin unterrichtsbezogene Materialien zu sammeln, die sie selbst erstellt bzw. beschafft haben.

Ablauf
Portfolios werden von den S. entweder zu einem vereinbarten Thema oder – sortiert nach den unterrichtlichen Themenbereichen – für eine bestimmte Lernphase (z. B. Halbjahr) angelegt. Die S. sammeln in ihren Portfolios repräsentative Dokumente ihres Lerngangs wie
- von ihnen geschriebene Texte, gestaltete Grafiken (darunter aufgearbeitete Mitschriften aus dem Unterricht, Hausaufgaben, aber auch Texte, die auf Eigeninitiative beruhen);
- von ihnen recherchierte und gesammelte Dokumente (z. B. Texte, Bildmaterialien, ausgedruckte Internetseiten),
- Reflexionen zu ihrem Lernstand, so wie sie z. B. auch in einem → Lernjournal, einem → Zeitplan oder einem → Stärken-Schwächen-Profil formuliert würden.

Für die Gestaltung ihrer Portfolios sind die S. selbst verantwortlich. Sie sollen sich dabei persönliche Ziele setzen.
Auf der Basis von Portfolios kann die Lehrperson bei Bedarf den Lernfortschritt einzelner S. mit diesen zusammen reflektieren und ihnen individuelle Rückmeldungen geben. Alle Portfolios sollten von ihr am Ende ausführlich zur Kenntnis genommen und gewürdigt werden.

Didaktischer Kommentar
Das Portfolio (ital.: Brieftasche) war als schulische Unterrichtsmethode zunächst nur im angelsächsischen Raum und in der Schweiz verbreitet; seit einigen Jahren breitet sich das Verfahren auch in Deutschland aus. Es eignet sich besonders als *individueller Begleiter offener Unterrichtsformen*. Portfolios erlauben Lehrkräften einen detaillierten Einblick in den Lernfortschritt der S. In diesem Sinne sind Portfolios seit längerem in den Bereichen Kunst

und Journalismus bekannt, wo Fachleute aufgrund eingereichter Mappen von Bewerberinnen und Bewerbern deren Leistungsvermögen beurteilen.

Beim Portfolio handelt es sich um eine subjektorientierte Methode. Sie stärkt die Eigeninitiative der S., da diese für wesentliche Anteile ihres Lernprozesses selbst die Verantwortung tragen. Die Prozesslogik des Portfolios bringt S. dazu, ihren eigenen Lernprozess immer wieder selbst anzusehen und systematisch zu reflektieren. Die S. lernen, in der Auseinandersetzung mit ihren eigenen Materialien Selbstbeurteilungen vorzunehmen und diese im Gespräch mit einer Lehrperson (Fremdbeurteilung) zu überprüfen.

Tipps zur Umsetzung

In Anlehnung an die angelsächsische Tradition kann ein Portfolio
- ausgewählte Dokumente des Lernprozesses *(Best-Work-Portfolio)* enthalten, wobei nur die nach eigener Meinung besten Materialien aufgenommen werden (Mindestanzahl notwendig);
- den gesamten Lernprozess mit Dokumenten unterschiedlicher Güte dokumentieren *(Growth-and-Learning-Progress-Portfolio)*.

Beim Best-Work-Portfolio neigen S. z. T. dazu, produktive Irrwege auszuschließen bzw. auf oberflächliche Präsentationsqualität aus zu sein. In einem Vorgespräch sollte erläutert werden, dass solche Tendenzen nicht wünschenswert sind. Das Best-Work-Portfolio hat den Vorteil, dass sich für die Lehrkraft der Umfang der zu prüfenden Materialien reduziert.

Unterrichtszusammenhänge

Portfolios können am besten in Unterrichtsvorhaben eingesetzt werden, die nur wenig oder gar nicht lehrgangsmäßig angelegt sind und in denen die S. viel Selbstständigkeit und Kreativität entfalten können.

Alternativen
- Traditionelle Heftführung mit regelmäßiger Hausaufgabenkontrolle

Hinweise zur Weiterarbeit
- Lerndiagnostisches Gespräch zwischen L. und S.
- Ein weit entwickeltes Beispiel für Portfolio-Arbeit und Muster für weitere Ausgestaltungen ist das sog. „Europäische Sprachen-Portfolio", vgl. Landesinstitut für Schule und Weiterbildung NRW (Hrsg.): Europäisches Portfolio der Sprachen. Bönen 2001

Literatur

Shirley-Dale Easley, Kay Mitchell: Arbeiten mit Portfolios. Schüler fordern, fördern und fair beurteilen. Mülheim/Ruhr 2004

Ilse Brunner/Thomas Häcker/Felix Winter (Hrsg.): Das Handbuch Portfolioarbeit. Konzepte, Anregungen, Erfahrungen aus Schule und Lehrerbildung. 2. Aufl., Seelze 2008

4 Informationen strukturieren, verarbeiten, bewerten

Informationen hierarchisch strukturieren

- Baumdiagramm 158
- Begriffshierarchie 159
- Flussdiagramm **E** 160
- Kartenabfrage/ Metaplan 161
- Mindmap **E** 163
- Numerische/gemischte Gliederung 165

Informationen nicht-hierarchisch strukturieren

- Cluster 167
- Matrix 169
- Zeitleiste 171

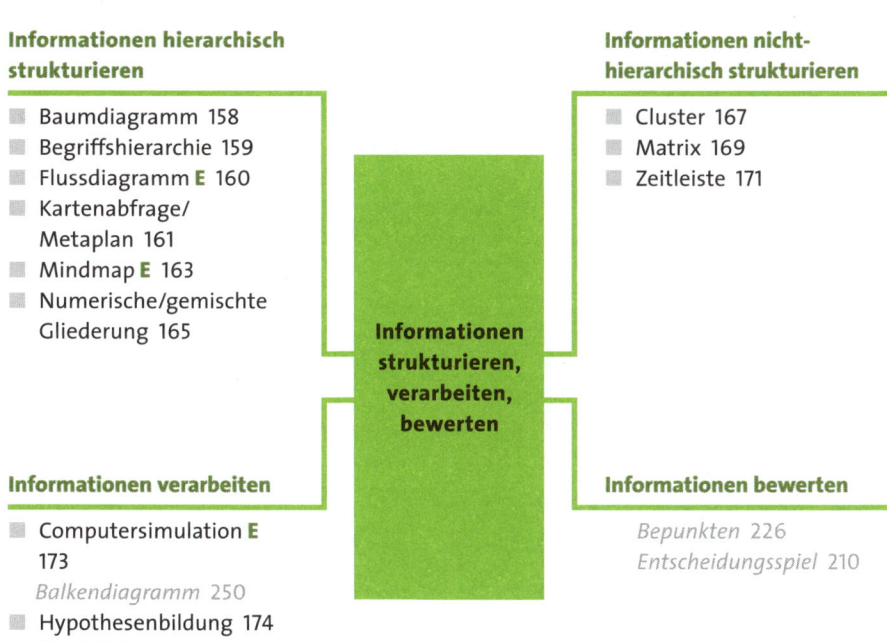

Informationen verarbeiten

- Computersimulation **E** 173
- *Balkendiagramm 250*
- Hypothesenbildung 174
- Modell 175
- *Planspiel 55*
- Soziogramm 177

Informationen bewerten

- *Bepunkten 226*
- *Entscheidungsspiel 210*

4 INFORMATIONEN hierarchisch strukturieren

Baumdiagramm (Tree diagram)

Sozialformen: Einzel-, Partnerarbeit
Dauer: 15 – 45 Min.
Medien: –
Klassen: ab Klasse 8
Fächer: alle

Didaktisches Potenzial
S. setzen die logische Struktur von Informationen grafisch um.
Diagramme dienen der Datenaufbereitung und können Sinnzusammenhänge grafisch darstellen, wobei das Baumdiagramm die Ausdifferenzierung und logische Untergliederung eines Sachverhalts visualisieren kann.

Vorbereitungen und Ablauf
Die S. erhalten den Auftrag, zu einem Sachgebiet (z. B. Lyrik) zunächst alle relevanten beschreibenden bzw. analytischen Begriffe zusammenzustellen, die sie kennen.
In einem zweiten Schritt
- bringen sie diese Begriffe auf verschiedene Ebenen der Abstraktion und
- suchen für jeden Begriff auf der nächsthöheren Ebene einen Oberbegriff.
  So müsste z. B. entschieden werden, dass Jambus und Daktylus dem Oberbegriff „Metrum" zuzuordnen sind. (Einige dieser Oberbegriffe müssen evtl. von der Lehrperson ergänzt werden, falls sie von den S. nicht selbstständig zusammengetragen worden sind.)
In einem dritten Schritt ordnen die S. das gesamte Begriffsmaterial so, dass sich unter einem zentralen Oberbegriff (in unserem Beispiel: Lyrik) eine Hierarchie aller Begriffe mit mehreren Ebenen ergibt.

Didaktischer Kommentar
Das Baumdiagramm ist ein Visualisierungsmuster, das gedankliche Abhängigkeiten von Begriffen oder Sachverhalten auf unterschiedlichen logischen Ebenen vor Augen führt. Es eignet sich dagegen nicht zur Visualisierung von Prozessabläufen (➔ Flussdiagramm).

Alternativen
- Mindmap (S. 163)
- Begriffshierarchie (S. 159)
- Numerische/gemischte Gliederung (S. 165)

Hinweise zur Weiterarbeit
- Begriffsdefinition
- Grundlage begrifflich orientierter Stoffwiederholungen

4 INFORMATIONEN hierarchisch strukturieren

 Begriffshierarchie/Concept Map

Beispiel

Nahrungsmittel
Obst   Gemüse
Apfel   Birne   Möhre   Bohne
Boskop Elstar

Sozialformen: Einzel-, Partner-, Gruppenarbeit
Dauer: 15 – 30 Min.
Medien: –
Klassen: ab Klasse 6
Fächer: alle

Didaktisches Potenzial
S. gliedern Aspekte der realen Lebenswelt sachlogisch.
Die S. ordnen Begriffe für Sachverhalte auf verschiedenen Ebenen vom Spezifischen zum Allgemeinen. Begriffshierarchien können entweder horizontal verlaufend als → Mindmap (Zweigdiagramm) oder aber vertikal verlaufend als → Baumdiagramm angelegt werden.

Vorbereitungen und Ablauf
Die S. erhalten zehn bis dreißig Begriffe unterschiedlichen Abstraktionsgrades, die sich einem einzigen Basisbegriff zuordnen lassen. Sie sollen diese durch Probieren von Über- und Unterordnung hierarchisch ordnen und als Mindmap oder Baumdiagramm darstellen.
Variante I: Die *Concept Map* strukturiert Begriffe, die z. B. einem Sachtext entnommen sein können, in einem Tafelbild oder auf einem Plakat nicht hierarchisch, sondern nach bestimmten logischen Zusammenhängen (Eigenschaften, Ursache – Wirkung, Zweck, Mittel, Bedingung, Folge usw.) und nähert sich damit einem → Logischen Netz (S. 267 f.) an. Die logischen Bezüge können durch verschiedene Symbole (→, ✓, z. B., –) ausgedrückt werden.
Variante II: Mithilfe einer Schnittmengen-Grafik (→ CD) können die begrifflichen Klärungen weiter vorangetrieben werden.

Didaktische Hinweise
Kognitive Aktivitäten wie Schlussfolgern, Problemlösen oder Erinnern setzen ein im Gedächtnis verankertes Begriffssystem voraus. Das Strukturieren, insbesondere das Hierarchisieren solcher Begriffe ist eine Grundvoraussetzung jeder Lernleistung. Daher ist es sehr wichtig, mit S. Begriffsbildungen und begriffliche Kontexte zu trainieren. Die Hierarchisierung von Begriffen ist ein Verfahren, das sowohl das Begreifen von Erfahrungen als auch deren sprachliche Darstellung schult. Außerdem spielen Begriffshierarchien eine zentrale Rolle bei Gedächtnisleistungen. Wenn man sich an etwas erinnern möchte, reicht es, ein Teilsystem der „inneren" Begriffshierarchie abzurufen, damit man sich dann an Einzelheiten wieder erinnert.

Alternativen
- Numerische/gemischte Gliederung (S. 165)

Hinweise zur Weiterarbeit
- Begriffsdefinitionen

Literatur
Ludger Brüning/Tobias Saum: Sachtexte verstehen durch grafisches Strukturieren. In: Deutschunterricht, 4/2007, S. 30 ff.
Norbert M. Seel: Psychologie des Lernens. München 2000, S. 156 ff.

4 INFORMATIONEN hierarchisch strukturieren

Flussdiagramm *(Flow chart)*

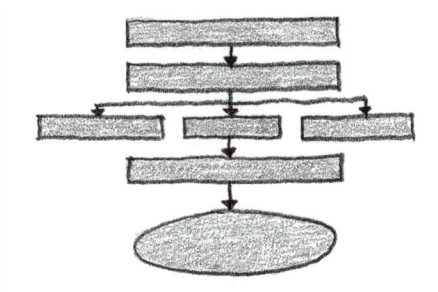

Sozialformen:	Einzel-, Partnerarbeit, Plenum
Dauer:	5 – 15 Min.
Medien:	Arbeitsblatt, evtl. PC, Tafel, Wandzeitung
Klassen:	ab Klasse 7
Fächer:	alle

Didaktisches Potenzial
S. setzen eine Abfolge von Informationen grafisch um.
Diagramme können Sinnzusammenhänge grafisch ausdrücken. Ein Flussdiagramm eignet sich besonders dazu, die Logik dynamischer Prozesse (z. B. Verläufe von Handlungen und Gedanken oder Entscheidungsprozesse) grafisch sichtbar und damit nachvollziehbar zu machen. Dabei werden die Voraussetzungen bzw. Ursachen von Entwicklungen und die Stationen dieser Entwicklung deutlich gemacht.

Vorbereitungen und Ablauf
Vorbereitet wird ein Arbeitsblatt mit dem Gerüst eines Flussdiagramms (s. o.). Arbeiten die S. am PC, erhalten sie den Hinweis, dass die gängigen Programme Vorlagen zum Erstellen eines Flussdiagramms bieten (z. B. MS-Word unter „AutoFormen").
Die S. erhalten den Auftrag,
- die in einem Text dargestellten Ereignisse und Zusammenhänge bzw.
- erkundete Ereignisse und Zusammenhänge

mithilfe des Flussdiagramms als eine
- zeitliche oder
- logische

Folge stichpunktartig darzustellen. Dazu sollen sie die ihnen zur Verfügung stehenden Informationen auf die zentralen Aspekte reduzieren, um so Zusammenhänge herauszuarbeiten.

Didaktische Hinweise
Flussdiagramme werden auch „Organigramme" genannt. Den S. sollte erklärt werden, dass sie – wie alle Visualisierungstechniken – Inhalte nur verkürzt wiedergeben.
Ein Flussdiagramm kann auch im Plenum gemeinsam an der Tafel oder auf einer Wandzeitung erstellt werden.

Alternativen
- Inhaltsangabe
- Mindmap (S. 163)

Hinweise zur Weiterarbeit
- Folie für Referat / Vortrag
- Grundlage für Stoffwiederholung

4 INFORMATIONEN hierarchisch strukturieren

Kartenabfrage/Metaplan

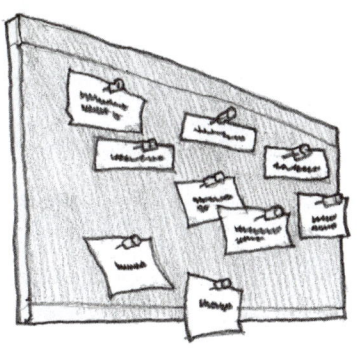

Sozialformen: Einzelarbeit, Plenum
Dauer: mehrere Std.
**Medien/
Material:** Karteikarten, Kreppband, Stifte, Tafel o. Pinnwand
Klassen: ab Klasse 8 (nicht zu große Lerngruppen)
Fächer: alle

Didaktisches Potenzial
S. sammeln thematische Aspekte und systematisieren sie für die Weiterarbeit.
Das Verfahren hat eine breit aktivierende Wirkung und erlaubt den S., ihr Vorwissen bzw. ihre Interessen vielschichtig einzubringen und zu visualisieren. Angesichts einer Fülle von Ideen sorgt die Kartenabfrage anschließend für eine zügige und strukturierende Weiterarbeit, wobei laufend auftretende neue Gesichtspunkte flexibel integriert werden können.

Vorbereitungen
Benötigt werden ein Stapel Karteikarten (ersatzweise DIN-A6-Zettel), eine Rolle Kreppband, Flächen zum Anheften der Karten bzw. Zetteln (z. B. Tafel, Pinnwand) und Stifte.

Ablauf
Folgender Ablauf ist für die Schule sinnvoll:
1. Alle S. notieren knapp, aber möglichst konkret *Ideen/Aussagen* zu einem vereinbarten Thema auf den Karteikarten oder Zetteln.
2. Jeder geht nach vorne und heftet seine Karteikarten ohne Vorgaben mit Kreppband an die Tafel/Pinnwand.
3. Alle S. sichten das Material, stellen sich dann um die Tafel/Pinnwand und suchen nach *Oberbegriffen,* mit denen man einzelne Ideen/Aussagen zusammenfassen könnte.
4. Oberbegriffe, die auf Zustimmung stoßen, weil sich genügend Einzelaussagen darauf beziehen lassen, werden in einer anderen Farbe ebenfalls auf Karteikarten notiert und als „Überschriften" an die Tafel/Pinnwand geheftet. So wird eine Gliederung des Gesamtmaterials eingeleitet.
5. Ausgangskarten, die man zuordnen kann, werden durch Zuruf von einzelnen S. *unter die Oberbegriffe geheftet*. Karten mit identischen oder sehr ähnlichen Notizen werden *aufeinandergeheftet*.
6. Alle prüfen noch einmal kritisch die Zuordnungen und schlagen ggf. das „Umhängen" einzelner Karten vor.
7. Jeder S. kann nun noch einmal – angeregt durch das gesichtete Material – Karten ergänzen.

Didaktischer Kommentar
Das in Management-Seminaren verbreitete Verfahren stellt in der ursprünglichen Ausformung sehr hohe Anforderungen an Material und Personen. In der Schule kann es daher nur in vereinfachter Form angewendet werden.

Die S. lernen mit diesem Verfahren u. a., dass Meinungen bzw. Interessen *aller* in einem intensiven Beteiligungsverfahren erhoben werden können, bevor eine Entscheidung über Arbeitsschwerpunkte getroffen wird. Sie können außerdem die Kategorisierung und Vernetzung von Einzelinformationen trainieren.

Tipps zur Umsetzung
Methodische Variationen des Verfahrens:
- Zu Punkt 2: Die Ausgangskarten können zunächst auch auf Tischen ausgelegt werden, wo sie alle in einem Rundgang lesen. Erst dann werden sie an die Tafel geheftet.
- Zu Punkt 2 bis 5: Die Ausgangskarten werden nacheinander von einem S. verlesen. Die erste Karte wird angeheftet. Nach jedem Vorlesen einer neuen Karte wird gefragt: „Passt die Karte zu den bisherigen oder ist das ein neues Teilthema?" So wird nach und nach ein Gliederungsprinzip entwickelt.
- Zu Punkt 5: Jeder S. heftet seine eigenen Karten unter die Überschriften.

Nach der Sortierphase können die S. die gewonnene Übersicht nutzen, um die Planung des Unterrichts mitzusteuern. Daher eignet sich die Methode sehr gut als Einstieg in offene Unterrichtsformen wie das → Projekt. Wenn der Kartenaushang für längere Zeit im Klassen-/Kursraum präsent bleibt, können die S. jederzeit nachvollziehen, in welchem Stadium sich die Arbeit am Thema gerade befindet. Das Verfahren kommt so der Selbststeuerungskompetenz der S. zugute.

Unterrichtszusammenhänge
Kartenabfragen sind nur bei Unterrichtsvorhaben sinnvoll, bei denen entweder das Vorwissen oder die Meinungen der S. eine tragende Rolle spielen. Das Anforderungsprofil dieser Unterrichtsvorhaben muss zudem offene Arbeitsverfahren zulassen. Nicht geeignet ist das Verfahren für Phasen intensiver gedanklicher Erarbeitung.

Alternativen
- Mindmap (S. 163)
- Fragenbaum (S. 197)

Hinweise zur Weiterarbeit
- Entscheidung (z. B. mithilfe von → Bepunkten, S. 226), welche der einzelnen „Säulen" der Kartenabfrage zunächst intensiver bearbeitet werden sollen; die restlichen Karten kommen in den → Themenspeicher (S. 225)

Literatur
Gerd Brenner: Methodentraining: Projekt Medien und Meinungsbildung. Berlin 2002, S. 22

Bernd Weidenmann: 100 Tipps & Tricks für Pinnwand und Flipchart. Weinheim 2003, S. 33 ff.

Wolfgang Mattes: Methoden für den Unterricht. Paderborn 2002, S. 64 f.

Kersten Reich: Konstruktivistische Didaktik. Weinheim 2008 (CD)

4 INFORMATIONEN hierarchisch strukturieren

 **Mindmap**

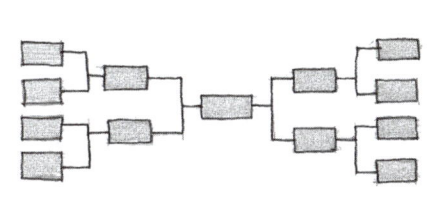

Sozialformen:	Einzel-, Partner-, Gruppenarbeit
Dauer:	5 – 20 Min.
Medien:	Tafel, Arbeitsblatt, Flipchart, evtl. PC
Klassen:	alle
Fächer:	alle

Didaktisches Potenzial
S. ordnen Gedanken zugleich systematisch und flexibel.
Eine Mindmap ist eine Denk-Landkarte, die eine hierarchische Gliederung vieler Teilinformationen zu einem Thema grafisch umsetzt. Die Mindmap erlaubt es, eine Fülle von Informationen nach und nach in eine jederzeit überschaubare und zugleich änderbare Gliederung zu bringen. Im Denkprozess und bei den Eintragungen kann dabei immer wieder von einer Stelle der „Landkarte" zu einer anderen gesprungen werden, dennoch bleibt die Systematik des Gesamtfeldes immer vor Augen.

Vorbereitungen
Für eine Mindmap benötigt man ein Blatt Papier (am besten im Querformat) oder eine leere Tafel bzw. einen Bogen auf einer Flipchart. Mindmaps können auch mithilfe spezieller Software am PC hergestellt werden (s. u.).

Ablauf
Das Mindmapping von Informationen läuft in festgelegten Schritten ab:
1. Ins Zentrum der Mindmap wird ein *Themenwort* gesetzt. Es bezeichnet, worum es in der Mindmap geht.
2. Für Hauptaspekte der Gliederung werden *Hauptäste* angelegt, die sich anschließend nach außen verzweigen können. Die Hauptäste gliedern das Thema in verschiedene wichtige Teilbereiche.
3. Jedem Hauptast werden nun mehrere *Nebenäste* und *Zweige* zugeordnet, auf denen Einzelaspekte des Hauptstrangs notiert werden. Diese Informationen der untersten Hierarchieebene können je nach Thema Stichworte, aber auch Jahreszahlen, kurze Zitate u. Ä. sein.

Das Verfahren setzt voraus, dass eine Reihe von Einzelinformationen zu Beginn der Gliederung bereits in allen hierarchischen Zuordnungen überblickt wird. Da dies in Unterrichtsprozessen oft nicht der Fall ist, müssen Teilinformationen im Verlauf der Arbeit ggf. anders platziert oder auch ganze Hauptstränge neu angelegt werden.

Didaktischer Kommentar
Eine Mindmap übersetzt den vernetzten Aufbau unseres persönlichen Wissens in eine äußere Darstellung (Visualisierung). Anders als in Texten, in denen Sachverhalte nur linear fortschreitend dargestellt werden können, ist mit der Mindmap eine Wissensrepräsentati-

on im Raum möglich, die dem betrachtenden Auge das Hinundherspringen und damit den Nachvollzug assoziativer Verknüpfungen erlaubt. In ihrer logischen Struktur entsprechen Mindmaps vielen Software-Tools (z. B. dem „Windows Explorer" von Microsoft).

Tipps zur Umsetzung
- Software zur Erstellung von Mindmaps steht z. T. kostenlos im Internet zur Verfügung. Man findet sie, wenn man das Stichwort „mindmap" in Suchmaschinen eingibt.
- Mindmap-Software bietet oft auch Symbole an, die in die Gestaltung eingebunden werden können.
- Die Zahl der Hauptäste sollte bei einer Mindmap zunächst nicht zu umfangreich sein, damit Übersichtlichkeit gewährleistet bleibt.
- Man sollte sich nicht unter den Zwang setzen, zunächst einen Hauptast mit allen Verästelungen auszugestalten, denn damit werden spontane Assoziationen an anderer Stelle beschränkt. Eine Mindmap ist zwar systematisch angelegt, wird aber eher nicht systematisch, sondern sprunghaft aufgebaut.

Unterrichtszusammenhänge
Mindmaps sind z. B. sinnvoll zur
- Ideenentwicklung,
- begrifflichen Erschließung eines Sachbereichs,
- Gliederung von Aussagen bei der Texterschließung,
- schnellen und geordneten Erfassung von Gehörtem oder Gesehenem (Mitprotokollieren),
- Zusammenfassung von Unterrichtsergebnissen,
- Wiederholung von Lernstoff vor einer Klassenarbeit/Klausur (z. B. systematische Zusammenstellung wichtiger Begriffe bzw. Fakten),
- Vorbereitung von Referaten, Vorträgen, Facharbeiten u. Ä.,
- Präsentation von Arbeitsergebnissen.

Mindmaps können aber auch als Stichwortzettel für Referate u. Ä. verwendet werden.

Alternativen
- Baumdiagramm (S. 158)
- Flussdiagramm (S. 160)
- Numerische/gemischte Gliederung (S. 165)

Hinweise zur Weiterarbeit
- Ausformulieren einer Erörterung
- Mündliche Präsentation eines Sachverhalts auf der Basis einer Mindmap (systematisches Abarbeiten der Hauptäste mit allen Untergliederungen)

Literatur
Günther Gugel: Methoden-Manual I: Neues Lernen. 4. Aufl., Weinheim 2004, S. 80 f.
Wolfgang Mattes: Methoden für den Unterricht. Paderborn 2002, S. 116 f.
Bernd Weidenmann: 100 Tipps & Tricks für Pinnwand und Flipchart. Weinheim, Basel 2000, S. 71 ff.
Kersten Reich: Konstruktivistische Didaktik. Weinheim 2008 (CD)

4 INFORMATIONEN hierarchisch strukturieren

Numerische/gemischte Gliederung

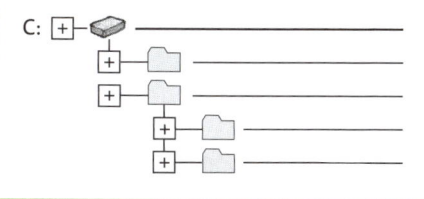

Sozialformen: Einzel-, Partnerarbeit
Dauer: 15 – 60 Min.
Medien: –
Klassen: ab Klasse 8
Fächer: alle

Didaktisches Potenzial
S. strukturieren erarbeitete Materialien zu einem Thema sinnvoll.
Mit einer numerischen bzw. gemischten Klassifikation bringen S. gesammeltes Material in eine logisch sinnvolle, hierarchische Ordnung und Abfolge. Sie drücken diese in Form einer Dezimalklassifikation oder einer gemischten Klassifikation aus, die mithilfe von kurzen Stichworten/Überschriften für alle folgenden Arbeitsgänge eine rasche Übersicht erlaubt. Diese Übersicht kann bis zur Endfassung des Textes in ihren Untergliederungen laufend ergänzt und evtl. auch modifiziert werden.

Vorbereitungen
S. haben recherchiertes und erarbeitetes Material in einer sinnvoll strukturierten ➔ Ablage zusammengestellt und dabei bereits erste ordnende Gesichtspunkte festgelegt.

Ablauf
Die logische Struktur der Ablage wird evtl. optimiert, bevor sie in ein numerisches bzw. gemischtes Gliederungssystem nach folgenden Mustern übertragen wird:

1 Einleitung
1.1 Themenstellung
1.2 Ziele der Arbeit
1.3 Methoden der Untersuchung
2 Analyse
2.1 ......
2.1.1 ......
2.1.2 ......
2.2 ......
2.2.1 ......
2.2.2 ......
2.3 ......
3 Resümee
4 Anhang
	A Einleitung
	1. Themenstellung
	2. Ziele der Arbeit
	3. Methoden der Untersuchung
	B Analyse
	1. ......
	  a) ......
	  b) ......
	2. ......
	  a) ......
	  b) ......
	3. ......
	C Resümee
	D Anhang

Didaktischer Kommentar
Numerische bzw. gemischte Gliederungen haben in größeren Arbeitsvorhaben eine doppelte Funktion:
- Sie begleiten und strukturieren den Arbeitsprozess.
- Sie dienen als Inhaltsverzeichnis für die Arbeit.

Die stoffliche Übersicht, die die S. sich mithilfe einer Gliederung verschaffen, setzt in der Regel weitere Denkprozesse frei und/oder führt zu weiteren Recherche-Ideen.

Tipps zur Umsetzung
- Die Kapitelüberschriften sollten im gleichen Stil verfasst sein (z. B. als Aussage, Frage etc.).
- Man kann das Material mithilfe der Dezimalklassifikation weiter untergliedern, indem man eine weitere Dezimalstelle wählt (z. B. 2.1.2.1). Allerdings sollten in diesem Fall mindestens zwei Unterpunkte vorhanden sein.
- Die Kapitel können unterschiedlich „tief" gegliedert sein, also verschieden viele Dezimalstellen aufweisen.
- Die Abstände zwischen den Ziffern- und den Wortelementen werden am besten mithilfe von Tabulatoren gesetzt.
- Wenn eine längere Arbeit am Computer erstellt wird, kann man die Gliederung kopieren und die zweite Version für Kapitelüberschriften im Fließtext verwenden. Anfallende Materialien und Ausführungen werden dann laufend an der entsprechenden Stelle eingefügt.
- Um stets die Übersicht zu behalten, kann man die aktuelle Gliederung ausdrucken und neben den Bildschirm legen.

Alternativen
- Mindmap (S. 163)
- Kartenabfrage/Metaplan (S. 161)
- Baumdiagramm (S. 158)

Hinweise zur Weiterarbeit
- Erörterungsaufsatz auf der Basis der Gliederung
- Referat (S. 233)
- Facharbeit
- Portfolio (S. 155)

Literatur
Wolfgang Winter: Wissenschaftliche Arbeiten schreiben. Frankfurt/M. und Wien 2004, S. 84 ff.
Gerd Brenner: Die Facharbeit. Von der Planung zur Präsentation. Berlin 2002, S. 67 ff.
Bettina Schardt, Friedel Schardt: Referate und Facharbeiten. Effektive Arbeitstechniken für die Oberstufe. Freising 1999, S. 38 ff.

4 INFORMATIONEN nichthierarchisch strukturieren

Cluster *(Cluster)*

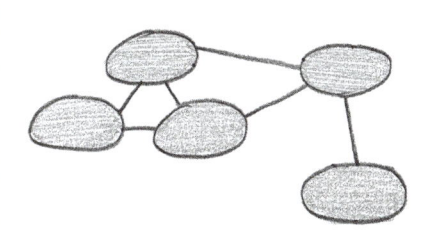

Sozialformen: Einzel-, Partner-, Gruppenarbeit
Dauer: 5 – 15 Min.
Medien: leeres Blatt, Tafel, Folie
Klassen: alle
Fächer: alle

Didaktisches Potenzial
S. bauen um ein Initialwort herum assoziativ ein Ideennetz auf.
Mit einem Cluster (engl.: Büschel, Gruppe, Anhäufung) knüpfen S. ein Ideen- bzw. Begriffsnetz. Als ein nichtlineares, schriftliches Verfahren des → Brainstormings übersetzt das Cluster das assoziative Denken in einen Schreibprozess. Da man beim Erstellen eines Clusters keine besondere gedankliche Ordnung beachten muss, entwickelt sich ein spielerisches Verhältnis zur eigenen Ideenwelt. Anders als bei der → Mindmap wird mit einem Cluster bei der Visualisierung von Gedanken auf ihre logische Hierarchisierung verzichtet; dafür setzt das Cluster mehr assoziative Dynamik frei.

Vorbereitungen
Jeder S. bzw. jede Gruppe bekommt ein leeres Blatt Papier. Im Raum sollte ein entspanntes Assoziieren und Schreiben möglich sein.

Ablauf
Der Kern eines Clusters, ein leerer Kreis bzw. eine leere Ellipse, wird mitten auf ein Blatt Papier (bzw. auf eine Tafel oder Folie) geschrieben. In diesen Kernbereich wird ein *Initialwort* geschrieben.
Dem eigenen Gedankenstrom folgend notieren die S. in möglichst rascher Folge Einfälle, die ebenfalls jeweils mit einem Kreis bzw. einer Ellipse umgeben und durch Linien mit Vorläuferideen verbunden werden. So baut sich eine ungeordnete, nichthierarchische Struktur auf. In dieser kann man hin und her springen, um weitere Einfälle zu notieren und das Gedankennetz zu erweitern und weiter zu verknüpfen. Wenn an einer Stelle eine Assoziationskette nicht fortgeführt werden kann, sollte dies an einer anderen Stelle versucht werden. Das Gedankennetz wird so lange „weitergesponnen", bis eine vereinbarte Zeitspanne abgelaufen oder das Blatt voll geschrieben ist.

Didaktischer Kommentar
Das Clustering-Verfahren wurde von Gabriele L. Rico in den USA zur Förderung des kreativen Schreibens entwickelt (vgl. Rico 2004).
Wichtig ist, die S. darauf hinzuweisen, dass beim Notieren von Ideen im Cluster jede Assoziation zugelassen ist und aufgeschrieben werden kann, auch wenn sie zunächst unpassend erscheinen mag. Eine „Schere im Kopf" sollte möglichst außer Kraft gesetzt werden.

Tipps zur Umsetzung
Die Arbeit an einem Cluster kann evtl. durch Hintergrundmusik unterstützt werden. Werden Cluster in Gruppen (am besten Vierergruppen) angefertigt, sollten diese jeweils ein DIN-A3-Blatt erhalten, das am besten auf einem nicht zu großen quadratischen Tisch ausgelegt wird, damit alle vier S. einen direkten Zugriff auf das Blatt haben. Die Gruppen erhalten die folgenden Hinweise:
- Jeder schreibt von dem Wort in der Mitte ausgehend Ideenketten zum Rand des Blattes hin; diese können sich auch verzweigen.
- Sind bereits mehrere „Strahlen" des Ideensterns geschrieben, können assoziative Brücken zwischen den „Strahlen" gebildet werden.
- Beim Entwickeln des Clusters wird das Blatt entweder in regelmäßigen Zeitabständen (z. B. alle zwei Minuten) oder auf Wunsch eines Gruppenmitglieds um 90 Grad gedreht. Jeder kann nun die Assoziationen der anderen an einer beliebigen Stelle fortführen oder einen neuen Ideenstrahl anlegen.

Unterrichtszusammenhänge
Cluster können genutzt werden, um
- zu einem neuen Thema Gedanken, Ideen, Aspekte etc. zu sammeln (alle Fächer);
- zu Beginn einer Unterrichtsreihe das Vorwissen von S. stichpunktartig zu dokumentieren (alle Fächer);
- einen kreativen Schreibprozess vorzubereiten (vgl. Hinweise zur Weiterarbeit);
- Wortfelder zusammenzustellen (Wortschatzübung in Deutsch oder in den Fremdsprachen).

Alternativen
- Mindmap (S. 163)
- Brainstorming (S. 101)

Hinweise zur Weiterarbeit
- Vorlesen einiger Cluster und anschließend Gesprächsformen wie z. B. → Kugellager (S. 213), → Plenumsdiskussion (S. 215), → Redekette (S. 220)
- Nutzung des Cluster-Materials für Reihenplanungen
- Nutzung des Cluster-Wortmaterials für Lyrik-Produktionen im Deutsch- oder Fremdsprachenunterricht (zunächst interessante Verknüpfungen von Wortmaterial, dann evtl. Ergänzungen zu Komplettaussagen)

Literatur
Gabriele L. Rico: Garantiert schreiben lernen. Sprachliche Kreativität methodisch entwickeln – ein Intensivkurs. Sonderausgabe, Reinbek 2004, S. 27 ff.
Wilhelm H. Peterßen: Kleines Methoden-Lexikon. München 1999, S. 56 f.
Kersten Reich: Konstruktivistische Didaktik. Weinheim 2008 (CD)

4 INFORMATIONEN nichthierarchisch strukturieren

Matrix *(Grid)*

Sozialformen:	Einzel-, Partner-, Gruppenarbeit
Dauer:	15 – 45 Min.
Medien:	–
Klassen:	ab Klasse 8
Fächer:	alle

Didaktisches Potenzial
S. ordnen Informationen in ein doppeltes Bezugssystem ein.
Die S. (re)organisieren Informationen in Form eines Wissensnetzes und bringen einzelne Wissensbestandteile in eine logische Struktur, die Übersicht schafft und die Merkleistung verbessert. Die Matrix ist anspruchsvoller als die *Tabelle,* die nur auf einer Achse logische Zuordnungen organisiert, während die Matrix dies auf zwei Achsen gleichzeitig anlegt. Die S. erstellen also eine Tabelle mit horizontalen und vertikalen Vorgaben und trainieren damit ihre analytischen Fähigkeiten.

Vorbereitungen
Den S. wird eine Matrix zur Verfügung gestellt, also ein rechteckiges Schema, in das Informationen in waagerechte Zeilen und senkrechte Spalten eingeordnet werden können. Sollen die S. am Computer arbeiten, können sie entsprechende, in den Software-Programmen enthaltene Tabellen-Tools (z. B. MS Excel) nutzen.

Ablauf
Die S. entscheiden sich im Rahmen eines Sachgebietes für zwei Untersuchungsebenen. Die erste Ebene wird in der 1. Zeile einer Tabelle (horizontal), die zweite in der 1. Spalte der Tabelle (vertikal) aufgegliedert dargestellt, z. B.:

	Lyrik	**Epik**	**Dramatik**
Untergliederung	Strophe	Kapitel	Akt
Kleinste Einheit	Vers	Zeile	Szene
Vermittler	lyrisches Ich	Erzähler	Figur

In die Tabelle werden dann jeweils passende Informationen (im Beispiel: literaturanalytische Fachbegriffe) eingetragen.

Didaktischer Kommentar

Der Begriff der Matrix (lat., Plural: Matrices o. Matrizen) wird z. B. häufig in der Mathematik verwendet. Als Matrices werden dort Tabellen bezeichnet, mit denen gerechnet werden kann. Auch in wissenschaftlichen Disziplinen wie der Physik, der Geologie, der Statistik und der Ökonomie werden Matrices verwendet. In der Werkstoffkunde ist eine Matrix ein Verbundsystem.

Den S. ist die logische Struktur der Matrix von Kinderspielen wie „Stadt–Land–Fluss" her bekannt (s. Beispiel), in denen zunächst auf einer horizontalen Achse bestimmte Kategorien festgelegt werden. Auf der vertikalen Achse werden dann weitere Variablen ergänzt, die entsprechende Zuordnungen in Gang setzen. Auch die den S. bekannten Stundenpläne sind in Form einer Matrix bzw. eines Strukturgitters angelegt.

Matrices können generell zur systematischen Strukturierung von Informationen eingesetzt werden. Als Netzwerke von Informationen kommen sie zugleich der Funktionsweise des Gehirns nahe und unterstützen so den „Einbau" von Gelerntem ins Gedächtnis.

Tipps zur Umsetzung

Matrices können mit Tabellenkalkulationsprogrammen (z. B. MS Excel) bereits in jüngeren Jahrgängen auch am Computer entwickelt werden.

Unterrichtszusammenhänge

Sinnvoll einsetzbar sind Matrices am Ende von Unterrichtsreihen, wenn eine Reihe von Begriffen bzw. Sachverhalten erarbeitet und aufeinander bezogen werden kann. Als Methode der Reorganisation und Systematisierung von Wissen sind Matrices auch in Übungsphasen vor Klassenarbeiten bzw. Klausuren nutzbar.

Alternativen
- Cluster (S. 167)
- Mindmap (S. 163)

Hinweise zur Weiterarbeit
- Definitionsübungen zu einzelnen Begriffen (mit Abgrenzungen zu Nachbarbegriffen)
- Reorganisation der Begriffe in Form einer → Begriffshierarchie (S. 159) bzw. eines → Baumdiagramms (S. 158)

Literatur

Ulrike Six/Uli Gleich/Roland Gimmler (Hrsg.): Kommunikationspsychologie – Medienpsychologie, Weinheim und Basel 2007 (Stichwort „Informationsverarbeitung" im Index)

Vera F. Birkenbihl: Stroh im Kopf? Vom Gehirn-Besitzer zum Gehirn-Benutzer. 43. Aufl., Frankfurt/M. 2004, S. 122 ff. u. 130 ff.

Intel/Akademie Dillingen (Hrsg.): Lehren für die Zukunft, Dillingen 2000, Baustein IX (Excel).

4 INFORMATIONEN nichthierarchisch strukturieren

Zeitleiste *(Timeline)*

Aufgabe
„Stellen Sie in einer Zeitleiste dar, welche (kultur)geschichtlichen Daten und welche literarischen Epochen in die Lebensspanne J. W. von Goethes fallen."

Sozialformen: Einzel-, Partnerarbeit
Dauer: unterrichtsbegleitend über längere Zeiträume
Medien: Präsentationsleiste im Klassen-/Kursraum
Klassen: alle
Fächer: alle

Didaktisches Potenzial
S. stellen zeitliche Abläufe und Ereignisse linear im Raum dar.
Beim Erstellen einer Zeitleiste bauen S. fächerübergreifend historisches Chronologiewissen auf. Sie verschaffen sich einen Überblick über Zeitabläufe und Zeitverhältnisse und drücken diese durch Abfolgen bzw. Abstände im Raum aus. Zeitleisten sind in allen Fächern mit historischem Bezug (z. B. Geschichte, Deutsch, Fremdsprachen, Religion, Philosophie) insbesondere dann sinnvoll, wenn der Unterricht in weiten Teilen exemplarisch verfährt und nach den curricularen Vorgaben zur „Inselbildung" neigt. Eine Zeitleiste, die ständig im Klassen- bzw. Kursraum hängt, kann dann dazu beitragen, fächerübergreifend die historischen Bezüge mehrerer Disziplinen zu integrieren und sie den S. immer vor Augen zu halten.

Vorbereitungen
Zeitleisten können im Handel erworben werden; sinnvoller ist jedoch eine selbstständige Anfertigung durch die S. Um verschiedene Bereiche der Geschichte (politische Geschichte, Geschichte der deutschen, englischen, französischen Literatur, Philosophiegeschichte, Technikgeschichte etc.) darzustellen, können auch mehrere Zeitleisten angefertigt und untereinandergehängt werden.

Ablauf
Auf einer *Überblickzeitleiste* werden zu Beginn der Arbeit die wichtigsten politisch-historischen Daten eingetragen. In Unterrichtssequenzen verschiedener Fächer mit einem besonderen historischen Bezug werden dann *unterrichtsbegleitende Zeitleisten* angefertigt. Auf ihnen stellen beauftragte S. am Ende jeder Unterrichtseinheit die historischen Kerne der Unterrichtsergebnisse (historische Daten), evtl. aber auch zentrale Begriffe, Personen, wichtige Zitate etc. für die gesamte Lerngruppe dar. Die jeweils neuen Zeitleisten sollten sich an die Skalierungsvorgaben der Überblickzeitleiste halten.

Didaktischer Kommentar
Bei der Gestaltung von Zeitleisten können S. Unterrichtsergebnisse zusammenfassend rekapitulieren und sich dabei Überblickwissen aneignen. Insofern hat eine Zeitleiste auch Übungscharakter. Bei Klassenarbeiten und Klausuren können Zeitleisten historische Einordnungen und Reflexionen unterstützen.
Viele Zeitleisten sind in Klassen- und Kursräumen auch ein interessanter Wandschmuck.

Tipps zur Umsetzung
- Neben einer allgemeinen Zeitleiste mit wichtigen politischen Daten und fachbezogenen Leisten können auch *thematische Zeitleisten* angefertigt werden. Methodische Anregungen zur Gestaltung solcher Zeitleisten findet man z. B. in Fach-Atlanten (z. B. dem „dtv-Atlas zur deutschen Literatur").
- Es kann auch eine verkleinerte Version der Überblickzeitleiste angefertigt werden, die evtl. ausklappbar in ein Heft eingefügt wird. In gewissen Abständen (z. B. am Ende eines jeden Halbjahres) können die Ergänzungen von der Klassenwand übertragen werden.
- Als Übungsform können Eintragungen, die von L. oder S. vorläufig zu einer Zeitleiste zusammengestellt worden sind, ohne Jahreszahlen kopiert und wieder in Einzelelemente zerschnitten werden. Die Einzelelemente werden dann gemischt in Gruppen gegeben, die eine richtige Reihenfolge diskutieren und festlegen sollen. Zur Kontrolle wird das Original vorgestellt.
- Zeitleisten können auch dazu genutzt werden, um mit S. in die *Biografiearbeit* einzusteigen (vgl. Gugel, S. 55). Dazu wird die Lebensspanne der S. auf eine Zeitleiste gebracht; alle S. werden gebeten, gesellschaftliche und persönliche Ereignisse auf der Leiste einzutragen. Diese Zeitleiste kann auch in die Zukunft reichen. In diesem Fall tragen die S. ein, welche politischen und persönlichen Wünsche sich in diesem Zeitraum für jeden Einzelnen erfüllen sollen.
- Werden in einer waagerechten Zeitleiste irgendwann zu viele Zeilen untereinander angebracht, kann eine Umarbeitung der Informationen in eine Tabelle (senkrechte Zeitleiste) sinnvoll sein.

Alternativen
- Cluster (S. 167)

Hinweise zur Weiterarbeit
- Erstellen einer tabellarischen Übersicht über die (europäische) Kulturgeschichte

Literatur
Ulrich Meyer u. a. (Hrsg.): Handbuch Methoden im Geschichtsunterricht. Schwalbach/Ts. 2004, S. 444 u. 640 f.
Michael Sauer: Die Zeitleiste. In: Hans-Jürgen Pandel, Gerhard Schneider (Hrsg.): Handbuch Medien im Geschichtsunterricht. Schwalbach/Ts. 1999, S. 197 ff.
Günther Gugel: Methoden-Manual I: Neues Lernen. 4. Aufl., Weinheim 2004, S. 55

4 INFORMATIONEN verarbeiten

Computersimulation *(Computer simulation)*

Beispiele
für Simulations-Software:
- Biolab (Stuttgart 2004)
- Chemicus (Stuttgart 2000)

Sozialformen: Einzel-, Gruppenarbeit
Dauer: mehrere Std.
Medien: PC, Lernsoftware
Klassen: ab Klasse 7
Fächer: alle, insbes. NatWi

Didaktisches Potenzial
S. agieren wissensbasiert am PC und spielen Optionen durch.
In einem PC-Planspiel (vgl. → Planspiel) nehmen die S. Informationen auf und setzen sie bei der Lösung von Problemen handlungsorientiert um. Wissen, zu dessen Erwerb sie in der Lernsoftware veranlasst und angeregt werden, ist ein Schlüssel zum Spielerfolg. In der Simulation von Abläufen, die sich beeinflussen lassen, lernen die S. das Denken in Ursache-Wirkung-Zusammenhängen und in Alternativen.

Vorbereitungen und Ablauf
Die S. begeben sich in kleinen Gruppen in die Spielhandlung und nutzen dabei das in die Lernsoftware integrierte Wissen. Dabei kann der folgenden Prozesslogik gefolgt werden:
- Die S. legen im Gespräch fest, welchen Eingriff in das Spielsystem sie vornehmen wollen.
- Sie dokumentieren, welches relevante Wissen sie dem Programm entnommen haben, um ihre Entscheidung abzusichern.
- Sie setzen den vorbereiteten Eingriff um und verfolgen, welche Konsequenzen die Entscheidung hatte (Protokoll).
- Sie erweitern mithilfe des Programms evtl. ihre Wissensbasis, um die Folgen der eigenen Entscheidung zu verstehen und um weitere Entscheidungen sinnvoll treffen zu können (Dokumentation des neu erschlossenen Wissens).
- Sie legen im Gespräch einen neuen Eingriff in das System fest.
- …

Didaktische Hinweise
Die enorme Speicherkapazität von Mikroprozessoren erlaubt es seit einigen Jahren, hochkomplexe fachbezogene Bereiche der Wirklichkeit am Computer zu simulieren. Bei Eingriffen in diese Systeme können die S. erfahren, welches Wissen notwendig ist, um Entscheidungen sinnvoll treffen zu können.

Alternativen
- Planspiel (S. 55)
- Modell (S. 175)

Hinweise zur Weiterarbeit
- Dokumentation der Simulation in einem → Portfolio (S. 155)

4 INFORMATIONEN verarbeiten

Hypothesenbildung *(Test of hypothesis)*

Beispiel
„Kafka macht in diesem Textauszug die existenzielle Verunsicherung Josef K.s deutlich."

Sozialformen: Einzel-, Partnerarbeit
Dauer: 3 – 10 Min.
Medien: –
Klassen: ab Klasse 8
Fächer: alle

Didaktisches Potenzial
S. bündeln erste Analyseergebnisse.
In einer Hypothese fassen S. ihre bisherigen Beobachtungen und Erkenntnisse zu einem Sachverhalt (zu einem natur- oder sozialwissenschaftlichen ➔ Experiment, einem zu analysierenden literarischen Text etc.) zusammen und bereiten sich so gedanklich auf eine vertiefende Prüfung des Sachverhalts vor.

Vorbereitungen und Ablauf
Nach der ersten Sichtung des zu untersuchenden Materials bündeln die S. ihre vorläufigen Einsichten in einem gedanklichen Zusammenhang, der in Form eines möglichst prägnanten, behauptenden Satzes (einer Hypothese) formuliert wird. Die Untersuchung wird dann mit höherer Intensität unter Nutzung besonderer fachlicher Möglichkeiten fortgesetzt. (In geisteswissenschaftlichen Fächern ist dies z. B. die Prüfung und Deutung von Zitaten). Ist eine Hypothese im Fortgang der Überprüfung fragwürdig geworden, wird sie modifiziert bzw. präzisiert.

Didaktische Hinweise
In den Sozialwissenschaften können *qualitative* Forschungen, in denen zunächst eher unklare Zusammenhänge untersucht werden, Hypothesen *generieren,* während *quantitative* Forschungen, die zu zahlenmäßigen Ergebnissen führen, Hypothesen *testen*. Hypothesenbildung ist also in verstehenden (qualitativ forschenden) Arbeitszusammenhängen sinnvoll. Als Methode der Bündelung (vorläufiger) Erkenntnisse versetzt sie S. in die Lage, ihr Nachforschungsinteresse gezielt auszurichten und Plausibilitätsprüfungen methodisch angemessen vorzubereiten.
Werden mehrere Hypothesen formuliert, sollte darauf geachtet werden, dass sie sich inhaltlich nicht (stark) überschneiden.

Alternativen
- Modell (S. 175)

Hinweise zur Weiterarbeit
- Planspiel (S. 55)
- Computersimulation (S. 173)

Literatur
Heinz Blaumeiser: Einführung in die Qualitative Sozialforschung. In: Theo Hug (Hrsg.): Wie kommt Wissenschaft zu Wissen? Bd. 3: Einführung in die Methodologie der Sozial- und Kulturwissenschaften. Baltmannsweiler 2001, S. 31 ff.

4 INFORMATIONEN verarbeiten

 Modell *(Model)*

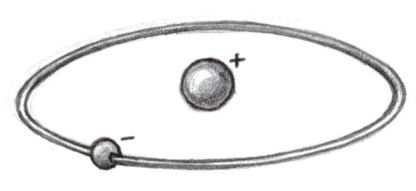

Sozialformen:	Einzel-, Partner-, Gruppenarbeit
Dauer:	20 – 45 Min.
Material:	je nach Modellart
Klassen:	ab Klasse 8
Fächer:	alle

Didaktisches Potenzial
S. machen sich Bereiche der Realität durch Schematisierung rational verfügbar.
S. gestalten die Strukturen und Prozesse eines begrenzten Realitätsbereichs in einer vereinfachenden, auf wesentliche Sachverhalte konzentrierten Simulation, die grafisch dargestellt oder aus Materialien gebastelt wird.

Vorbereitungen und Ablauf
Nach ersten intensiven Erfahrungen mit einem Wirklichkeitsbereich stellen die S. erste *Hypothesen* über die Strukturen und Prozesse in diesem Realitätsfeld auf. Sie rufen dabei ihre inneren Modelle zu dem betreffenden Wirklichkeitsbereich ab. Diese vorläufigen inneren Modelle der S. sollten von der Lehrperson interessiert zur Kenntnis genommen und keineswegs abgewertet werden, denn sie haben für S. eine subjektive Plausibilität.
Anschließend recherchieren die S. weitere *Informationen* zu dem Sachbereich.
Die S. revidieren dann ihre Hypothesen bzw. differenzieren ihre inneren Modelle und stellen auf der Basis ihrer erweiterten Erkenntnisse ihr Wirklichkeitsverständnis anschließend als *Diagramm-* oder *Nachbildungsmodell* dar (z. B. in einer Schnittmengen-Grafik → CD).
- *Diagramm-Modelle:* Werden grafische Darstellungen gewählt, so benötigen die S. einfache symbolische Zeichen (z. B. unterbrochene und nichtunterbrochene Linien, Pfeile), mit denen sie Zusammenhänge darstellen können. Eventuell müssen auch verschiedene grafische Darstellungen für logische UND-, ODER- bzw. NICHT-Zusammenhänge gefunden werden.
- *Nachbildungsmodelle* sind aufwändiger, können aber räumliche Dimensionen von Phänomenen besser abbilden.

Anhand ihrer Modelle können die S. dann
- geistige Simulationen (Gedankenexperimente) zu einzelnen Faktoren bzw. Zusammenhängen im Modell durchführen und
- Prognosen für neue, ihnen bisher unbekannte Phänomenbereiche erstellen.

Didaktischer Kommentar
Ähnlich wie Wissenschaftler können S. Modelle als skizzenhafte Vereinfachungen wesentlicher Gegebenheiten in einem Objektbereich verwenden. Diese sind nur eine Annäherung an einen Sachverhalt, die S. machen sich durch die Vereinfachung aber wichtige Strukturen, Beziehungen zwischen Elementen und Wirkkräften des Realitätsbereiches deutlich. Dabei „funktionieren" Modelle bereits dann, wenn noch nicht alle Fragen, die aufgeworfen werden können, gelöst sind und wenn sie – als Vereinfachung von Komplexität – auf der

Basis naiver Annahmen konstruiert wurden.
Modelle entsprechen der Repräsentation der Wirklichkeit in unserem Bewusstsein. Nur mit mentalen Modellen können wir Vorgänge der Außenwelt im Innern simulieren, einordnen und behalten. Jeder S. verfügt also immer bereits über subjektive mentale Modelle, die evtl. abgerufen und dargestellt werden können. Treten neue Informationen hinzu, die zu bisherigen mentalen Modellen nicht passen, kommt es zu einer Differenzierung oder Änderung des Modells (vgl. Seel, S. 187). Die S. trainieren damit das Denken in zunehmend komplexen Zusammenhängen. Ihr Lernen ist u. a. eine differenzierende Veränderung ihrer mentalen Modelle. Auf der Basis solcher Modelle können S. Transferprobleme lösen und ihnen bisher unbekannte konkrete Herausforderungen bewältigen

Tipps zur Umsetzung
Bei der Erstellung eines *grafischen Modells* (zweidimensionale Darstellung) sollten die S.
- zunächst alle *Einzelelemente* des Sachbereichs *auflisten,* die in dem Modell vorkommen sollen,
- dann die *Wirkungszusammenhänge benennen,* die an den Elementen dargestellt werden sollen,
- schließlich *symbolische Darstellungsformen* (s. o.) für die Wirkungszusammenhänge überlegen und notieren.

Einzelelemente und Symbole für Wirkungszusammenhänge können auf kleinen Zetteln notiert werden. Mit diesen Zetteln lassen sich dann in Partner- oder Gruppenarbeit durch Hinundherschieben mehrere verschiedene Modelle entwickeln. Die aufschlussreichsten Arrangements werden am Ende – z. B. auf einem Karton – fixiert und im Plenum vorgestellt.

Komplexere Sachverhalte können auch durch Bastelarbeiten in einem *räumlichen Modell* (dreidimensionale Darstellung) dargestellt werden. Der Aufwand ist allerdings erheblich größer.

Alternativen
- Hypothesenbildung (S. 174)
- Computersimulation (S. 173)

Hinweise zur Weiterarbeit
- Vergleich der eigenen Modelle mit denen in Lehr- bzw. Fachbüchern

Literatur
Walter Edelmann: Lernpsychologie. 6. Aufl., Weinheim 2000, S. 160 f.
Norbert M. Seel: Psychologie des Lernens. Lehrbuch für Pädagogen und Psychologen. München 2000, S. 186 ff., 198 ff., 253 ff.
Theo Hug (Hrsg.): Wie kommt die Wissenschaft zu Wissen? Bd. 2: Einführung in die Methodologie der Sozial- und Kulturwissenschaften. Baltmannsweiler 2001, S. 163 ff.
Werner Metzig, Martin Schuster: Lernen zu lernen. 6. Aufl., Berlin u. a. 2003, S. 141 u. 145

4 INFORMATIONEN verarbeiten

Soziogramm *(Sociogram)*

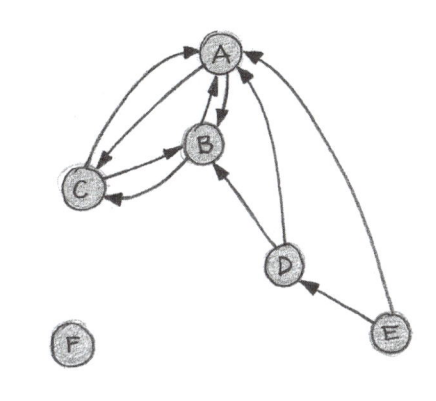

Sozialformen: Einzel-, Partner-, Gruppenarbeit, Plenum
Dauer: 10 – 15 Min.
Medien: –
Klassen: ab Klasse 8
Fächer: D, Sprachen, Ge, SoWi

Didaktisches Potenzial
S. stellen persönliche Beziehungen grafisch dar.
Die S. stellen im Soziogramm typische Positionen von Personen und typische Gruppenstrukturen grafisch dar oder sie stellen diese aktional mit ihren eigenen Körpern im Raum nach. Als Analysemethode macht das Soziogramm Beziehungen zwischen Personen deutlich und setzt sie z. B. in räumliche Abstände um. Dargestellt werden Interaktionspräferenzen und die Qualität der Interaktionen (Sympathie, Antipathie, Intensität der Beziehung etc.). Dabei kann es sich um reale (z. B. Führungsfiguren eines politischen Regimes), insbesondere aber auch um fiktive Gruppenkonstellationen (z. B. in Film, Roman, Drama) handeln.

Vorbereitungen
Die S. stellen zunächst eine Liste von realen Personen bzw. literarischen Figuren zusammen, die sie im Soziogramm darstellen wollen.

Ablauf
Das Erstellen eines Soziogramms umfasst eine Reihe von Arbeitsschritten:
- Zunächst legen die S. für jede der Personen/Figuren fest, wie stark ihre Abneigung gegen bzw. Zuneigung zu jeder der anderen Personen/Figuren ist und wer für wen eine Orientierungsfunktion hat.
- Anschließend werden diese Befunde grafisch dargestellt (s. o.), indem zunächst persönliche Nähe und Ferne durch verschiedene räumliche Abstände dargestellt werden.
- Außerdem wird die sozial-emotionale und sozial-intellektuelle Struktur der Personengruppe dadurch verdeutlicht, dass Pfeile auf Personen/Figuren gerichtet werden, an denen sich andere orientieren bzw. mit denen sie sich verbunden fühlen. (Dabei muss es sich keineswegs um eine wirklich bestehende Beziehung handeln, sondern es kann auch eine gewünschte geistige bzw. emotionale Beziehung sein. Personen/Figuren, auf die keine Pfeile gerichtet sind, können als Außenseiter gelten.) Die Pfeile stellen die Rangordnung in der Personengruppe dar.

Didaktischer Kommentar

Die von Jacob Moreno (1892 – 1974) entwickelte Soziometrie verfolgte ursprünglich das Ziel, die Umgestaltung von sozialen Gruppen wissenschaftlich zu begleiten und zu beraten. Zur Verbesserung der Arbeitsqualität in schulischen Lerngruppen sollten Soziogramme allerdings nicht eingesetzt werden, da sie die Gruppenstrukturen oft eher zementieren, statt sie zu öffnen; denn sie erzeugen Ängste und Abwehrtendenzen. Günstiger sind andere, dosierte, Offenheit eher begünstigende soziometrische Methoden (z. B. → Soziometrisches Feedback). Soziogramme sollten in Bildungseinrichtungen historischen Personenkonstellationen (z. B. der Personengruppe um Hitler) und fiktiven Personengruppen (in Film und Literatur) vorbehalten bleiben. Zur Darstellung solcher Konstellationen sind sie gut geeignet.

Tipps zur Umsetzung

Die einzelnen Komponenten eines Soziogramms können gezeichnet, ausgeschnitten und auf einem Tisch ausgelegt werden. Die Beziehungen zwischen den Personen/Figuren können durch Hinundherschieben probeweise angenommen und intensiv diskutiert werden, bevor dann eine plausible Version auf einem Blatt fixiert wird.

S. können Soziogramme mit ihren Körpern auch als Standbilder realisieren, bevor sie eine grafische Version anfertigen.

Unterrichtszusammenhänge

Soziogramme können in allen Unterrichtszusammenhängen eingesetzt werden, in denen über Einzelcharakterisierungen von Personen/fiktiven Figuren hinaus auch deren Chancen und Schwierigkeiten eingeschätzt werden sollen, mit anderen zu kooperieren. Ein Soziogramm ist dabei nicht nur eine Darstellungs-, sondern auch eine analytische Methode, die S. weiterführende Einsichten eröffnet.

Alternativen
- Modell (S. 175)
- Diagramme (S. 250, 252 ff., 257)
- Hypothesenbildung (S. 174)

Hinweise zur Weiterarbeit
- Schriftliche Interpretation der Personenkonstellation

Literatur

Hermann Denz, Horst O. Mayer: Methoden der quantitativen Sozialforschung. In: Theo Hug (Hrsg.): Wie kommt Wissenschaft zu Wissen? Bd. 2: Einführung in die Forschungsmethodik und Forschungspraxis. Baltmannsweiler 2001, S. 75 ff. (bes. S. 88 ff.).

Eberhard Stahl: Dynamik in Gruppen. Handbuch der Gruppenleitung. Weinheim u. a. 2002 (insbes. das Kap. „Rollen im Gruppenfeld", S. 295 ff.)

Jacob L. Moreno: Psychodrama und Soziometrie. Köln 1989

5 Filme verarbeiten

Filme aktiv sehen

- Bildausfall 180
- Film-Exposition 181
- Tonausfall 183
- Wirklichkeitsbezug 184

Filme werten

Stimmungsbarometer 295
- Trailer 192
Votum-Ei 297

Filme verarbeiten

Filme interpretieren

- Figuren-Kommentar 185
- Figuren-Konferenz 186
- Figuren-Konstellation 187
- Figuren-Soziogramm 188
- Stumm-schriftlicher Dialog 189
- Subtexte 190
- Vor-Film 191

Bildausfall *(Backs to the screen)*

Sozialformen:	Plenum
Dauer:	3 plus 15 Min.
Medien:	Film u. Abspielgerät, ggf. Arbeitsblätter
Klassen:	ab Klasse 5
Fächer:	D, Sprachen, SoWi, Rel/Ethik, Phil

Didaktisches Potenzial

S. ergänzen einen Dialog mit Bildideen.
Ähnlich wie beim Verfahren → Tonausfall wird der Multi-Kanal-Charakter des Films genutzt, um die Aufmerksamkeit der S. auf einen der Wahrnehmungskanäle zu konzentrieren und damit die Rezeption zu intensivieren. Gerade bei einem flüchtigen Medium wie dem Film sind die damit verbundenen Verlangsamungen und Wiederholungen von Wahrnehmung wichtig.

Vorbereitungen und Ablauf

Die Lehrperson wählt vor der ersten Vorführung eines Films eine wichtige Sequenz aus, in der auf der Tonspur relativ viel passiert.
Bei der abschnittsweisen Filmrezeption wird der Film dann an der vorgesehenen Stelle angehalten und die S. erhalten folgenden Arbeitsauftrag:
- Dreht eure Stühle um und hört zu, ohne den Film zu sehen. (Alternative: Deckt den Bildschirm für einige Minuten ab und verfolgt den Film ohne Bild.) Diskutiert, wie diese gehörte Szene mit Kameras aufgenommen werden sollte.
- *With your backs to the screen (or with the screen covered) listen to this extract from the film. Discuss how this scene might be filmed.*

Didaktische Hinweise

Bei der Lösung der Aufgabe können die S. u. a. Ideen zu Bildausschnitt, Perspektive, Kameraführung etc. entwickeln. Dazu können ihnen entsprechende Arbeitsblätter zur Filmtechnik ausgehändigt werden.

Alternativen
- Subtexte (S. 190)

Hinweise zur Weiterarbeit
- Ergebnisprotokoll (S. 227)
- Trailer (S. 192) auf der Basis der bearbeiteten Szene

5 FILME aktiv sehen

Film-Exposition

Definition
Exposition: (von lat. exponere = heraus-/darstellen) Einleitungsteil eines Kunstwerks, in dem Ausgangssituation, Grundstimmung und Hauptfiguren vorgestellt werden.

Sozialformen: Einzel-, Gruppenarbeit, Plenum
Dauer: 45 – 90 Min.
Medien: Fernsehgerät / Videorekorder
Klassen: ab Klasse 5
Fächer: D, Sprachen, SoWi

Didaktisches Potenzial
S. vollziehen expositorische Festlegungen nach.
In den expositorischen Szenen eines Films sind bereits viele Festlegungen getroffen worden, die den weiteren Fortgang der Handlung entscheidend steuern. Die S. werden angeleitet, diesen Festlegungen auf die Spur zu kommen. Dadurch baut sich für die weitere Erarbeitung des Films eine Erwartungshaltung auf, die den Rezeptionsprozess intensiviert.

Vorbereitungen
Die S. werden darauf vorbereitet, dass sie einen angekündigten Film zunächst nicht komplett sehen, sondern den für die Rezeption des Films grundlegenden Ausgangsentscheidungen des Skript-Autors und des Regisseurs nachspüren sollen.

Ablauf
Die S. diskutieren im Plenum kurz, wie Skript-Autor und Regisseur mit Eröffnungssequenzen Erwartungshaltungen der Zuschauer im Hinblick auf den Gesamtfilm wecken und steuern können. Anschließend werden den S. erste Sequenzen (ca. 5 – 8 Min.) des zu erarbeitenden Films präsentiert. Die Klärung der expositorischen Festlegungen erfolgt in mehreren Schritten:
Die S. erhalten Beobachtungsinstrumente wie W-Fragen (s. u.) zur Verfügung gestellt. Mit diesen verfolgen sie die Eröffnungssequenzen des Films möglichst aufmerksam. Die Sequenzen können auf Wunsch evtl. mehrfach vorgeführt werden.
Anschließend beantwortet jeder die W-Fragen in Einzelarbeit.
Dann setzen sich die S. in Kleingruppen zusammen und vergleichen ihre ersten Wahrnehmungen des Films. Übereinstimmungen werden abgehakt, Unklarheiten für das Plenum festgehalten. Diskutiert wird dann, wie der Film nach den ersten Festlegungen weitergehen könnte (s. u.).
Nicht zu klärende Fragen, die sich insbesondere auf die Warum-Frage beziehen dürften, werden ins Plenum getragen und dort diskutiert.

Didaktischer Kommentar
Viele S. nehmen die ersten Festlegungen in den Eröffnungssequenzen eines Films nur unbewusst wahr und versuchen, rasch zu den folgenden Handlungskernen vorzustoßen. Das vorgeschlagene Verfahren verlangsamt den Rezeptionsprozess gezielt, um die Aktivität und Wahrnehmungsintensität der S. zu steigern.

Tipps zur Umsetzung

Auch bei der Sichtung der ersten Sequenzen eines Films achten die S. meist auf Handlungsaspekte, z. B. darauf, welche Konflikte sich andeuten. In einem solchen Fall sollten die S. zusätzlich auf die besonderen Möglichkeiten hingewiesen werden, die der Regisseur bei der Steuerung von Zuschauerwahrnehmungen und -erwartungen hat. Es kann dabei z. B. um den Aufbau einer bestimmten Atmosphäre durch
- Auswahl der gezeigten Orte/Landschaften,
- Lichtverhältnisse,
- Musikuntermalung

gehen.
Sinnvoll ist es, Erarbeitungsverfahren anzuschließen, die den S. bereits ganz am Anfang der Filmrezeption weitere Empathiemöglichkeiten im Hinblick auf einzelne Filmfiguren eröffnen. Mögliche Fragestellungen sind:
- Welche Sympathien für einzelne Rollen und welche Antipathien kann der Zuschauer bereits in den ersten Szenen entwickeln?
- Welche weiteren Entwicklungen der Handlung sind eurer Meinung nach in den Anfangsszenen angelegt? Wodurch?

Dabei kann arbeitsteilig verfahren werden; einzelne S. können sich auf je eine Filmfigur konzentrieren und mit verschiedenen Verfahren kreativer Empathie diese Figur zu erschließen versuchen (vgl. Hinweise zur Weiterarbeit).

Arbeitsaufträge

Mögliche Arbeitsaufträge für Deutsch und Englisch:
Verschaffe dir einen ersten Überblick über das Geschehen. Beantworte die W-Fragen (wer, was, wo, wann, warum etc.). Erstelle eine Liste der handelnden Personen und mache dir klar, in welchem Verhältnis sie zueinander stehen.
Watch the segment for gist. Make notes on the essentials (who, what, where, when, why etc.). List the characters presented and describe their relationship.

Alternativen
- Bildausfall (S. 180)
- Tonausfall (S. 183)
- Tischset (S. 102)

Hinweise zur Weiterarbeit
- Figuren-Kommentar (S. 185)
- Figuren-Soziogramm (S. 188)
- Subtexte (S. 190)

Literatur
Heinrich Brinkmöller-Becker (Hrsg.):
Die Fundgrube für Medienerziehung.
Berlin 1997, S. 92
Engelbert Kötter/Philipp Schmolke:
Filmisches Erzählen: Muster und Motive.
Berlin 2010, S. 65 f.

5 FILME aktiv sehen

Tonausfall *(Watch without sound)*

Sozialformen: Gruppenarbeit
Dauer: ca. 30 Min.
Medien: Film u. Abspielgerät
Klassen: ab Klasse 5
Fächer: D, Sprachen, SoWi, Rel/Ethik, Phil

Didaktisches Potenzial
S. rekonstruieren einen Dialog.
Die Methode nutzt den Multi-Kanal-Charakter des Films, um die Wahrnehmung der S. für einige Minuten durch Ausschalten eines Kanals auf den jeweils anderen zu fokussieren (vgl. auch → Bildausfall). Die Rezeption eines Films wird sehr stark durch die bewegten Bilder, durch die Abfolge der Bildausschnitte, Perspektiven, Eigenheiten der Kameraführung etc. gesteuert. Das erlaubt es, den Ton abzustellen, um die jetzt stummen Dialoge – auf die Bilder gestützt – in eigene Worte zu fassen. Dieses Vorgehen weckt die Fantasie der S. und steigert zugleich die Aufmerksamkeit für die bewegten Bilder. Die S. denken sich dabei intensiv in die beteiligten Figuren hinein.

Vorbereitungen und Ablauf
Vor dem ersten Sehen eines Films wird eine kurze Dialog-Sequenz ausgewählt (max. drei Minuten Länge), in der aber auch auf der Bildebene einiges passiert. Am Beginn der Sequenz wird der Ton abgestellt. Diese Sequenz kann mehrfach hintereinander ohne Ton gezeigt werden. Die S. erhalten dann den u. g. Arbeitsauftrag. Anschließend bekommen sie die Sequenz noch einmal mit Ton vorgeführt und vergleichen die von ihnen entworfenen Dialoge mit dem Original.

Didaktische Hinweise
S. entwickeln gegen Verlangsamungen der Filmrezeption zunächst einige Widerstände, da dies ihren Sehgewohnheiten nicht entspricht. Sie entdecken dann aber schnell das Anregungspotenzial, das in solchen Verfahren steckt.
Möglicher Arbeitsauftrag:
- Schaut euch den Filmausschnitt ohne Ton an. Schreibt dann in Gruppen einen Dialog zu dieser Szene.
- *Watch the extract from the film without sound. In small groups, prepare your own script of what the characters may be saying.*

Alternative
- Subtexte (S. 190)

Hinweise zur Weiterarbeit
Zusätzliche Fragestellung:
- Wie steuern Musik und Geräusche im Hintergrund die Gefühle und Erwartungen der Zuschauer?

5 FILME aktiv sehen

Wirklichkeitsbezug

Beispiel
„Der Film hat viel mit unserem eigenen Leben zu tun, weil …
Der Film hat wenig mit unserem eigenen Leben zu tun, weil …"

Sozialformen: Gruppenarbeit
Dauer: 30 – 45 Min.
Medien: Film, Abspielgerät
Klasse: alle
Fächer: alle

Didaktisches Potenzial
S. beziehen Filmhandlung und Lebenswirklichkeit aufeinander.
Die S. beschreiben und beurteilen die Plausibilität einer Filmhandlung im Rückgriff auf die eigene Lebenswelt.

Vorbereitungen und Ablauf
Vor Beginn der Filmpräsentation erhalten die S. die folgenden Fragen:
- Welche der *Situationen* in dem Film kommen euch bekannt vor?
- Welche *Figuren* erinnern euch an Menschen aus eurem eigenen Bekanntenkreis?
- Welche *Verhaltensweisen* der Figuren habt ihr schon einmal im wirklichen Leben entdeckt?
- Welche *Handlungsmotive* der Figuren habt ihr in eurer eigenen Lebenswelt selbst schon einmal wahrgenommen?

Während der Filmpräsentation sollen die S. sich zu diesen Fragen kurze Notizen machen. Die S. sprechen anschließend in Kleingruppen über den Film. Sie diskutieren ihre Wahrnehmungen und einigen sich auf Szenen, in denen sie einen besonderen Bezug zu ihrer eigenen Lebenswelt sehen. Anschließend sprechen die S. über Szenen des Films, die sich ihrer Meinung nach von der eigenen Lebenswirklichkeit entfernen. Sie beurteilen den Film dann zusammenfassend, indem sie die o. g. Satzanfänge ergänzen (vgl. Beispiel).

Didaktische Hinweise
Das Verfahren veranlasst die S., einen Film schon während seiner Präsentation mit einem kritisch einordnenden Blick zu betrachten. Das Gespräch über die persönlichen Wahrnehmungen in Gruppen schärft die Wahrnehmung der S., bevor dann mithilfe von Satzergänzungen eine gemeinsame Wertung formuliert wird. Diese kann im Plenum vorgetragen oder im Klassen-/Kursraum mithilfe eines → Galeriegangs vermittelt werden.

Alternativen
- Bildausfall (S. 180)
- Tonausfall (S. 183)

Hinweise zur Weiterarbeit
- Filmkritik

5 FILME interpretieren

Figuren-Kommentar

Beispiel
„Schau den Filmausschnitt an und versetze dich dabei möglichst intensiv in die Figur der Hitler-Sekretärin hinein."

Sozialformen: Einzelarbeit
Dauer: je nach Filmdauer
Medien: Film und Aufnahmegerät
Klassen: ab Klasse 7
Fächer: alle

Didaktisches Potenzial
S. fokussieren ihre Filmrezeption durch Perspektivierung.
Die S. versetzen sich von Anfang an in eine ausgewählte Filmfigur hinein, sie rekapitulieren die filmischen Abläufe aus der Sicht dieser Figur und erreichen so eine perspektivische Wahrnehmung des Geschehens, die andere Akzente setzen kann als die Filmaussage insgesamt.

Vorbereitungen und Ablauf
Die S. entscheiden nach einer ersten Vorstellung der im Film handelnden Figuren, auf welche dieser Figuren sie – arbeitsteilig – ihr besonderes Augenmerk richten möchten. Sie beobachten diese Figur während der Filmvorführung ganz genau und versuchen ihre Interessen und Beweggründe in den gezeigten Handlungen zu verstehen.
Nach der intensiven Rezeption einer Filmsequenz berichten die S. dann aus der Perspektive „ihrer" Figur mündlich oder schriftlich über das Geschehen und kommentieren es anschließend ausführlich. Dabei können sie insbesondere auch kritisch auf das Verhalten anderer Figuren eingehen und Verständnis für das Verhalten der „eigenen" Figur wecken.
Nach einem weiteren Filmausschnitt wird erneut so verfahren.

Didaktische Hinweise
Das Verfahren verlangt von den S. einiges an Empathie (Fähigkeit, sich in „ihre" Figur hineinzuversetzen) – auch „gegen den Strich" der generellen Filmaussage.
Die S. sollten sich bei der Filmbetrachtung laufend Notizen machen können, um nachher detailliert aus der Sicht der ausgewählten Figur kommentieren zu können.

Alternativen
- Tonausfall (S. 183)
- Bildausfall (S. 180)
- Gruppenpuzzle (S. 44) zur Erarbeitung des Films
- Kugellager (S. 213)

Hinweise zur Weiterarbeit
- Figuren-Konferenz (S. 186)

5 FILME interpretieren

Figuren-Konferenz *(Cast meeting)*

Beispiel
„Versetze dich in die Rolle des ... und versuche, den Konflikt in seinem Sinn zu lösen."

Sozialformen: Einzel-, Gruppenarbeit
Dauer: 10 – 15 Min.
Medien: Film u. Abspielgerät
Klassen: ab Klasse 7
Fächer: alle

Didaktisches Potenzial
S. agieren in Filmrollen und arbeiten Konflikte heraus.
Die S. nähern sich einer Filmfigur empathisch und gestalten ihr Verständnis der Figur und einen Konflikt, in den sie verwickelt ist, aktional aus.

Vorbereitungen und Ablauf
Nach einer dramatischen Szene oder einer zugespitzten dialogischen Situation wird die Filmpräsentation unterbrochen. In Form eines spontanen ➔ Rollenspiels treten S. in den Rollen der beteiligten Figuren jenseits der filmischen Lokalitäten an einem anderen Ort zu einer Konferenz zusammen, die von einer von den S. vorgeschlagenen zusätzlichen Figur moderiert wird. Die S. formulieren in diesem Gespräch die Interessenlage der Figuren, die sie repräsentieren, und sie versuchen, aus ihrer jeweiligen Warte heraus eine Lösung für den wahrgenommenen Konflikt zu entwickeln.

Didaktische Hinweise
Die S. können bereits zu Beginn der Filmvorführung je eine Rolle zugeteilt bekommen, damit sie sich auf ihren Rollenspielpart vorbereiten können. Die Figuren-Konferenz kann evtl. zusätzlich durch ➔ Figuren-Kommentare vorbereitet werden.
Als eine alternative Situation kann auch ein Telefongespräch zwischen mehreren Figuren simuliert werden.

Alternativen
- Figuren-Konstellation (S. 187)
- Bildausfall (S. 180)
- Tonausfall (S. 183)
- Mehrere Figuren miteinander im Chat (Aufzeichnung und Ausdruck)
- Gruppenpuzzle (S. 44)
- Kugellager (S. 213)

Hinweise zur Weiterarbeit
- Vergleich des Rollenspielverlaufs mit dem Fortgang des Films

5 FILME interpretieren

Figuren-Konstellation *(Constellation of characters)*

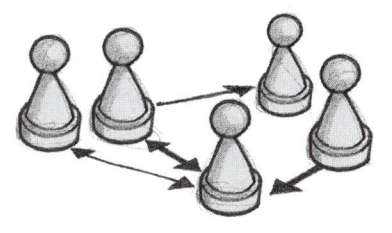

Sozialformen: Gruppenarbeit, Plenum
Dauer: ca. 45 Min. (ohne Vorbereitung)
Medien: Tabelle, evtl. Standfotos
Klassen: ab Klasse 8
Fächer: D, Sprachen, SoWi, Ge, Rel/Ethik

Didaktisches Potenzial
S. klären das Zusammenspiel von Figuren.
Handlungsorientiert, mit Bewegungselementen und optisch unterstützt arbeiten sich die S. in die Figurenkonstellation eines Films/Romans/Dramas ein.

Vorbereitungen und Ablauf
Zur Vorbereitung der Figuren-Konstellation erstellen die S. nach der Vorführung des Gesamtfilms bzw. nach der Lektüre des Gesamttextes in Kleingruppen eine Tabelle mit vier Spalten:
- Figuren, die vorkommen *(characters presented)*
- ihre Rollen in der Handlung *(roles)*
- Rangfolge der Wichtigkeit am Anfang *(ranking in the beginning of the film/novel/drama)*
- Rangfolge der Wichtigkeit in der zweiten Werkhälfte *(ranking in the second half)*

Im Plenum gestalten sie dann ein Standbild (Gruppenplastik), das die Figuren-Konstellation in den Anfangsszenen wiedergibt, und anschließend ein zweites, das die Konstellation in der zweiten Werkhälfte abbildet. Mit einer (Digital-)Kamera können die beiden Konstellationen festgehalten werden.
Als Resümee der Standbild-Gestaltungen erarbeiten die S. dann in Kleingruppen Grafiken, in denen der Stellenwert und das Beziehungsgeflecht der Charaktere dargestellt werden (mithilfe von Beziehungs-, Gegensatzpfeilen, unterschiedlichen räumlichen Abständen zwischen den aufgeführten Charakteren, unterschiedlichen Schriftgrößen etc.). Auch bei dieser gezeichneten Figuren-Konstellation kann zwischen der Ausgangssituation und der Entwicklung in der zweiten Werkhälfte unterschieden werden.

Didaktische Hinweise
Besonders bei vielschichtigen Werken mit relativ vielen Figuren ist eine visualisierende Übersicht dieser Art mit einem tabellarischen Vorlauf sinnvoll. Auf dieser Basis sind dann weitere Interpretationsschritte möglich. Der Zwischenschritt (Standbild) kann bei Zeitmangel entfallen.

Alternative
- Figuren-Konferenz (S. 186)
- Figuren-Soziogramm (S. 188)

Hinweise zur Weiterarbeit
- Vergrößerte Kopie einer Gruppengrafik als Aushang im Kursraum

5 FILME interpretieren

Figuren-Soziogramm

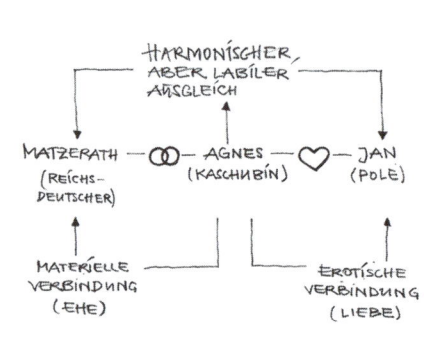

Sozialformen:	Einzel-, Partner-, Gruppenarbeit, Plenum
Dauer:	15 – 20 Min.
Medien:	Tafel, evtl. Papier/Karton oder Folien
Klassen:	ab Klasse 8
Fächer:	alle

Didaktisches Potenzial
S. setzen eine Figurenkonstellation grafisch um.
Das Verfahren spricht den visuellen Lerntyp an, der über sprachliche Klärungen hinaus insbesondere bildliche/grafische Darstellungen sinnvoll nutzen kann, um Sachverhalte zu verstehen. Die S. listen alle in einem Film/Drama/Roman relevanten Figuren auf und versuchen, ihre Beziehungen und Interaktionen in einer soziometrischen Landkarte grafisch umzusetzen.

Vorbereitungen und Ablauf
Nach dem Erstellen der Liste aller relevanten Figuren bringen die S. die Figuren in eine Flächenanordnung. Dies kann je nach Sozialform an der Tafel bzw. einer Wandzeitung (Plenum, Gruppenarbeit) oder auf größeren Papier- bzw. Kartonbogen und auf Folien (bei Gruppen- bzw. Partnerarbeit) geschehen. Intensität und Qualität der Beziehungen zwischen den Figuren werden ausgedrückt durch
- unterschiedliche Abstände,
- grafische Symbole wie Pfeile und Gegensatzpfeile,
- Piktogramme etc.

Didaktische Hinweise
Wenn sich in einem Film/Drama/Roman die Figurenkonstellationen im Verlauf der Handlung deutlich ändern, können für verschiedene Phasen der Handlung mehrere Soziogramme angefertigt werden; auf diese Weise wird dann die Entwicklung der Beziehungen zwischen den Figuren visualisiert.

Alternativen
- Figuren-Konferenz (S. 186)
- Figuren-Konstellation (S. 187)
- Gruppenpuzzle (S. 44) zur Erarbeitung des Films
- Kugellager (S. 213)

Hinweise zur Weiterarbeit
- Interpretationsaufsatz

5 FILME interpretieren

Stumm-schriftlicher Dialog

Sozialformen: Plenum, Gruppenarbeit
Dauer: 10 – 15 Min. (ohne Plenumsgespräch)
Medien: Wandzeitung(en)
Klassen: ab Klasse 8
Fächer: alle

Didaktisches Potenzial
S. tauschen ihre Einsichten und offenen Fragen stumm aus.
Die S. bleiben nach einer Filmpräsentation für einige Zeit weiterhin stumm und konzentrieren sich darauf, Einsichten und offene Fragen für alle sichtbar aufzuschreiben.

Vorbereitungen und Ablauf
Unmittelbar nach Ende eines Films versammeln sich die S. vor einer großen Wandzeitung (Plenumsversion) oder vor zwei, drei Wandzeitungen (Gruppenversion), um ihre erste Resonanz auf den Film zu formulieren. Dies geschieht so, dass auf der Wandzeitung laufend
- Einschätzungen des Gesehenen in Form kurzer Thesen und
- Fragen zum Film, die man gerne diskutieren lassen möchte,

in räumlichen Abständen so notiert werden, dass noch einiges daruntergeschrieben werden kann. Alle anderen stehen schweigend vor den Aufzeichnungen und schreiben weiterführende Bemerkungen bzw. Antworten dazu, sobald ihnen etwas einfällt. Die Übrigen lesen permanent mit, was geschrieben wird. Weiterhin soll nicht gesprochen werden.
Erst in einem anschließenden Plenumsgespräch werden die Einschätzungen und Fragen erörtert und mit Verfahren wie → Soziogramm oder → Hypothesenbildung systematisiert.

Didaktische Hinweise
Mit dieser Methode kommen auch diejenigen S. zum Zuge, die sich in (großen) Gruppen nicht so schnell mündlich einbringen können. Das schriftliche Verfahren hat außerdem den Vorteil, dass sich alle S. auf präzise, knappe Formulierungen konzentrieren müssen.

Alternativen
- Figuren-Konferenz (S. 186)
- Figuren-Kommentar (S. 185)

Literatur
Günther Gugel: 1000 neue Methoden. Weinheim 2007, S. 165

5 FILME interpretieren

Subtexte *(Subtexts)*

Beispiel
„Sage, was Oskar Matzerath in diesem Standbild deiner Meinung nach durch den Kopf geht."

Sozialformen: Einzel-, Partnerarbeit, Plenum
Dauer: 5 – 15 Min.
Medien: Film
Klasse: ab Klasse 5
Fächer: D, Sprachen, Ge, SoWi, Rel/Ethik, Phil

Didaktisches Potenzial
S. formulieren Hintergründe zur Filmoberfläche.
Herausgearbeitet werden Subtexte als von S. wahrgenommene Aussagen eines Films, die in den Dialogen oder Kommentaren des Films selbst nicht direkt formuliert werden, die aber – z. B. über Gestik und Mimik von Figuren, sonstige Bildsignale oder Geräusche – oft sehr intensiv die Wahrnehmung des Rezipienten steuern. Beim Erstellen von Subtexten konzentrieren sich die S. auf eine bestimmte Figur und entwickeln eine besondere Empathie für sie. Sie erschließen sich so auf kreative Weise ein Verständnis des Films.

Vorbereitungen und Ablauf
Die S. erhalten den Auftrag, arbeitsteilig mit den Figuren des Films mitzuempfinden. An einigen Stellen wird der Film angehalten, und die S.
- äußern bei einem Standbild mündlich Assoziationen aus der Perspektive einer einzelnen Figur, die über das Gesagte hinausgehen, woraufhin andere S. die Gedanken weiterer Figuren spiegeln;
- schreiben bei einem Standbild schriftlich einer Figur eine Denkblase zu, in der deutlich wird, was sie im Moment überlegt und fühlt;
- formulieren zu einer Filmszene ohne Dialog eine erlebte Rede oder einen inneren Monolog, womit z. B. Empfindungen oder Tagträume einer Figur wiedergegeben werden.

Diese kreativen Deutungen des Verhaltens einzelner Filmfiguren werden im Plenum so vorgetragen, dass die S. zunächst die von ihnen repräsentierte Figur nennen und dann ihren Subtext vorlesen.

Didaktische Hinweise
Die Assoziationen zu mehreren Film-Standbildern können dialogisch arrangiert werden, wenn Gruppen von S. sich in unterschiedliche Figuren hineinversetzen, die in der dargestellten Situation handeln.

Alternativen
- Figuren-Soziogramm (S. 188)

Hinweise zur Weiterarbeit
- Film weiterdrehen

5 FILME interpretieren

Vor-Film

Beispiel
„Überlegt, was für eine Kindheit und Jugend zu einem solchen Verhalten des erwachsenen X geführt haben könnten. Recherchiert dann, welche Tatsachen eure Spekulationen stützen."

Sozialformen: Einzel-, Gruppenarbeit
Dauer: 10 – 20 Min.
Medien: –
Klassen: ab Klasse 5
Fächer: alle

Didaktisches Potenzial
S. denken über Voraussetzungen einer Handlung nach.
Die S. mobilisieren ihr Vorwissen und/oder erschließen sich neues Wissen, um zu klären, welche Entwicklungen zu der im Film erkennbaren Handlung geführt haben könnten.

Vorbereitungen und Ablauf
Die S. sammeln zunächst (evtl. arbeitsteilig in Gruppenarbeit) im Film Anhaltspunkte dafür, was vor Beginn der Filmhandlung geschehen sein könnte, und stellen diese Anhaltspunkte in einer Liste zusammen. Von Bedeutung sind dabei nicht nur eindeutige Informationen, die sich z. B. aus den Dialogen ergeben, sondern auch Andeutungen.
Die Anhaltspunkte für die Vorgeschichte der Handlung werden anschließend systematisiert, indem – z. B. in einem → Flussdiagramm – zeitliche Abläufe und Ursachenzusammenhänge dargestellt werden. Dann geht es darum, die Lücken zwischen einzelnen Anhaltspunkten durch begründete Spekulationen zu schließen. Um ihre Spekulationen abzusichern, sollen die S. (evtl. wieder arbeitsteilig) ihre Wissensbasis durch Recherchen (→ Kapitel 3) erweitern.
Abschließend wird für den Vorfilm ein grober Plot (Handlungsablauf) entwickelt.

Didaktische Hinweise
Die Methode eignet sich dazu, von einem Film ausgehend einen Sachbereich zeitlich rückwärts zu erschließen; daher sind Vor-Filme besonders für historisch orientierte oder für solche Fachbereiche von Interesse, in denen es um die motivationale Basis von Verhaltensweisen geht. Die S. nutzen dabei die Anschauungsdichte des Films, um sich konkrete historische bzw. – im Hinblick auf Filmfiguren – motivationale Vorstufen des dargestellten Geschehens zu erarbeiten.

Alternativen
- Subtexte (S. 190)

Hinweise zur Weiterarbeit
- Portfolio (S. 155)
- Film weiterdrehen

5 FILME werten

Trailer *(Trailer)*

Beispiel
„Vom Winde verwüstet"

Sozialformen:	Plenum, Gruppenarbeit
Dauer:	einige Std.
Medien:	Videoschnittcomputer
Klassen:	ab Klasse 8
Fächer:	alle

Didaktisches Potenzial
S. stellen kreativ eine wertende Filmmontage her.
Die S. spitzen die Wertung eines Films zu, indem sie Elemente aus diesem Film nutzen, um ihre kritischen Positionen plausibel zu machen. Das Verfahren trainiert, Werturteile durch Filmzitate zu untermauern.

Vorbereitungen und Ablauf
Zunächst wird der Film in einem ausführlichen Plenumsgespräch einer kritischen Wertung unterzogen. Alle dabei auftauchenden Gesichtspunkte und Befunde werden stichpunktartig für jeden sichtbar festgehalten. Diejenigen Befunde, die auf breite Zustimmung stoßen, werden (z. B. durch Unterstreichen) hervorgehoben.
S.-Gruppen wählen aus dem Film dann kurze Ausschnitte und/oder Standbilder aus, an denen ihrer Meinung nach die Befunde der Filmkritik gut nachgewiesen werden können. Die Gruppen formulieren nun auf der Basis dieser gemeinsamen Position einen kurzen wertenden Kommentar zu dem Film und nehmen ihn auf. Die ausgewählten Sequenzen bzw. Standbilder werden am PC kopiert und zusammenmontiert. Der Kommentar wird abschließend auf eine parallele Tonspur gelegt, sodass ein kritischer Trailer entsteht.

Didaktische Hinweise
Das Verfahren setzt voraus, dass in der Schule ein Videoschnittcomputer zur Verfügung steht.
Mit Computertricks können Standbilder bzw. Filmsequenzen auch verfremdet werden. Allerdings sollte der Trailer mit diesen Verfremdungen dem Film noch gerecht werden. Verfremden lässt sich auch ein am Ende noch einmal wiederholter Filmtitel (s. o.).

Alternativen
- Schriftliche Filmkritik

Hinweise zur Weiterarbeit
- Veröffentlichung des Trailers auf der Homepage der Schule
- Vorführung für Mits. während einer großen Pause

6 Gespräche führen

Gespräch vorbereiten

- Ampelspiel 194
- Ankreuzblatt 195
- Bildverfremdung E 196
- Fragenbaum/Planungsbaum 197
- In-/Out-Liste 198
- Pro-Kontra-Texte 199
- Provokationsbilder/Impulsbilder E 200
- Sprechblasen 201
- Symbolische Bilder 202
- Zitat-Oppositionen 203

Gespräch gestalten

- Aquarium 204
- Debatte 205
- Diskussion 207
- Diskussion mit Gruppenschutz 209
- Entscheidungsspiel 210
- Expertenpodium 211
- Kreuzverhör 212
- Kugellager 213
- Lawinengespräch 214
- Plenumsdiskussion 215
- Positionsspiel 216
- Prioritätenspiel 217
- Pro-Kontra-Debatte 218
- Redekette 220
- Vier-Ecken-Spiel 221

Gespräche führen

Gespräch begleiten

- Echo 222
- Moderation 223
- *Spiegeln* 81
- Themenspeicher 225

Gespräch im Ergebnis festhalten

- Bepunkten 226
- Ergebnisprotokoll 227
- *Flussdiagramm* 160
- *Mindmap* 163
- Verlaufsprotokoll 228

6 GESPRÄCH vorbereiten

Ampelspiel *(Traffic lights)*

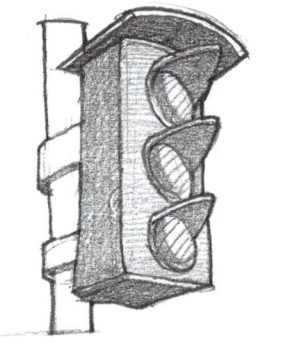

Sozialformen: Plenum
Dauer: 10 – 20 Min.
Material: rote, grüne und gelbe Pappkärtchen (DIN A6) für alle S.
Klassen: alle
Fächer: alle

Didaktisches Potenzial
S. denken sich in ein Thema hinein und geben erste Voten ab.
Das Ampelspiel legt das Meinungsspektrum des Plenums offen, wobei alle S. – auch die weniger redegewandten – aktiv eingebunden werden. Das Verfahren dient dazu, erste thematische Kerne im Klassen- bzw. Kursplenum zu vergegenwärtigen und erste Redeanlässe zu schaffen.

Vorbereitungen und Ablauf
Zu Beginn erhalten alle S. Pappkärtchen in den Farben Rot, Grün und Gelb. Anschließend liest die Lehrperson etwa zehn Aussagen bzw. Fragen zum aktuellen Unterrichtsthema vor. Nach jeder *Aussage* müssen sich die S. entscheiden, ob sie dieser zustimmen (grüne Karte zeigen), sie ablehnen (rote Karte zeigen) oder sich enthalten möchten (gelbe Karte zeigen). Werden den S. *Fragen* gestellt, so steht die grüne Karte für ein Ja, die rote für ein Nein und die gelbe für Enthaltung.
Die Abstimmungsergebnisse können festgehalten werden, sollten jedoch zunächst nicht kommentiert werden.

Didaktische Hinweise
Beim Ampelspiel können sich alle S. aktiv beteiligen. Dabei ist es nicht notwendig, dass sie ihre Positionen bereits begründen können. Daher eignet sich das Verfahren für den Anfang einer thematischen Reihe. Gerade zu Beginn einer Unterrichtsreihe bekommen die S. mit dem Ampelspiel zudem einen Eindruck davon, wie komplex und vielfältig das zu behandelnde Thema ist.
Das Ampelspiel eignet sich auch für ein großes Plenum.

Alternativen
- Bepunkten (S. 226)
- Ankreuzblatt (S. 195)
- Fragenbaum (S. 197)

Hinweise zur Weiterarbeit
- Auswertung im → Plenumsdiskussion (S. 215)
- Vergleich der Anfangsvoten mit einem Abstimmungsergebnis am Ende der Unterrichtsreihe

6 GESPRÄCH vorbereiten

Ankreuzblatt

Sozialformen: Kleingruppen, Plenum
Dauer: 15 – 30 Min.
Material: Blätter, Pappkartons, Filzstifte
Klassen: ab Klasse 5
Fächer: alle

Didaktisches Potenzial
S. erstellen in Eigenarbeit ein Arbeitsblatt, um die Meinung der Lerngruppe festzuhalten. Die Methode dient dazu, die persönlichen Meinungen und Überzeugungen in einer Gruppe sichtbar zu machen, um anschließend über das Ergebnis diskutieren zu können.

Vorbereitungen und Ablauf
Die S. entwickeln in Kleingruppen zu einem vorgegebenen Thema Ankreuzblätter, auf denen Meinungen zu bestimmten Teilgebieten des Themas gewichtet werden können.
In einer ersten Spalte werden verschiedene Sachverhalte aufgelistet, für die dann weitere Bewertungsspalten angeboten werden, z. B. mit den alternativ angebotenen Kopfzeilen:

Thema: ....

	Interessiert mich sehr	mäßig	gar nicht

Anschließend werden die Ankreuzblätter aller Gruppen in der Klasse/im Kursraum ausgehängt und jeder füllt sie in einem Rundlauf aus. Dabei macht man bei jedem Ankreuzblatt pro Zeile sein Kreuz an der jeweils passenden Stelle.
Alternativ können die zu bewertenden Sachverhalte auch auf Pappkartons notiert werden.

Didaktische Hinweise
Beim Erstellen des Arbeitsmaterials sollte darauf geachtet werden, dass die Kästchen für die Antwortkreuze groß genug sind, damit auch alle Mits. ihre Kreuze unterbringen können.
Beim Aufhängen der Ankreuzblätter sollte geprüft werden, ob Inhalte mehrfach vorkommen. In diesem Fall können ganze Zeilen durchgestrichen werden, um bei der Phase des Ankreuzens Zeit zu sparen.

Alternative
- Ampelspiel (S. 194)

Hinweise zur Weiterarbeit
- Auswertung in Form von ➔ Diagrammen (vgl. S. 250 u. 252 ff.)
- Diskussion der Ergebnisse

6 GESPRÄCH vorbereiten

Bildverfremdung

Sozialformen: Einzel- oder Gruppenarbeit
Dauer: 10 – 20 Min.
Medien: PCs mit Bildbearbeitungsprogramm, evtl. Kopien von Bildern
Klassen: ab Klasse 8
Fächer: D, Sprachen, SoWi, Ge, Rel/Ethik, Phil

Didaktisches Potenzial
S. bereiten sich anhand eines Bildes gedanklich auf ein Unterrichtsgespräch vor.
Da bei der Betrachtung und Bearbeitung von Bildern vielfältige Assoziationen geweckt werden, regt dieses Verfahren – oft mehr als Methoden, die mit Texten arbeiten – die Neugierde der S. an.

Vorbereitungen und Ablauf
Die S. bekommen ein Bild an die Hand, das sich inhaltlich mit dem Thema eines anschließend geplanten Gesprächs oder Unterrichtsvorhabens befasst. Sie sollen sich das Bild zunächst genau ansehen und dann versuchen, es zu verfremden, indem sie
- ein einzelnes Bildelement kopieren und in einen neuen Kontext/Hintergrund setzen,
- historische Bilder in ein aktuelles Geschehen hineinkopieren,
- das Bild in einem anderen Stil oder mit anderen Farben nachmalen,
- eine Collage des Originalbildes anfertigen,
- das Bild spiegeln (gut möglich, wenn mit PCs gearbeitet wird),
- die Farben des Bildes verändern oder
- weitere Dinge ergänzen oder Vorhandenes übermalen und so unkenntlich machen.

Dabei sollen die S. das Ziel verfolgen, dass die Grundaussage des Originalbildes durch das Verfremden (noch) besser zum Ausdruck gebracht wird.

Didaktische Hinweise
Das Bearbeiten von Bildern mit dem Einsatz von Computern ist besonders einfach. Mit Bildbearbeitungsprogrammen können leicht Farben geändert, Dinge aus Bildern ausgeschnitten werden etc.
Im Internet finden sich z. B. auch schnell aktuelle Bilder, in die Teile des zu verfremdenden Bildes hineinkopiert werden können, z. B. unter www.photosearch.de (Metasuchmaschine der Bildagenturen). Dabei sind die Nutzungshinweise zu beachten.

Alternativen
- Fragenbaum (S. 197)

Hinweise zur Weiterarbeit
- Weiterführende Themenplanung
- Diskussion (S. 207)

6 GESPRÄCH vorbereiten

Fragenbaum/Planungsbaum

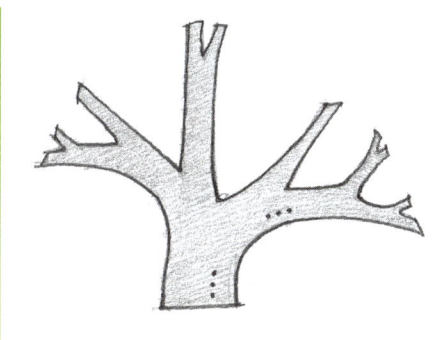

Sozialformen: Einzelarbeit
Dauer: 10 – 20 Min.
Medien: evtl. Arbeitsblätter mit Fragenbaum
Klassen: ab Klasse 5
Fächer: alle

Didaktisches Potenzial
S. strukturieren Fragenkomplexe mit Visualisierungshilfe.
Der Fragenbaum hilft S., sich in ein komplexeres Thema hineinzudenken und dabei nicht den Überblick zu verlieren. Bei der Vorbereitung auf ein Gespräch hilft diese visualisierende Form einer Fragensammlung den S. dabei, logisch-hierarchische Gesprächsstrukturen zu entwickeln oder den Ablauf einer Arbeitsphase zu planen.

Vorbereitungen und Ablauf
Die S. überlegen sich zu einem vorgegebenen Sachverhalt möglichst viele Fragen. Dabei gehen sie zunächst von einer zentralen Fragestellung aus und entwickeln aus dieser dann weitergehende Fragen. Die *zentrale Fragestellung* wird dabei in den Stamm eines Baumes geschrieben, die *untergliedernden Fragen,* die sich direkt aus der Hauptfragestellung ergeben, in die Hauptäste. Die Fragen können von den S. dann bis in kleinste Verästelungen weitergeführt werden.

Didaktische Hinweise
Ein Fragenbaum ist besonders hilfreich für S., die anschließend ein Gespräch in Gang setzen und strukturieren sollen. Ein Fragenbaum kann dann als Moderationshilfe dienen und dem Moderator/der Gruppe jederzeit vor Augen führen, wie viele Teilfragen eines Themengebietes schon bearbeitet wurden und wie viele noch offen sind.
Ein Fragenbaum/Planungsbaum eignet sich auch zur Vorstrukturierung und Planung eines (arbeitsteiligen) Projekts. Insbesondere in diesem Fall sollte er für alle Teilgruppen gut sichtbar aufgehängt werden.

Alternativen
- Ideen- und Klagemauer (S. 293)
- Ankreuzblatt (S. 195)
- Zitat-Oppositionen (S. 203)

Hinweise zur Weiterarbeit
- Moderation (S. 223)
- Gruppenarbeit (S. 42)
- Diskussion (S. 207)
- Projekt (S. 53)
- Lehrgespräch (S. 50)

6 GESPRÄCH vorbereiten

In-/Out-Liste *(In-/out-list)*

	In	Out
Zeitschriften	Popcorn, Mädchen	Bravo
Ferien	Jugendlager ohne Eltern	Ferien mit Eltern
…	…	…

Sozialformen: Einzelarbeit, Plenum
Dauer: 10 – 20 Min. (ohne Diskussion)
Medien: –
Klassen: ab Klasse 5
Fächer: D, Sprachen, SoWi

Didaktisches Potenzial
S. dokumentieren ihre Vorlieben und Abneigungen als Vorbereitung auf eine Diskussion.
Die In-/Out-Liste hält das gesamte *Meinungsspektrum* einer Klasse zu einem Themenbereich fest. Sie bietet die Möglichkeit, das sichtbar zu machen, was die S. einer Klasse/eines Kurses mögen, aber auch, was sie nicht mögen. Dieses Verfahren gibt den S. die Möglichkeit, zu Beginn einer Diskussion ihre Meinungen zu fixieren und im folgenden Gespräch auf diese Liste zurückgreifen zu können.

Vorbereitungen und Ablauf
Bevor die Klasse/der Kurs ein neues Thema diskutiert, stellt jeder S. eine In-/Out-Liste zusammen, in der er – im Rahmen des Themas – Sachverhalte notiert, die auf seine Zustimmung bzw. Ablehnung stoßen. Die Listen werden aufgehängt bzw. ausgelegt, bevor dann eine Plenumsdiskussion zu dem Thema beginnt. Dabei können die eigenen oder auch andere Listen für die S. oder die moderierende Lehrperson Anknüpfungspunkt sein.

Didaktische Hinweise
In- und Out-Listen sind den S. z. T. aus Jugendzeitschriften bekannt.
Zwischen Einzelarbeit und Plenumsgespräch kann eine Gruppenphase geschaltet werden: In Kleingruppen einigen sich die S. auf eine gemeinsame In-/Out-Liste, die möglichst viele Aspekte umfassen soll. Danach stellt jeweils ein S. aus jeder Kleingruppe den Mits. die gemeinsame In-/Out-Liste vor.

Alternativen
- Pro-Kontra-Texte (S. 199)
- Ampelspiel (S. 194)
- Ankreuzblatt (S. 195)
- Zitat-Oppositionen (S. 203)

Hinweise zur Weiterarbeit
- Entwicklung eines Arbeitsplans zu einem Thema (→ Planungsbaum, S. 197)

6 GESPRÄCH vorbereiten

Pro-Kontra-Texte

Beispiel
Sollte die Zuständigkeit für die allgemeine Schulbildung bei den Bundesländern liegen?

Sozialformen: Gruppenarbeit
Dauer: 5–15 Min.
Medien: –
Klassen: ab Klasse 8
Fächer: alle

Didaktisches Potenzial
S. stellen schriftlich Argumente zu einer Entscheidungsfrage zusammen.
Die S. bereiten Gesprächsergebnisse einer Gruppe schriftlich so auf, dass sie gebündelt in das Plenum der Lerngruppe eingebracht werden können.

Vorbereitungen und Ablauf
Zur Vorbereitung haben die S. in einer Gruppenarbeitsphase eine strittige *Entscheidungsfrage* diskutiert. Für die Schlussphase ihrer Gruppenarbeit erhalten sie nun die Aufgabe, in einer vorgegebenen Zeit arbeitsteilig zwei knapp und präzise formulierte Texte zu schreiben. In diesen Texten sollen sie *gegensätzliche Positionen* zu der zuvor behandelten kontroversen Frage möglichst überzeugend formulieren. Sie halten in ihren Texten jeweils „einseitig" wesentliche Argumente fest, um mit diesen später im Plenum eine Diskussion anregen zu können.

Didaktische Hinweise
Bei der Beschäftigung mit einem kontroversen Sachverhalt können sich die S. die bisher gewonnenen Argumente mit dieser Methode noch einmal verdeutlichen und sie auf den Punkt bringen.
Statt die formulierten Positionen anschließend im Plenum vorzutragen, können die Pro-Kontra-Texte auch im Klassen-/Kursraum ausgehängt und bei einem Rundgang von allen S. zur Kenntnis genommen werden.

Alternativen
- In-/Out-Listen (S. 198)
- Zitat-Oppositionen (S. 203)

Hinweise zur Weiterarbeit
- Plenumsdiskussion (S. 215)
- Schriftliche Erörterung auf der Basis mehrerer Pro-Kontra-Texte

6 GESPRÄCH vorbereiten

Provokationsbilder/Impulsbilder

Sozialformen: Plenum
Dauer: 1–3 Min.
Medien: Kopien eines Bildes/evtl. Film
Klassen: ab Klasse 5
Fächer: alle

Didaktisches Potenzial
S. erhalten bildliche Impulse zur Gesprächsanregung.
Die S. lassen sich von anregenden, provozierenden, evtl. widersprüchlichen visuellen Impulsen ein Thema nahebringen. Durch diese sinnliche Vergegenwärtigung eines Problemfeldes wird ihnen der Einstieg in eine anschließende Diskussion erleichtert.

Vorbereitungen und Ablauf
Die S. erhalten Kopien von einer Abbildung (Foto oder Zeichnung), die einen (provozierenden) Impuls gibt. Alternativ können Fotos/Zeichnungen mit einem Overheadprojektor gezeigt werden. Vorstellbar sind auch ganz kurze Filmpassagen, die über ein Fernsehgerät eingespielt werden, oder Standbilder von Filmen. Nachdem die S. die Bildimpulse aufgenommen haben, können von der Lehrperson Fragen an die S. gestellt werden, die den Impuls unterstützen:
- Was bewegt dich, wenn du dieses Bild siehst?
- Findest du die dargestellte Szene in Ordnung?
- Erinnert dich diese Situation an etwas? Hast du Ähnliches schon einmal erlebt?

Didaktische Hinweise
Impulsbilder regen zum Nachdenken an, indem sie an die Gefühlswelt der S. appellieren. Während Impulsbilder lediglich ein Thema anreißen, bewirken Provokationsbilder spontane Meinungsäußerungen und Positionierungen. Beide Arten von Bildern können bei den S. ein Gespräch über das Gesehene motivieren und intensiv in Gang setzen.
Hier zwei Internetadressen von Fotosammlungen:
- www.corbis.com
- www.prdirect.com

Alternativen
- Symbolische Bilder (S. 202)

Hinweise zur Weiterarbeit
- Diskussion (S. 207)
- Kugellager (S. 213)
- Aquarium (S. 204)

6 GESPRÄCH vorbereiten

Sprechblasen

Sozialformen: Partner-, Gruppenarbeit
Dauer: 10 – 25 Min.
Medien: evtl. große Sprechblasen-umrisse
Klassen: ab Klasse 5
Fächer: alle

Didaktisches Potenzial
S. bringen gängige (Vor-)Urteile in eine passende Visualisierung.
Die S. rekapitulieren und hinterfragen Meinungsäußerungen zu einem Sachverhalt, der Gegenstand des Unterrichts ist. Sie bringen diese Äußerungen auf den Punkt und konfrontieren sie in einem dialektischen Verfahren miteinander. Dabei wird die Plausibilität von Thesen und/oder Argumenten überprüft.

Vorbereitungen und Ablauf
Die S. sammeln zu zweit oder in kleinen Gruppen themenrelevante Äußerungen, die sie in letzter Zeit in Gesprächen mit Gleichaltrigen oder Angehörigen anderer Generationen öfter gehört haben. Die Äußerungen werden auf typische Äußerungsformen reduziert und in Form von Sprechblasen für ein anschließendes Plenumsgespräch gut lesbar aufbereitet (am besten mit Filzstift notiert).

Didaktische Hinweise
„Sprechblasen"-Texte können Diskussionsleitern dabei behilflich sein, an gängige, immer wieder geäußerte Vorstellungen zu einem Thema anzuknüpfen. Außerdem ermöglichen sie es, weitverbreitete Vorstellungen kritisch zu hinterfragen und so das Gespräch produktiv in Gang zu halten. Solches Hinterfragen ist besonders dann sinnvoll, wenn die Sprechblasen-Äußerungen insgesamt sehr einseitig sind.
Im Plenumsgespräch können die zunächst ungeordnet aufgehängten Sprechblasen nach verschiedenen Tendenzen der Äußerungen sortiert und umgehängt werden. Wichtig ist auch eine Unterscheidung zwischen (Vor-)Urteilen und Begründungen für solche Urteile (Argumenten).

Alternativen
- Provokationsbilder (S. 200)
- Pro-Kontra-Texte (S. 199)
- In-/Out-Liste (S. 198)

Hinweise zur Weiterarbeit
- Schriftliche Erörterung

6 GESPRÄCH vorbereiten

Symbolische Bilder

Beispiel
Menschen auf der Berliner Mauer nach dem Ende des SED-Regimes

Sozialformen:	Plenum
Dauer:	15 – 20 Min. (inkl. Gespräch)
Medien:	Kopien eines Fotos/Folie u. Overheadprojektor
Klasse:	ab Klasse 8
Fächer:	SoWi, Ge, D, Sprachen, Rel/Ethik, Ek

Didaktisches Potenzial
S. fokussieren ein Thema über ein Foto.
Die S. rufen sich anhand eines symbolträchtigen, stark über sich selbst hinausweisenden Bildes ihre Vorkenntnisse zu einem Sachgebiet ins Gedächtnis, vernetzen und erweitern diese Kenntnisse im Gespräch und verankern sie zugleich im visuellen Gedächtnis.

Vorbereitungen und Ablauf
Die S. erhalten Kopien eines Fotos, das ein themenrelevantes Ereignis zeigt. Alternativ kann das Bild auch mit einem Overheadprojektor gezeigt werden. Die S. betrachten das Foto zunächst stumm. Anschließend werden in der Klasse/im Kurs spontane Reaktionen auf das Foto gesammelt. Die Lehrperson kann den S. dabei Fragen stellen, z. B.:
- Kennst du dieses Foto bereits?
- Weißt du noch, wo du es gesehen hast?
- Was weißt du über den Hintergrund des Geschehens auf diesem Bild?
- Verbindest du persönliche Eindrücke mit diesem Bild?

In einem zweiten Schritt werden (Handlungs-)Zusammenhänge rekapituliert, die zu der Situation auf dem gezeigten Bild geführt haben.

Didaktische Hinweise
Schlüsselbilder, die z. B. bewegende Ereignisse der politischen oder der Religionsgeschichte, zentrale Figurenkonstellationen eines Dramas oder ein bekanntes Naturereignis zeigen, eignen sich besonders gut für den Einstieg in ein Thema.
Als eine Variante der Methode kann ein Bild auch zunächst von der Lehrperson nur beschrieben werden. Die S. ergänzen dann selbst Einzelheiten, an die sie sich erinnern, und teilen Stimmungen mit, die das Bild bei ihnen ausgelöst hat. Erst anschließend bekommen sie das Originalbild zu sehen.
Bei der Auswahl der dargestellten Situation sollte das Alter der S. berücksichtigt werden.

Alternativen
- Provokationsbilder (S. 200)

Literatur
Daniel Di Falco u. a.: Bilder vom besseren Leben. Bern 2002
Gerhard Paul: Bilder des Krieges – Krieg der Bilder. Paderborn 2004

6 GESPRÄCH vorbereiten

Zitat-Oppositionen

Beispiel
Gentechnik:
„Schlüssel zur   ⇦⇨   „Verletzung der
Heilung"   Menschenwürde"

Sozialformen: Partner-, Gruppenarbeit
Dauer: mind. 1 Std.
(als Hausaufgabe)
Medien: Arbeitsblatt
Klassen: ab Klasse 8
Fächer: alle

Didaktisches Potenzial
S. stellen pointiert Meinungen gegenüber.
Die S. nähern sich einem Gegenstand in dialektischer Weise, indem sie eine Serie unterschiedlicher Werturteile dazu zur Kenntnis nehmen und aufeinander beziehen. Sie arbeiten Texte zum selben Thema durch und filtern Extrempositionen des Wertungsspektrums heraus.

Vorbereitungen und Ablauf
In einer vorbereitenden Hausaufgabe beschäftigen sich einige S. mit einem demnächst anzugehenden Unterrichtsstoff. Dazu bekommen sie von der Lehrperson unterschiedliche und evtl. gegensätzliche Werturteile/Positionen zu dem Sachverhalt an die Hand. Aus diesen lösen sie einige knappe, markante Zitate heraus und stellen sie auf einem Arbeitsblatt einander gegenüber. Das Blatt wird kopiert und allen Mits. als Einstieg in ein Gespräch oder ein → Referat präsentiert. Alternativ können die Zitat-Oppositionen auch mit dickem Filzstift auf Plakatkarton geschrieben und ausgehängt werden.

Didaktische Hinweise
Variante: Aus Zitat-Oppositionen, die von der Lehrperson zusammengestellt werden, können sich Frage- und Untersuchungsrichtungen ergeben, denen die Klasse/der Kurs im weiteren Fortgang der Unterrichtsreihe ausführlich nachgehen kann. Gerade in ihrer gegensätzlichen Anlage machen die Zitate neugierig auf die vollständigen Meinungsäußerungen, denen sie entnommen sind, sowie die Begründungen der Verfasser.

Alternativen
- Pro-Kontra-Texte (S. 199)
- Provokationsbilder (S. 200)
- Sprechblasen (S. 201)

Hinweise zur Weiterarbeit
- Diskussion (S. 207)
- Lawinengespräch (S. 214)

Literatur
Gerd Brenner: Methodentraining: Projekt Medien und Meinungsbildung. Berlin 2002, S. 48

6 GESPRÄCH gestalten

Aquarium *(Fishbowl)*

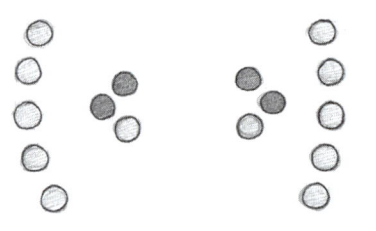

Sozialformen: Kleingruppen, Plenum
Dauer: 15 Min. und länger
Medien: –
Klassen: ab Klasse 5
Fächer: Sprachen, SoWi, Ek, Rel/Ethik, Phil

Didaktisches Potenzial
S. entfalten ein Thema argumentativ.
Dieses formalisierte Diskussionsverfahren gibt für das diskursive Erschließen eines strittigen Themas Regeln vor. Sie verbinden die Vorteile des Kleingruppengesprächs mit einer Plenumssituation. Zwei freie Stühle, die abwechselnd besetzt werden können, ermöglichen zugleich eine spielerische Auflockerung.

Vorbereitungen und Ablauf
Zu einen strittigen Thema bildet die Klasse/der Kurs eine Pro- und eine Kontra-Gruppe. In der Mitte des Raumes stehen beiden Gruppen jeweils drei Stühle zur Verfügung, von denen zunächst nur jeweils zwei besetzt sind. Wie in einem Aquarium sitzen dort zwei Vertreter der jeweiligen Gruppe, alle anderen gruppieren sich um sie herum.
Die beiden Vertreter der Pro- und der Kontra-Gruppe beginnen eine Diskussion, die keinen festen Regeln folgen muss. Die Personen im Außenkreis nehmen an der Diskussion zunächst nicht aktiv teil. Möchte sich jemand von ihnen in die Auseinandersetzung einmischen, kann er den leeren Stuhl seiner Gruppe besetzen und mitreden. Die neu hinzugekommene Person hat Redevorrecht, muss aber nach einer vereinbarten Zeit (z. B. zwei Minuten) wieder in den Außenkreis zurück, um den Platz für einen anderen Interessenten freizumachen. Wenn jemand im Außenkreis den Eindruck hat, dass im Innenkreis keine neuen Gesichtspunkte mehr entwickelt werden, kann er den Antrag stellen, die Diskussion zu beenden. Über diesen Antrag stimmt die Gesamtgruppe ab.

Didaktische Hinweise
Für den Innenkreis sollten zunächst redegewandte S. ausgewählt werden. Später sollten allerdings auch andere S. ermutigt werden, in die Diskussion einzugreifen.
Sowohl im muttersprachlichen als auch im Fremdsprachenunterricht kann den S. eine kurze Liste mit „Rede-Startern" (Redewendungen, die ein Statement einleiten können) an die Hand gegeben werden.

Alternativen
- Pro-Kontra-Debatte (S. 218)
- Diskussion mit Gruppenschutz (S. 209)

Hinweise zur Weiterarbeit
- Schriftliche Erörterung
- Darstellung der Argumente in einer Tabelle

6 GESPRÄCH gestalten

Debatte *(Debate)*

Sozialformen: Großgruppe/Plenum
Dauer: Einzel- oder Doppelstunde
Medien: –
Klassen: ab Klasse 8
Fächer: D, Sprachen, SoWi, Ek, Rel/Ethik, Phil

Didaktisches Potenzial
S. setzen sich argumentativ mit einem Thema auseinander.
Die Debatte dient der Klärung eines strittigen Sachverhalts. Während die Diskussion spontane Gesprächsverläufe zulässt, handelt es sich bei der Debatte um eine stark geregelte Form des Gesprächs. Die Debatte profiliert unterschiedliche Positionen und ist eher auf Abstimmung als auf Konsensbildung ausgerichtet.

Vorbereitungen
Die Klasse/der Kurs wird in zwei Gruppen – eine Pro- und eine Kontra-Gruppe – aufgeteilt. Beide sollten sich auf das Streitgespräch vorbereiten. Die Debatte kann mit verschiedenen Verfahren vorbereitet werden (→ Zitat-Oppositionen, → Sprechblasen).
Folgende Rollen müssen dann in jeder Gruppe verteilt werden:
- Leiter
- jeweils ein Eröffnungsredner der Pro- und Kontra-Gruppe
- jeweils ein zweiter Redner beider Gruppen
- jeweils ein Schlussredner beider Gruppen

Die festgesetzten Hauptredner gehen mit Stichwortzetteln oder anderen Unterlagen aus der Vorbereitungsphase in das Gespräch.

Ablauf
Erste Runde: Der Leiter umreißt kurz das Thema der Debatte. Er gibt dann das Wort zunächst an den Eröffnungsredner der Pro-Gruppe; dieser hat eine vereinbarte Zeit zur Verfügung (z. B. zwei Minuten), um die Position seiner Gruppe darzulegen. Anschließend geht das Wort an den Eröffnungsredner der Kontra-Gruppe, der ebenso viel Zeit zur Verfügung hat.
Zweite Runde: Zunächst redet der zweite Redner der Pro-Gruppe, der die Position der Kontra-Gruppe kritisch zu kommentieren bzw. zu entkräften versucht. Auch für diese Runde ist ein Zeitrahmen vorgegeben. Einen ähnlichen Versuch startet dann der zweite Redner der Kontra-Gruppe, der sich mit den beiden Rednern der Pro-Gruppe auseinandersetzt.
Schlussrunde: Der Schlussredner der Pro-Gruppe fasst die wichtigsten Ergebnisse noch einmal aus seiner Sicht zusammen und wirbt bei den Zuhörern um Unterstützung. Er hat dazu nur ein oder zwei Minuten Zeit. Danach verfährt der Schlussredner der Kontra-Gruppe ebenso. Abschließend kann der Leiter die Zuhörer abstimmen lassen. Pro- wie auch Kontra-Gruppe erfahren so, wie viele Stimmen sie für sich gewinnen konnten.

Didaktischer Kommentar

Die Debatte gilt als die Grundform der parlamentarischen Demokratie. Das Debattenverfahren polarisiert; mit ihm trainieren die S., Problemfelder auf Entscheidungsfragen hin zuzuspitzen. Den S. sollte erklärt werden, dass sie als Rollenträger in der Debatte nicht ihre persönliche Meinung vertreten, sondern in einem geregelten Verfahren eine Rolle übernehmen, die notwendiger Teil einer sachlichen Klärung ist. Die Redner vertreten Meinungen anderer Gruppenmitglieder oder ihnen bekannte gesellschaftliche Positionen auch dann, wenn sie mit der persönlichen Überzeugung nicht voll in Übereinstimmung zu bringen sind.

Tipps zur Umsetzung

Die Redner der zweiten Runde haben den schwierigeren Part, da sie ihre Stellungnahme spontan und flexibel formulieren müssen und kaum vorbereiten können. Während der Redner der Gegenseite spricht, sollten sie sich beim Zuhören kurze Notizen machen, auf die sie sich bei ihrer Gegenrede beziehen können.

Für die Redner der zweiten Runde – aber auch für die anderen – kann ein Ghost-Speaker hilfreich sein, der während der Debatte hinter den Diskutierenden sitzt und ihnen Argumente zuflüstert.

Weitere Arbeitsaufträge:
- Die S., die nicht aktiv an der Debatte teilnehmen, können Beobachtungsaufgaben an die Hand bekommen.
- Arbeitsteilig kann das Verhalten des Debattenleiters und verschiedener Redner im Hinblick auf gedankliche Klarheit, Argumentationsgeschick, Reaktionsfähigkeit etc. beobachtet werden.
- Eine Debatte kann auch mit einer Videokamera aufgezeichnet und anschließend im Hinblick auf das Diskussionsverhalten der einzelnen Teilnehmer untersucht werden.

Mögliche Diskussionsthemen: → Pro-Kontra-Debatte.

Alternativen
- Aquarium (S. 204)
- Expertenpodium (S. 211)
- Pro-Kontra-Debatte (S. 218)
- Kreuzverhör (S. 212)

Hinweise zur Weiterarbeit
- Befragung von Zuhörern, welche Argumente sie am meisten überzeugt haben
- Schriftlicher Antrag
- Zeitungskommentar
- Aufzeichnung von Parlamentsdebatten (z. B. www.Phoenix.de) und ihre Analyse

Literatur

Gerd Brenner: Strategien der Beeinflussung. In: Bernd Schurf/Andrea Wagener (Hrsg.): Texte, Themen und Strukturen. Berlin 2009, S. 589 ff.

Gerd Brenner: Methodentraining: Projekt Medien und Meinungsbildung. Berlin 2002, S. 49

Hans-Werner Kuhn, Peter Massing (Hrsg.): Lexikon der politischen Bildung, Bd. 3: Methoden und Arbeitstechniken. Schwalbach/Ts. 2000, S. 20

6 GESPRÄCH gestalten

Diskussion *(Discussion)*

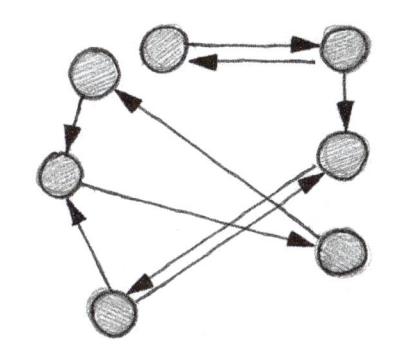

Sozialformen: Gruppenarbeit, Plenum
Dauer: 15 – 45 Min.
Medien: –
Klassen: ab Klasse 5
Fächer: alle

Didaktisches Potenzial
S. tauschen Informationen und Meinungen aus und profilieren eigene Positionen.
Diskussionen regen S. an, in einer Face-to-face-Situation
- eigenes Wissen und Lebenserfahrungen anderen zu vermitteln (dazu müssen Sachverhalte klar und adressatengerecht ausgedrückt werden);
- Meinungen zu einem Sachverhalt auszutauschen und in der Konfrontation mit den Meinungen anderer den eigenen Standpunkt zu profilieren und weiterzuentwickeln (dazu müssen plausible Argumente für die eigene Sichtweise formuliert werden);
- durch dynamische Verknüpfung verschiedener Ideen und Ansichten eine Lösung für ein Problem zu suchen (dabei werden problematische Lösungen, die aus dem beschränkten Horizont einer Einzelperson heraus getroffen worden wären, vermieden);
- im Meinungsaustausch mit anderen Toleranz zu entwickeln.

Vorbereitungen
Diskussionen können als eher offene Gespräche (z. B. → Kugellager, → Redekette, → Plenumsdiskussion, → Vier-Ecken-Spiel) oder als stärker formalisierte Verfahren (z. B. → Debatte, → Diskussion mit Gruppenschutz, → Expertenpodium, → Pro-Kontra-Debatte) vorbereitet werden.

Ablauf
Bei einer Diskussion sprechen die Teilnehmer in einer vereinbarten Zeit zu einem definierten Thema miteinander, um zu einem bestimmten Ergebnis (z. B. einem Beschluss) zu kommen. Alle S. sollten gleichberechtigt teilnehmen, jeweils kurz zum Thema sprechen und nicht abschweifen, Höflichkeitsregeln beachten, mit anderen Meinungen tolerant umgehen und der Diskussionsleitung folgen, wenn sie die Einhaltung von Regeln einfordert.

Didaktischer Kommentar
Die Diskussion ist die zentrale soziale Kommunikationsform in Bildungsprozessen. Als solche entwickelt sie sich in Schulen oft naturwüchsig und wird oftmals zu wenig gezielt trainiert.

Bei S. ist die Diskussion sehr beliebt, sie registrieren aber auch Probleme, z. B.:
- oft sehr ungleiche Redeanteile der Diskussionsteilnehmer;
- eine Überlagerung sachlicher Klärungen durch Selbstinszenierungsversuche einzelner Teilnehmer;
- eine wenig gruppenförderliche „Kampfatmosphäre", in der es darum geht, Recht zu behalten, und weniger darum, sinnvolle sachliche Lösungen zu finden;
- die Tendenz, dass Teilnehmer unbedacht unter den Einfluss durchsetzungsfähiger Meinungsführer geraten.

Tipps zur Umsetzung
Das Diskussionsverhalten in Lerngruppen kann mit Methoden wie → Gruppenplastik-Feedback, → Standogramm, → Vielredner – Wenigredner bewusst gemacht und verbessert werden.
Die *Diskussionsleitung* hat u. a. folgende Aufgaben:
- Sie sollte das Wort in der Diskussionsrunde möglichst gleichmäßig verteilen. Eventuell kann sie dazu laufend eingehende Meldungen auf einer Rednerliste notieren.
- Kommt es in einer Diskussion zu Pausen, kann sie das bisher Gesagte zusammenfassen, verschiedene Positionen noch einmal einander gegenüberstellen und so Impulse für den Fortgang geben.
- Nach der vereinbarten Zeit sollte sie das Ergebnis der Diskussion zusammenfassen. Dabei kann es sich um eine Übereinkunft, aber auch um weiterhin unterschiedliche Positionen handeln. In diesem Fall kann sie eine weitere Diskussion zu einem späteren Zeitpunkt vorschlagen.

Alternativen
- Chat im Internet
- E-Mail- oder sonstige Korrespondenzen

Hinweise zur Weiterarbeit
- Ergebnisprotokoll (S. 227)
- Feedback-Gespräch (S. 306)
- Stumme Imitation (S. 304) oder andere Evaluationsverfahren

Literatur
Regula Schräder-Naef: Rationeller Lernen lernen. Ratschläge und Übungen für alle Wissbegierigen. 19. Aufl., Weinheim, Basel 2000, S. 57 ff.
Ralf Bohnsack, Burkhard Schäfer: Gruppendiskussionsverfahren. In: Theo Hug (Hrsg.): Wie kommt Wissenschaft zu Wissen? Bd. 2: Einführung in die Forschungsmethodik und Forschungspraxis. Baltmannsweiler 2001, S. 324 ff.
Ulrike Six/Uli Gleich/Roland Gimmler (Hrsg.): Kommunikationspsychologie – Medienpsychologie. Weinheim und Basel 2007 (Stichworte „Persuasion" und „Persuasive Kommunikation" im Index)
Ulrich Lipp/Hermann Will: Das große Workshop-Buch. Weinheim und Basel 2008, S. 55 ff.

6 GESPRÄCH gestalten

Diskussion mit Gruppenschutz *(Supported discussion)*

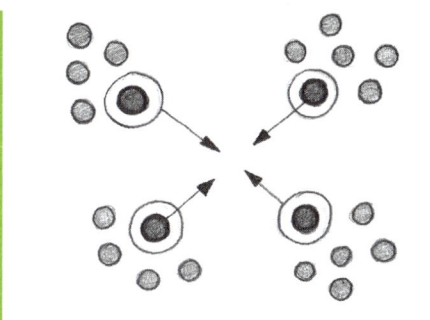

Sozialformen: Kleingruppen, reduziertes Plenum
Dauer: 15 – 45 Min.
Medien: –
Klassen: ab Klasse 7
Fächer: D, Sprachen, SoWi, Rel/Ethik, Phil

Didaktisches Potenzial
S. entwickeln Gesprächskompetenzen.
S. – insbesondere zurückhaltende – können mit permanenter Unterstützung einer Gruppe diskutieren und lernen so, in Diskussionen selbstbewusster und flexibler zu agieren.

Vorbereitungen und Ablauf
An der Diskussion mit Gruppenschutz nehmen nur vier oder fünf Personen einer größeren Lerngruppe aktiv teil. Hinter jedem Diskutanten sitzen einige andere, die beratende Aufgaben haben. Vor der Diskussion und in Diskussionspausen versorgen sie ihren Redner mit Argumenten, Beispielen etc. zu einem vorher vereinbarten Thema; auch während der Diskussionsphasen können sie ihm Stichworte zuflüstern. Allerdings sollten die Unterstützer während der Gesprächsphasen nicht zu viele Tipps geben, um den Diskutanten nicht zu überfordern und so Verwirrung zu stiften.

Didaktische Hinweise
Gruppen, in denen viele sich in Streitgesprächen eher zurückhalten, können das Diskussionsverhalten der „Stilleren" trainieren, indem sie einige, die sich erstmals „trauen", mit je einer Kleingruppe unterstützen. Das Verfahren aktiviert zugleich die gesamte Lerngruppe, weil sich eine gruppendynamische Veranlassung ergibt, den eigenen Kandidaten besonders effektiv zu coachen.
Das Mut machende und aktivierende Verfahren des Gruppenschutzes kann dadurch ergänzt werden, dass die S. eine Liste mit Rede-Startern (Redewendungen zur Eröffnung eines Statements oder zum Anknüpfen an Vorredner) erhalten.

Alternativen
- Kugellager (S. 213)
- Aquarium (S. 204)

Hinweise zur Weiterarbeit
- Ergebnisprotokoll (S. 227)
- Schriftliche Erörterung

Literatur
Gerd Brenner: Methodentraining: Projekt Medien und Meinungsbildung. Berlin 2002, S. 50

6 GESPRÄCH gestalten

Entscheidungsspiel

Sozialformen: Gruppenarbeit, Plenum
Dauer: 20 – 90 Min.
Medien: –
Klassen: ab Klasse 8
Fächer: SoWi, Ek, Ge, D, Sprachen, Rel/Ethik

Didaktisches Potenzial
S. lösen einen fiktiven Konfliktfall im Spiel.
Die S. sprechen und verhandeln in einer spielerisch zugespitzten Weise über ein themenrelevantes Fallbeispiel. Dabei wird die Problematik, zu der eine Entscheidung gefällt werden muss, oft so lebendig, dass die S. ihr Agieren nicht mehr nur als Rollenausfüllung, sondern als persönliche Handlung wahrnehmen.

Vorbereitungen und Ablauf
Den S. wird eine Problemgeschichte erzählt oder eine problematische Situation geschildert, allerdings nur bis zu einem Punkt, an dem eine Entscheidung unumgänglich ist. Dann werden Spielrollen (Spieler und Beobachter) verteilt. Das Spiel läuft nun – evtl. in Szenen mit unterschiedlicher Beteiligung der Rollen – so lange, bis die Spieler eine Entscheidung getroffen haben oder die vereinbarte Zeit abgelaufen ist. Anschließend teilen die Beobachter ihre Ergebnisse mit. Der Spielverlauf wird gründlich ausgewertet.

Didaktische Hinweise
Bei der Wahl der Ausgangssituation muss die Lehrperson darauf achten, dass der Spielkonflikt von den S. erfasst und nachvollzogen werden kann und dass der Konflikt in der angegebenen Zeit zu bewältigen ist. Außerdem sollte die Ausgangssituation so gewählt werden, dass es mehrere gleich sinnvolle Entscheidungsmöglichkeiten gibt, da das Spiel langweilig wird, wenn es unter den S. keine konträren Meinungen gibt, weil die richtige Entscheidung auf der Hand liegt. Die S. können auch aufgefordert werden, die Entscheidung nach dem Konsensprinzip einstimmig zu fällen.
Den *Beobachtern* können u. a. die folgenden Hilfsfragen an die Hand gegeben werden:
- Welches Argument hat besonders stark gewirkt?
- Wie war das Verhältnis von Emotionalität und sachlichen Begründungsversuchen?
- Wie eng oder weit wurden die Rollen ausgelegt?

Alternativen
- Planspiel (S. 55)

Hinweise zur Weiterarbeit
- Hintergrundtexte

Literatur
Günther Gugel: 1000 neue Methoden. Weinheim 2007, S. 120 ff.
Peter Massing: Planspiele und Entscheidungsspiele. In: Bundeszentrale für politische Bildung: Methodentraining für den Politikunterricht. Bonn 2004, S. 163 ff.

6 GESPRÄCH gestalten

Expertenpodium

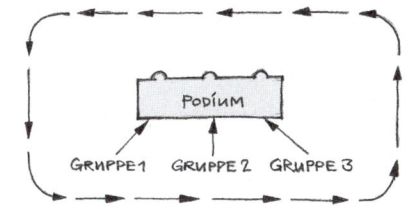

Sozialformen: Plenum
Dauer: 45 Min. (ohne Vorlauf)
Medien: –
Klassen: ab Klasse 8
Fächer: alle

Didaktisches Potenzial
S. informieren Mits. als Experten über ein Thema.
Das Expertenpodium bietet die Möglichkeit, Ergebnisse arbeitsteiliger Gruppenarbeit zusammenzutragen und der Klasse/dem Kurs für eine anschließende Diskussion zur Verfügung zu stellen.

Vorbereitungen und Ablauf
Im Vorfeld des Expertenpodiums haben alle S. in Arbeitsgruppen gearbeitet (→ Gruppenarbeit). Am Ende der Gruppenarbeit wird aus jeder Gruppe ein S. bestimmt (z. B. per Losverfahren oder Zahlentreffer), der an einem Expertenpodium teilnehmen soll. Außer den Experten wird für dieses Podiumsgespräch noch ein Leiter bestimmt.
Erste Runde: Nach der Auslosung setzen sich die Experten aus allen Gruppen an einen langen Tisch. Der Leiter des Podiumsgesprächs umreißt kurz das Thema und gibt das Wort dann nach und nach an alle Experten, die ihre unterschiedlichen Gruppenergebnisse vortragen. Dabei kann man für die Experten eine bestimmte Redezeit (z. B. drei Minuten) vereinbaren. Nach der ersten Expertenrunde können aus dem Plenum Verständnisfragen gestellt werden.
Zweite Runde: Anschließend können die auf dem Podium sitzenden Experten die Ergebnisse der anderen Gruppen kommentieren. Abschließend findet eine allgemeine Diskussion statt (s. Hinweise zur Weiterarbeit).

Didaktische Hinweise
Da das Expertenlos auf jeden S. einer Gruppe fallen kann, sind die S. während der Gruppenarbeit motiviert, intensiv mitzuarbeiten und die Ergebnisse zu verinnerlichen, um sie später ggf. vortragen zu können.
Einzelne S. können das Expertengespräch anhand eines → Feedback-Bogens beobachten. Ihre Untersuchungsergebnisse stellen sie in der nächsten Stunde den Mits. vor.

Alternativen
- Gruppenpuzzle (S. 44)

Hinweise zur Weiterarbeit
- Plenumsdiskussion (S. 215)
- Aquarium (S. 204)

Anschließend:
- Ergebnisprotokoll (S. 227)
- Mindmap (S. 163)

6 GESPRÄCH gestalten

Kreuzverhör (Cross-examination)

Sozialformen: Gruppenarbeit, Plenum
Dauer: 45 Min. (mit Vorbereitungen)
Medien: –
Klassen: ab Klasse 8
Fächer: D, SoWi, Rel/Ethik, Phil, Ge

Didaktisches Potenzial
S. führen ein zugespitztes Rollengespräch.
Beim Kreuzverhör handelt es sich um eine Sonderform des → Rollenspiels. In einer Befragung zu einem vorgegebenen kontroversen Thema nimmt ein S. die Rolle des Angeklagten ein, der sich selbst mit Argumenten verteidigen soll.

Vorbereitungen und Ablauf
Im Vorfeld des Kreuzverhörs bereitet die Klasse/der Kurs in Gruppenarbeit die für das Kreuzverhör notwendigen Rollen vor. Benötigt werden ein Richter, zwei bis drei Schöffen, zwei Ankläger und ein Angeklagter sowie Fragen, die sich an den Angeklagten richten.
- Zunächst werden für diese Personen Stühle und Tische wie im Gerichtssaal angeordnet: Der Richter und die Schöffen sitzen an einem Tisch, ihnen gegenüber sitzt der Angeklagte im Zeugenstand und seitlich außen nehmen die zwei Ankläger Platz.
- Nun verlesen die Ankläger eine Reihe von Fragen an den Angeklagten (z. B. zehn), auf die dieser innerhalb von jeweils zehn Sekunden antworten muss. Bleibt eine Antwort innerhalb der vorgegebenen Zeit aus, so gilt er in dieser Frage als schuldig. Auch der Richter darf Nachfragen an den Angeklagten richten, die ebenso schnell beantwortet werden müssen.
- Wenn die Ankläger keine Fragen mehr haben, zieht sich der Richter mit den Schöffen zur Beratung zurück, um ein Urteil zu fällen.
- Dieses wird dann dem Angeklagten mitgeteilt.

Die anderen Schüler verfolgen das Geschehen und erhalten dazu Beobachtungsaufgaben.

Didaktische Hinweise
Das Kreuzverhör als Gesprächsform setzt voraus, dass ein S. bereit ist, sich von einigen anderen vor den Augen aller Mits. „in die Mangel nehmen zu lassen".
Während des Kreuzverhörs sollten zwei Beobachtergruppen (je vier S.) genau auf die Verhaltensweisen der direkt Beteiligten (Richter, Ankläger etc.) achten. Die Beobachtungen werden in der nächsten Stunde mitgeteilt und diskutiert.

Alternativen
- Aquarium (S. 204)

Hinweise zur Weiterarbeit
- Plenumsgespräch
- Brief an den Angeklagten

6 GESPRÄCH gestalten

Kugellager/Zwiebelgespräch *(Double Circle)*

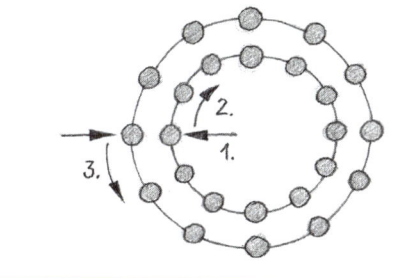

Sozialformen: Plenum/Partnerarbeit
Dauer: 15–30 Min.
Medien: –
Klassen: ab Klasse 5
Fächer: alle

Didaktisches Potenzial
S. diskutieren mit wechselnden Partnern.
Das Kugellagergespräch dient der Aktivierung aller Mitglieder einer Großgruppe und dem Meinungsaustausch. Als Diskussionsform bietet es die Möglichkeit, jeweils zwei S. miteinander ins Gespräch zu bringen. Um jeden Einzelnen mit möglichst vielen verschiedenen Meinungsaspekten zu konfrontieren, wechseln die Diskussionspartner etwa alle fünf Minuten.

Vorbereitungen und Ablauf
Für die Durchführung eines Kugellagergesprächs benötigt man eine gerade Zahl von Teilnehmern. Sie sitzen sich in einem Innen- und einem Außenkreis gegenüber. Bei einer ungeraden Anzahl von S. übernimmt ein S. die Spielleitung.
- Zu einem vereinbarten Thema tauschen die S., die sich gegenübersitzen, etwa fünf Minuten lang ihre Positionen aus.
- Auf ein Signal des Spielleiters hin rutschen dann alle S. im *Innenkreis* im Uhrzeigersinn zwei Plätze weiter, sodass jeder S. einen neuen Gesprächspartner erhält. Beide tauschen nun erneut etwa fünf Minuten lang ihre Gedanken aus und können dabei dem Gesprächspartner auch vermitteln, was der erste Gesprächspartner gesagt hat.
- Nach Ablauf der vereinbarten Zeit unterbricht der Gesprächsleiter erneut den Gedankenaustausch. Nun rutscht der *Außenkreis* entgegen dem Uhrzeigersinn zwei Plätze weiter und ein dritter Gedankenaustausch beginnt.
- …

Didaktische Hinweise
Das Kugellagergespräch ist als Diskussionsform dann besonders sinnvoll, wenn die Klasse/der Kurs bei Plenumsgesprächen schlecht in Gang kommt.
Es kann beliebig lange fortgesetzt werden. Die Länge der Diskussion sollte vom Diskussionsbedarf der Klasse/des Kurses abhängen.

Alternativen
- Diskussion mit Gruppenschutz (S. 209)

Hinweise zur Weiterarbeit
- Ergebnisprotokoll (S. 227)
- Schriftliche Erörterung

6 GESPRÄCH gestalten

Lawinengespräch

Sozialformen: Partner-/Gruppenarbeit, Plenum
Dauer: 20 – 45 Min.
Material: Papier und Stifte
Klassen: ab Klasse 5
Fächer: insbes. D, Sprachen, SoWi

Didaktisches Potenzial
S. erstellen in immer größer werdenden Gruppen ein Meinungsbild.
Die S. erhalten die Gelegenheit, zu einem Thema eigene Vorstellungen zu entwickeln und diese in Gruppen zunehmender Größe zu vertreten und weiterzuentwickeln. In einer Partnerarbeitsphase kommt zunächst jeder S. zum Zuge. Daher bietet das Lawinengespräch die Möglichkeit, dass alle Vorstellungen, die in der Klasse/im Kurs bestehen, in die weiteren Überlegungen einfließen.

Vorbereitungen und Ablauf
Zunächst denkt jeder S. einzeln kurz über das Thema/die Fragestellung nach.
- Dann tauschen alle S. in *Zweiergruppen* einige Minuten lang ihre Meinungen dazu aus und halten ihre Ergebnisse stichpunktartig fest.
- Anschließend setzen sich je zwei Zweiergruppen zu *Vierergruppen* zusammen. In diesen werden jeweils die Ergebnisse der beiden Ausgangsgruppen ausgetauscht, zusammengefasst und evtl. ergänzt.
- Dann schließen sich jeweils *Achtergruppen* zusammen und verfahren ebenso.
- Die Achtergruppen stellen ihre Ergebnisse schließlich dem *Plenum* vor.

Didaktische Hinweise
Dieses Verfahren ist besonders gut geeignet, um weitere Vorgehensweisen im Rahmen von Projekten oder anderen offenen Lernverfahren abzustimmen. In diesem Fall findet – nach einer gründlichen Diskussion der Ergebnisse der Achtergruppen im Plenum – eine Abstimmung statt.
Eine Variation dieses Verfahren ist das von dem Kanadier Norm Green entwickelte *Think–Pair–Square* (individuelles Nachdenken, dann Partner- und Vierergruppen).

Alternativen
- Prioritätenspiel (S. 217)
- Ampelspiel (S. 194)
- Kugellager (S. 213)

Hinweise zur Weiterarbeit
- Pro-Kontra-Debatte (S. 218)
- Debatte (S. 205)

6 GESPRÄCH gestalten

Plenumsdiskussion

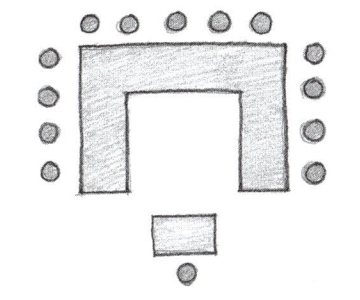

Sozialformen: Plenum
Dauer: 10 – 45 Min.
Medien: –
Klassen: alle
Fächer: alle

Didaktisches Potenzial
S. tauschen in regulierter Form ihre Kenntnisse und Meinungen aus.
In einer Plenumsdiskussion unterhält sich eine gesamte Lerngruppe über ein (zunächst) strittiges Thema, wobei möglichst viele Teilnehmer Informationen weitergeben und Position beziehen. Die S. halten sich dabei an ihnen bekannte Regeln der Großgruppenkommunikation (Redebeitrag anmelden, andere ausreden lassen etc.).

Vorbereitungen und Ablauf
Bei einer Plenumsdiskussion sollten möglichst alle S. Augenkontakt miteinander haben. Wenn dies in einer Lerngruppe aufgrund der gegebenen Sitzordnung nicht möglich ist, sollte diese evtl. leicht variiert werden (alle in einem Rechteck oder Kreis).
Um eine ungleichgewichtige Beteiligung der S. in großen Diskussionsgruppen zu vermeiden, können Plenumsdiskussionen dadurch gesteuert werden, dass
- die S. gemäss einer Rednerliste das Wort ergreifen;
- eine Redezeit-Begrenzung festgelegt wird, wenn es in einer Lerngruppe „Vielredner" gibt;
- alle S. je drei Chips für Redebeiträge bekommen, die im Verlauf der Diskussion abgegeben werden müssen;
- Mädchen und Jungen abwechselnd das Wort erteilt wird.

Didaktischer Hinweise
Als Sonderform der → Diskussion (dort viele weitere Hinweise) kann die Plenumsdiskussion den Zusammenhalt der gesamten Lerngruppe fördern. Die Lerngruppe kann dabei von der Lehrperson unabhängiger werden, indem die S. selbst für eine gewisse Zeit das Wort weitergeben. (In jüngeren Klassen kann vorgesehen werden, dass ein Junge jeweils ein Mädchen und ein Mädchen jeweils einen Jungen aufrufen muss.)

Alternativen
- Redekette (S. 220)
- Debatte (S. 205)
- Prioritätenspiel (S. 217)

Hinweise zur Weiterarbeit
- Ergebnisprotokoll (S. 227)
- Verlaufsprotokoll (S. 228)

6 GESPRÄCH gestalten

Positionsspiel

Sozialformen: Dialog, Plenum
Dauer: 10–20 Min.
Medien: –
Klassen: ab Klasse 5
Fächer: Sprachen, SoWi, Ek, Rel/Ethk, Ge, Bio

Didaktisches Potenzial
S. trainieren ihre Redefähigkeit und intensives Zuhören.
Das Verfahren verbindet ein rhetorisches Training mit Bewegungselementen und bietet somit eine Alternative zur schulischen „Sitzkultur".

Vorbereitungen und Ablauf
Aus dem Plenum werden zwei S. ausgewählt, von denen der eine zu einer These die Pro- und der andere die Kontra-Position einnimmt. Die beiden S. stellen sich in gegenüberliegende Ecken des Raums. Der Rest des Plenums steht in der Mitte zwischen den beiden. Der Pro-Redner und der Kontra-Redner tragen nun jeweils abwechselnd ein Argument vor, das nicht unbedingt die eigene Meinung widerspiegeln muss. Nach jedem vorgetragenen Argument müssen die restlichen S. ihren Standpunkt verändern. Bei einer Befürwortung des Arguments machen sie einen Schritt auf den jeweiligen Redner zu, bei einer Ablehnung gehen sie einen Schritt zurück. Nach etwa einer Viertelstunde wird das Spiel beendet.
Die Aufstellung des Plenums gibt dann ein Feedback, wie überzeugend die jeweiligen Argumente des Pro- bzw. des Kontra-Redners waren.

Didaktische Hinweise
Die Tatsache, dass die Mehrzahl der S. nicht am Gespräch teilnimmt, wird dadurch kompensiert, dass jeder S. in kurzen Abständen durch Positionswechsel eine Reaktion zum Ausdruck bringen kann. Jeder S. ist dadurch veranlasst, die Argumentationen der beiden „Redner" genau zu verfolgen und seinen Standpunkt dazu zu bestimmen.
Variante: Bei größeren Gruppen können auch jeweils zwei bis drei S. die Pro- und Kontra-Position einnehmen oder im Sinne der Diskussion mit Gruppenschutz agieren.

Alternativen
- Diskussion mit Gruppenschutz (S. 209)
- Pro-Kontra-Debatte (S. 218)

Hinweise zur Weiterarbeit
- Evaluation des rhetorischen Verhaltens
- Schriftliche Erörterung

6 GESPRÄCH gestalten

Prioritätenspiel

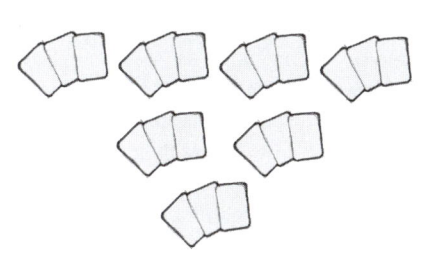

Sozialformen: Gruppenarbeit, Plenum
Dauer: je nach Umfang
Medien: Karteikarten
Klassen: ab Klasse 5
Fächer: SoWi, Ek, Rel/Ethik, Phil, D

Didaktisches Potenzial
S. begründen Meinungen und kommen zu einer Einigung.
Das Prioritätenspiel vergegenwärtigt Meinungen zu einem vorgegebenen Thema und legt den S. nahe, diese vor den Mits. zu begründen und überzeugend darzulegen.

Vorbereitungen und Ablauf
Die Lehrperson nennt den S. eine zu beantwortende Frage und teilt die Klasse/den Kurs in Kleingruppen (z. B. zu je drei oder vier S.). Jede Kleingruppe erhält nun drei Karteikarten, auf denen jeweils eine Antwort festgehalten wird. Anschließend legt jede Kleingruppe die Rangfolge ihrer drei Antworten fest.
In einem zweiten Schritt schließen sich jeweils zwei Kleingruppen zusammen. In dieser größeren Gruppe werden die Antworten der beiden Teilgruppen zunächst vorgestellt. Dann müssen sich die S. erneut auf insgesamt drei Antworten und deren Rangfolge einigen.
Diese Gruppen werden dann wiederum zu größeren Gruppen zusammengefasst. Wieder müssen sich die S. auf insgesamt drei Antworten und deren Rangfolge einigen.
Das Spiel ist zu Ende, wenn sich die gesamte Gruppe auf eine Rangfolge von drei Antworten geeinigt hat.

Didaktische Hinweise
Gegenüber der üblichen Plenumsdiskussion mit Abstimmung bietet dieses Verfahren den Vorteil, dass nicht nur die Meinungsführer des Plenums an der Meinungsbildung aktiv beteiligt sind. Das gestaffelte Verfahren sorgt dafür, dass die S. die verschiedenen Argumente immer wieder neu abwägen.
Variante: Den S. werden vorgefertigte Statements zum Thema ausgeteilt, sodass sie sich nur noch auf eine Rangfolge einigen müssen.

Alternativen
- Bepunkten (S. 226)
- Debatte (S. 205)
- Aquarium (S. 204) mit anschließender Abstimmung

Hinweise zur Weiterarbeit
- Ergebnisprotokoll (S. 227)

6 GESPRÄCH gestalten

Pro-Kontra-Debatte

Beispiel
Sollen genetisch veränderte Substanzen in Lebensmitteln erlaubt sein?

Sozialformen: Podium mit Zuschauerplenum
Dauer: Doppelstunde
Medien: Themenspezifisches Informationsmaterial
Klasse: ab Klasse 9
Fächer: SoWi, Sprachen, Rel/Ethik, Phil, Bio

Didaktisches Potenzial
S. profilieren verschiedene Sichtweisen.
In einer Pro-Kontra-Debatte werden unterschiedliche Positionen kurz und prägnant einander gegenübergestellt und argumentativ begründet.

Vorbereitungen
Folgende Rollen müssen vorab festgelegt werden: Moderator, zwei Anwälte und ein bis vier Sachverständige. Alle übrigen S. bilden das Publikum. Der Moderator erhält einen Ablaufplan. (Die Rolle des Moderators kann auch von der Lehrperson übernommen werden.) Sachverständige und Anwälte bereiten sich in vorgelagerten Arbeitsgruppen intensiv auf ihre Aufgabe vor. Das spätere Publikum kann daran beteiligt werden. Die vorbereitenden Arbeitsgruppen erhalten themenspezifisches Material (➔ Impulstexte, ➔ Pro-Kontra-Texte, ➔ Zitat-Oppositionen etc.).

Ablauf
Eine anschließende Pro-Kontra-Debatte kann in sieben Phasen unterteilt werden:
1. Eröffnung (5 Min.): Der Moderator, der über ein gewisses Maß an Autorität verfügen sollte, eröffnet die Diskussion, begrüßt die Teilnehmer, verweist auf die Spielregeln und nennt das Thema.
2. Erste Abstimmung (5 Min.): Vor der Debatte stimmt das Publikum das erste Mal geheim über eine strittige Frage im Rahmen des Themas ab. Das Ergebnis wird festgehalten.
3. Plädoyers (2 Min.): Die Anwälte halten Eingangsplädoyers: Sowohl der Pro-Anwalt als auch der Kontra-Anwalt erhalten dafür eine Minute Zeit. Beide begründen ihre Position und werben um Zustimmung.
4. Befragung der Sachverständigen (5 bis 20 Min.): Maximal vier Sachverständige, die nicht diskutieren dürfen, sondern nur auf Fragen antworten, werden von den Anwälten abwechselnd befragt.
5. Schlussplädoyers (2 Min.): Jeder Anwalt erhält wiederum eine Minute Zeit, um nochmals seine Position zu verdeutlichen, indem er auf die Aussagen der Sachverständigen eingeht.
6. Zweite Abstimmung (5 Min.): Nach der Debatte stimmt das Publikum erneut über die strittige Frage ab, um festzustellen, ob einige Zuhörer ihre Meinung geändert haben.

7. Auswertungsgespräch (20 bis 30 Min.): Im Anschluss an eine Pro-Kontra-Debatte findet eine Auswertung statt. Bei diesem Gespräch wird die Plausibilität und Überzeugungskraft der Argumente diskutiert.

Didaktischer Kommentar
Die Pro-Kontra-Debatte gehört zu den simulativen Methoden, das heißt, die S. nehmen fremde Rollen an und vertreten nicht ihre eigene Meinung. Dadurch lernen sie mit fremden Sichtweisen und Begründungen umzugehen, genau zuzuhören, abzuwarten, Aussagen der Gesprächspartner genau wiederzugeben, sie zu kommentieren, Gegenthesen zu bilden oder stützende Argumente zu finden.
Da die Pro-Kontra-Debatte an strenge Regeln gebunden ist, wirkt sie sehr disziplinierend und eignet sich daher gut für Themen, die bei den Schülern mit starken Emotionen besetzt sind.

Tipps zur Umsetzung
Das Thema sollte auf eine Entscheidungsfrage zugespitzt werden, damit aus der Pro-Kontra-Debatte keine ausufernde Diskussion wird. Die Themenstellung muss also gut durchdacht sein, sodass die S. eindeutig die Rolle der Pro- oder der Kontra-Partei übernehmen können.
Vor einer solchen Debatte sollten die S. mit dem Problem bereits vertraut sein und unterschiedliche Positionen kennen gelernt haben.
Eine Pro-Kontra-Debatte sollte frühestens in der Klasse 9 eingesetzt werden, da sie die Fähigkeit voraussetzt, kommunikative Abläufe zu überblicken und schnell zu analysieren.

Unterrichtszusammenhänge
Das Verfahren eignet sich für strittige Sachverhalte, die aus Sicht der S. kontrovers diskutiert werden. Mögliche Diskussionsthemen:
- SoWi: Soll die Wehrpflicht abgeschafft werden?
- Sprachen: Soll Lektüre X oder Y gelesen werden?
- Biologie: Sollen genetisch veränderte Substanzen in Lebensmitteln erlaubt sein?

Alternativen
- Plenumsdiskussion (S. 215)
- Diskussion mit Gruppenschutz (S. 209)
- Prioritätenspiel (S. 217)
- Vier-Ecken-Spiel (S. 221)

Hinweise zur Weiterarbeit
- Bepunkten (S. 226)
- Ergebnisprotokoll (S. 227)
- Stimmungsbarometer (S. 295)
- Votum-Ei (S. 297)

Literatur
Heinz Klippert: Teamentwicklung im Klassenraum. Weinheim 2001, S. 83
Bundeszentrale für politische Bildung: Methodentraining für den Politikunterricht. Bonn 2004, S. 145–162
Bernd Schurf/Andrea Wagener (Hrsg.): Texte, Themen und Strukturen. Deutschbuch für die Oberstufe. Berlin 2009, S. 77 ff.

6 GESPRÄCH gestalten

Redekette

Beispiel
„… Unterhaltet euch weiter darüber und nehmt euch dabei selbst dran."

Sozialformen: Plenum
Dauer: 3–10 Min.
Medien: –
Klassen: alle
Fächer: alle

Didaktisches Potenzial
S. nehmen die Gesprächssteuerung selbst in die Hand.
In Unterrichtsphasen, in denen die Meinungen oder die persönlichen Erfahrungen von S. im Mittelpunkt stehen, erhalten diese die Möglichkeit, ihre Ansichten ohne Eingreifen der Lehrperson zu äußern und ihr Gespräch selbst zu organisieren. Das Verfahren stärkt die Aufmerksamkeit in einer Lerngruppe, da alle ihre Äußerungen intensiver auf die Mits. ausrichten und wahrnehmen, dass sie das Gespräch ohne Einfluss der Lehrperson mitsteuern können.

Vorbereitungen und Ablauf
Die S. sollten so sitzen, dass sie Blickkontakt miteinander aufnehmen können (also Sitzkreis oder Konferenzordnung, aber keine Omnibus-Sitzordnung).
Auf einen Impuls der Lehrperson hin äußern sich mehrere S. nacheinander, wobei sie sich nacheinander das Wort erteilen. Dazu sieht sich jeder, sobald er zu Ende geredet hat, in der Klasse um und gibt das Rederecht an einen Mits. weiter. Die Redekette wird von der Lehrperson nur dann unterbrochen, wenn massive Störungen des Gesprächs (z. B. Beleidigungen) auftreten, die von den S. nicht selbst bewältigt werden können.

Didaktische Hinweise
In jüngeren Klassen kommt es vor, dass Jungen nur Jungen und Mädchen nur Mädchen aufrufen. Dann kann vereinbart werden, dass Mädchen prinzipiell das Wort nur an Jungen weitergeben dürfen und umgekehrt. Diese Regelung kann nach einiger Zeit wieder aufgehoben werden.
Die Lehrperson kann sich während der Redekette Notizen machen, stumm ein Tafelbild zu den Redebeiträgen erstellen oder die Äußerungen der S. am Schluss der Redekette zusammenfassen.

Alternativen
- Kugellager (S. 213) mit Anschlussplenum

Hinweise zur Weiterarbeit
- Ergebnisprotokoll (S. 227)

Vier-Ecken-Spiel *(Four Corners)*

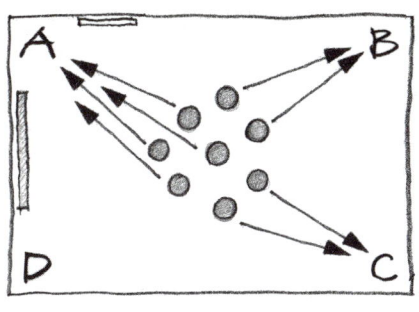

Sozialformen: Plenum
Dauer: 10–30 Min.
Medien: –
Klassen: ab Klasse 5
Fächer: alle

Didaktisches Potenzial
S. und L. erhalten das Meinungsbild der Klasse.
Die S. bekommen ein Bild davon, wie oft unterschiedliche Meinungen in der Klasse/dem Kurs vertreten sind. Das Vier-Ecken-Spiel dient außerdem der Auflockerung, da sich alle S. von ihren Plätzen erheben und mehrmals neu im Raum positionieren müssen.

Vorbereitungen und Ablauf
Die Klasse/der Kurs versammelt sich in der Mitte des Raumes. Die Lehrperson liest den S. Satzanfänge und vier mögliche Ergänzungen vor, die den vier Ecken des Raumes zugeordnet werden. Jeder S. entscheidet für sich, welche Ergänzung er für die richtige hält, und stellt sich in die entsprechende Ecke. Es bleibt einige Sekunden Zeit, zur Kenntnis zu nehmen, wer sich für welche Ecke entschieden hat, bevor die nächste Spielrunde beginnt.

Didaktische Hinweise
Dieses Spiel ist auch gut geeignet, um neue Klassen/Kurse kennenzulernen. Die Lehrperson kann Fragen nach den Lieblingsfarben, -hobbys und -büchern stellen, aber auch z. B. Fragen wie „Was, glaubt ihr, beeinflusst euch am meisten? Die Eltern, Freunde, Medien oder die Schule?"
Um mit den Ergebnissen der Meinungsumfrage anschließend besser weiterarbeiten zu können, kann die Lehrperson während des Spiels zu den einzelnen Satzanfängen und Ergänzungen die Anzahl der S. in jeder Ecke notieren.

Alternativen
- Ampelspiel (S. 194)
- Lawinengespräch (S. 214)
- Redekette (S. 220)
- Kugellager (S. 213)

Hinweise zur Weiterarbeit
- Auswertung in einer Plenumsdiskussion (S. 215)
- Debatte (S. 205)

Literatur
Gerd Brenner: Methodentraining: Projekt Medien und Meinungsbildung. Berlin 2002, S. 32

6 GESPRÄCH begleiten

Echo

Beispiel
Diskussionsleiter: „Gib bitte ein Echo, bevor du dich weiter äußerst."
Schüler A: „B ist der Meinung, dass …"
Schüler B: „Ja, so hab ich's gemeint."
Schüler A: „Ich finde aber, dass …"

Sozialformen: Plenum, Gruppenarbeit
Dauer: einige Min.
Medien: –
Klassen: ab Klasse 5
Fächer: alle

Didaktisches Potenzial
S. werden zu einem gedanklich vernetzten Dialog veranlasst.
Bei Gesprächen in der Lerngruppe werden die S. veranlasst, ihren Gesprächspartnern aufmerksam zuzuhören. Durch Wiederholung von zuvor Gesagtem sorgen sie dafür, dass ihre Äußerungen gedanklich intensiver miteinander verknüpft werden.

Vorbereitungen und Ablauf
Die Lehrperson – oder auch ein dazu eigens beauftragter S. – beobachtet den Verlauf des Gesprächs genau und greift ein, wenn die S. in ihren Gesprächsbeiträgen nicht mehr hinreichend aufeinander eingehen, sondern Redebeiträge nur noch additiv aneinanderreihen oder gar aneinander vorbeireden. In solchen Situationen kann die Lehrperson bzw. der beauftragte S. für eine begrenzte Zeit (z. B. ca. drei Minuten lang) von jedem, der sich äußert, ein „Echo" verlangen. Dies bedeutet, dass die Äußerung des jeweiligen Vorredners zunächst sinngemäß wiederholt werden muss, bevor der eigene Redebeitrag angeschlossen werden darf. Der Vorredner muss den Inhalt der Wiederholung akzeptieren können. Wenn er meint, dass die eigene Äußerung zu ungenau wiedergegeben worden ist, kann er das feststellen und erklären, was vergessen oder ungenau bzw. falsch wiedergegeben wurde.

Didaktische Hinweise
In Lerngruppen, in denen oftmals aneinander vorbeigeredet wird, ist es sinnvoll, dass ab und zu von einem freien zu einem kontrollierten Dialog gewechselt wird. Das Verfahren des Echos baut in solchen Situationen Egozentrik ab und trainiert Empathie.
Die S. können darauf hingewiesen werden, dass das Anknüpfen an einen Vorredner ein wichtiger Baustein eines guten Diskussionsverhaltens ist.

Alternativen
- Kugellager (S. 213)

Hinweise zur Weiterarbeit
- Echo als ein wichtiges Element des → Spiegelns (S. 81) institutionalisieren

6 GESPRÄCH begleiten

 Moderation *(Moderation)*

Beispiel
„Ich habe den Eindruck, dass diese Frage jetzt ausdiskutiert ist. Wir könnten im Anschluss daran überlegen, wie wir …"

Sozialformen: Plenum, Gruppenarbeit
Dauer: 10 – 45 Min.
Medien: Tafel, Flipchart u. Ä.
Klassen: ab Klasse 8
Fächer: alle

Didaktisches Potenzial
S. strukturieren aus neutraler Distanz Gespräche ihrer Mits.
Moderation ist ein zurückhaltendes und begleitendes Verfahren der Gesprächsleitung. S. können als Moderatoren sowohl in der Gruppenarbeit als auch im Klassen- bzw. Kursplenum phasenweise Gespräche leiten. Dabei entdecken und entwickeln sie die Fähigkeit, anderen zugleich intensiv zuzuhören und Distanz zum Gesprächsgeschehen zu halten, um an den richtigen Stellen steuernd eingreifen zu können. Als Moderator bleiben S. in der Sache neutral und regen zu konzentrierten sachlichen Klärungen an, deren inhaltliche Füllung den Mits. überlassen bleibt.

Vorbereitungen
Bevor die Moderation eines Gesprächs beginnt, werden Rahmenvereinbarungen zu Thema, zeitlicher Länge und angestrebtem Ergebnis getroffen. S., die moderieren wollen, müssen sich auf das zu behandelnde Thema und die Steuerungsaufgabe genau vorbereiten (s. Tipps).

Ablauf
Ein S.-Moderator steuert die Lerngruppe als zurückhaltender Helfer bei der Meinungsbildung, ohne die eigene Meinung ins Spiel zu bringen oder Äußerungen anderer zu werten; als Lernbegleiter lässt er der Lerngruppe die volle Entscheidungsfreiheit über thematische Schwerpunkte und Entwicklungen und stellt nur reguläre Abläufe sicher.
Der Moderator
- leitet das vereinbarte Thema ein und wählt ein geeignetes Verfahren (z. B. → Blitzlicht), um am Anfang möglichst viele Äußerungen zum Thema einzuholen;
- dokumentiert auftauchende Fragestellungen in einem Fragenspeicher (z. B. Tafel, Flipchart);
- achtet auf die Einhaltung von Spielregeln („Andere ausreden lassen!" etc.);
- macht ab und zu klar, an welcher Stelle des Klärungsprozesses sich die Gruppe gerade befindet („Mein Eindruck ist, dass wir jetzt einige der wichtigsten Aspekte diskutiert haben. Offen ist noch die Frage von XY, ob wir …");
- erinnert die Lerngruppe ggf. an den vereinbarten zeitlichen Rahmen und schätzt ab, ob die Gruppe noch „in der Zeit" ist;
- leitet rechtzeitig von inhaltlichen Erörterungen zum Formulieren eines Ergebnisses über.

Didaktischer Kommentar
Das Moderationsverfahren wurde in den 1960er-Jahren in die schulische Pädagogik eingeführt, in einer Zeit also, in der autoritäre Führungsstile durch demokratieadäquatere und transparentere Verfahren abgelöst werden sollten. Inzwischen verlangt die Arbeitswelt von vielen Arbeitnehmern die Fähigkeit, sich moderierend in Gruppengespräche einzubringen. Auch bei Bewerbungsgesprächen für Ausbildungsstellen werden solche Kompetenzen inzwischen oft überprüft. Es ist daher sinnvoll, dass S. sich die Moderationstechnik bereits in der Schule aneignen. Allerdings ist diese Methode der Gesprächssteuerung anspruchsvoll, sodass S. sich nur Schritt für Schritt in das Moderieren von Gesprächen einarbeiten können.

Grundlage eines moderierenden Verhaltens ist, dass man den Mitgliedern einer Gruppe gegenüber eine fragende und nicht eine behauptende oder fordernde Haltung einnimmt. Die Fragen sollten so gestellt werden, dass der Gedankenaustausch in der Gruppe angeregt und vorangetrieben wird. Insgesamt sollte der Moderator so wenig wie möglich selbst reden.

Tipps zur Umsetzung
S., die moderieren wollen, können sich u. a. mithilfe der folgenden Fragen auf ihre Aufgaben vorbereiten:
- Welche Aspekte des Themas sollten in dem Gespräch vorkommen?
- Mit welcher Frage oder welcher Einleitung eröffne ich das Gespräch?
- Welche anregenden Fragen kann ich der Gruppe stellen, wenn das Gespräch stockt?
- Welche Störungen können bei dieser Gruppe auftreten?
- Wie soll ich auf die Störungen reagieren?
- Wie sorge ich dafür, dass das Gespräch zum vereinbarten Zeitpunkt zu einem Ergebnis kommt?
- Wer fasst am Ende die Ergebnisse wie zusammen?

Unterrichtszusammenhänge
Eine sinnvolle Einsatz- und Übungsmöglichkeit für Moderationstechniken ergibt sich bei der ➔ Gruppenarbeit. Die Lehrperson kann jede Gruppe auffordern, einen Moderator zu bestimmen. Die Anforderungen an diese Rolle sollten vorher ausführlich geklärt werden.

Alternativen
- Moderation durch L.

Hinweise zur Weiterarbeit
- Ergebnisprotokoll (S. 227)
- Feedback-Interview (S. 78)
- Stimmungskurve (S. 296)

Literatur
Herbert Gudjons (Hrsg.): Die Moderationsmethode in Schule und Unterricht. Bielefeld 2000
Georg Weißeno: Gespräche führen im Politikunterricht. In: Bundeszentrale für politische Bildung: Methodentraining für den Politikunterricht. Bonn 2004, S. 49 ff.
Nancy Lee Cecil: Mit guten Fragen lernt man besser. Mülheim 2008

6 GESPRÄCH begleiten

Themenspeicher *(Store)*

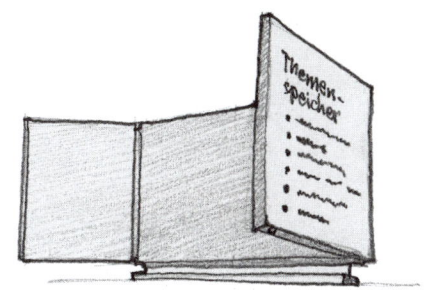

Sozialformen: Plenum, Gruppenarbeit
Dauer: 1 Min.
Medien: Tafel, Plakat, Folie
Klassen: alle
Fächer: alle

Didaktisches Potenzial
S. stellen Themenaspekte gezielt zurück.
Das Verfahren sorgt dafür, dass momentan nicht passende Äußerungen von S. nicht verworfen, sondern für spätere Phasen des Gesprächs aufgehoben werden. Es bietet der Lehrperson und auch den Mits. die Möglichkeit, auch solche Beiträge zu würdigen, die im Moment nicht zum Gedankengang passen.

Vorbereitungen und Ablauf
In Plenumsgesprächen, aber auch in Gruppengesprächen halten die S. oder die Lehrperson Äußerungen, die einen Gedankengang unterbrechen, aber für das Gesamtthema durchaus von Belang sind, in einem *Themenspeicher* fest. Dieser befindet sich z. B. auf dem rückwärtigen Teil einer aufklappbaren Tafel, auf einer Wandzeitung oder auch auf einer Folie (im Fall einer Gruppenarbeit auf einem Blatt Papier). Die im Themenspeicher notierten Aspekte werden später (evtl. auch erst in einer der nächsten Unterrichtsstunden) aufgerufen, sobald die Systematik der Themenentwicklung es zulässt.
Befindet sich der Themenspeicher auf einem Teil der Tafel, kann er am Ende der Unterrichtsstunde von einem S. kurz abgeschrieben werden, damit er für die kommenden Stunden verfügbar bleibt.

Didaktische Hinweise
Das Verfahren hilft, auch denjenigen S. gerecht zu werden, denen die aktuelle Fokussierung des Themas nicht bewusst ist und die zwar interessante, momentan aber eher ablenkende Ideen äußern. Zugleich befreit das Verfahren Lehrende von der Sorge, S. könnten sich übergangen fühlen, weil ihre Äußerungen nicht aufgegriffen werden.
Ein S. kann „Beauftragter" für den Themenspeicher sein und dafür sorgen, dass die dort notierten Ideen an passenden Stellen eingebracht werden.

Alternativen
- S. werden darauf verwiesen, ihre Ideen individuell zu notieren

Hinweise zur Weiterarbeit
- Aufnahme der Themenspeicher-Notizen in die folgenden Unterrichtsphasen

6 GESPRÄCH im Ergebnis festhalten

Bepunkten

Beispiele
- Was ist deine Lieblingsfreizeitbeschäftigung? (Sport, Kino, Musik …)
- Welche Literatur liest du gerne? (Krimis, Gedichte, Liebesromane …)
- Wie viele Gläser trinkst du täglich von folgenden Getränken? (Cola, Tee, Bier …)

Sozialformen: Plenum
Dauer: 10 – 15 Min.
Material: Klebepunkte, Plakat (mind. DIN A2)
Klassen: ab Klasse 5
Fächer: alle

Didaktisches Potenzial
S. erfahren das Einstellungsprofil der Gruppe.
Beim Bepunkten wird das Meinungs- bzw. das Verhaltensspektrum der S. sichtbar.

Vorbereitungen und Ablauf
Auf einem Plakat sind eine Fragestellung und mögliche Antworten in Tabellenform festgehalten. Je nach Art der Fragestellung erhält jeder S. einen oder mehrere Klebepunkte. Jeder S. geht nun zu dem Plakat und verteilt seine Punkte, indem er sie zu der jeweiligen Aussage klebt, die er für zutreffend hält. Je nach Regelvorgabe der Lehrperson sind auch Mehrfachoptionen oder Gewichtungen (mehrere Punkte für eine Antwort) möglich.

Didaktische Hinweise
Das Bepunkten wird meist in Verbindung mit einem strittigen Thema angewandt; die Methode kann so als Diskussionsanstoß dienen oder aber auch eine andere Form der Abstimmung sein (z. B. über eine anstehende Lektüre oder das Ziel einer Klassenfahrt).
Bei vielen Fragestellungen kann es interessant sein, die Gruppe in verschiedene Untergruppen zu teilen. Beispielsweise können Jungen und Mädchen verschiedenfarbige Punkte bekommen. Nach dem Spiel kann die Gruppe erkennen, ob es in den Untergruppen verschiedene Trends gibt.
Durch das nahezu anonyme Aufkleben der Punkte erhält die Klasse ein ehrliches Meinungsbild. Zugleich wird jeder S. aktiv einbezogen, daher ermöglicht diese Methode eine breite Partizipation.

Alternativen
- Prioritätenspiel (S. 217)
- Vier-Ecken-Spiel (S. 221)
- Abstimmung

Hinweise zur Weiterarbeit
- Auswertung in Form einer Plenumsdiskussion (S. 215)
- Vergleich mit Umfrageergebnissen (falls vorhanden)

6 GESPRÄCH im Ergebnis festhalten

Ergebnisprotokoll *(Summary minutes)*

Beispiel
TOP 1: ……… Kein Beschluss.
TOP 2: ……… Beschlossen wird, dass …
TOP 3: ……… Verena M. erklärt, dass …

Sozialformen: Einzelarbeit
Dauer: 20 – 30 Min.
Medien: –
Klassen: ab Klasse 8
Fächer: alle

Didaktisches Potenzial
S. dokumentieren Ergebnisse einer Diskussion schriftlich.
Ein S. hält wichtige Ergebnisse eines Diskussionsverlaufs fest und stellt sie der gesamten Lerngruppe schriftlich zur Verfügung.

Vorbereitungen und Ablauf
Während der Diskussion hält die Protokollantin/der Protokollant wichtige Ergebnisse im Wortlaut (z. B. Anträge) oder stichpunktartig fest (vgl. → Verlaufsprotokoll). Zeitnah werden die Ergebnisse dann schriftlich ausformuliert, und zwar nur wichtige *Entscheidungen* und *Entscheidungsgrundlagen:*
- *Vorschläge bzw. Anträge*, die zur Abstimmung gestanden haben, im genauen Wortlaut (um dies sicherzustellen, sollten sie während der Diskussion fürs Protokoll evtl. noch einmal wiederholt werden);
- *Beschlüsse* zu den Vorschlägen und Anträgen (evtl. mit Abstimmungsergebnissen);
- wichtige Erklärungen von Diskussionsteilnehmern, die aber nur auf ausdrücklichen Wunsch aus der Gruppe der Diskutanten aufgenommen werden.

Das Protokoll wird sachlogisch strukturiert; es macht – evtl. anhand einer Tagesordnung – die verschiedenen diskutierten Teilthemen und evtl. die dazu gefassten Beschlüsse deutlich. Das Ergebnisprotokoll wird im Präsens verfasst.

Didaktische Hinweise
Protokolle sind Sonderformen des Berichts. Sie sollten daher nüchtern und neutral verfasst werden.
Im Ergebnisprotokoll werden Einzeläußerungen und widerstreitende Meinungen nicht erfasst. Es ist daher anhand dieses Protokolls nicht nachvollziehbar, wie Beschlüsse zustande gekommen sind.

Alternativen
- Verlaufsprotokoll (S. 228)
- Mindmap (S. 163)

Hinweise zur Weiterarbeit
- Spätere Verabschiedung des Protokolls im Plenum
- Beschlusskontrollen einige Zeit später

Literatur
*Bernd Schurf/Andrea Wagener (Hrsg.):
Texte, Themen und Strukturen.* Berlin 2009, S. 109 f.

6 GESPRÄCH im Ergebnis festhalten

Verlaufsprotokoll

Beispiel
Datum: 12.12.2002
Uhrzeit: 2. Stunde (8.50 – 9.35 Uhr)
Thema: Britisches Empire

Sozialformen: Einzelarbeit
Dauer: 15 – 40 Min.
Medien: –
Klassen: ab Klasse 8
Fächer: alle

Didaktisches Potenzial
S. dokumentieren den Verlauf eines Gesprächs.
Der protokollierende S. unterscheidet wichtige (klärende, weiterführende) von weniger wichtigen Äußerungen zu einem Thema oder einer Fragestellung und hält diese herausgefilterten Kerne des Gesprächs in systematischer Weise schriftlich fest.

Vorbereitungen und Ablauf
Die Person, die das Protokoll verfasst, nimmt nicht am Gespräch teil, um sich ganz auf ihre Sonderaufgabe konzentrieren zu können: Sie schreibt den Verlauf des Gesprächs stichpunktartig mit. Dabei kann sie das Verfahren des (verzweigten) → Flussdiagramms oder der → Mindmap nutzen, um lineare oder parallel entwickelte Gedankenstränge festzuhalten. Beim Mitschreiben wird noch nicht entschieden, welche Äußerungen wichtig sind. Später sichtet und gewichtet der Protokollant das Material (Unterscheiden von wichtigen und weniger wichtigen Äußerungen, Erkennen und Streichen von Wiederholungen). Anschließend wird das für die Protokollfassung festgelegte Material in Textform gebracht, wobei einige Grundinformationen (Datum, Uhrzeit, Teilnehmer, Thema, Protokollant) im Kopf des Protokolls notiert werden. Einzeläußerungen werden in indirekter Rede mit Konjunktiv-Verwendung wiedergegeben. Als Tempus kann das Präteritum gewählt werden.

Didaktische Hinweise
Anders als das *Wortprotokoll,* das einen Gesprächsverlauf wörtlich wiedergibt (z. B. den Verlauf von Parlamentsdebatten) bleiben im Verlaufsprotokoll viele Äußerungen unberücksichtigt; das führt immer wieder zu Unstimmigkeiten mit Diskutanten, die sich im Protokoll nicht wiederfinden.
Protokolle sollten zeitnah geschrieben werden, da sonst die Gefahr besteht, dass viele Abläufe bereits vergessen sind.

Alternativen
- Ergebnisprotokoll (S. 227)
- Flussdiagramm (S. 160)

Hinweise zur Weiterarbeit
- Ablage (S. 150), damit späteres Überprüfen möglich ist

Literatur
Bernd Schurf/Andrea Wagener (Hrsg.): Texte, Themen und Strukturen. Berlin 2009, S. 110
Gotthard Breit u.a. (Hrsg.): Methodentraining für den Politikunterricht II. Schwalbach 2007, S. 31 ff.

7 Präsentieren

Präsentation einzeln mündlich gestalten

- Impulsreferat 230
- Rede 231
- Referat 233
- Sandwichvortrag 235
- Sukzessives Aufdecken 236
- Thesenvortrag 237
- Vortrag 238

Präsentation in Gruppen mündlich gestalten

- *Expertenpodium* 211
- Galeriegang 240
- Magazinsendung **E** 241
- Talkshow 243
- *Verstecktes Theater* 139

Präsentieren

Präsentation komplex schriftlich gestalten

- Ausstellung 244
- Broschüre/Magazin 246
- *Foto-Dokumentation* 134
- Internet-Präsentation **E** 248
- *Portfolio* 155
- *Wettbewerb* 38

Präsentation visuell unterstützen

- Balkendiagramm **E** 250
- Bilderbuffet 251
- Blasendiagramm **E** 252
- Flächendiagramm **E** 253
- Kreisdiagramm **E** 254
- Kurvendiagramm **E** 255
- Merkzettel 256
- *Mindmap* 163
- *Modell* 175
- Säulendiagramm **E** 257
- Wandzeitung 258

7 PRÄSENTATION einzeln mündlich gestalten

Impulsreferat

Schema
1. Vortragsteil
   → Gruppenarbeit
2. Vortragsteil
   → Gruppenarbeit
…

Sozialformen: Einzel-, Gruppenarbeit, Plenum
Dauer: 45 – 90 Min.
Medien: Wandplakate etc. (s. u.)
Klassen: ab Klasse 8
Fächer: alle

Didaktisches Potenzial
Ein S. hält unter Mitarbeit der Mits. ein Referat.
Das Impulsreferat ist eine Präsentationsform, bei der verbale und visuelle Darstellungselemente miteinander verknüpft werden. Hinzu kommt, dass die Mits. nach kurzen Referatsphasen das Thema selbstständig weiterbearbeiten. Dieser Wechsel zwischen Zuhören und Mitgestalten bewirkt außerdem, dass die S. länger aufnahmebereit sind. Die Impulse zur Weiterbearbeitung bieten den S. bessere Möglichkeiten, den Lernstoff aufzunehmen, als herkömmliche Referate.

Vorbereitungen und Ablauf
Das Impulsreferat ist in Phasen des Zuhörens und Mitgestaltens gegliedert:
In der *ersten Phase* erläutert der Referent zunächst in einem fünf- bis zehnminütigen Vortrag einen Unterpunkt seines Referats.
Anschließend teilt er das Plenum für die *zweite Phase* in Kleingruppen ein, die sich nun anhand von vorbereiteten Visualisierungen genauer über das Referierte informieren (z. B. anhand von Wandplakaten, Statistiken, Diagrammen, kurzen Videosequenzen).
Die Ergebnisse der Gruppenarbeit werden anschließend kurz dem Plenum vorgestellt. Diese zweite Phase sollte nicht länger als 15 Minuten dauern.
In einer *nächsten Phase* hält der Referent erneut einen fünf- bis zehnminütigen Vortrag, darauf folgt wieder eine *vertiefende Phase* etc.

Didaktische Hinweise
Impulsreferate können sowohl von der Lehrperson als auch von S. gehalten werden. Den S. muss genügend Vorbereitungszeit gegeben werden, damit sie sich sachkundig machen können.
Das Referat sollte sich auf ein eng begrenztes Thema beziehen, damit es dem Referenten möglich ist, ein kurzes und präzises Referat zu halten.

Alternativen
- Sandwichvortrag (S. 235)
- Thesenvortrag (S. 237)

Hinweise zur Weiterarbeit
- Ergebnisprotokoll (S. 227)

Literatur
Jörg Knoll: Kurs- und Seminarmethoden. 11. Aufl., Weinheim und Basel 2007, S. 144 f.

7 PRÄSENTATION einzeln mündlich gestalten

Rede *(Speech)*

Beispiel
„ … Oder hat etwa Karlheinz Daschner Recht, wenn er sagt: ‚Aufklärung ist Ärgernis; wer die Welt erhellt, macht ihren Dreck deutlicher'?"

Sozialformen: Plenum
Dauer: 5 – 30 Min.
Medien: –
Klassen: ab Klasse 11
Fächer: D, Sonderanlässe

Didaktisches Potenzial
S. trägt Reflexionen anspruchsvoll vor.
Mit Reden und Ansprachen positionieren sich S. in pointierter Form in einer öffentlichen Situation, die oft einen festlichen und formalen Charakter hat. Oft haben Reden auch einen bestimmten Anlass (z. B. Begrüßung, Abschied, Jubiläum). In einer Rede setzt sich ein S. in persönlicher und subjektiver Weise mit einem Gegenstand auseinander und achtet dabei sorgsam auf den Adressatenbezug.

Vorbereitungen
Reden setzen eine sehr gründliche Erarbeitung des Themas und – z. B. bei Jubiläumsreden – eine umfangreiche Recherche zu einer Person bzw. Organisation voraus. Von den Formulierungen der Rede wird eine besondere Prägnanz erwartet. Bei der Vorbereitung von Redetexten wird daher oft auf *Zitatensammlungen* zurückgegriffen, um die Aufmerksamkeit der Zuhörer mit interessanten und pointierten Gedanken aus fremder Feder zu gewinnen (vgl. den u. g. Titel der Dudenredaktion) und den eigenen Redetext aufzuwerten.
Komplett ausformuliert werden in der Regel zentrale Bestandteile der Rede, nicht jedoch die Einleitung und Überleitungen, da diese ad hoc flexibel gestaltet werden müssen (s. u.). Elemente einer Rede sollten auf einzelnen Blättern notiert bzw. ausgedruckt werden, damit die Reihenfolge durch Umsortieren noch leicht geändert bzw. Teile herausgenommen werden können.

Ablauf
Mit seinem Redetext sollte der Vortragende flexibel auf die gegebene Situation reagieren. Insbesondere im einleitenden Begrüßungsteil sind oft bis kurz vor Beginn der Rede noch Änderungen vorzunehmen, die dann nur stichpunktartig festgehalten werden. Der Hauptteil der Rede kann vom Manuskript abgelesen werden; der Redner sollte jedoch immer wieder den Augenkontakt zum Publikum suchen (s. u.). Wichtig ist evtl. eine an die Körpergröße angepasste Positionierung eines Mikrofons.

Didaktischer Kommentar
Redetexte sollten so untergliedert sein, dass man durch Umstellungen oder Herausnehmen von Elementen auf Vorredner und unerwartete Ereignisse reagieren kann. Daher können Teile einer Rede – besonders Einleitung und Überleitungen – nur als Stichpunktsammlungen angelegt werden.

Noch weniger oder gar nicht ausformuliert werden ad hoc gehaltene *Stegreifreden,* die beim Redner allerdings sehr viel Hintergrundwissen, Treffsicherheit in der Formulierung und Routine im Umgang mit öffentlichen Auftritten voraussetzen.

Tipps zur Umsetzung
Öffentliche Reden zu besonderen Anlässen enthalten meist die folgenden Elemente:
- Anrede des Publikums
- Erwähnung des Anlasses
- Dank für das Kommen der Gäste (mit Erwähnung besonderer Gäste) bzw. Dank für die Einladung
- Hauptteil
- gute Wünsche für bestimmte Personen bzw. Institutionen
- Dank an die Zuhörer

Um mit Reden im öffentlichen Raum Wirkung zu erzielen, werden oft bestimmte *rhetorische Techniken* angewandt. Dazu zählen:
- ein übersichtlicher Satzbau (den Zuhörer leicht nachvollziehen können und in dem man sich beim Ablesen vom Manuskript nicht verheddert)
- kontrollierte Gestik und Mimik als körpersprachliche Unterstützung der Aussage
- Spannungs- und Wirkungspausen im Vortrag

Außerdem werden in Reden oft *die klassischen rhetorischen Mittel* wie Metapher, Emphase, Hyperbel, Correctio, Antithese, Ironie oder Klimax angewandt (vgl. dazu Dudenredaktion 2004, S. 114 ff.).

Alternativen
- Vortrag (S. 238)
- Thesenvortrag (S. 237)
- Referat (S. 233)
- Impulsreferat (S. 230)

Hinweise zur Weiterarbeit
- Veröffentlichung des Redetextes in einer schulischen Publikation (Schuljahrbuch) oder auf der Homepage der Schule
- Auswertung einer Videoaufzeichnung im Hinblick auf die rhetorischen Techniken (z. B. Gestik, Mimik, Spannungs- und Wirkungspausen)

Literatur
Dudenredaktion in Zusammenarbeit mit Siegfried A. Huth: Reden gut und richtig halten! Ratgeber für wirkungsvolles und modernes Reden. Mit praktischen Anleitungen, Hinweisen zu Bewerbungsgesprächen, Musterreden und Zitaten. Mannheim 2004
Dudenredaktion: Gute Reden – kurz gefasst. Mannheim 2005
Peter Kürsteiner: 100 Tipps & Tricks für Reden, Vorträge und Präsentationen. Weinheim und Basel 2010

7 PRÄSENTATION einzeln mündlich gestalten

Referat *(Presentation)*

Sozialformen: Einzelarbeit
Dauer: Kurzreferat 5 – 15 Min., Langreferat ab 15 Min.
Medien: z. B. Thesenpapier, Tafel, Projektor
Klassen: ab Klasse 8
Fächer: alle

Didaktisches Potenzial
Einzelne S. tragen Erkenntnisse adressatenorientiert vor.
Ein Referat (lat. referre) ist ein Sachbericht zu einem abgegrenzten Thema, mit dem nachgewiesen werden kann, dass man Informationen sammeln (traditionelle Recherchen; → Internetrecherchen), sie angemessen verarbeiten und in einer Vortragsstruktur organisieren kann. Geübt werden außerdem Vortragstechniken (inkl. visueller Unterstützung).

Vorbereitungen
Sammlung: Zunächst werden mithilfe von Verfahren wie z. B. → Index-Recherche, → Bibliotheksrecherche, → (Sachverständigen-)Befragung, → Beobachtung, → Interview, → Experiment einschlägige Informationen zum festgesetzten Thema gesammelt.
Gliederung: Diese recherchierten Informationen werden mit Verfahren wie →Numerische/gemischte Gliederung, → Ablage oder → Metaplan systematisch geordnet. Bei der Gliederung des Materials können → Baumdiagramme oder → Mindmaps helfen.
Anschauungsmaterial: Zur visuellen Unterstützung einzelner Aussagen können z. B. → Flächen-, → Kurven-, → Kreis- oder sonstige → Diagramme, → Soziogramme, → Mindmaps oder Tabellen entwickelt werden.
Merkhilfe: Die Notizen für den mündlichen Vortrag werden auf die allerwichtigsten Angaben und schwer zu behaltende Fakten (Namen, Jahreszahlen etc.) reduziert und z. B. auf durchnummerierten Karteikarten festgehalten. Diese enthalten die Informationen in der für die Präsentation vorgesehenen Reihenfolge.
Handout: Zentrale Aussagen können in einem Thesenpapier zusammengefasst und für jeden Zuhörer vervielfältigt werden.

Ablauf
Das Referat wird – gestützt auf die vorbereiteten Karteikarten und das Anschauungsmaterial – weitgehend frei vorgetragen, wobei abwechselnd Blickkontakt zu möglichst allen Zuhörern gehalten wird. Anschauungsmaterial dient dazu, die Informationsaufnahme der Zuhörer zu unterstützen. Nach dem Vortrag (bzw. nach einem längeren Vortragsabschnitt) erhalten die Zuhörer Gelegenheit, Verständnisfragen zu stellen. Der Referent nutzt diese Möglichkeit, um Begriffe oder Sachverhalte zu präzisieren.

Didaktischer Kommentar
Viele S., die erstmals ein Referat halten, fühlen sich sicherer, wenn der ausformulierte Referattext griffbereit liegt. Dennoch sollte man darauf bestehen, dass möglichst frei vorgetragen wird. Bei der Bewertung eines Referats ist zu berücksichtigen, dass an diese Präsentationstechnik nicht so hohe Anforderungen gestellt werden sollten wie an einen → Vortrag.

Tipps zur Umsetzung
- Sowohl die Recherche als auch die Ausarbeitung eines Referats kann durch untergliedernde Leitfragen zum gewählten Thema strukturiert werden. Es ist sinnvoll, sie der Lehrperson vorzulegen und sie mit ihr abzuklären.
- Die S. sollten darauf hingewiesen werden, dass es nicht sinnvoll ist, bei der Recherche für ein Referat nur eine einzige Quelle zu nutzen. Auf die besondere Problematik von Internetquellen (z. T. eingeschränkte Verlässlichkeit) sollte hingewiesen werden.
- Oft ist auch der Hinweis sinnvoll, dass S. bei der Erarbeitung eines Referats nur Informationen verwenden sollten, die sie vollständig verstanden haben. Dazu ist es z. B. notwendig, die genaue Bedeutung von Fachbegriffen nachzuschlagen und Abkürzungen aufzulösen.
- Für viele S. ist es hilfreich, das Referat vorher einer Freundin/einem Freund bzw. einem Familienmitglied vorzutragen.
- Die Zuhörer können sich besser auf ein Referat einstellen, wenn der Referent eingangs das Thema umreißt und die Gliederung seines Vortrags vorstellt.
- Beim Vortragen sollten zu komplexe syntaktische Strukturen vermieden werden, da man sich in solchen Sätzen „verlieren" kann und die Zuhörer ihnen oft nicht folgen können.
- Am Ende eines Referats können die wichtigsten Aussagen noch einmal kurz zusammengefasst werden.

Unterrichtszusammenhänge
Referate eignen sich für Informationen vermittelnde Unterrichtsphasen, die von S. selbstständig gestaltet werden können. Die Themen und Präsentationstermine müssen rechtzeitig vereinbart werden.

Alternativen
- Impulsreferat (S. 230)
- Sandwichvortrag (S. 235)
- Talkshow (S. 243)

Hinweise zur Weiterarbeit
- Verteilen einer Kurzfassung des Referats zur Vorbereitung von Prüfungen
- Facharbeit
- Ausstellung (S. 244)

Literatur
Monika Bornemann, Eva Wagendristel: Referate, Vorträge, Facharbeiten. Mannheim 2003, S. 8 – 36
Gotthard Breit u. a. (Hrsg.): Methodentraining für den Politikunterricht II. Schwalbach 2007, S. 37 ff.
Referatemanager zu jedem Schülerduden unter www.schuelerlexikon.de (als Download)

7 PRÄSENTATION einzeln mündlich gestalten

Sandwichvortrag

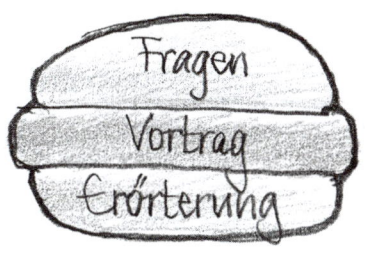

Sozialformen: Kleingruppen, Plenum
Dauer: 45 Min.
Medien: –
Klassen: ab Klasse 8
Fächer: alle

Didaktisches Potenzial
Ein S. hält einen Vortrag, in den alle Mits. einbezogen werden.
An einem Sandwichvortrag werden alle S. aktiv beteiligt. Diese Art der Präsentation unterstützt die Aufgeschlossenheit der S. für die Informationen und Auffassungen, die im Vortrag angeboten werden.

Vorbereitungen und Ablauf
Bei dieser Präsentationsmethode erhalten die S. vor einem Vortrag einige Fragen zur Thematik, die vom Referenten vorbereitet wurden.
Erörterungsrunde: Die S. erörtern diese Fragen in kleinen Gruppen und halten ihre Antworten in Kurzform schriftlich fest.
Vortrag: Nun folgt der Vortrag.
Vertiefungsrunde: Anschließend denken die Kleingruppen im Lichte des Referats noch einmal über die zuvor erörterten Fragen und ihre ersten Antworten nach. Dabei formulieren sie auch Fragen, die sich ihnen bei der erneuten Auseinandersetzung mit dem Vortagsthema stellen. Dies können spezielle Fragen an den Referenten sein oder Fragen, die mit der gesamten Lerngruppe im Plenum diskutiert werden sollen.
Abschlussrunde: Abschließend teilen die Kleingruppen dem Plenum ihre Antworten mit und stellen ihre Fragen vor. Der Referent nimmt dann noch einmal Stellung und bezieht anschließend das Plenum in das Gespräch mit ein.

Didaktische Hinweise
Der Sandwichvortrag kann auch von zwei oder drei S. gehalten werden. Diese Methode eignet sich besonders für Themen, bei denen ein grobes Vorwissen bei den S. vorausgesetzt werden kann. Für die abschließende Runde empfiehlt es sich, jeweils die Antworten und Fragen jeder Gruppe in sich geschlossen zu erörtern, um ein „Diskussionschaos" mit immer mehr Aspekten zu vermeiden.

Alternativen
- Impulsreferat (S. 230)
- Thesenvortrag (S. 237)

Hinweise zur Weiterarbeit
- Fragenbaum (S. 197)
- Ergebnisprotokoll (S. 227)
- Schriftliche Erörterung

7 PRÄSENTATION einzeln mündlich gestalten

Sukzessives Aufdecken

Beispiel
„Was meint ihr: Wie könnte diese gedankliche Lücke gefüllt werden?"

Sozialformen: Einzelarbeit
Dauer: 5 – 30 Min.
Medien: Overheadprojektor, Folie(n)
Klassen: ab Klasse 8
Fächer: alle

Didaktisches Potenzial
S. halten bei einem Vortrag Informationen vorerst gezielt zurück.
Mit diesem die Mits. stark involvierenden Verfahren lenkt ein vortragender S. die Aufmerksamkeit seiner Zuhörer nacheinander auf verschiedene Aspekte eines Sachverhalts. Da sich für die Mits. Informationszusammenhänge visuell nur Schritt für Schritt und unvollständig aufbauen, bleiben sie auf den Fortgang gespannt, denken intensiver mit als bei einem einfachen Vortrag und können in Vortragspausen mitüberlegen, wie die zunächst vorenthaltenen Informationen wohl lauten werden.

Vorbereitungen und Ablauf
Vorbereitet wird eine Folienpräsentation. Das Verfahren erfordert, dass ein zu vermittelnder gedanklicher Zusammenhang zunächst sachlich genau festgelegt wird. Um die Zuhörer in eine detektivische Haltung zu versetzen, werden in der Präsentation dann mehre Informationen bewusst vorenthalten und die entsprechenden Folienteile abgedeckt. Das sukzessive Aufdecken erfordert also eine sinnvolle Entscheidung zur Gliederung und Abfolge von Informationen und insbesondere darüber, welche der Informationen auf der Folie zunächst zugedeckt bleiben sollen, damit sie dann in einer bestimmten, die Zuhörer in Erwartungshaltung versetzenden Reihenfolge preisgegeben werden können.
So kann z. B. zu einem politischen Sachverhalt eine Karikatur präsentiert und analysiert werden. Dabei können dann z. B. Sprechblaseninhalte verdeckt bleiben und von den Zuhörern in ihrer Aussagetendenz erraten bzw. aus den Bildelementen der Karikatur abgeleitet werden. Erst ganz zum Schluss wird die Vollversion der Folie präsentiert.

Didaktische Hinweise
Mit der Methode kann am Overheadprojektor z. B. auch ein Gedicht erarbeitet werden, indem zunächst zentrale Wörter und der Titel verdeckt bleiben, damit die Mits. Lösungen für die Lücken vorschlagen können.

Alternativen
- Impulsreferat (S. 230)
- Sandwichvortrag (S. 235)

Hinweise zur Weiterarbeit
- Arbeitsblatt mit vollständigen Informationen

7 PRÄSENTATION einzeln mündlich gestalten

Thesenvortrag

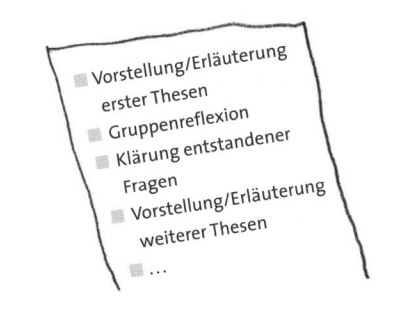

Sozialformen: Einzelarbeit, Kleingruppen
Dauer: 30 – 45 Min.
Medien: Thesenpapier
Klassen: ab Klasse 8
Fächer: alle

Didaktisches Potenzial
S. vermittelt ein Thema und diskutiert mit Mits.
Anders als beim üblichen Vortrag hält der Referent beim Thesenvortrag kein kompaktes Referat, sondern bezieht die Mits. in den Vermittlungsprozess ein. Das Mitwirken der S. hält das Interesse und die Spannung aufrecht, sodass mehr Informationen aufgenommen werden als bei einem gewöhnlichen Referat, das oft als Expertenmonolog wahrgenommen wird.

Vorbereitungen und Ablauf
Der Referent gliedert das zu vermittelnde Material mithilfe einiger Thesen, die zentrale Aussagen knapp wiedergeben. Vor dem Thesenvortrag verteilt er sein Thesenpapier an alle Mits. Nun stellt er ihnen zunächst ein oder zwei Thesen vor und erläutert diese. Anschließend wird der Vortrag unterbrochen, damit die Mits. das Gehörte kurz in Kleingruppen reflektieren können. Dann können auftretende Fragen gestellt und vom Referenten beantwortet werden.
Schließlich trägt dieser die nächsten ein oder zwei Thesen vor und führt sie aus. Es folgt wieder eine Gruppenreflexion usw.

Didaktische Hinweise
Der Thesenvortrag kann auch von der Lehrperson gehalten werden. Bei Vorträgen von S. sollte darauf geachtet werden, dass die Diskussionsphasen zwischen den Phasen der Thesenpräsentation nicht ausufern. Eventuell kann vorab ein zeitlicher Ablaufplan für die Gesamtstunde festgelegt werden.
Das Thesenpapier sollte das Thema sinnvoll gliedern, sachliche Befunde zuspitzen und geeignet sein, Diskussionen zu provozieren und zu strukturieren. Es kann auch gegensätzliche Positionen gegenüberstellen.

Alternativen
- Sandwichvortrag (S. 235)
- Impulsreferat (S. 230)

Hinweise zur Weiterarbeit
- Leserbrief zum Thema
- Ergebnisprotokoll (S. 227)
- Schriftliche Erörterung

7 PRÄSENTATION einzeln mündlich gestalten

Vortrag *(Lecture)*

Sozialformen: Einzelarbeit
Dauer: 20 – 80 Min.
Medien: Folien mit Texten/ Grafiken/Bildern
Klassen: ab Klasse 11
Fächer: alle

Didaktisches Potenzial
S. erarbeiten ein komplexes Thema und tragen ihre Ergebnisse anspruchsvoll vor.
Ähnlich wie ein ➔ Referat setzt sich ein Vortrag mit einem Thema auseinander; allerdings ist der Gegenstand beim Vortrag komplexer und die Vortragsweise sprachlich und körpersprachlich ausgefeilter. Von einem Vortrag wird außerdem erwartet, dass der Vortragende zu dem behandelten Sachverhalt persönlich Stellung bezieht. Anders als bei einer ➔ Rede wird bei einem Vortrag in besonderer Weise auf sachliche und methodische Richtigkeit des Präsentierten Wert gelegt.

Vorbereitungen
Die Vorbereitungen eines Vortrags mithilfe von Verfahren der Recherche und der Strukturierung von Informationen sind ähnlich wie die beim ➔ Referat. Die drei Teile eines Vortrags (Einleitung, Hauptteil, Schluss; s. u.) werden rechtzeitig vor dem Termin sorgfältig entworfen.
Da der Vortragende möglichst frei sprechen und sich nur auf einen Stichwortzettel oder auf Karteikarten stützen sollte, setzt ein Vortrag eine sorgfältige Einübung voraus. Dabei kann man zu einzelnen Notizen auf Stichwortzetteln, Karteikarten oder auch im Manuskript Regieanweisungen notieren. Manche Vortragende üben ihren Vortrag laut sprechend ein und kontrollieren die Qualität des Vortrags dabei mit einer Ton-/Bildaufnahme.

Ablauf
Auch der Ablauf eines Vortrags ähnelt dem eines ➔ Referats. Da die vorgetragene Materie aber anspruchsvoller als beim Referat ist, bemüht sich der Vortragende in besonderer Weise, Eintönigkeit zu vermeiden, indem er Sprechpausen macht (ein Schluck aus einem Wasserglas ist erlaubt) und Lautstärke und Betonung variiert. Unterstützend wirken auch eine angemessene Gestik und Mimik und evtl. mediale Ergänzungen (s. u.).
Im Anschluss an einen Vortrag wird in der Regel erwartet, dass der Vortragende zu einem ausführlichen Gedankenaustausch zur Verfügung steht.

Didaktischer Kommentar

Ein Vortrag stellt höhere Anforderungen als z. B. ein ➔ Referat. Die Themenstellung ist in der Regel komplexer und zudem wird eine wohlbegründete eigene Meinung zu einer Sachfrage erwartet. Außerdem sollte man in einem Vortrag die Fachterminologie des Wissenschaftsbereiches, in dessen Rahmen man sich äußert, sicher beherrschen.
In einem Vortrag geht es weniger darum, Informationsfülle zu bieten; auf eine große Zahl von Daten und Fakten sollte daher verzichtet werden. Vielmehr geht es darum, das Publikum in interessante Gedankengänge zu verwickeln.

Tipps zur Umsetzung

Zur Gliederung eines Vortrags:
- In der *Einleitung* wird das Thema möglichst anschaulich umrissen; außerdem gibt der Vortragende einen Überblick über den zu erwartenden Gedankengang.
- Im *Hauptteil* wird die wichtigste gedankliche Substanz begrifflich klar und anschaulich präsentiert.
- Der *Schluss* enthält eine Zusammenfassung der Hauptthesen des Vortragenden; so kann zu einer nachfolgenden Diskussion übergeleitet werden.

Im Vortragstext sollten zu komplexe Sätze und Stilbrüche vermieden werden. Der „rote Faden" des Vortrags, das Thema, sollte immer erkennbar bleiben.
Mediale Ergänzungen eines Vortrags (z. B. durch Folienpräsentation mithilfe eines Projektors oder eine Powerpoint-Präsentation) können zwei Prinzipien folgen:
- *Echoprinzip:* In diesem Fall wiederholen die medialen Einspielungen das Gesagte, indem wesentliche Thesen, Definitionen und Teilüberschriften des Vortrags oder Grafiken, Bilder etc. gezeigt werden.
- *Reißverschlussprinzip:* Folgt man dieser Methode, dann bieten Vortragstext und mediale Einspielungen einander ergänzende Informationen; das Gezeigte ist nicht identisch mit dem, was gesagt wird, sodass das Publikum Gesagtes und Gesehenes selbst gedanklich verknüpfen muss.

Eingesetzt werden können auch *Ergänzungsfolien,* die erst während des Vortrags mit Stichworten, Pfeilen oder anderen grafischen Elementen ausgestaltet werden.

Alternativen
- Referat (S. 233)
- Thesenvortrag (S. 237)
- Rede (S. 231)

Hinweise zur Weiterarbeit
- Diskussion (S. 207)
- Veröffentlichung des Vortrags in einer schulischen Publikation (Schuljahrbuch) oder auf der Homepage der Schule

Literatur
Monika Bornemann, Eva Wagendristel: Referate, Vorträge, Facharbeiten. Mannheim 2003, S. 37 – 65
Dudenredaktion in Zusammenarbeit mit Siegfried A. Huth: Reden gut und richtig halten! Ratgeber für wirkungsvolles und modernes Reden. Mannheim 2004, S. 67 ff.
Jörg Knoll: Kurs- und Seminarmethoden. 11. Aufl., Weinheim und Basel 2007, S. 140 ff.

7 PRÄSENTATION in Gruppen mündlich gestalten

Galeriegang/Museumsgang *(Gallery Tour)*

Sozialformen: Gruppenarbeit
Dauer: 30 – 45 Min.
Medien: Wandzeitungen, Plakate
Klassen: ab Klasse 8
Fächer: alle

Didaktisches Potenzial
S. präsentieren mehrere Arbeitsergebnisse auf Wandzeitungen.
Bei einem Galeriegang präsentieren die S. Ergebnisse einer Gruppenarbeit und setzen sich bewegungsintensiv in kleinen Gruppen mit den Arbeitsergebnissen anderer Gruppen auseinander.

Vorbereitungen und Ablauf
Arbeitsteilige Gruppenarbeit (z. B. in Form eines → Gruppenpuzzles organisiert) kann in einen Galeriegang münden. Dazu erstellt jede Gruppe eine → Wandzeitung und hängt diese wie in einer Kunstgalerie an einer Wand aus. Besonders geeignet sind hierfür großflächige Räume wie Foyers oder Eingangshallen von Schulen. Während des Galeriegangs gehen die Arbeitsgruppen an den Ausarbeitungen der anderen Gruppen entlang, nehmen die Ergebnisse zur Kenntnis und diskutieren sie.
Beim → Gruppenpuzzle ist die Präsentation so organisiert, dass bei jeder Posterpräsentation einer Gruppe ein Experte steht, der die Arbeitsergebnisse erläutern kann.

Didaktische Hinweise
Für eine arbeitsteilige Gruppenarbeit kann ein Galeriegang auch so organisiert werden, dass die ausgehängten Wandzeitungen zunächst noch keine Ergebnisse, sondern nur Arbeitsaufträge und zugehörige Materialien enthalten. Jede Gruppe beginnt nun an einer der Wandzeitungen ihre Arbeit und fixiert schriftlich die Lösungen der Arbeitsaufträge. Dann wechseln die einzelnen Gruppen zu anderen, frei gewordenen Zeitungen. Dort werden die Ergebnisse der ersten Gruppe ergänzt, kommentiert etc. Schließlich geht jede Gruppe zu ihrer Ausgangszeitung zurück und nimmt zur Kenntnis, was die anderen Gruppen ergänzt haben.

Alternativen
- Ausstellung (S. 244)
- Internet-Präsentation (S. 248)

Hinweise zur Weiterarbeit
- Portfolio (S. 155)

Literatur
Realschule Enger (Hrsg.): Lernkompetenz: Deutsch. Berlin 2003
Elke Dreyer/Katrin Harder: 99 Tipps Partner- und Gruppenarbeit. Berlin 2009, S. 104 f.

7 PRÄSENTATION in Gruppen mündlich gestalten

Magazinsendung

Sozialformen: Gruppenarbeit, Plenum
Dauer: 4 – 10 Std.
Medien: Audio-/Videorekorder
Klassen: ab Klasse 9
Fächer: D, SoWi, Rel/Ethik, Phil, Ge

Didaktisches Potenzial
S. präsentieren ihre Arbeitsergebnisse als Hörfunksendung.
Eine Magazinsendung integriert und entwickelt journalistische, ästhetische, technische und organisatorische Kompetenzen. Die S. sind mit dem Radio als Medium vertraut. Während sie in ihrem Alltag in der Regel aber nur passive Rezipienten von Hörfunkprogrammen sind, werden die medialen Abläufe des Radios hier produktiv genutzt. Als Präsentationsmodus ist eine Magazinsendung nicht nur für Liveauftritte in der Schule von Interesse, sondern bietet S. – via Bürgerfunk – auch Möglichkeiten, tatsächlich etwas über den Äther zu schicken.

Vorbereitungen
Eine Magazinsendung kann am Ende eines → Projekts oder einer anderen Lernphase stehen, in der die S. ein Thema intensiv erarbeitet haben. Vor Beginn der Produktion sollte geprüft werden, ob in der Schule die nötige Aufnahmetechnik zur Verfügung steht.

Ablauf
In einer ersten Plenums-Redaktionskonferenz werden zunächst die verschiedenen angestrebten Formate für das Magazin festgelegt. Arbeitsteilig bereiten die S. diese Formate für ihre Präsentation vor: z. B. Reportage(n), Interviews, Kommentar, Kurznachrichten zum Thema, Studiodiskussion, passende Musikeinlagen (s. u.).
Nachdem diese in den Arbeitsgruppen produziert wurden, findet eine zweite Plenums-Redaktionskonferenz statt, in der die Beiträge vorgestellt und von anderen kommentiert werden. Jetzt fallen auch Entscheidungen über die Länge einzelner Beiträge und die Reihenfolge ihrer Einspielung. Schließlich wird ein Moderator festgelegt, der durch die Sendung führt.
Die Magazinsendung selbst wird dann mit einem Liveauftritt des Moderators und Einspielungen der vorbereiteten Elemente gestaltet. Stattfinden kann dies in der Klasse/im Kurs oder auch bei einer schulischen Veranstaltung (z. B. Tag der offenen Tür, Elternabend, Schulfest). Eventuell kann sie im lokalen Bürgerfunk wiederholt werden.

Didaktischer Kommentar
Die Magazinsendung sollte nicht zu lang sein (ca. 30 bis 45 Min.), damit die S. sich bei der Informationsverarbeitung auf Wesentliches und Interessantes konzentrieren. Da der Pro-

zess arbeitsteilig organisiert ist, setzt diese Selbstbeschränkung in der Gesamtgruppe voraus, dass sich über Kürzungen und „Schnitte" an der Sache ausrichten und die Beteiligten nicht an ihrem Teilprodukt in voller Länge festhalten.
Andererseits sollte jede Gruppe mit einem Beitrag in der Magazinsendung vertreten sein.

Tipps zur Umsetzung
Bei der Herstellung einzelner Elemente für eine Magazinsendung kann Folgendes bedacht werden:
- Um eine *Reportage* zu erstellen, können zwei S. nach gründlicher Vorbereitung z. B. eine → Erkundung nachstellen und Eindrücke live auf Band sprechen (Beschreibungen von Beobachtungen, Schilderung von Eindrücken, Kommentierungen).
- *Nachrichten und Kommentare* sollten sorgsam ausformuliert sein, bevor sie aufgenommen werden.
- *Studiodiskussionen* sollten z. B. mithilfe von → In-/Out-Listen, → Zitat-Oppositionen oder einem → Fragenbaum ebenfalls gründlich vorbereitet werden, damit sich ein gehaltvoller Gedankenaustausch ergibt. Sie können vor der Magazinsendung aufgenommen oder live präsentiert werden.
- Auch → *Interviews* sollten als Gesprächsform vorbereitet und trainiert werden, besonders dann, wenn Liveinterviews mit Experten oder Betroffenen aufgenommen werden.
- Das *Anmoderieren* von Magazinbeiträgen kann zunächst an Beispielen studiert werden, bevor ein bestimmter Moderations-Typus festgelegt und umgesetzt wird.

Die Präsentation kann zusätzlich zu den o. g. Möglichkeiten auch in einem der vielen regionalen Offenen Kanäle oder im Bürgerfunk der lokalen Radiosender erfolgen. Adressen sind über die Landesmedienanstalten (s. Internetadressen) erhältlich. Viele Offene Kanäle können im Internet unter Adressen wie www.okb.de (für Berlin), www.ok-bremen.de, www.okflensburg.de etc. gefunden werden.

Alternativen
- Internet-Präsentation (S. 248)

Hinweise zur Weiterarbeit
- Aufnahme der Sendung und Vervielfältigung auf Kassette bzw. CD-ROM

Wichtige Internetadressen
www.radioweb.de
Landesmedienanstalten:
www.blm.de (Bayern)
www.ham-online.de (Hamburg)
www.lpr-hessen.de (Hessen)
www.slm-online.de (Sachsen)
www.tlm.de (Thüringen) usw.

Literatur
Heinrich Brinkmöller-Becker (Hrsg.): Die Fundgrube für Medienerziehung. Berlin 1997, S. 19 ff.
Günther Gugel: 1000 neue Methoden. Weinheim 2007, S. 176 ff.
Sabine Eder, Susanne Raboom: Kinder und Jugendliche machen Rabatz. Intensivierung der medienpädagogischen Arbeit mit Kindern und Jugendlichen in Offenen Kanälen. München 2001

7 PRÄSENTATION in Gruppen mündlich gestalten

Talkshow

Sozialformen: Kleingruppe, Plenum
Dauer: 15 – 45 Min.
Medien: –
Klassen: ab Klasse 8
Fächer: SoWi, D, Sprachen, Ge, Rel/Ethik, Phil

Didaktisches Potenzial
S. stellen in aufgelockerter Form ein polarisierendes Thema dar.
In einer Talkshow wird – angelehnt an Fernsehformate – Informationsvermittlung mit Unterhaltungselementen kombiniert. Dieser Charakter der Talkshow motiviert viele S., länger bei der Sache zu bleiben als z. B. bei einem Referat.

Vorbereitungen und Ablauf
Im Vorhinein müssen die Rollen des *Moderators* und der *Talkshowgäste* (bis zu acht S.), die als „Experten" für verschiedene Themenaspekte auftreten, verteilt werden. Die unterschiedlichen Expertenrollen werden in Kleingruppenarbeit vorbereitet. Während der Talkshow bilden die restlichen S. das *Publikum* oder erhalten eine Beobachterrolle (s. u.). Aufgabe des Moderators ist es, dem Gespräch z. B. durch provokante Fragen und Anmerkungen Impulse zu geben, damit die Diskussion lebendig bleibt. Außerdem muss er darauf achten, dass die Redebeiträge der einzelnen Gäste ungefähr gleich lang sind. Die Talkshowgäste versuchen, die Zuschauer durch emotionalisierende und polarisierende Argumente von ihrer Meinung zu überzeugen.

Didaktische Hinweise
Die Talkshowgäste sollten sich in einem Halbkreis um den Moderator setzen, das Publikum sitzt ihnen gegenüber.
Damit die Diskussion schneller in Gang kommt, kann damit begonnen werden, dass jeder Experte zunächst seine Rolle vorstellt und eine strittige These darlegt.
Die Talkshow kann von zwei bis vier S., die die Rolle von *Zeitungsjournalisten* übernehmen, beobachtet werden. In der nächsten Unterrichtsstunde tragen sie den Mits. ihre schriftliche Zeitungsrezension zur Talkshow vor.
Variante: Um auch das Publikum stärker einzubeziehen, kann man es in einer bestimmten Phase der Talkshow nach Meldung an der Diskussion beteiligen.

Alternative
- Magazinsendung (S. 241)

Hinweis zur Weiterarbeit
- Brief an den Moderator

Literatur
Hans Werner Kuhn, Peter Massing (Hrsg.): Lexikon der politischen Bildung, Bd. 3: Methoden und Arbeitstechniken. Schwalbach/Ts. 2000, S. 186 ff.
Bundeszentrale für politische Bildung: Methodentraining für den Politikunterricht. Bonn 2004, S. 117 ff.

Ausstellung *(Exhibition)*

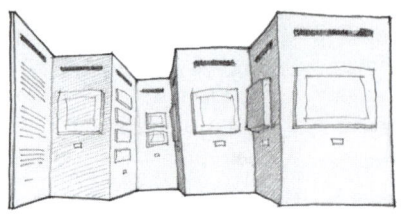

Sozialformen: Plenum, Gruppenarbeit
Dauer: 4 Std. und mehr
Medien: Stellwände u. Ä.
Klassen: ab Klasse 10
Fächer: alle

Didaktisches Potenzial
S. geben erarbeitete Informationen adressatengerecht an ein örtliches Publikum weiter.
Mit einer Ausstellung machen S. ihre Arbeitsergebnisse für eine vorher definierte Öffentlichkeit sichtbar. Die Planung einer Ausstellung – z. B. im Rahmen eines → Projekts – führt zu einer Prozesslogik, mit der die S. bereits in der Erarbeitungsphase zielgerichtet agieren und ihre Produkte adressatenorientiert anlegen, damit sie sich als Exponate eignen. Wie andere Präsentationsformen intensivieren Ausstellungen also einen Erarbeitungsprozess.

Vorbereitungen
Zunächst werden *Thema* und *Zielgruppe* einer Ausstellung genau festgelegt.
1. Stehen potenzielle Materialien bereit, sollte zunächst eine klare *Struktur* für die Präsentation überlegt werden. Es wird festgelegt, welche *„Kapitel"* (thematischen Abteilungen) die Ausstellung haben soll. Dabei kann sich herausstellen, dass einige der ins Auge gefassten Exponate in der gewählten Struktur nicht unterzubringen sind.
2. Anschließend werden für jedes Kapitel der Ausstellung *klare Aussagen* formuliert; zudem werden Zusammenhänge zwischen den zentralen Aussagen herausgearbeitet.
3. Das Material für die Ausstellung wird adressatengerecht aufbereitet (s. u.) und schließlich in einer *Arbeitsskizze* im Detail organisiert, bevor der Aufbau beginnt.

Eine Ausstellung kann arbeitsteilig von der gesamten Lerngruppe oder von einer Teilgruppe erstellt werden. Geeignete Orte sind Foyers von Schulen, Stadthallen, Rathäusern, Museen, Banken etc., aber auch die Gänge einer Schule. Sparkassen geben für Ausstellungen in ihren Räumen z. T. Zuschüsse.

Ablauf
Die Exponate werden an dem festgelegten Ort (s. o.) für eine begrenzte Zeit ausgestellt. Dazu benötigt man in der Regel *Stellwände,* die in vielen Schulen vorhanden sind.
Die Besucherinnen und Besucher einer Ausstellung können mit Suchaufgaben zu einer aktiven Auseinandersetzung mit den Exponaten angeregt werden. Dazu werden kurze, möglichst kreative Aufgaben formuliert, die mithilfe der Exponate gelöst werden können. Eventuell kann für richtige Lösungen ein Preis ausgesetzt werden.

Didaktischer Kommentar
Eine Ausstellung stellt S. vor die Aufgabe, die Vorkenntnisse und den Verstehenshorizont der potenziellen Besucher vorwegzunehmen und in die Gestaltung der Exponate einzube-

ziehen. Die über die Ausstellung vermittelten Informationen müssen also von den S. nicht nur selbst verstanden, sondern dann ein zweites Mal gesichtet und reformuliert werden. Diese Anforderung steigert die Intensität der Auseinandersetzung mit dem Stoff.

Tipps zur Umsetzung
Die Exponate einer Ausstellung sollten anschaulich und adressatenfreundlich gestaltet sein und deshalb
- optische Reize bieten (Bild- und Grafikelemente mit kurzen erklärenden Texten, aber auch Fotomontagen und Collagen);
- Kleinformen der Präsentation enthalten wie Tabellen, → Diagramme, → Mindmaps oder Chronologien;
- längere Texte entweder vermeiden oder sie nur sehr sparsam einsetzen;
- in ihrem Umfeld genug freien Raum bieten (besser einige gut platzierte Exponate als überladene Räume!);
- jeweils einen Blickfang und möglichst Denkanstöße bieten (z. B. durch ungewohnte Sichtweisen auf einen Gegenstand).

Weitere Elemente einer Ausstellung können sein:
- eine freie Stellwand, an der Besucher von ihnen selbst mitgebrachte Objekte zum Thema aushängen können (dazu kann zu Beginn der Ausstellung z. B. über die Presse aufgerufen werden);
- eine Stellwand, an der Besucher spontan ihre Eindrücke formulieren und Lob bzw. Kritik äußern können;
- evtl. ein öffentlich ausgehängter Dank an Sponsoren.

Für die Eröffnung einer Ausstellung sollte ein passender Rahmen gefunden werden, der einen markanten Anfangspunkt setzt und die Öffentlichkeit, um die es den Ausstellern geht, in gebührender Weise auf die Präsentation hinweist (z. B. kleiner Empfang mit kurzer Ansprache der Schulleitung, Einladung der Presse).

Alternativen
- Internet-Präsentation (S. 248)
- Portfolio (S. 155)
- Wandzeitung (S. 258)
- Lesung

Hinweise zur Weiterarbeit
- Ausstellungskatalog, in dem die Exponate der Ausstellung dokumentiert und weiterführende Informationen zusammengestellt werden
- Pressegespräch zur Ausstellung
- Hinweise auf laufende Ausstellungen, die man bei der Vorbereitung als Anregung nutzen kann, finden sich in Wochenzeitungen (z. B. in DIE ZEIT).

Literatur
Gerd Brenner: Methodentraining: Projekt Medien und Meinungsbildung. Berlin 2002, S. 88
Günther Gugel: 1000 neue Methoden. Weinheim 2007, S. 195 ff.
Thomas Lange, Thomas Lux: Historisches Lernen im Archiv. Schwalbach/Ts. 2004, S. 175 ff.

7 PRÄSENTATION komplex schriftlich gestalten

Broschüre/Magazin

Sozialformen: Einzel-, Gruppenarbeit, Plenum
Dauer: mind. eine Woche
Medien: PCs
Klassen: ab Klasse 7
Fächer: alle, insbes. D

Didaktisches Potenzial
S. veröffentlichen Arbeitsergebnisse in Printversion.
Die S. organisieren ein eigenes journalistisches und publizistisches Projekt und erfahren dabei wesentliche Heraus- und Anforderungen, die in den Printmedien eine Rolle spielen. Die Gestaltungsaufgaben beziehen sich hauptsächlich auf eine adressatengerechte Darstellung von Inhalten, aber auch auf Präsentationstechniken im Printbereich (z. B. Layout).

Vorbereitungen
Erste für das Magazin vorgesehene Texte sind am PC erfasst und aufbereitet worden. Über die häuslichen PCs hinaus sind auch in der Schule mehrere zumindest für einige Wochenstunden verfügbar gemacht worden.
Insbesondere im Hinblick auf ein Magazin, das sich an Mits. richtet (eine häufig gewählte Option), sollten vor Beginn der eigentlichen Arbeiten die Textsorten festgelegt und erarbeitet werden, die in dem Magazin vorkommen sollen (z. B. Interview, Reportage, Bericht, Meldung, Kommentar).

Ablauf
Im Sinne eines → Projekts steuern die S. ihren Arbeitsprozess gemeinsam in mehreren Gesamt-Redaktionskonferenzen selbst und setzen in den Zwischenphasen einzeln oder in Gruppen die gefassten Beschlüsse um.
Folgende Planungskonferenzen sind sinnvoll:
- *Konferenz I:* Festgelegt werden die Adressaten des Magazins/der Broschüre. Daran schließt sich die Überlegung an, welche Themen(bereiche) bzw. welche der bereits vorliegenden Texte geeignet sind, welche nach Machart und Aufbau noch adressatengerecht umgearbeitet werden und welche evtl. noch neu verfasst werden müssen. Für die einzelnen Aufgaben werden Zuständigkeiten verteilt.
- *Konferenz II:* Die S. diskutieren Musterlayouts für ihre Publikation, legen für sich ein Seitenlayout (s. u.) fest und klären, welche Teilgruppen die Seiten nach diesem Muster am PC gestalten. Andere Gruppen überarbeiten die Texte noch einmal abschließend im Hinblick auf Ausdruck, Rechtschreibung, Zeichensetzung etc., entwerfen das Titelblatt oder bereiten den Verkauf des Magazins vor (z. B. Werbekonzept).

Didaktischer Kommentar
Bei der Arbeit an einem Magazin/einer Broschüre erfahren die S., wie viele Einzelkompetenzen zusammenkommen müssen, damit wirklich ein vorzeigbares Produkt entsteht. Wie bei einer → Übungsfirma lernen sie außerdem die Anforderungen einer realitätsnahen Produktion kennen.

Tipps zur Umsetzung
Einen Know-how-Zuwachs erfahren S., wenn sie im Vorfeld oder während der Arbeit an einer Broschüre bzw. einem Magazin Kontakt mit Redakteuren einer lokalen Zeitung aufnehmen. Viele Lokal- und Regionalzeitungen sind an solchen Kontakten sehr interessiert, um junge Leserinnen und Leser an ihre Produkte heranzuführen und – angesichts der zunehmenden Konkurrenz elektronischer Medien – insgesamt zum Lesen von Zeitungen zu animieren.
Bei der Festlegung eines *Seitenlayouts* wird z. B. entschieden,
- wie *Kopf-* und *Fußzeile* dimensioniert sein sollen;
- wie breit die Seitenränder sein sollen, damit die Publikation gut lesbar ist;
- wie die Paginierung (Seitenzählung, evtl. jeweils mit Angabe des Titels der Publikation) eingerichtet werden soll;
- wie die *Spaltenaufteilung* (ein, zwei oder drei Spalten pro Seite) sein soll;
- welche verschiedenen *Schrifttypen und -größen* und welcher *Zeilenabstand* gewählt werden sollen, damit das Heft gut lesbar ist und sich für das ganze Produkt ein einheitliches Erscheinungsbild ergibt (zu viele Wechsel in Schrifttyp und -größe wirken unruhig, andererseits wirkt Monotonie langweilig; Zeitungsprofis wählen den Zeilenabstand zwei Punkte größer als die Schriftgröße).

Es ist sinnvoll, für alle Teilgruppen, die am Seitenlayout arbeiten, eine entsprechende Leerseite (einen *Satzspiegel*) einzurichten und zu kopieren.

Alternativen
- Lesung
- Ausstellung (S. 244)
- Internet-Präsentation (S. 248)

Hinweise zur Weiterarbeit
- Druck des Magazins/der Broschüre (Oft sind die Hausdruckereien der Kommunen bereit, die Vervielfältigung kostenlos zu übernehmen.)

Literatur
Gerd Brenner: Wir gestalten ein Schülermagazin. In: Deutschbuch 8, hrsg. von Heinrich Biermann und Bernd Schurf, Berlin 1998, S. 293 ff.
Intel/Akademie Dillingen (Hrsg.): Lehren für die Zukunft. Baustein IX (Excel). Dillingen 2000
Manfred Sauer: 99 Tipps für wirksame Medienpräsenz. Berlin 2006

Internetadresse
mit Beispielen für die Öffentlichkeitsarbeit von Schulen: www.schulweb.de

7 PRÄSENTATION komplex schriftlich gestalten

Internet-Präsentation

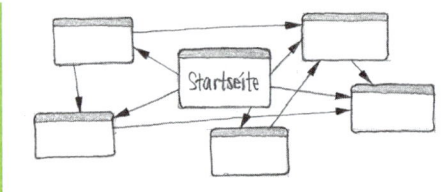

Sozialformen: PC-Arbeitsgruppen, Plenum
Dauer: 4 Std. und mehr
Medien: PCs mit Internetzugang
Klassen: ab Klasse 8
Fächer: alle

Didaktisches Potenzial
S. veröffentlichen erarbeitete Informationen für ein weltweites Publikum.
Mit einer Internet-Präsentation machen die S. – ähnlich wie bei einer → Ausstellung – ihre Arbeitsergebnisse öffentlich. Prozesslogisch ergibt sich daraus, dass die S. ihre gesamten Arbeiten im Vorfeld der Präsentation als eine echte Herausforderung empfinden und die Präsentierbarkeit und Wirksamkeit ihrer Exponate schon während des Erarbeitungsprozesses in besonderer Weise im Blick haben.

Vorbereitungen
Für die technische Umsetzung einer Internet-Präsentation stehen HTML-Editoren und Programme zum Erstellen von Websites zur Verfügung, die keine näheren Kenntnisse im Umgang mit HTML (standardisierte Internetsprache) erfordern. Um technische und medienspezifische Probleme zu minimieren, kann man u. a. das „Lehrer-Online-Netzwerk" unter www.lo-net.de nutzen (→ Internet-Wissensdepot). In einem angemeldeten virtuellen Klassenraum von *lo-net* findet man u. a. einen Homepage-Generator, mit dessen Hilfe eine Klasse/ein Kurs relativ leicht eine eigene Website erstellen und aufbereitete Materialien im Netz zur Verfügung stellen kann.

Ablauf
Zunächst wird entschieden, ob die Klasse/der Kurs gemeinsam *eine* Website gestaltet oder ob jede PC-Arbeitsgruppe (zwei bis drei S.) ihre eigene Website erstellen soll. Das Gestalten einer einheitlichen Internet-Präsentation setzt eine gemeinsame Konzeptentwicklung im Plenum der Lerngruppe voraus; die Umsetzung kann dann arbeitsteilig in den Gruppen erfolgen.
Gemeinsam entschieden werden sollte,
- wer die gemeinsame Startseite wie gestaltet;
- wie die Struktur der Hypertextdateien aussehen soll;
- welche Materialien aufgenommen bzw. noch neu erstellt werden sollen.

Auch wenn jede einzelne Arbeitsgruppe eine eigene Website aufbaut, sollten die Gruppen ihre einzelnen Präsentationselemente zunächst der gesamten Lerngruppe vorstellen und diese im Plenum kritisch durcharbeiten, bevor sie ins Netz gestellt werden.

Didaktischer Kommentar
Ein Nachteil dieser Präsentationsform ist, dass die Adressaten prinzipiell nicht eingegrenzt werden können. Die S. haben also ein diffuses Publikum vor Augen, was keinen Anreiz bie-

tet, die Exponate noch einmal auf adressatengerechte Strukturierung und Gestaltung hin zu durchdenken.
Andererseits bietet eine Internet-Präsentation den Vorteil, dass sich ein völlig unerwarteter Austausch zu dem Thema der Präsentation ergeben kann.

Tipps zur Umsetzung
Beim Aufbau einer Internet-Präsentation sollten die S.
- an ihren (vernetzten) PCs zunächst einen gemeinsamen Ordner mit Unterordnern anlegen, in dem alle erarbeiteten und recherchierten Materialien (Texte, Bilder, Tondokumente etc.) gesammelt werden;
- Möglichkeiten des interaktiven Arbeitens nutzen;
- sich im Plenum regelmäßig wechselseitig über Erkenntnisse und Vorhaben informieren.

Außer über *lo-net* kann eine eigene Website z. B. auch mit Programmen wie MS Frontpage aufgebaut werden. Sie stellen die Grundstrukturen für eine eigene Website mehr oder weniger übersichtlich zur Verfügung (bei Frontpage: Befehl „Neu", Option „Web" usw.). In Frontpage sind Verlinkungen bereits angelegt und einzelne Elemente über einen Navigationsbaum steuerbar. Neue Hyperlinks können schnell realisiert werden.
Ähnliches wie für eine Ausstellung gilt auch für eine Website:
- Wichtig sind inhaltliche Qualität und Genauigkeit und nicht in erster Linie ein schickes Design und viele dekorative Bildelemente.
- Die präsentierten Texte sollten nicht zu lang sein, da Leser am Bildschirm nur ungern längere Zeit scrollen.
- Die Quellen bzw. Verfasser von Materialien müssen angegeben werden.

Um wahrgenommen zu werden, sollte die Internet-Präsentation leicht auffindbar sein. Sie kann dazu mit einem Bildungsserver oder anderen Zentralstellen im Internet verbunden werden (vgl. *lo-net*), über die man sich verlinken lassen kann. Außerdem sollte eine Kontaktadresse (E-Mail-Adresse) angegeben werden.

Alternativen
- Ausstellung (S. 244)
- Magazinsendung (S. 241)
- Portfolio (S. 155)

Hinweise zur Weiterarbeit
- Fachgespräche per E-Mail oder Chat

Literatur
Günter W. Kienitz: Deine eigene Homepage in 60 Minuten. Kempen 2002
Ulrich Meyer u. a. (Hrsg.): Handbuch Methoden im Geschichtsunterricht. Schwalbach/Ts. 2004, S. 646 f.
Sybille Breilmann u. a. (Hrsg.): Computer, Internet & Co. im Deutsch-Unterricht. Berlin 2003, S. 163 ff.
Intel/Akademie Dillingen (Hrsg.): Lehren für die Zukunft. Baustein IX (Excel). Dillingen 2000

7 PRÄSENTATION visuell unterstützen

Balkendiagramm *(Bar diagram)*

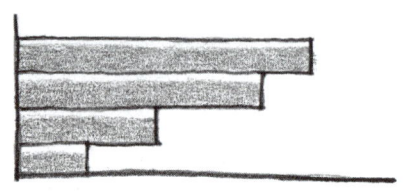

Sozialformen:	Einzel- oder Partnerarbeit
Dauer:	10–20 Min.
Medien:	evtl. Tabellenkalkulationsprogramm
Klassen:	ab Klasse 8
Fächer:	alle

Didaktisches Potenzial
S. setzen funktionale Zusammenhänge von Informationen grafisch um.
Als numerische Grafiken dienen Diagramme der Datenaufbereitung; sie können Sinnzusammenhänge anschaulich darstellen, wobei das Balkendiagramm Zahlenverhältnisse visualisieren kann. Es dient dem schnellen Erfassen von Zusammenhängen und Verhältnissen sowie dem Erkennen von Entwicklungstrends.

Vorbereitungen und Ablauf
Diagramme werden in der Regel auf Basis einer Tabelle erstellt, die eine Reihe exakter numerischer Angaben enthält. Sie lassen sich mithilfe von Tabellenkalkulationsprogrammen (z. B. MS Excel) erstellen. Die Spalten- und Zeilentitel der Ausgangstabelle werden dabei in Achsenbeschriftungen umgesetzt. Die Achsen des Diagramms passen sich automatisch dem in die Tabelle eingegebenen Zahlenmaterial an. Sollen mehrere Zahlenreihen grafisch umgesetzt werden, so können diese in verschiedenen Farben dargestellt werden. Wird eine Zahlenangabe in der Ausgangstabelle verändert, passt sich das gesamte Diagramm automatisch an.
Bei Tabellenkalkulationsprogrammen kann man in der Regel einen „Diagrammassistenten" nutzen, um ein Diagramm zu erstellen. In MS Excel z. B. wird er über das Anklicken von „Einfügen" und „Diagramm" gestartet (alternativ über das Anklicken des entsprechenden Symbols in der Symbolleiste), anschließend wird der gewünschte Diagrammtyp ausgewählt.

Didaktische Hinweise
Das Balkendiagramm hat gegenüber dem Kreisdiagramm den Vorteil, dass Daten verschiedener Kategorien in einem Diagramm dargestellt und verglichen werden können (z. B. das Vorkommen verschiedener Tierarten in einer Klimazone).

Alternativen
- Säulendiagramm (S. 257)
- Blasendiagramm (S. 552)
- Flächendiagramm (S. 253)
- Kreisdiagramm (S. 254)
- Kurvendiagramm (S. 255)

Hinweise zur Weiterarbeit
- Folie für Referat
- Auswertung im Plenum

7 PRÄSENTATION visuell unterstützen

Bilderbuffet

Sozialformen: Plenum, Partner- u. Gruppenarbeit
Dauer: 15 – 45 Min.
Medien: div. Abbildungen
Klassen: ab Klasse 5
Fächer: alle

Didaktisches Potenzial
S. erschließen sich über Bilder ein Thema.
Die S. erhalten zu einem Thema Bilder, die ihnen Anlässe für die Entwicklung mentaler Modelle bieten.

Vorbereitungen und Ablauf
Die Lehrperson führt eine Bilderkartei zu wichtigen Themen ihrer Fächer, die aus tagesaktuellen Materialien (z. B. Zeitungen, Illustrierten) laufend ergänzt wird.
Zu einem Thema werden in Form eines Buffets auf Tischen Bilder ausgelegt. Die Schüler markieren diejenigen Bilder, die sie besonders interessieren, bei einem Rundgang und bekommen in der nächsten Stunde eine Kopie dieser Bilder. Die S. werden dann gebeten, zu dem gerade behandelten Thema/Stoffbereich anhand ihrer Bilder in Partner- oder Gruppenarbeit Verstehensmodelle zu entwickeln. Anschließend werden die Ergebnisse im Plenum der Klasse/des Kurses bekanntgegeben.

Didaktische Hinweise
Bilderbuffets können am Anfang einer Unterrichtsreihe eingesetzt werden, um den S. einen ersten visuellen Eindruck von einem Stoffbereich zu verschaffen.
Sie können aber auch am Ende einer Unterrichtsreihe verwendet werden, um den S. mithilfe einer → Bebilderung eine zusätzliche Möglichkeit der Verarbeitung bisher rein verbal erarbeiteter Stoffe zu eröffnen.
Die Bilder sollten sorgsam ausgewählt sein, das Thema auf interessante Weise repräsentieren und nicht nur illustrativen Charakter haben.

Alternativen
■ Bebilderung (S. 263)

Literatur
Günther Gugel: 1000 neue Methoden. Weinheim 2007, S. 9 ff.
Jörg Knoll: Kurs- und Seminarmethoden. 11. Aufl., Weinheim und Basel 2007, S. 189 ff.

7 PRÄSENTATION visuell unterstützen

Blasendiagramm

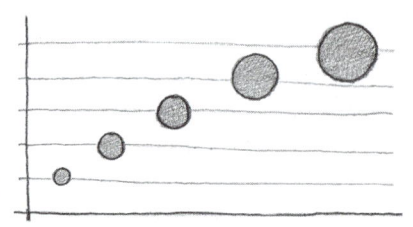

Sozialformen:	Einzel- oder Partnerarbeit, Kleingruppen
Dauer:	10–20 Min.
Medien:	evtl. Tabellenkalkulationsprogramm
Klassen:	ab Klasse 8
Fächer:	alle

Didaktisches Potenzial
S. setzen funktionale Zusammenhänge von Informationen grafisch um.
Bei grafischen Darstellungen kann man zwischen numerischen Grafiken, die Zahlen- und Größenverhältnisse abbilden, Erzählgrafiken, die Funktionsweisen von Gegenständen oder Sachverhalten bildhaft darstellen, und topografischen Grafiken unterscheiden. Letztere zeigen die Lage oder den Verlauf z.B. von Flüssen oder Bergen an. Als numerische Grafiken dienen Diagramme der Datenaufbereitung. Sie können Sinnzusammenhänge anschaulich darstellen. Beim Blasendiagramm ist darauf zu achten, dass es hier zu Täuschungen bezüglich der Größenrelationen kommen kann (s. didaktische Hinweise).

Vorbereitungen und Ablauf
Diagramme werden in der Regel auf Basis einer Tabelle erstellt, die eine Reihe exakter numerischer Angaben enthält. Sie lassen sich mithilfe von Tabellenkalkulationsprogrammen (z. B. MS Excel) erstellen. (Zum Verfahren der Diagrammgestaltung → Balkendiagramm, S. 250)

Didaktische Hinweise
Bei Blasendiagrammen ist zu beachten, dass die Blasengrößen die Zahlen der Tabelle nicht eindeutig widerspiegeln, da entweder der Durchmesser (lineares Verhältnis) oder die Fläche (quadratisches Verhältnis) in Beziehung gesetzt werden. Deshalb werden Blasendiagramme meist eingesetzt, wenn der Betrachter (z. B. in tendenziösen Presseartikeln) optisch getäuscht werden soll.
Um den S. die Problematiken spezieller Diagrammarten zu verdeutlichen, können sie in verschiedenen Gruppen gleiche Daten mit unterschiedlichen Diagrammarten darstellen.

Alternativen
- Balkendiagramm (S. 250)
- Kreisdiagramm (S. 254)
- Flächendiagramm (S. 253)
- Säulendiagramm (S. 257)

Hinweise zur Weiterarbeit
- Folie für Referat
- Auswertung im Plenum

Literatur
http://office.microsoft.com/de-at/excel-help/verfugbare-diagrammtypen-HA001233737.aspx

Flächendiagramm *(Area diagram)*

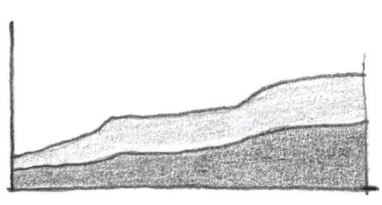

Sozialformen: Einzel- oder Partnerarbeit
Dauer: 10 – 20 Min.
Medien: evtl. Tabellenkalkulationsprogramm
Klassen: ab Klasse 8
Fächer: alle

Didaktisches Potenzial
S. setzen funktionale Zusammenhänge von Informationen grafisch um.
Als numerische Grafiken dienen Diagramme der Datenaufbereitung; sie können Sinnzusammenhänge anschaulich darstellen, wobei das Flächendiagramm neben den Anteilen, die durch die einzelnen Flächen dargestellt werden, auch die Summe aller Anteile erkennen lässt. Auf der x-Achse werden außerdem zeitliche Entwicklungen ausgedrückt.

Vorbereitungen und Ablauf
Diagramme werden in der Regel auf Basis einer Tabelle erstellt, die eine Reihe exakter numerischer Angaben enthält. Sie lassen sich mithilfe von Tabellenkalkulationsprogrammen (z. B. MS Excel) erstellen. (Zum Verfahren der Diagrammgestaltung → Balkendiagramm, S. 250)

Didaktische Hinweise
Anstatt wie beim Flächendiagramm die einzelnen Flächen zu stapeln, kann auch die Variante des gestapelten Säulendiagramms verwendet werden. Dabei werden die einzelnen Säulen nicht nebeneinander, sondern übereinander dargestellt, sodass im Gesamtbild jeweils die Summe erkennbar wird.

Alternativen
- Balkendiagramm (S. 250)
- Blasendiagramm (S. 252)
- Säulendiagramm (S. 257)
- Kreisdiagramm (S. 254)
- Kurvendiagramm (S. 255)

Hinweise zur Weiterarbeit
- Folie für Referat
- Auswertung im Plenum

Literatur
http://office.microsoft.com/de-at/excel-help/verfugbare-diagrammtypen-HA001233737.aspx

7 PRÄSENTATION visuell unterstützen

Kreisdiagramm/Tortendiagramm *(Pie chart)*

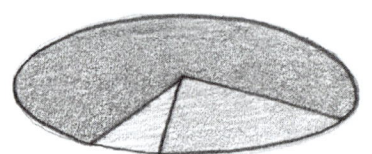

Sozialformen:	Einzel- oder Partnerarbeit
Dauer:	10 – 20 Min.
Medien:	evtl. Tabellenkalkulationsprogramm
Klassen:	ab Klasse 8
Fächer:	alle

Didaktisches Potenzial
S. setzen funktionale Zusammenhänge von Informationen grafisch um.
Als numerische Grafiken dienen Diagramme der Datenaufbereitung; sie können Sinnzusammenhänge anschaulich darstellen, wobei das Kreisdiagramm insbesondere dem anschaulichen Vergleich verschieden großer Teile eines Ganzen dient.

Vorbereitungen und Ablauf
Diagramme werden in der Regel auf Basis einer Tabelle erstellt, die eine Reihe exakter numerischer Angaben enthält. Sie lassen sich mithilfe von Tabellenkalkulationsprogrammen (z. B. MS Excel) erstellen. (Zum Verfahren der Diagrammgestaltung → Balkendiagramm, S. 250)

Didaktische Hinweise
Bei *Kreisdiagrammen* ist zu beachten, dass hiermit nur Zahlen aus einer Zeile oder aus einer Spalte der Tabelle dargestellt werden können. Möchte man die Daten aus mehreren Zeilen und Spalten darstellen, so benötigt man entsprechend viele Kreisdiagramme. Kreisdiagramme werden als *Torten-* oder *Kuchendiagramme* bezeichnet. Es gibt sie auch als 3D-Kreisdiagramme.

Alternativen
- Balkendiagramm (S. 250)
- Blasendiagramm (S. 252)
- Flächendiagramm (S. 253)
- Säulendiagramm (S. 257)

Hinweise zur Weiterarbeit
- Folie für Referat

Literatur
http://www-i1.informatik.rwth-aachen.de/infoki/Mathe5k/diagrammeerklaerung.pdf
http://www.univie.ac.at/ksa/elearning/cp/quantitative/quantitative-116.html
http://office.microsoft.com/de-at/excel-help/verfugbare-diagrammtypen-HA001233737.aspx

7 PRÄSENTATION visuell unterstützen

Kurvendiagramm/Liniendiagramm *(Line graph)*

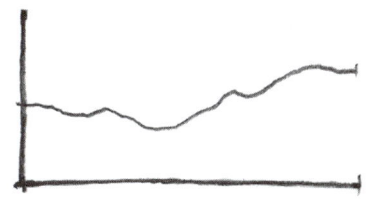

Sozialformen:	Einzel- oder Partnerarbeit
Dauer:	10 – 20 Min.
Medien:	evtl. Tabellenkalkulationsprogramm
Klassen:	ab Klasse 8
Fächer:	alle

Didaktisches Potenzial
S. setzen funktionale Zusammenhänge von Informationen grafisch um.
Als numerische Grafiken dienen Diagramme der Datenaufbereitung; sie können Sinnzusammenhänge anschaulich darstellen, wobei das Kurvendiagramm insbesondere dazu geeignet ist, die zeitliche Entwicklung zweier oder mehrerer Bereiche miteinander zu vergleichen. Eine begrenzte Anzahl von Datenreihen (am besten zwei oder drei) kann visuell gut ins Verhältnis zueinander gesetzt werden.

Vorbereitungen und Ablauf
Diagramme werden in der Regel auf Basis einer Tabelle erstellt, die eine Reihe exakter numerischer Angaben enthält. Sie lassen sich mithilfe von Tabellenkalkulationsprogrammen (z. B. MS Excel) erstellen. (Zum Verfahren der Diagrammgestaltung → Balkendiagramm, S. 250)

Didaktische Hinweise
Kurvendiagramme (Liniendiagramme) eignen sich besonders für grafische Umsetzungen umfangreicher Zahlenreihen, die in anderen Diagrammarten zu Unübersichtlichkeit führen. Bei sehr vielen Datenreihen sollte man auf andere Darstellungsarten (z. B. Säulendiagramm-Reihen) ausweichen.
Eine wichtige Entscheidung bei der Herstellung eines Kurvendiagramms (wie auch anderer Diagrammarten) ist die Wahl des Maßstabs; je kleiner er auf nur einer der beiden Achsen im Vergleich zur anderen gewählt wird, desto größer werden die Ausschläge der dargestellten Kurven. Bei der Herstellung und Auswertung von Kurvendiagrammen kann mit S. erarbeitet werden, dass die dargestellten Entwicklungen durch unterschiedliche Maßstäbe auf den beiden Achsen dramatisiert werden können.

Alternativen
- Balkendiagramm (S. 250)
- Blasendiagramm (S. 252)
- Flächendiagramm (S. 253)
- Kreisdiagramm (S. 254)

Hinweise zur Weiterarbeit
- Folie für Referat
- Auswertung im Plenum

Literatur
Gotthard Breit u.a. (Hrsg.): Methodentraining für den Politikunterricht II. Schwalbach 2007, S. 23 f.
http://office.microsoft.com/de-at/excel-help/verfugbare-diagrammtypen-HA001233737.aspx

7 PRÄSENTATION visuell unterstützen

Merkzettel

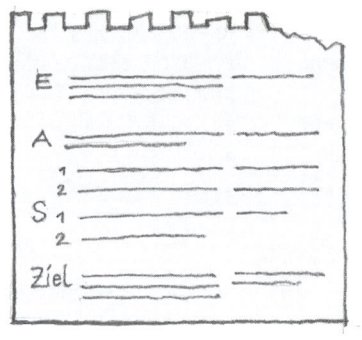

Sozialformen: Einzelarbeit
Dauer: je nach Vortragslänge
Medien: –
Klassen: ab Klasse 10
Fächer: alle

Didaktisches Potenzial
S. unterstützen ihre Präsentationen durch strukturierte Notizen.
Ein Merkzettel ist eine Orientierungs- und Strukturierungshilfe für das Vortragen komplexerer Sachverhalte. Er kann sowohl bei → Referaten als auch bei → Vorträgen oder → Reden als gedankliche Stütze eingesetzt werden, um das Ablesen vom Manuskript zu vermeiden und die (fast) freie Rede zu ermöglichen.

Vorbereitungen und Ablauf
Beim Erstellen eines Merkzettels sollten sich S. an die folgenden Vorgaben halten:
- Der Merkzettel sollte so wenig Text wie möglich enthalten.
- Die Notizen sollten möglichst groß und gut lesbar geschrieben sein.
- In ihrer Abfolge entsprechen die Notizen auf dem Merkzettel dem geplanten Verlauf einer Präsentation.
- Gedankliche Zusammenhänge können durch Symbole (z. B. Pfeile) markiert werden.
- Durch optische Strukturierung (z. B. Nummerieren, Einrücken untergeordneter Informationen) sollte Übersichtlichkeit hergestellt werden.
- Merkzettel sollten nur einseitig beschrieben sein (evtl. mehrere Blätter verwenden).

Didaktische Hinweise
Das Herstellen von Merkzetteln trainiert auch die klare Strukturierung von Präsentationen. Wird der Zettel dann in einer Präsentation verwendet, gibt er die Sicherheit, dass man nicht „den Faden verliert", und entlastet das Gedächtnis. Ein regelmäßiger Blick auf den Merkzettel diszipliniert außerdem und hält davon ab, spontanen Einfällen zu folgen, die vom thematischen Kern der Präsentation wegführen.

Alternativen
- Wandzeitung (S. 258)

Literatur
Liane Paradies, Hans Jürgen Linser: Üben, Wiederholen, Festigen. Berlin 2003, S. 137 ff.

Säulendiagramm *(Bar chart)*

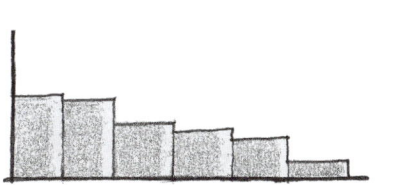

Sozialformen: Einzel- oder Partnerarbeit
Dauer: 10 – 20 Min.
Medien: evtl. Tabellenkalkulationsprogramm
Klasse: ab Klasse 8
Fächer: alle

Didaktisches Potenzial
S. setzen funktionale Zusammenhänge von Informationen grafisch um.
Als numerische Grafiken dienen Diagramme der Datenaufbereitung; sie können Sinnzusammenhänge anschaulich darstellen. Das Säulendiagramm visualisiert Zahlenverhältnisse und ermöglicht das schnelle Erfassen von Zusammenhängen und Verhältnissen sowie das Erkennen von Entwicklungstrends.

Vorbereitungen und Ablauf
Diagramme werden in der Regel auf Basis einer Tabelle erstellt, die eine Reihe exakter numerischer Angaben enthält. Sie lassen sich mithilfe von Tabellenkalkulationsprogrammen (z. B. MS Excel) erstellen. (Zum Verfahren der Diagrammgestaltung → Balkendiagramm, S. 250)

Didaktische Hinweise
Säulen- und Balkendiagramme sind Stabdiagramme. Säulendiagramme unterschieden sich von Balkendiagrammen (S. 250) nur dadurch, dass die Stäbe senkrecht angeordnet sind.
Mit einem Säulendiagramm lassen sich zeitliche Entwicklungen (waagerechte Zeitachse) oder Unterschiede zwischen verschiedenen Elementen, die betrachtet werden sollen, gut darstellen.
Zur Visualisierung von Daten sind Säulendiagramme fast immer einsetzbar. Allerdings können sie unübersichtlich werden, wenn zu viele Zahlen dargestellt werden sollen.

Alternativen
- Balkendiagramm (S. 250)
- Blasendiagramm (S. 252)
- Flächendiagramm (S. 253)
- Kreisdiagramm (S. 254)

Hinweise zur Weiterarbeit
- Folie für Referat

Literatur
http://www-i1.informatik.rwth-aachen.de/infoki/Mathe5k/diagrammeerklaerung.pdf
http://office.microsoft.com/de-at/excel-help/verfugbare-diagrammtypen-HA001233737.aspx

7 PRÄSENTATION visuell unterstützen

Wandzeitung

Sozialformen: Gruppenarbeit
Dauer: 15 – 45 Min.
Medien: Zeitungs-, Tapetenrollen u. Ä.
Klassen: alle
Fächer: alle

Didaktisches Potenzial
S. fixieren zentrale Ergebnisse ihrer Arbeit auf einer Großfläche.
Auf einer Wandzeitung präsentieren S. ihre Arbeitsergebnisse in bewusst gestalteter und verdichteter Form, sodass alle Beteiligten (L. und S.) im Unterricht längere Zeit auf sie zurückgreifen können. Für Mits. – und/oder für eine breitere Öffentlichkeit – dienen Wandzeitungen für eine begrenzte Zeit als Informationsquelle.

Vorbereitungen und Ablauf
Besorgt werden Zeitungsrollen, Tapetenrollen oder andere großflächige Papierbögen, von denen größere Stücke abgetrennt werden.
Die S. bekleben die Wandzeitung mit Bildern, Tabellen und Zitaten zum Thema, die sie Texten aus dem Unterricht oder aus ihrer Gruppen-Recherche entnehmen. Wichtig ist eine übersichtliche Gliederung der Informationen. Die Schriftgröße sollte dem Verwendungszweck angepasst sein. Als Faustregel rechnet man pro Meter Abstand, von dem aus die Zeitung noch gut lesbar sein soll, einen Zentimeter Schrifthöhe. Am besten wird ein dicker Filzstift verwendet. Sparsam eingesetzt werden können auch symbolische Zeichen (z. B. Pfeile, Einkreisungen).

Didaktische Hinweise
Wandzeitungen wurden ab 1968 in der Studentenbewegung als Mittel alternativer, basisdemokratischer Gegeninformation zur Korrektur der Berichterstattung in den Massenmedien entwickelt.
Um Übersichtlichkeit zu gewährleisten, sollten die Texte auf einer Wandzeitung kurz sein (evtl. nur zentrale Stichworte).

Alternativen
- Internet-Präsentation (S. 248)
- Portfolio (S. 155)

Hinweise zur Weiterarbeit
- Ausstellung (S. 244)
- Galeriegang (S. 240)

8 Üben und einprägen

Üben mit Wissensnetzen

- Analogisierung 260
- Ankermethode 262
- Bebilderung 263
- Falsche Freunde 264
- Lernhierarchie 265
- Loci-Methode 266
- Logische Netze 267
- *Mindmap 163*
- Mnemotechnische Verknüpfung 269

Üben mit Gruppendynamik

- Domino 271
- Schlüsselfragen 272
- Trimino 273

Üben mit Lernspielen

- Begriffspantomime 274
- Initialenrätsel 275
- Memory 276
- Quartett 277
- Tabu 278

Üben mit selektiven Verfahren

- Lernkartei 279
- *Lernplakat 61*
- Lückentext 281
- *Modell 175*
- Perspektivierung 282
- Progressives Auswischen 284

8 ÜBEN mit Wissensnetzen

Analogisierung

Beispiel
Roman	→	Drama
Kapitel	→	Akt
Abschnitt	→	Szene

Sozialformen: Einzel-, Partner-, Gruppenarbeit
Dauer: 5–15 Min.
Medien: –
Klassen: ab Klasse 5
Fächer: alle

Didaktisches Potenzial
S. behalten neues Wissen durch Analogiebildung besser.
S. merken sich Sachverhalte, indem sie neue Informationen auf ähnliche, ihnen bereits zugängliche Wissensbestände beziehen. Neues Wissen wird so im Gehirn auf altes Wissen abgebildet und kann leichter und schneller gelernt werden.

Vorbereitungen
Um eine Brücke zwischen bekanntem und neuem Wissensfeld zu schlagen, wird ein *gemeinsamer Oberbegriff* gesucht. Soll z. B. die Merkfähigkeit von neuem Wissen über den Stromkreislauf verbessert werden, wird der Oberbegriff „Kreislauf" genutzt, um das neue Wissen z. B. auf bereits bekanntes Wissen im Bereich „Wasserkreislauf" abzubilden. Um passende Oberbegriffe zu finden, kann man z. B. in einem Wörterbuch Komposita (Wortzusammensetzungen) mit dem Begriff suchen, um den es geht (hier: Strom → Strom*kreislauf*). Das zweite Wortelement dient dann als Oberbegriff.

Ablauf
Die S. setzen das neue Wissen, das behalten werden soll, in eine Ähnlichkeitsbeziehung zu dem Wissen, das ihnen bereits zur Verfügung steht, und zwar im Hinblick auf
- seine Elemente,
- deren Merkmale und Funktionen und/oder
- deren Strukturen und Zusammenhänge.

Im o. g. Beispiel können z. B. Elemente analogisiert werden wie
- Fließstärke des Wassers → Stromstärke,
- Wasserdruck in einem Rohr → Spannung in der Leitung,
- Wasserpumpe → Stromgenerator,
- Ventil im Wasserschlauch → Stromschalter.

Die Analogien werden nebeneinander notiert und das bereits bekannte Bezugssystem hilft den S., sich die neuen Sachverhalte im Zusammenhang schnell und effektiv zu merken. Allerdings lassen sich in der Regel nicht alle Elemente und Funktionen des neu zu lernenden Sachbereichs analogisieren (s. u.).

Didaktischer Kommentar
Nach Auskunft der Psychologie können S. neue, noch nicht im Langzeitgedächtnis gespeicherte Informationen erheblich besser behalten, wenn sie diese nicht einfach mehrmals wiederholen, sondern sie in irgendeiner Weise vertiefend verarbeiten, sie umstrukturieren

und elaborieren. Ein solches Verfahren der vertiefenden Verarbeitung ist die Analogisierung, die Wissen transferiert und damit seine Merkbarkeit erhöht. Das ist insbesondere dann der Fall, wenn ein ganzes, in seiner Sachlogik bekanntes Netz von Teilbegriffen zur Verfügung steht, auf das die neu zu lernenden Begriffe abgebildet werden können.

Bereits Kleinkinder verarbeiten ihre Wahrnehmungen als visuelle Analogien (Kinderzeichnungen). In einem Strichmännchen stellen sie eine Analogie zum stehenden Menschen her und übertragen dabei das Merkmal der Vertikalität. Auch in den folgenden Lebensaltern verarbeiten Menschen ihre Erfahrungen im Alltag immer wieder in Form von Analogiebildungen.

Analogien können allerdings auch irreführend sein und zu einem falschen Verstehen von Sachverhalten führen. Daher ist an Analogien die Anforderung zu stellen, dass die beiden in Beziehung gesetzten Bereiche wesentliche Eigenschaften und Strukturen gemeinsam haben müssen.

Ein positiver Effekt von Analogiebildungen ist, dass das Bezugswissen, auf das neues Wissen per Analogie bezogen wird, im Bereich des neuen Wissens zu Hypothesenbildungen über seine Struktur einlädt und damit die gedankliche Kreativität fördert.

Tipps zur Umsetzung

Die S. sollten darauf hingewiesen werden, dass eine Analogie als Merkhilfe nicht durchgängig anwendbar ist. So wäre es im o. g. Beispiel verfehlt anzunehmen, dass aus einer defekten Stromleitung – wie aus einer undichten Wasserleitung – Strom heraussickern kann. Um Analogiebildungen zu üben, können S. mit den in vielen Religionen üblichen *Gleichnissen* vertraut gemacht werden, also mit Großformen des literarischen Vergleichs, in denen Sachverhalte durch Vorgänge erklärt werden, die der Alltagswirklichkeit oder der Vorstellungswelt der Zuhörer/Leser näher liegt als die eigentliche Aussage.

Alternativen

- Mnemotechnische Verknüpfung (S. 269)
- Ankermethode (S. 262)
- Loci-Methode (S. 266)

Hinweise zur Weiterarbeit

- Lernplakat (S. 61) mit Analogisierungen
- Portfolio (S. 155)
- Test, Klassenarbeit, Klausur oder mündliche Prüfung

Literatur

Werner Metzig, Martin Schuster: Lernen zu lernen. 6. Aufl., Berlin u. a. 2003, S. 141 ff.
Vera F. Birkenbihl: Stroh im Kopf? Vom Gehirn-Besitzer zum Gehirn-Benutzer. 43. Aufl., Frankfurt/M. 2004, S. 26 ff.
Die Bibel (insbesondere die Gleichnisse im Neuen Testament)

8 ÜBEN mit Wissensnetzen

Ankermethode

Beispiel
2893:
„Wenn zwei nicht Acht geben, könnten sie in neun Monaten zu dritt sein."

Sozialformen: Einzelarbeit
Dauer: wenige Min.
Medien: –
Klassen: ab Klasse 5
Fächer: alle

Didaktisches Potenzial
S. wählen für Daten eine leichter memorierbare Aussageweise.
Mit diesem Verfahren der → Mnemotechnischen Verknüpfung verankern die S. schwer zu behaltende Daten in einem eigens hierzu erfundenen Kurztext (vgl. Beispiel). Diese Eselsbrücken-Technik spart – wie viele andere mnemotechnischen Verknüpfungen – Übungszeit.

Vorbereitungen und Ablauf
Stellen S. fest, dass sie bestimmte Daten (z. B. eine Zahlenreihe) nicht behalten können, schreiben sie die Daten als Wörter aus und erfinden mit ihnen eine kurze Aussage bzw. Geschichte. So verankern sie die vorher immer wieder vergessenen Daten im Gedächtnis. Dabei kann es sich durchaus um „verrückte Sätze" oder um Kauderwelsch-Geschichten handeln.

Didaktische Hinweise
Aussagen oder kurze Geschichten stellen für das Gehirn eine Ordnung her, die das Behalten erleichtert. Da die Codierung der Informationen als lustiger Gag ebenfalls leicht in Erinnerung bleibt, kann die ursprüngliche Datenfolge schnell wieder entschlüsselt werden. Das Gehirn wird so überlistet und merkt sich Sachverhalte mithilfe eines kreativen Umwegs.
Im fremdsprachlichen Unterricht können auf diese Weise neue Vokabeln gelernt werden, die man sich schwer einprägen kann.

Alternativen
- Andere Methoden der → Mnemotechnischen Verknüpfung (S. 269)

Literatur
Winfried Kneip u. a.: Lern-Landkarten. Ganzheitliches Lernen. Mülheim/Ruhr 1998, S. 53 f.

8 ÜBEN mit Wissensnetzen

Bebilderung

Sozialformen: Einzel-, Partner-, Gruppenarbeit, Plenum
Dauer: 10 – 15 Min.
Medien: div. Abbildungen
Klassen: ab Klasse 5
Fächer: alle

Didaktisches Potenzial
S. kombinieren Sachwissen mit Bildern.
„Vielfältige Beobachtungen in unterschiedlichen Bereichen weisen darauf hin, dass bildhaft dargebotenes Material oder visuelle Vorstellungen besonders leicht und dauerhaft gespeichert werden können" (vgl. Metzig/Schuster, S. 52). Die S. nutzen diese Einsicht, indem sie sich zur Verbesserung der Merkfähigkeit Lernstoffe zusammen mit Bildern einprägen.

Vorbereitungen und Ablauf
Zu einem Lernstoff wird den S. am Ende einer Unterrichtsreihe eine Sammlung von Abbildungen angeboten – z. B. in Form eines → Bilderbuffets. Die Abbildungen müssen nicht nur illustrativen Charakter haben, sondern können auch Erkenntnisprozesse stützen. Jeder S. sucht sich für ihn aufschlussreiche Bilder aus und erhält Kopien davon, die ihm nun als Merkhilfe dienen.

Didaktische Hinweise
Das Bebildern ist eine elaborative Technik des Lernens, bei der zu lernende Fakten mit zusätzlichen, visuellen Informationen angereichert werden. Die Methode nutzt die Tatsache, dass unser Bildgedächtnis außerordentlich leistungsfähig ist. Das ergibt sich z. B. aus der Tatsache, dass man sich Orte, an denen man gewesen ist, z. T. noch nach Jahren in vielen Einzelheiten vorstellen kann. In vielen Fällen hat unser Gedächtnis für visuelle Inhalte eine viel größere Kapazität als für verbale (vgl. Edelmann, S. 167). (Innere) Bilder unterstützen das Erinnern also in ganz besonderer Weise. Sie verbinden zudem die linke Hemisphäre des Gehirns (begriffliche Verarbeitungen) mit der rechten (bildhafte Vorstellungen) und verankern so einen Lernstoff vielschichtig.

Alternativen
- Analogisierung (S. 260)
- Ankermethode (S. 262)

Hinweise zur Weiterarbeit
- Klassenarbeit/Klausur/Test/mündliche Prüfung

Literatur
Werner Metzig, Martin Schuster: Lernen zu lernen. 6. Aufl., Berlin u. a. 2003
Walter Edelmann: Lernpsychologie. 6. Aufl., Weinheim 2000

8 ÜBEN mit Wissensnetzen

Falsche Freunde *(False friends)*

Beispiel
Adenauer Heinemann
Brandt Schmidt
Kohl Schröder

Sozialformen: Einzel-, Partnerarbeit
Dauer: 10 – 15 Min.
Medien: Arbeitsblatt
Klassen: ab Klasse 5
Fächer: alle

Didaktisches Potenzial
S. grenzen wissensbasiert ein Begriffsfeld präzise ab.
Die S. rekapitulieren ihr Wissen und trainieren, Oberbegriffe für angebotene Wissenselemente zu finden. Damit schließen sie Nennungen aus, die nicht unter die Oberbegriffe fallen.

Vorbereitungen und Ablauf
Die Lehrperson oder auch ein S. stellt zur Übung eines bestimmten Sachbereichs jeweils sechs oder mehr Begriffe, Namen, Fakten etc. zusammen, die in diesem Bereich eine Rolle spielen. Unter diesen ist ein Begriff, Name oder Fakt, der in der Auflistung deplatziert ist. Ein Arbeitsblatt kann z. B. etwa zehn solcher Auflistungen enthalten.
Die S. werden aufgefordert, auf ihrem Arbeitsblatt jeweils die „falschen Freunde" durchzustreichen. Dort kann auch notiert werden, warum der jeweilige Begriff, Name, Fakt gestrichen wurde.

Didaktische Hinweise
Der Begriff kommt ursprünglich aus der Fremdsprachendidaktik (vgl. Beitkreuz 1991) und bezeichnet Wortpaare, die im Deutschen und Englischen fast gleich aussehen, aber ganz verschiedene Bedeutungen haben und daher oft zu falschen Übersetzungen führen.
Das Verfahren regt dazu an, Begriffe, Namen oder Fakten sachlogisch aufeinander zu beziehen, nicht passende Elemente begründet auszuschließen und das Lernfeld damit präzise gedanklich zu vermessen.

Alternativen
- Lernplakat (S. 61)
- Domino (S. 271)
- Trimino (S. 273)
- Lückentext (S. 281)

Hinweise zur Weiterarbeit
- Umsetzen der nicht gestrichenen Begriffe in eine → Zeitleiste (S. 171) oder eine → Mindmap (S. 163)

Literatur
Gerd Brenner/Georg Deggerich/Karen Drews: Soforthilfe Englisch, Using English Vocabulary. Lernmodule zum Fördern und Fordern. Berlin 2011, S. 107 ff.

8 ÜBEN mit Wissensnetzen

Lernhierarchie

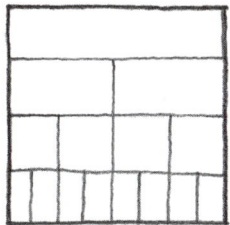

Sozialformen: Einzel-, Partnerarbeit
Dauer: 20 – 60 Min.
Medien: –
Klassen: ab Klasse 8
Fächer: alle

Didaktisches Potenzial
S. gliedern Lernstoff.
S. planen und gestalten das Lernen komplexer Wissensbereiche effektiv und zielgerichtet und vermeiden ein weniger erfolgversprechendes Auswendiglernen von Lernstoff.

Vorbereitungen und Ablauf
Das Wissensgebiet wird z. B. mithilfe eines → Baumdiagramms der Fachbegriffe oder einer → Mindmap in eine hierarchische Ordnung gebracht:
- Zunächst wird mit wenigen zentralen Begriffen eine grobe Übersicht über den ganzen Wissensbereich erstellt. Dabei werden zunächst wesentliche Zusammenhänge des Stoffgebiets klar.
- Dann werden einzelne Teilbereiche untergliedert und mit Fakten/Daten aus dem Wissensbereich aufgefüllt. Auch dies erfolgt in Stichworten. Insgesamt sollen alle Notizen auf einem Blatt Platz finden.
- Zu den Teilbereichen werden die Details dann in den Lernunterlagen noch einmal nachgelesen.
- Anschließend wird der Wissenskomplex rekapituliert, indem zunächst die Überschriften der Hauptbereiche und dann die den Teilbereichen zuzuordnenden Einzelinformationen aus dem Gedächtnis abgerufen werden.
- Diejenigen Bereiche, die noch nicht hinreichend erinnert werden, müssen noch einmal nachgelesen werden.

Didaktische Hinweise
Wichtig ist, dass der Lernstoff durch gedankliche Hierarchisierung und Reorganisation vom Umfassenden zum Detail fortschreitend eingeprägt wird. Zu lernende Einzelheiten werden dabei in gedanklich vorbereitete größere Felder eingeordnet und können so besser behalten werden.

Alternativen
- Lernkartei (S. 279)
- Progressives Auswischen (S. 284) am PC durch Kopieren des Lernstoffs und Löschen

Hinweise zur Weiterarbeit
- Verschiedene Networking-Verfahren (z. B. S. 267)

Loci-Methode

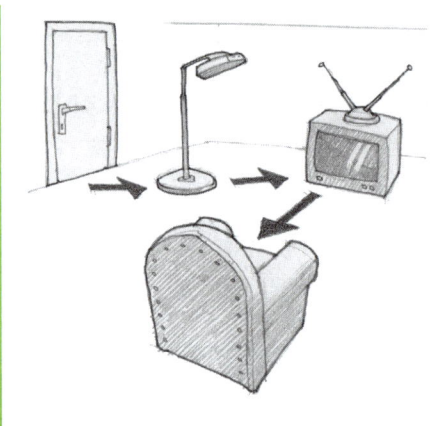

Sozialformen: Einzelarbeit
Dauer: ca. 5 Min.
Medien: –
Klassen: ab Klasse 5
Fächer: alle

Didaktisches Potenzial
S. verknüpfen zu lernende Informationen mit Ortsvorstellungen.
Die S. stellen sich einen Gang durch verschiedene Orte (lat.: locus, Pl.: loci) vor, um schwer memorierbare Fakten damit zu verbinden und so besser behalten zu können. Wie andere Verfahren der → Mnemotechnischen Verknüpfung verbindet die Methode Einzeldaten zu einem Wissensnetz, mit dem diese besser eingeprägt werden können.

Vorbereitungen und Ablauf
Der S. stellt sich einen Weg mit verschiedenen Stationen vor, den er besonders gut kennt (z. B. den Schulweg, einen Gang durch das eigene Haus, das eigene Zimmer, den eigenen Garten, den Weg zu einem oft aufgesuchten Geschäft). Eine Reihe von Informationen, die man sich nicht gut merken kann, wird nun mit markanten Stationen des Weges gedanklich verbunden, und zwar so, dass jede Information über eine Assoziation mit einer Station des Weges verbunden wird. Die Informationen können durch diese Vernetzung insgesamt besser behalten werden. Man kann diesen Weg abschreiten und sich an den entsprechenden Stationen die Informationen noch einmal vor Augen führen.

Didaktische Hinweise
Der Trick des Verfahrens liegt darin, dass die zu memorierenden Informationen über mehrere mit Orten verbundene Wahrnehmungskanäle (Sehen, Hören, Riechen etc.) geleitet und mit Gefühlen assoziiert werden. Das Gehirn speichert die Informationen dann intensiver, weil sie breiter (in mehreren Gehirnregionen) verankert sind.

Alternativen
- Ankermethode (S. 262)
- Mindmap (S. 163)
- Lernhierarchie (S. 265)

Literatur
Annette Brunsing: Gedächtnistraining. Leichter lernen – sicher merken. Berlin 2006, S. 59–65

8 ÜBEN mit Wissensnetzen

Logische Netze

Beispiel
1. Weltkrieg → Kriegsschuld → Reparationszahlungen → wirtschaftliche Depression → Abwendung von der Demokratie → Nationalsozialismus → 2. Weltkrieg → Marshall-Plan → stabile Demokratie

Sozialformen: Einzel-, Partner-, Gruppenarbeit
Dauer: 15 – 30 Min.
Medien: Flussdiagramm u. Ä.
Klassen: ab Klasse 5
Fächer: alle

Didaktisches Potenzial
S. passen Wissen den Strukturen des Gedächtnisses an.
Logische Netze nehmen die verknüpfenden Strukturierungen, mit deren Hilfe das Gehirn Informationen speichert, in einer visuellen Gestaltung vorweg und erleichtern damit das Lernen und Behalten. Den S. werden Methoden der *Reorganisation* von Wissen angeboten, mit denen sie Sachverhalte gedanklich verknüpfen, die sie so bisher nicht vernetzt haben. Sie entdecken damit neue gedankliche Strukturen durch Umstrukturierung und erarbeiten sich so *Merkwissen,* das ihnen als *Transferwissen* zur Verfügung steht. Dabei achten sie insbesondere auf *logische Verknüpfungen.*

Vorbereitungen
Die S. machen ein Experiment, um die Zweckmäßigkeit logischer Netze zu erkennen (s. u.).

Ablauf
Die S. setzen zu lernende Einzelinformationen mithilfe logischer Grundoperationen in stichwortartig vernetzende Wissens-„Abbildungen" um, z. B. nach folgenden Mustern:
- Ursache/Wirkung
- Zweck/Mittel
- Motiv/Handlung

Dabei werden z. B. Knoten (umkreiste Wörter), Pfeile (die Einwirkungen zeigen) oder verschieden starke Linien eingesetzt, um die logischen Bezüge optisch zu repräsentieren. Als Strukturmodell kann auch das → Flussdiagramm eingesetzt werden. Die logischen Netze sollten so angelegt sein, dass die *räumlich-visuelle* Repräsentation von Zusammenhängen die logische sinnvoll abbildet. Insgesamt soll die linear-sprachliche Wiedergabe von Informationen, die im Unterricht in der Regel vorherrscht, durch die Platzierung im Raum *(location)* in ein *logisches Bild* übersetzt werden.
Um die Transferkompetenzen der S. zu steigern, können mehrere dieser Operationen nacheinander stattfinden.

Didaktischer Kommentar
Die neurophysiologische Forschung nimmt an, dass unser Gedächtnis Informationen mithilfe *strukturierender Figurationen* vom Arbeitsgedächtnis ins *Langzeitgedächtnis* überführt. Dieses ist das für schulisches Lernen wichtigere Speichersystem, das erreicht werden muss. Beim Übergang vom Arbeits-/(Kurzzeit-)Gedächtnis ins Langzeitgedächtnis finden im Figurationsprozess außerdem „Entschlackungen" des ursprünglichen Informati-

onsumfangs statt. Eine zentrale Erkenntnis ist, dass die Figurationen im Langzeitgedächtnis *netzwerkartig* sind. Es ist daher sinnvoll, Informationen schon im Prozess der Erarbeitung von Lernstoff als Vernetzung anzulegen *(Networking)*. Neben *taxonomischen (hierarchisch systematisierenden)* Wissensnetzen (→ Lernhierarchie) werden in neuerer Zeit auch komplexe, nichthierarchische Strukturierungen des Wissens befürwortet. Grundthese der neurophysiologischen Forschung ist es, dass interne *Strukturierungen* von Wissen (die Figurationen von Wissen im Gehirn) durch geeignete *externe Wissensrepräsentationen vorgeformt (präfiguriert)* werden sollten. Den S. sollten also Methoden der Strukturierung von Lernstoff zur Verfügung gestellt werden, die das Behalten organisieren und unterstützen. Die Verfahren der *vertiefenden Umstrukturierung,* die bei der logischen Vernetzung von Wissensdetails angewendet werden können, sind u. a. von der deutschen *Gestaltpsychologie* ausgearbeitet worden.

Tipps zur Umsetzung
Vorbereitendes Experiment: Die Hälfte der Klasse/des Kurses nimmt die im obigen Beispielkasten notierten Begriffe in der dort gegebenen, die andere Hälfte dieselben Begriffe in einer anderen, nicht logisch strukturierenden Reihenfolge eine Minute lang zur Kenntnis. Unmittelbar im Anschluss daran notiert jeder innerhalb von zwei Minuten so viele dieser Begriffe wie möglich. Die Ergebnisse werden verglichen. Normalerweise können die logisch sortierten (hier in eine zeitliche Ursache-Wirkung-Abfolge gebrachten) Einzelinformationen besser behalten werden.

Alternativen
- Mnemotechnische Verknüpfung (S. 269)
- Ankermethode (S. 262)
- Loci-Methode (S. 266)
- Analogisierung (S. 260)
- Mindmap (S. 163)

Hinweise zur Weiterarbeit
- Portfolio (S. 155)
- Klassenarbeit/Klausur/Test/mündliche Prüfung

Literatur
Wolfgang Einsiedler: Wissensstrukturierung im Unterricht. Neuere Forschung zur Wissensrepräsentation und ihre Anwendung in der Didaktik. In: Zeitschrift für Pädagogik, 2/1996, S. 167 ff.
Norbert M. Seel: Psychologie des Lernens. Lehrbuch für Pädagogen und Psychologen. München, Basel 2000
Vera F. Birkenbihl: Stroh im Kopf? Vom Gehirn-Besitzer zum Gehirn-Benutzer. Gebrauchsanleitung fürs Gehirn. 43. Aufl., Frankfurt/M. 2004

8 ÜBEN mit Wissensnetzen

Mnemotechnische Verknüpfung

Beispiel
Differenzen und Summen
kürzen nur die Dummen.

Sozialformen: Einzel-, Partnerarbeit
Dauer: wenige Min.
Medien: –
Klassen: ab Klasse 5
Fächer: alle

Didaktisches Potenzial
S. verknüpfen gezielt Teilinformationen.
S. verknüpfen bewusst neue Informationen miteinander oder mit bereits gespeicherten; durch das Herstellen von Zusammenhängen verbessern sie die Merkbarkeit der Informationen.

Vorbereitungen
Den S. wird zunächst bewusst gemacht, dass effektives Auswendiglernen von Daten, Vokabeln u. Ä. bestimmte Lerntechniken erfordert und dass sie sich Frustrationen und Zeitverlust ersparen können, wenn sie gezielt mnemotechnische Methoden anwenden.

Ablauf
Die S. werden angeregt, Lernstoff, der in ihrer Wahrnehmung zunächst aus vielen *Einzelbestandteilen* zu bestehen scheint, gedanklich *aufeinander zu beziehen* und in dieser Verknüpfung auswendig zu lernen. Verschiedene Methoden sind möglich:
1. *Bündelung:* Hierbei werden (z. B. beim Vokabellernen) mehrere Wörter aus einem Lebensbereich (z. B. Gegenstände aus der Küche) in einer Liste zusammengestellt und evtl. zusätzlich in einem Bild gezeichnet. Erst nach dieser Verknüpfung werden die Wörter en bloc gelernt.
2. *Kontextuierung:* Verschiedene Untermethoden sind vorstellbar:
   - Das zu lernende neue Detail wird in ein bestehendes „Netz" eingeordnet (eine neue Vokabel z. B. in ein Feld bekannter Wörter). Diese Kombination wird dann im Zusammenhang gelernt (vgl. auch → Ankermethode).
   - Hilfreich ist auch die Einpassung eines zu lernenden Wortes/Begriffs in einen Satz mit bekannten Wörtern. Der Kontext stützt dann das Erinnern des neuen Wortes.
   - Bekannt ist das Verfahren der Eselsbrücke (s. u.).
   - Um eine Kontextuierung von Fakten handelt es sich auch beim Verfahren → Logische Netze.
3. *Hierarchisierung:* Durch die logische Zuordnung von Einzeldaten zu verschiedenen Ebenen (→ Lernhierarchie) findet eine besonders intensive gedankliche Aufbereitung des Lernstoffs statt.

Didaktischer Kommentar
Den S. soll der gelernte Stoff nicht nur kurzfristig für Klassenarbeiten/Klausuren zur Verfügung stehen, sondern langfristig. Daher sind Mnemotechniken (Techniken des Einprägens) neben Organisationstechniken (z. B. → Oberbegriffe, → Mindmap) und Reduktionsverfah-

ren (Zusammenfassen) die wichtigsten Merktechniken. Ziel der Mnemotechniken ist es, gespeichertes Wissen nicht nur an der „Oberfläche" kurzfristig zu speichern, sondern tiefenorientiert im Langzeitgedächtnis. Dies geschieht am besten – der Struktur unseres Gehirns entsprechend – durch *Verknüpfung* (vgl. dazu auch ➔ Logische Netze).

Tipps zur Umsetzung
Eselsbrücken sind in allen Fächern verbreitet als Verfahren der *Kontextuierung* neu zu lernender Sachverhalte (z. B. Begriffe, Zahlen, Abläufe), die zu erlernen Probleme bereitet. Oft wird eine assoziative sprachliche Verbindung hergestellt, die zum Zweck einer weiteren Verbesserung der Merkfähigkeit zusätzlich in *Reime* gegossen wird. Beispiele sind:

Hältst du den Löffel konkav,
bleibt die Suppe brav.
Hältst du ihn konvex,
macht die Suppe einen Klecks.   Physik

Drei drei drei
bei Issus Keilerei.   Geschichte

He, she, it,
das „s" muss mit.   Englisch

Erst das Wasser, dann die Säure,
sonst passiert das Ungeheure.   Chemie

Nach l, n, r, das merke ja,
steht nie tz und nie ck.   Deutsch

Ein Beispiel für die Einpassung von Lernstoff in einen mnemotechnisch hilfreichen Satzzusammenhang ist:
„**M**ein **V**ater **e**rklärt **m**ir **j**eden **S**onntag **u**nsere **n**eun **P**laneten" für die Planeten **M**erkur, **V**enus, **E**rde, **M**ars, **J**upiter, **S**aturn, **U**ranus, **N**eptun, **P**luto in der Reihenfolge ihrer Entfernung von der Sonne.

Alternativen
▪ Baumdiagramm (S. 158)
▪ Falsche Freunde (S. 264)

Hinweise zur Weiterarbeit
Schwer erlernbare Elemente können mithilfe von Verfahren wie ➔ Lernplakat (S. 61) oder ➔ Lernkartei (S. 279) angegangen werden.

Literatur
Liane Paradies, Hans Jürgen Linser: Üben, Wiederholen, Festigen. Berlin 2003
Annette Brunsing: Gedächtnistraining. Leichter lernen – sicher merken. Berlin 2006, S. 77 ff.

8 ÜBEN mit Gruppendynamik

Domino

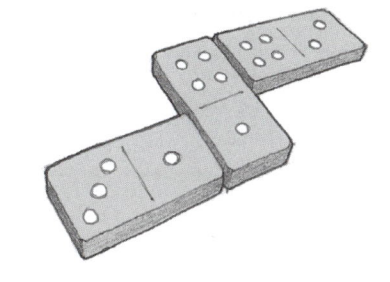

Sozialformen: Einzel-, Partnerarbeit
Dauer: 5 – 10 Min.
Medien: Domino-Karten
Klassen: bis Klasse 10
Fächer: alle

Didaktisches Potenzial
S. ordnen Aussagen zu und festigen ihr Wissen.
Ähnlich wie beim → Trimino mobilisieren die S. ihr Wissen, um Aussagen, die auf verschiedenen Ebenen angesiedelt sind, jedoch jeweils denselben Sachverhalt betreffen, einander zuzuordnen. Sie festigen damit ihr Wissen durch Reorganisation.

Vorbereitungen und Ablauf
Wissensbestände, über die die S. verfügen müssten, werden auf mindestens 15 Domino-Karten gebracht. Dabei finden sich auf den Domino-Hälften, die aneinander grenzen, jeweils zwei Aussagen zu ein und demselben Sachverhalt (z. B. ein deutsches Wort und eine lateinische Entsprechung, ein wichtiges Zitat aus einem dichterischen Werk und der Titel des Werkes, eine markante Äußerung einer literarischen Figur und der Name der Figur). Der erste und der letzte Domino-Stein haben ein Leerfeld. Aufgabe der S. ist es, die Steine sachgerecht anzulegen, bis alle aufgebraucht sind. Zur Kontrolle können sich auf der Rückseite die üblichen Domino-Punkte befinden.

Didaktische Hinweise
Die Domino-Karten bieten Gesprächsanlässe, mit denen die S. ein bestimmtes Sachbereichswissen noch einmal umwälzen und überprüfen können.
Nach einem ersten Kennenlernen des Verfahrens können S. die Domino-Karten evtl. für andere Gruppen selbst herstellen (vgl. → Lernen durch Lehren).
Ein Vorteil des Verfahrens ist es, dass die Dominos immer wieder neu gemischt und in weitere Gruppen gegeben werden können.

Alternativen
- Trimino (S. 273)
- Progressives Auswischen (S. 284)
- Lückentext (S. 281)

Hinweise zur Weiterarbeit
- Test/Klassenarbeit

Literatur
Ulrich Meyer u. a. (Hrsg.): Handbuch Methoden im Geschichtsunterricht. Schwalbach/Ts. 2004, S. 443 f.
Frank Müller: Ein Lerndomino entwickeln. In: Ders.: Lesetraining. Weinheim und Basel 2009, S. 68 – 70

8 ÜBEN mit Gruppendynamik

Schlüsselfragen

Beispiel
„Welche Partei hat den Nationalsozialisten im Reichstag mit welchen Argumenten bis zuletzt Widerstand entgegengesetzt?"

Sozialformen: Gruppenarbeit, Plenum
Dauer: 15 – 25 Min.
Medien: –
Klassen: ab Klasse 5
Fächer: alle

Didaktisches Potenzial
S. fragen ihr Wissen wechselseitig ab.
Die S. wiederholen einen Unterrichtsstoff, indem sie ihn mithilfe von Schlüsselfragen gliedern und wechselseitig ihre Kenntnisse überprüfen.

Vorbereitungen und Ablauf
Am Ende einer Unterrichtsreihe erhalten die S. den Auftrag, den erarbeiteten Stoff in Gruppen
- sinnvoll in verschiedene Teilbereiche zu gliedern und
- zu jedem Teilbereich einige Fragen zu formulieren, die wesentliche Sachverhalte des Stoffgebietes erfassen sollen.

Insgesamt sollen in jeder Gruppe zehn bis zwölf Fragen formuliert werden. Diese werden auf nummerierte Karteikarten geschrieben; auf der Rückseite wird eine möglichst präzise und kompakte Antwort notiert. Die Gruppe kann mithilfe der Karten zunächst einen internen Wissenstest absolvieren.
Jede Gruppe geht mit ihren Schlüsselfragen dann ins Plenum und testet mit ihnen eine andere Gruppe. Jedes Mitglied dieser Gruppe kann eine Zahl zwischen eins und zehn oder mehr nennen – je nach Anzahl der angefertigten Karten. Die entsprechende Frage wird dann vorgelesen und soll beantwortet werden.

Didaktische Hinweise
Die Methode bietet S. eine Reihe von Anlässen, Stoffbereiche zu überblicken, Teilbereiche zu definieren, diese möglichst trennscharf in verschiedene Fragen zu „übersetzen" und schließlich in den Antworten Kerne des Lernstoffs sprachlich möglichst genau zu fassen. Die Beantwortung der Fragen im Plenum kann bepunktet werden. Wenn die einzelnen Gruppen im Plenum gegeneinander spielen, bekommt das Verfahren Wettbewerbscharakter.

Alternativen
- Domino (S. 271)
- Trimino (S. 273)

Hinweise zur Weiterarbeit
- Klassenarbeit/ Klausur/ Test

Literatur
Heinz Klippert: Teamentwicklung im Klassenraum. Weinheim, Basel 2001, S. 203
Gotthard Breit u.a. (Hrsg.): Methodentraining für den Politikunterricht II. Schwalbach 2007, S. 17

8 ÜBEN mit Gruppendynamik

Trimino

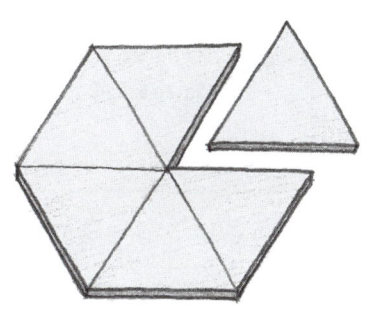

Sozialformen: Kleingruppen-, Partnerarbeit
Dauer: 5–10 Min.
Medien: Trimino-Karten
Klassen: 5–8
Fächer: alle

Didaktisches Potenzial
S. mobilisieren und festigen ihr Wissen, indem sie Aussagen kombinieren.
Zur Übung und Festigung eines Sachgebietes nehmen die S. wichtige Inhalte eines Themas einzeln zur Kenntnis. Anschließend ordnen sie diese einander zu, indem sie ihr Vernetzungswissen anwenden.

Vorbereitungen und Ablauf
Vorbereitet werden Trimino-Sets mit je 16, 24, 32 oder mehr dreieckigen Karten (gleichseitige Dreiecke). Diese enthalten an jeder Seite kurze Informationen zu einem Sachbereich, die so angeordnet sind, dass zwei Seiten unterschiedlicher Dreiecke jeweils zusammengehören (z. B. eine Begriffsdefinition und der zugehörige Begriff).
Die S. sichten in Kleingruppen oder Partnerarbeit alle Karten ihres Trimino-Sets, bevor sie beginnen, zusammengehörige Karten zuzuordnen und die Karten wabenartig zusammenzusetzen. Sind mehrere verschiedene Sets im Spiel, können diese nach gefundener Lösung wieder auseinandergenommen und an andere Gruppen weitergegeben werden.

Didaktische Hinweise
Das netzartige Verknüpfen von Wissenskernen aus einem Sachbereich unterstützt die Merkleistung der S. Triminos erfordern eine komplexere Reorganisation von Sachbereichswissen als → Dominos. Wie Dominos können sie von S. selbst hergestellt und rotierend in Kleingruppen bzw. Partnerarbeit eingesetzt werden.

Alternativen
- Domino (S. 271)
- Lückentext (S. 281)
- Progressives Auswischen (S. 284)

Hinweise zur Weiterarbeit
- Test/Klassenarbeit

Literatur
Ulrich Meyer u. a. (Hrsg.): Handbuch Methoden im Geschichtsunterricht. Schwalbach/Ts. 2004, S. 443 f.

8 ÜBEN mit Lernspielen

Begriffspantomime *(Charades)*

Beispiele
- Hänsel
- Rapunzel
- Schneewittchen
- Dornröschen
- …

Sozialformen: Großgruppen, Plenum
Dauer: 30–40 Min.
Medien: –
Klassen: ab Klasse 5
Fächer: alle

Didaktisches Potenzial
S. stellen Begriffe pantomimisch dar.
Die Begriffspantomime bietet den S. die Möglichkeit, sich mit viel Spaß, Spannung und Bewegung Gedanken darüber zu machen, was charakteristisch für bestimmte Begriffe ist, die sie pantomimisch darstellen müssen.

Vorbereitungen und Ablauf
Die Klasse/der Kurs wird zu Beginn des Spiels in zwei gleich große Mannschaften aufgeteilt.
Diese sind abwechselnd an der Reihe. Ein S. aus der ersten Mannschaft erhält einen Begriff, den er seiner Gruppe pantomimisch „erklären" muss. Hat jemand aus der Gruppe den Begriff erraten, erhält er einen neuen Begriff zum pantomimischen Darstellen. Den Mannschaften steht jeweils eine vorgegebene Zeit (z. B. drei Minuten) zur Verfügung, um Begriffe zu erraten. Danach ist die zweite Gruppe an der Reihe. Bei jeder Runde sollte ein anderer beginnen, die Begriffe pantomimisch darzustellen.
Gewonnen hat die Gruppe, die nach mehreren Runden die meisten Begriffe erraten hat.

Didaktische Hinweise
Das Spiel trainiert den körpersprachlichen Ausdruck. Es eignet sich besonders für Situationen, in denen die Lehrperson den S. eine Auflockerung gönnen möchte (nach Klassenarbeiten etc.).
Die darzustellenden Begriffe können entweder von der Lehrperson vorgegeben oder von den Gruppen (für die jeweils andere Gruppe) überlegt werden.
Je nach thematischem Umfeld, in dem das Spiel durchgeführt wird, gibt es unzählige Begriffe (aus der Politik, Biologie, Geschichte, Literatur etc.), die die S. darstellen können.

Alternativen
- Tabu (S. 278)

Literatur
Günther Gugel: 1000 neue Methoden. Weinheim 2007, S. 102
Irmintraud Wienerl/Simone Fleischmann/Ursula Rotte (Hrsg.): Das Methoden-Handbuch Grundschule. München 2007, S. 249 ff.

8 ÜBEN mit Lernspielen

Initialenrätsel

Beispiel (mit Lösung)

Europäische Politik im 20. Jahrhundert:
W. C. (1874 – 1965) (→ Winston Churchill)
A. H. (1889 – 1945) (→ Adolf Hitler)
J. S. (1879 – 1953) (→ Jossif Stalin)
…

Sozialformen: Einzel-/Partnerarbeit
Dauer: 2 – 5 Min.
Medien: Arbeitsblatt
Klassen: alle
Fächer: alle

Didaktisches Potenzial
S. nehmen über Initialen historische, geografische etc. Zuordnungen vor. Spielerisch wiederholen und festigen die S. Kenntnisse, die entweder an
- Personennamen (z. B. Geschichte, Politik, Deutsch, Fremdsprachen),
- Städte- bzw. Ländernamen (Erdkunde, Politik) oder
- sonstigen Namen bzw. Begriffen

festgemacht werden können.
Die Wiederholungsübung geht von Wissenskernen aus.

Vorbereitungen und Ablauf
Namen wichtiger Personen, Städte, Länder etc., die im Rahmen einer Unterrichtsreihe eine besondere Rolle spielen, werden auf ihre Initialen verkürzt und mit passenden Zusatzinformationen (Lebensdaten, zugehörige Länder etc.) versehen. Die S. erhalten ein Arbeitsblatt mit diesen verkürzten Angaben und werden aufgefordert, die Initialen aufzulösen. An diese Aufgabe lassen sich leicht weiterführende Aufgaben anschließen.

Didaktische Hinweise
Das Rätsel kann leicht an fast jeden Unterrichtsstoff angepasst werden und erfordert keine aufwändigen Vorbereitungen. Allerdings ist es zum Üben und Festigen komplexer Wissensbestände kaum geeignet; es können aber komplexere Aufgaben ergänzt werden.

Hinweise zur Weiterarbeit
- Verbinden der Namen mit Ereignissen etc.

Literatur
Ulrich Meyer u. a. (Hrsg.): Handbuch Methoden im Geschichtsunterricht. Schwalbach/Ts. 2004, S. 437

Memory

Sozialformen: Gruppenarbeit
Dauer: 5–10 Min.
Medien: Spielkarten
Klassen: 5–7
Fächer: alle

Didaktisches Potenzial
S. ordnen Wissenselemente spielerisch zu.
Die S. wälzen den Lernstoff mehrfach um, indem sie ihn zunächst in doppelter Weise und auf verschiedenen Ebenen notieren. Schließlich ordnen sie in einem Spiel, in dem Merkfähigkeit gefordert ist, sachlich entsprechende Elemente einander zu.

Vorbereitungen und Ablauf
Zu einem Sachgebiet produzieren die S. auf jeweils zwei Blankokarten eine Reihe zugehöriger Paare, z. B.:
- eine fremdsprachige Vokabel und eine entsprechende Zeichnung;
- ein historisches Ereignis und das zugehörige Datum;
- einen grammatischen Begriff und ein zugehöriges Beispiel.

Die Rückseiten bleiben frei. Sind genügend Karten (von jedem S. mindestens vier) angefertigt, beginnt das Spiel: In Gruppen zu vier bis sechs S. werden die selbst angefertigten Karten in Reihen verdeckt auf einen Tisch gelegt. Nacheinander nehmen die S. eine Karte auf und versuchen sich zu erinnern, wo eine zugehörige Karte gelegen hat. Diese vermutete Partnerkarte dürfen die S. ebenfalls umdrehen, müssen sie jedoch verdeckt wieder zurücklegen, wenn sie einen Fehlgriff getan haben. Wer ein Paar gefunden hat, kann es für sich zurücklegen und als Punkt verbuchen. Am Ende hat derjenige gewonnen, der die meisten Paare gefunden hat.

Didaktische Hinweise
Memory ist ein vermutlich allen S. bereits bekanntes Spiel. Die Regeln müssen also nicht mehr erklärt werden. Die S. können sich ganz darauf konzentrieren, wie sie die Karten mit fachlich relevanten Materialien gestalten und ihr Wissen im Spiel anwenden und festigen wollen.

Alternativen
- Quartett (S. 277)
- Domino (S. 271)
- Trimino (S. 273)

Hinweise zur Weiterarbeit
- Test/Klassenarbeit

8 ÜBEN mit Lernspielen

Quartett

Sozialformen: Gruppenarbeit
Dauer: 5 – 15 Min.
Medien: Spielkarten
Klassen: 5 – 7
Fächer: alle

Didaktisches Potenzial
S. nutzen ihr Sachwissen in einem Spiel.
Die S. prägen sich einen in mehrere Teilbereiche untergliederten Stoffbereich aktional ein.

Vorbereitungen und Ablauf
Am Ende einer Unterrichtsreihe erhalten die S. in Gruppen von vier bis sechs Spielern Blankokarten, auf denen sie jeweils zehn bis fünfzehn Sätze von Quartettkarten produzieren, und zwar nach folgendem Muster:
- Zu bestimmten Bereichen (z. B. Satzglieder, Wortarten, Fälle, Tempora) werden jeweils Vierergruppen (Quartette) von Karten angefertigt.
- Die vier Karten erhalten eine gemeinsame Überschrift (z. B. Satzglieder).
- Jede einzelne Karte erhält neben der Überschrift eine Frage zu dem genannten Bereich, zu den Satzglieder z. B. „Wie fragt man nach einem Dativobjekt?" oder zu den Wortarten „Was ist *mit* für eine Wortart?".
- Die Rückseiten bleiben leer.

Sind genügend Karten angefertigt, werden sie ausgelegt und alle überprüfen, ob die Karten richtig beschriftet sind. Eventuell müssen einige modifiziert werden. Nach den Regeln des Quartettspiels (s. u.) wird nun reihum mithilfe der Überschriften abgefragt: „Hast du ein Satzglied?" usw. Wird die Frage bejaht, erhält der Fragesteller die auf der Karte notierte Frage mitgeteilt. Hat er sie richtig beantwortet, erhält er die Karte und darf weiterfragen.

Didaktische Hinweise
Die Regeln des Spiels sind den S. normalerweise bekannt: Alle Karten werden unter den beteiligten Spieler verteilt. Wer vier Karten erhalten oder sie beim Reihum-Abfragen gesammelt hat, kann sie ablegen. Ist das Quartett noch nicht komplett, kann man auch erspielte Karten wieder verlieren. Der Spieler mit den meisten Quartetten hat gewonnen.

Alternativen
- Memory (S. 276)
- Domino (S. 271)
- Trimino (S. 273)

Hinweise zur Weiterarbeit
- Test/Klassenarbeit

8 ÜBEN mit Lernspielen

Tabu *(Taboo)*

Beispiel
Umschreibe das Wort *Handy* ohne die Begriffe *SMS, telefonieren, Telefon, Gespräch* und *klingeln*.

Sozialformen:	Plenum, Kleingruppen
Dauer:	10 – 30 Min.
Medien:	Aufgabenkarten
Klasse:	alle
Fächer:	alle, insbes. Sprachen

Didaktisches Potenzial
S. aktivieren und erweitern ihren (Fach-)Wortschatz.
In Anlehnung an das Gesellschaftsspiel „Tabu" nutzen S. bei der Benennung von Gegenständen/Sachverhalten kreative Umwege des sprachlichen Ausdrucks.

Vorbereitungen und Ablauf
Vorbereitet werden Tabu-Karten, auf denen jeweils ein zu umschreibender Gegenstand/Sachverhalt und die Wörter aufgelistet sind, die bei dieser Umschreibung nicht verwendet werden dürfen.
Es spielen zwei etwa gleich große Mannschaften (A und B) gegeneinander. Jede erhält die gleiche Anzahl von Tabu-Karten, die die Spieler unter sich aufteilen.
Dann bekommt zunächst Mannschaft A genau drei Minuten Zeit, um möglichst viele Wörter zu erraten. Dazu meldet sich der erste Spieler von Mannschaft A freiwillig, läuft auf das Territorium von Mannschaft B, lässt sich eine Tabu-Karte zeigen und fängt sofort an, den Begriff zu umschreiben. Hat jemand aus seiner Mannschaft das richtige Wort in den Raum gerufen, wird die Tabu-Karte an Mannschaft A übergeben. Zugleich läuft die Person aus Mannschaft A, die richtig geraten hat, auf das Territorium von Mannschaft B und lässt sich ein neues Tabu-Wort zeigen. Die Spieler von Mannschaft B achten darauf, dass bei den Umschreibungen keine verbotenen Wörter benutzt werden. Wenn dies passiert, verfällt die Karte, der Spieler muss sich eine neue zeigen lassen und von vorne beginnen. Nach Ablauf der drei Minuten werden die Rollen getauscht: Jetzt schickt Mannschaft B Spieler aus, die Tabu-Wörter umschreiben.
Gewonnen hat die Mannschaft, die nach mehreren Runden die meisten Tabu-Karten gesammelt hat.

Didaktische Hinweise
In vielen Fächern kann das Spiel auch zur Festigung von Fachtermini eingesetzt werden. Die S. können Tabu-Karten selbst vorbereiten. Sie reflektieren dabei das gängige Beschreibungsvokabular und bilden Wortfelder und Ober-/Unterbegriffe.

Alternativen
- Lernkartei (S. 279)

Hinweise zur Weiterarbeit
- Thesaurus-Übungen am PC

8 ÜBEN mit selektiven Verfahren

Lernkartei

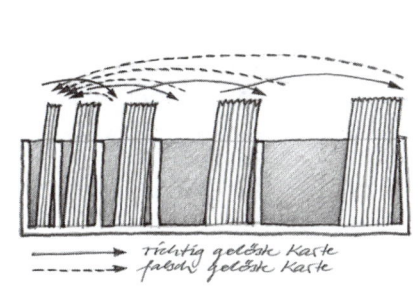

Sozialformen: Einzel- oder Partnerarbeit
Dauer: regelmäßig 5 – 15 Min.
Medien: Karteikasten/Karteikarten
Klassen: alle
Fächer: alle

Didaktisches Potenzial
S. trainieren schwer memorierbare Wissenselemente.
Lernkarteien helfen einem S., Wissen vom Kurzzeit- ins Langzeitgedächtnis zu bringen. Einzelne Wissenselemente wie Vokabeln oder Fachbegriffe werden bei regelmäßigen Abfragen in einer gestaffelten Lernkartei nach hinten und evtl. wieder nach vorne sortiert. Dies wird so lange und in immer größeren Zeitabständen wiederholt, bis das Wissen im Langzeitgedächtnis gespeichert ist und dem S. jederzeit zur Verfügung steht.

Vorbereitungen
Der S. kauft oder baut sich einen Karteikasten mit mehreren Unterteilungen (s. o.) und besorgt sich einen Stapel Karteikarten. Auf der Vorderseite der Karten notiert er das zu lernende Wissenselement (z. B. Vokabel, Fachbegriff), auf der Rückseite die „Lösung", die er sich nur schwer merken kann (die fremdsprachliche Entsprechung eines deutschen Wortes, die Bedeutung des Fachbegriffs etc.).

Ablauf
Geübt wird alleine oder mit einem Partner in folgender Reihenfolge:
- Zunächst werden die Karten aus dem *ersten Karteibereich* bearbeitet, am besten täglich. Richtig gelöste Aufgaben (gewusste Vokabeln etc.) wandern in den zweiten Bereich, noch nicht Gemerktes verbleibt im ersten, der laufend durch neue, schwer memorierbare Wissenselemente aufgefüllt wird.
- In etwas größeren zeitlichen Abständen (z. B. alle drei Tage) werden die Karten im *zweiten Karteibereich* ebenso bearbeitet. Werden die Aufgaben erneut richtig gelöst, wandern die Karten in den dritten Bereich; andernfalls werden sie in den ersten zurückgestellt.
- In noch größeren zeitlichen Abständen (z. B. einmal pro Woche) werden auch die Karten im dritten Bereich bearbeitet; hier wird ebenso verfahren wie im zweiten Bereich.
- Den *vierten und fünften Bereich* nimmt sich der S. in noch größeren Abständen vor (z. B. einmal im Monat bzw. alle drei Monate). Karten mit erneut richtig gelösten Aufgaben können der Kartei schließlich entnommen werden, da das Wissen offenbar im Langzeitgedächtnis angekommen ist.

Didaktischer Kommentar
Die Lernkartei, die viele S. schon von der Grundschule her kennen, setzt eine zentrale Erkenntnis der Lernpsychologie um: Lernen funktioniert am besten, wenn der neue Stoff zunächst in kurzen und dann in immer längeren Zeitabständen wiederholt wird. Bereits das Beschriften der Karteikarten hat einen ersten Lerneffekt.
Die Lernkartei bietet folgende Vorteile:
- Die S. bekommen laufend und unmittelbar eine Rückmeldung über ihren Lernerfolg (oder -misserfolg).
- Sie vermeiden nutzloses Wiederholen (z. B. von Vokabeln in kompletten Vokabellisten).
- Sie können sich gezielt auf ihre speziellen Defizitbereiche konzentrieren.

Mit einer Lernkartei kann man also zeitökonomisch üben. Zugleich ist das Lernsystem sehr flexibel, da neu auftauchende Lernprobleme schnell integriert werden können. Allerdings muss darauf geachtet werden, dass die Karten in der Kartei nicht überhand nehmen, da sonst die Motivation nachlassen kann.
Die Lernkartei eignet sich nur für das Üben kleinerer Wissensbestandteile wie Vokabeln, Jahreszahlen etc. Nicht geeignet ist sie für Lernprozesse, in denen es darum geht, sich komplexere Zusammenhänge anzueignen.

Tipps zur Umsetzung
Statt in einem Kasten mit fünf Abteilungen kann die Lernkartei auch in fünf separaten Behältnissen untergebracht werden, die dann am besten nummeriert werden. Lernkarteien können für häusliches Üben empfohlen werden, sie können aber auch in einigen Unterrichtsphasen eingesetzt werden. In diesem Fall sollte in Partnerarbeit geübt werden.

Unterrichtszusammenhänge
Wird die Lernkartei für *Rechtschreibübungen* eingesetzt, sollte die Vorderseite nicht die komplette Schreibung eines Wortes enthalten, sondern mit Verfahren wie Textreparatur, Fehlender Buchstabe oder Wörterschlange spielerisch-kreativ beschriftet werden.
Lernkarteien können auch zu Beginn von Unterrichtsstunden eingesetzt werden, damit die S. zur Ruhe kommen.

Alternativen
- Lernplakat (S. 61)
- Mindmap (S. 163)

Hinweise zur Weiterarbeit
- Vokabel- und sonstige Tests

Literatur
Liane Paradies, Hans Jürgen Linser: Üben, Wiederholen, Festigen. Berlin 2003, S. 121 ff.
Heinz Klippert: Methoden-Training. Weinheim 2004, S. 204 f.
Die einschlägigen Verlage für Freiarbeitsmaterialien bieten für nahezu alle Fächer Karteikarten-Sammlungen an, die zur Erarbeitung und Festigung von Wissen im Unterricht eingesetzt werden können.

8 ÜBEN mit selektiven Verfahren

Lückentext *(Fill-in-the-blank text)*

Beispiel

In der Epoche des Barock (......... bis ca. ....) wird als Gedichtform oft .... verwendet. Dieses besteht aus zwei .... und zwei ....

Sozialformen: Einzel-/Partnerarbeit
Dauer: 3 – 10 Min.
Medien: Arbeitsblatt
Klassen: alle
Fächer: alle

Didaktisches Potenzial

S. festigen begriffliche Kenntnisse bzw. Datenkenntnisse.
Begriffliche Kerne oder Daten, die in einer Unterrichtsreihe eine besondere Rolle gespielt haben, werden von S. aus einem informierenden Kontext geschlossen. Die S. trainieren, einem Text Informationen zu entnehmen und diese zu Begriffen zu verdichten, die sie kennen sollten, die im Text jedoch ausgespart sind.

Vorbereitungen und Ablauf

Aus einem Text, der wesentliche Bereiche einer Unterrichtsreihe abdeckt, werden einige zentrale Begriffe, Daten etc. gelöscht und durch Auslassungspunkte ersetzt.
Die S. erhalten einen Ausdruck/Abzug dieses Lückentextes und die Aufgabe, ihre Kenntnisse zu mobilisieren und die korrekten Begriffe bzw. Daten in den Text einzusetzen. Die Aufgabe kann einzeln, aber auch mit einem Partner erledigt werden. Dabei können die S. ihre Kenntnisse der fachlich relevanten Daten/Begriffe etc. abgleichen und Wissenslücken evtl. wechselseitig auffüllen.

Didaktische Hinweise

Der PC erlaubt es, Lückentexte relativ schnell zu erstellen, wenn geeignete Basistexte zur Verfügung stehen. Eventuell können solche Texte eingescannt werden.
Auch die S. selbst können am Ende von Unterrichtsreihen Lückentexte für Mits. erstellen. Bereits das Anfertigen eines Lückentextes hat einen besonderen Trainingseffekt.
S. können Lückentexte z. B. nach Referaten einsetzen, um den vermittelten Stoff zu festigen (z. B. in Form eines Arbeitsblattes).

Alternativen
- Initialenrätsel (S. 275)

Hinweise zur Weiterarbeit
- Kontrolle im Plenum

8 ÜBEN mit selektiven Verfahren

Perspektivierung

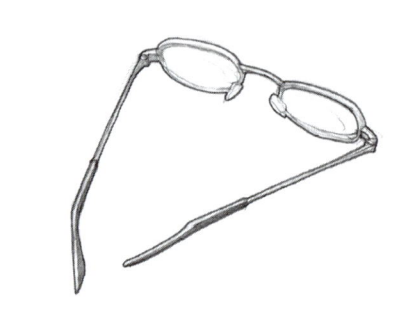

Sozialformen: Plenum, Einzel-, evtl. Partnerarbeit
Dauer: 5 – 20 Min.
Medien: –
Klassen: ab Klasse 5
Fächer: alle

Didaktisches Potenzial
S. werfen einen besonderen Blick auf einen Lernstoff und verankern ihn damit.
Die S. verbessern ihre Gedächtnisleistung dadurch, dass sie den zu lernenden Stoff in eine bestimmte Perspektive bringen und ihn dabei neu und selektiv organisieren. Dabei werden „tiefere" Ebenen des Gehirns aktiviert, welche die zu lernenden Informationen bedeutsamer erscheinen lassen als vorher und damit die Merkfähigkeit verbessern. Zugleich wird der Lernstoff im Gehirn mehrfach kodiert abgespeichert. Das Verfahren erleichtert es den S. so, ins Gedächtnis eingetragene Informationen effektiver wieder abzurufen; denn mehrfach verankerte Informationen sind über verschiedene Wege wieder abrufbar und damit leichter zu reaktivieren. Für viele S. entschärft sich damit besonders in Prüfungssituationen das Problem, dass sie gelernten Stoff in ihrem Gehirn nicht „wiederfinden" können.

Vorbereitungen
Die S. erhalten einen allgemeinen Hinweis, dass effektives Üben nicht naturwüchsig funktioniert, sondern erlernbar ist.

Ablauf
Die S. erhalten dann Informationen, wie man sich Lernstoff speziell durch Perspektivierung besser einprägen kann. Vorgestellt werden z. B. die folgenden Verfahrensvarianten:
- *Fragehorizonte:* Die S. werden angeregt, sich Fragen zu überlegen, die sich an den Lernstoff richten lassen, und diese Fragen dann zu beantworten.
- *Subjektivierung:* Die S. werden aufgefordert, eine subjektive Bedeutsamkeit des Lernstoffs für sich zu entdecken und gedanklich auszuarbeiten.
- *Personalisierung:* Die S. erhalten die Anregung, sich nacheinander in verschiedene Personen hineinzuversetzen und die zu lernenden Informationen aus deren unterschiedlichen Perspektiven ins Gedächtnis zu rufen.

Exemplarisch kann ein Stoffbereich im Unterricht gemeinsam perspektiviert werden, um das Prinzip zu erklären. Sie S. werden dann aufgefordert, das Verfahren bei häuslichen Wiederholungen selbstständig zu nutzen.

Didaktischer Kommentar
Wenn man S. motiviert, sich Lernstoff intensiv einzuprägen, ihnen aber kein entsprechendes methodisches Know-how dazu vermittelt, kann es leicht zu Enttäuschungen und zu einer Verweigerung von Lernleistungen kommen. Üben darf nicht als Drill missverstanden werden. Vielmehr benötigen S. geeignete Lerntechniken, um ihre Merkfähigkeiten zu verbessern. Einfaches Wiederholen ist für das Einprägen von Lernstoffen wenig effektiv; dagegen ist eine vertiefende und reorganisierende Wiederholung, so wie sie die Perspektivierung darstellt, sinnvoll. Nach Auskunft der Lernpsychologie kann eine Information umso besser gelernt werden, je „tiefer" sie verarbeitet wird und je mehr sie in verschiedenen Teilsystemen des Gedächtnisses verankert wird (vgl. Edelmann, S. 168 ff). Insbesondere die lernförderliche Wirkung der Selbstbezogenheit *(self-reference)* im Lernprozess ist wissenschaftlich nachgewiesen (vgl. Metzig/Schuster, S. 130).

Tipps zur Umsetzung
Fragehorizonte können in vielen Sachgebieten z. B. dadurch aufgebaut werden, dass die S. die aus der Erarbeitung von Berichten bekannten Fragen
- Was?
- Wer?
- Wann?
- Wo?
- Warum?

auf den zu lernenden Stoff anwenden und ihn damit reorganisierend gliedern. Nach Auskunft von Psychologen können bereits Kinder im Vorschulalter durch eine Anleitung zu einer einfachen fragenden Perspektivierung zu erheblich verbesserten Lernleistungen gebracht werden (vgl. Metzig/Schuster, S. 42).
Um eine *Subjektivierung* des Lernstoffs einzuleiten, können die S. sich u. a. die folgenden Fragen beantworten:
- Was habe ich vorher zu dem Thema gedacht und was sehe ich jetzt anders?
- Was bedeuten diese Informationen für mein persönliches Leben, z. B. für meine Hobbys?
- Wie könnte ich in meinem Leben später von diesen Informationen profitieren?

Alternativen
- Loci-Methode (S. 266)
- Ankermethode (S. 263)
- Mnemotechnische Verknüpfung (S. 269)

Hinweise zur Weiterarbeit
- Lernjournal/Lerntagebuch (S. 288)
- Klassenarbeit/Test/Klausur/mündliche Prüfung

Literatur
Werner Metzig, Martin Schuster: Lernen zu lernen. 6. Aufl., Berlin u. a. 2003, S. 130 ff.
Walter Edelmann: Lernpsychologie. 6. Aufl., Weinheim 2000

8 ÜBEN mit selektiven Verfahren

Progressives Auswischen

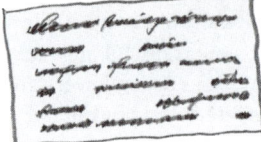

Sozialformen: Plenum
Dauer: 10 – 15 Min.
Medien: Folie, Tafel
Klassen: 5 – 7
Fächer: alle

Didaktisches Potenzial
S. prägen sich in kooperativer Arbeitsweise einen immer mehr ausgelöschten Text(inhalt) ein. Das Verfahren ist handlungsorientiert und gestaltet das Einprägen als ein kooperatives Spiel, bei dem der Schwierigkeitsgrad langsam gesteigert wird.

Vorbereitungen und Ablauf
Ein Text, dessen Inhalte und/oder Strukturen (z. B. im fremdsprachlichen Unterricht) geübt werden sollen, wird vollständig an die Tafel oder auf eine Folie geschrieben.
Die Übung beginnt damit, dass mehrere S. den Text nacheinander laut vorlesen. Anschließend geht ein S. zur Tafel bzw. zum Projektor und wischt drei Wörter aus. Erneut wird vorgelesen, jetzt jedoch nur einmal. Dabei sollen die ausgewischten Wörter aus dem Gedächtnis ergänzt werden. Nun geht wieder ein S. nach vorne und wischt drei Wörter aus, ein anderer liest den Text erneut vor. Allmählich verschwinden so 50 bis 75 % des Textes, sodass an die Gedächtnisleistung der S. immer höhere Anforderungen gestellt werden.

Didaktische Hinweise
Mit diesem Verfahren können
- in allen Fächern wichtige Fakten, die in einem Text verdichtet wurden, gemeinsam auswendig gelernt werden,
- in den Fremdsprachen neue sprachliche Strukturen trainiert werden (sie müssen dazu im betreffenden Text häufig vorkommen),
- in Deutsch oder in den Fremdsprachen Texte (z. B. Gedichte) gemeinsam auswendig gelernt werden.

Variante: Für das individuelle Auswendiglernen können auch immer größer werdende Textteile schrittweise mit einer Tipp-Ex-Maus gelöscht werden. Der Text wird dann immer wieder komplett laut gelesen, wobei die Lücken aus dem Kontext/Gedächtnis wortgetreu ergänzt werden sollen. Das ansonsten oft sture Auswendiglernen von Texten und Fakten erhält durch die Löschaktionen Spannungsmomente und wird abwechslungsreicher. Das Verfahren kann u. a. für das Auswendiglernen von Rollentexten in der Theaterarbeit eingesetzt werden.

Alternativen
- Individuelles Auswendiglernen
- Lückentext (S. 281)

Hinweise zur Weiterarbeit
- Aufschreiben des weitgehend ausgelöschten Textes durch jeden S. in Einzel- oder Partnerarbeit

9 Evaluieren

Evaluation individuell schriftlich einleiten

- Brief in die Zukunft 286
- Feedback-Brief 287
- Lernjournal/Lerntagebuch 288
- Multiple-Choice-Test 290
- Zielscheibe 292

Evaluation kollektiv schriftlich einleiten

- Ideen- und Klagemauer 293
- Koordinaten 294
- Stimmungsbarometer 295
- Stimmungskurve 296
- Votum-Ei 297

Evaluieren

Evaluation aktional einleiten

- Gruppenbild 298
- Gruppenplastik-Feedback 299
- Punktwertung 300
- Soziometrisches Feedback 301
- Standogramm 303
- Stumme Imitation 304

Evaluation mündlich durchführen

- Blitzlicht 305
- Feedback-Gespräch 306
- Vielredner – Wenigredner 307
- Vermutungen 308
- Zuschreibung 309

9 EVALUATION individuell schriftlich einleiten

Brief in die Zukunft *(Letter to self later)*

Sozialformen: Einzelarbeit
Dauer: 15 – 20 Min.
Material: Papier, frankierte Briefumschläge
Klassen: alle
Fächer: alle

Didaktisches Potenzial
S. schreiben einen Auswertungsbrief an sich selbst.
Das Verfahren unterstützt die Nachhaltigkeit von Lernerfahrungen und von positiven Erlebnissen in der Schule. Die S. erhalten Gelegenheit, sich ganz persönlich auf das zu besinnen, was Schule und Unterricht ihnen bedeuten.

Vorbereitungen und Ablauf
Jeder S. erhält einen frankierten Briefumschlag und die Aufgabe, einen Brief an sich selbst zu schreiben, der einige Tage/Wochen später zugestellt werden soll. In ihren Briefen notieren alle S., was ihnen im Unterricht besonders wichtig war und was sie auf keinen Fall vergessen möchten. Die S. erhalten dazu 15 bis 20 Minuten Zeit. Dann verschließen sie die Briefe, damit kein Unbefugter lesen kann, was sie geschrieben haben. Die S. adressieren die Briefe an sich selbst und der L. verpflichtet sich, sie zum vereinbarten Termin zur Post zu geben.

Didaktische Hinweise
Briefe in die Zukunft können z. B. am letzten Tag des Schuljahres oder einige Tage vor Abschluss der schulischen Ausbildung geschrieben werden. Die S. erhalten die Briefe dann in den Ferien als Rückerinnerung an das letzte Schuljahr/die Schulzeit.
Mögliche Aufgabenstellung: Es gibt sicher Ereignisse aus dem Unterricht der letzten Monate/aus deiner Schulzeit, an die du dich in Zukunft gerne erinnern möchtest. Schreibe diese Ereignisse auf. Keiner außer dir selbst wird lesen, was du geschrieben hast.

Alternativen
- Feedback-Brief (S. 287)
- Stimmungskurve (S. 296)
- Lernjournal (S. 288)

Hinweise zur Weiterarbeit
- Brief aus den Ferien an den Lehrer anregen

9 EVALUATION individuell schriftlich einleiten

Feedback-Brief *(Letter across the class)*

> Hallo Niklas,
> eigentlich kann ich gar nicht verstehen, wieso du in der Klasse so wenig sagst. Wenn ich in der Pause mit dir rede, hast du immer tolle Ideen...

Sozialformen: Einzelarbeit
Dauer: 15 – 25 Min.
Material: Papier, Briefumschläge
Klassen: alle
Fächer: alle

Didaktisches Potenzial
S. formulieren Rückmeldung an Zufallspartner.
Das Verfahren gibt allen S. der Lerngruppe eine persönliche Rückmeldung; es legt nahe, auch solche Mits. intensiver wahrzunehmen, die nicht zur eigenen „Clique" gehören.

Vorbereitungen und Ablauf
Alle S. der Klasse/des Kurses schreiben ihren Namen auf ein Stück Papier. Die Zettel werden zu „Losen" zusammengefaltet und gemischt. Nun zieht jeder S. ein „Los". Anschließend schreibt man dem Mits., dessen Namen auf dem gezogenen „Los" steht, einen Brief. Darin sollen persönliche Erlebnisse mit diesem Mits., an die man sich erinnert, geschildert werden, aber auch Eindrücke, die der Mits. in letzter Zeit oder in vorhergehenden Schuljahren hinterlassen hat. Es können auch Fortsetzungen des Satzes „Was ich dir schon immer mal sagen wollte: …" notiert werden. Um einen authentischen persönlichen Bezug zu dem Mits. herzustellen, werden die Briefe unterschrieben. Dann werden sie in einen Umschlag gesteckt und zugeklebt.
Alle können die Briefe schließlich an die Adressaten übergeben. Werden die Briefe am Ende des Schuljahres geschrieben, können sie alternativ auch frankiert und mitgenommen werden, um sie erst mitten in den Ferien postalisch zustellen zu lassen.

Didaktische Hinweise
Das Verfahren setzt ein einigermaßen vertrauensvolles Verhältnis zwischen den S. voraus. Feedback-Briefe können in höheren Klassen evtl. auch in einer Fremdsprache verfasst werden. Eine weitere Variation: Die Lehrperson bittet die S. am Ende des Schuljahres, ihr am PC – anonymisiert – einen Feedback-Brief zu schreiben. Die Briefe werden ihr dann gesammelt übergeben.

Alternativen
- Gruppenplastik-Feedback (S. 299)
- Heißer Stuhl (S. 80)

Hinweise zur Weiterarbeit
- Antwortbrief

9 EVALUATION individuell schriftlich einleiten

Lernjournal/Lerntagebuch *(Learning diary)*

> Gelernt habe ich
> in dieser Stunde ...
>
> Unklar geblieben ist mir ...
> Spaß gemacht hat mir ...
> Wissen würde ich gern noch ...

Sozialformen: Einzelarbeit
Dauer: je Eintragung 5 – 15 Min.
Medien: Tagebuch
Klassen: alle
Fächer: alle

Didaktisches Potenzial
S. reflektieren Lernprozess und Lernerfolg.
In einem Lernjournal dokumentiert ein S. seine persönlichen Lernfortschritte, aber auch Probleme und Schwierigkeiten beim Lernen. Das Journal stellt einen methodischen Rahmen bereit, der den S. hilft, über Lernprozesse nachzudenken, ihre Lernkompetenz auszuweiten und ihre Selbststeuerung zu verbessern. (Lerntagebücher werden nicht benotet.)

Vorbereitungen
Jeder S. schafft sich ein Lerntagebuch an. Das Einrichten wird mit den S. ausführlich besprochen. Dabei werden insbesondere die Ziele des Verfahrens hervorgehoben. Anschließend werden Vereinbarungen zum Eintragungsrhythmus getroffen (z. B. nach jeder Unterrichtsstunde, in der Mitte und am Ende der Woche, wöchentlich – mindestens: nach jeder Unterrichtseinheit). Es wird darauf hingewiesen, dass das Lerntagebuch auch und gerade in Gruppenarbeitsphasen geführt werden soll.

Ablauf
In einem Fach (oder mehreren Fächern) macht jeder S. regelmäßig Eintragungen in sein Lerntagebuch. Dieses wird von jedem S. selbst aufbewahrt.
Regelmäßig erhalten die S. Gelegenheit, ihre Eintragungen noch einmal zu rekapitulieren und dann ihre Eindrücke im Unterricht wiederzugeben (vgl. Hinweise zur Weiterarbeit).
Bei Lernproblemen einzelner S. kann das Lernjournal auch Grundlage sein für ein Beratungsgespräch, für Vereinbarungen über ergänzende Übungen und für die gemeinsame Reflexion zum persönlichen Lernverhalten.

Didaktischer Kommentar
Lerntagebücher dokumentieren den Unterricht und das schulische Leben aus der individuellen Sicht eines S.
Einige S. entwickeln Lernjournale so weiter, dass sie Basis für Wiederholungsübungen sein können. Sie halten in ihrer eigenen Sprache fest, wie sie etwas verstanden haben.
Ein Lernjournal erfordert einen relativ hohen Zeitaufwand, denn dieses Verfahren ist nur dann sinnvoll, wenn es über längere Zeit durchgehalten wird, damit die S. in Lernprozessen eine merkliche Selbststeuerungskompetenz entwickeln.

Tipps zur Umsetzung
Nach der Einführung des Lernjournals kann den S. zunächst am Ende jeder Unterrichtsstunde Zeit gegeben werden, entlang eines Leitfadens (s. u.) Eintragungen in ihr Journal vorzunehmen. (Die Lehrperson kann diese Zeit ihrerseits für Notizen über die Stunde/die Schüler etc. nutzen.) Die Eintragungen werden evtl. zu Hause ergänzt. Wenn sich die S. an das Journal gewöhnt haben, kann dazu übergegangen werden, das Tagebuch zu Hause zu führen.
Am Anfang der nächsten Stunde kann den S. Gelegenheit gegeben werden, Fragen zu Sachverhalten zu stellen, die für sie in der letzten Stunde unklar geblieben sind.
Lerntagebücher können von S. und Eltern auch zu Sprechstunden und Elternsprechtagen mitgebracht werden, um konkrete Beratungen zu ermöglichen.

Arbeitsaufträge
Für ihre Eintragungen in das Lernjournal können die S. sich z. B. folgende Fragen stellen:
- Was habe ich gelernt?
- Was möchte ich noch lernen?
- Habe ich einige Sachverhalte nicht richtig begriffen? Welche?
- Was habe ich gerne/nicht gerne gemacht? (→ Arbeitsblatt „Inneres Team"/CD)
- Welche Schwierigkeiten hatte ich mit dem Stoff?
- Welche Probleme gab es mit Mitschülern?
- Wie schätze ich meinen Anteil am Gruppenergebnis/am Ergebnis der Klasse/des Kurses ein?
- Was mache ich das nächste Mal genauso?
- Was mache ich das nächste Mal anders?

Hinweise zur Weiterarbeit
- Stimmungsbarometer (S. 295)
- Votum-Ei (S. 297)
- Feedback-Brief (S. 287)
- Stimmungskurve (S. 296)
- Koordinaten (S. 294)
- Brief in die Zukunft (S. 286)
- Standogramm (S. 303)
- Soziogramm (S. 177)
- Vielredner–Wenigredner (S. 307)

Literatur
Johannes Bastian u. a.: Feedback-Methoden. Weinheim 2003, S. 128 ff.
Liane Paradies, Hans Jürgen Linser: Üben, Wiederholen, Festigen. Berlin 2003, S. 129 ff.
Kersten Reich: Konstruktivistische Didaktik. Weinheim 2008 (CD)
Dorit Bosse: Das computergestützte Arbeitsjournal. In: Pädagogik, 12/2010, S. 26 ff.
Elke Dreyer/Katrin Harder: 99 Tipps Partner- und Gruppenarbeit, Berlin 2009 (Stichwort „Lerntagebuch" im Index)
Irmintraud Wienerl/Simone Fleischmann/Ursula Rotte (Hrsg.): Das Methoden-Handbuch Grundschule. München 2007, S. 263 ff.

9 EVALUATION individuell schriftlich einleiten

Multiple-Choice-Test

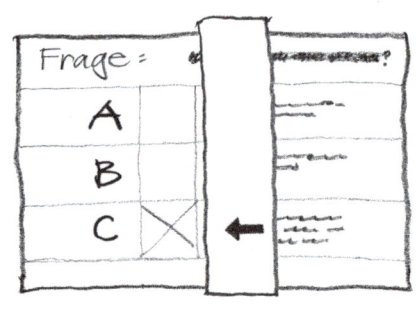

Sozialformen: Einzelarbeit
Dauer: ab 10 Min.
Medien: Testbögen
Klassen: alle
Fächer: alle

Didaktisches Potenzial
S. wählen zu einer Frage unter verschiedenen Antwort-Optionen die richtige aus.
Das Multiple-Choice-Format ist ein Testverfahren, mit dem das Leistungsvermögen von S. so festgestellt werden kann, dass Individual- und Gruppenleistungen erheblich leichter und zeitökonomischer als bei offenen Formen der Überprüfung miteinander verglichen werden können. Der Preis dafür ist, dass Multiple-Choice-Tests die Antwortmöglichkeiten der S. a priori einschränken und dass die eigene Gestaltungskompetenz der S. bei der Lösung der Aufgaben keinen Spielraum erhält. Konstruktive und kommunikative Leistungselemente können mit diesem Verfahren also nicht erfasst werden. Allerdings geht es in der neueren Generation von Multiple-Choice-Tests nicht mehr um das Abfragen begrenzter Kenntnisse, sondern eher um das gedankliche Verarbeiten anspruchsvoller, komplexer Kontexte. Als Gegenstand der Abfrage werden nicht mehr „Kenntnisse", sondern „Kompetenzen" angegeben.

Vorbereitungen
Es wird eine Liste von Fragen zusammengestellt, die einen Kompetenzbereich sinnvoll abdeckt. Zu jeder Frage werden mehrere Antwort-Optionen formuliert, wobei die Antwortalternativen neben der richtigen Lösung auch Optionen umfassen, die „leicht daneben" sind. Antwort-Optionen, die ganz offensichtlich falsch sind, sollten vermieden werden. Die nicht ganz passenden Antwortalternativen (Distraktoren) legen ein gründliches Nachdenken über die gestellte Frage und das Bezugsmaterial (oft ein Text) nahe. Als Distraktoren werden meist gängige Fehlannahmen gewählt; die S. werden so zu einer genaueren Prüfung erster Annahmen veranlasst. Der Test kann vor dem eigentlichen Einsatz validiert (s. u.) oder pilotiert werden (Erprobung in einer ähnlichen Lerngruppe)

Ablauf
Jeder S. erhält einen Testbogen und soll ihn in einer vorgegebenen Zeit ausfüllen.
Die Testbögen können mithilfe von Schablonen (s. o.), wie sie z. B. in Fahrschulen üblich sind, schnell ausgewertet werden.

Didaktischer Kommentar

Während das Erstellen von Multiple-Choice-Tests sehr zeitaufwändig ist, geht die Auswertung der Testbögen sehr schnell.

Als Nachteil des Verfahrens wird immer wieder herausgestellt, dass – anders als bei offenen Verfahren der Kompetenzüberprüfung – auch das bloße Raten zum Erfolg führen kann. Die Ratewahrscheinlichkeit kann durch eine höhere Zahl von Antwort-Optionen, das Angebot interessanter Distraktoren und die Einrichtung von Mehrfachwahlen (zwei und mehr richtige Antworten pro Frage) jedoch deutlich reduziert werden.

Besonders im Gefolge neuerer Schulleistungsstudien (PISA 2000 etc.) werden Multiple-Choice-Tests in Schulen wieder häufiger verwendet. (PISA-Beispielaufgaben sind im Internet einsehbar unter www.mpib-berlin.mpg.de/pisa/beispielaufgaben.html)

Tipps zur Umsetzung

Werden Multiple-Choice-Tests in der Schule entwickelt, können Kollegen eine Validierung des Tests vornehmen, indem sie prüfen, ob
- die im Test abgefragten Kompetenzen wirklich im Bezugsunterricht entwickelt worden sind,
- der Schwierigkeitsgrad angemessen ist,
- die Distraktoren wirklich gängige Fehlerbereiche abdecken.

Auswertungen von Tests können
- individuell,
- lerngruppenbezogen und/oder
- geschlechtsspezifisch

erfolgen, um besonderen Förderbedarf zu ermitteln. Dabei können – bezogen auf einzelne Fragestellungen, Gruppen von Fragen oder den Gesamttest – die Häufigkeit richtiger Antworten ermittelt oder Mittelwerte errechnet werden.

Die Auswertung von Multiple-Choice-Tests kann auch den S. selbst überlassen werden – etwa im Vorfeld von Klassenarbeiten oder Klausuren –, damit sie ihre Kompetenzen und Kompetenzdefizite erkennen.

Alternativen
- Lernjournal (S. 288)
- Portfolio (S. 155)
- Lückentext (S. 281)
- Offene Formen der Lernerfolgskontrolle

Hinweise zur Weiterarbeit
- Differenziertes Übungsmaterial zu den im Test ermittelten persönlichen Kompetenzdefiziten der S.

Literatur

Andreas Büchter: Multiple-Choice im Schulalltag. Wie man einfach und sicher auswertbare Testaufgaben konstruiert. In: Gerhard Eikenbusch, Timo Leuders (Hrsg.): Lehrer-Kursbuch Statistik. Berlin 2004, S. 135 ff.

Deutsches PISA-Konsortium (Hrsg.): PISA 2000. Basiskompetenzen von Schülerinnen und Schülern im internationalen Vergleich. Opladen 2001

9 EVALUATION individuell schriftlich einleiten

Zielscheibe *(Target)*

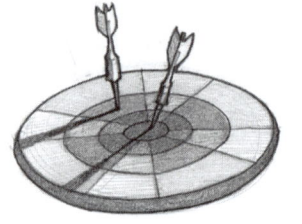

Sozialformen: Einzelarbeit
Dauer: 5 Min.
Medien: ein Evaluationsbogen pro S.
Klassen: 6–10
Fächer: alle

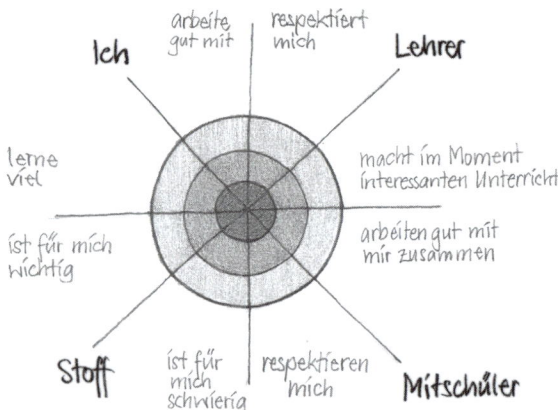

Didaktisches Potenzial
S. nutzen eine Grafik für Wertungen.
Anonym können die S. eine Rückmeldung zu wichtigen Aspekten ihres momentanen Lernstatus geben.

Vorbereitungen und Ablauf
Jeder S. erhält eine vergrößerte Kopie dieser Zielscheibe, die anonym ausgefüllt wird. In jedes Kreissegment setzt er ein Wertungskreuz. Je mehr die S. einer Aussage zustimmen, desto näher am Mittelpunkt müssen sie ihr Kreuz setzen. Beim Herausgehen aus dem Klassen-/Kursraum deponieren sie ihre Zielscheiben auf dem Lehrerpult.

Didaktische Hinweise
Die Auswertung nimmt die Lehrperson vor; in der nächsten Stunde erfolgt eine Rückmeldung.

Alternativen
- Standogramm (S. 303)
- Votum-Ei (S. 297)

Hinweise zur Weiterarbeit
- Feedback-Gespräch (S. 306)

9 EVALUATION kollektiv schriftlich einleiten

Ideen- und Klagemauer

Sozialformen: Einzelarbeit
Dauer: mehrfach 1–3 Min.
Medien: Wandzeitung, Tafel etc.
Klassen: ab Klasse 5
Fächer: alle

Didaktisches Potenzial
S. äußern sich mehrfach kurz zum Fortgang eines Lernprozesses.
Die S. dokumentieren während eines längeren Arbeitsprozesses laufend sowohl weiterführende Ideen als auch Kritik und geben ein stummes Feedback.

Vorbereitungen und Ablauf
Vorbereitet werden zwei abgeteilte Flächen (z. B. Plakate, Wandzeitungen, Tafelsegmente), auf denen die S. kurze Notizen anheften können. Sie werden dann aufgefordert, während des gemeinsamen Arbeitsprozesses der Klasse/des Kurses hier ab und zu Ideen und Kritik zu notieren.
Auf Wand I:
- Verfahrensvorschläge und Ideen zu Weiterarbeit
- Lob zu Abläufen, Ergebnissen bzw. Personen
- Interessante Zusatzinformationen
- etc.

Auf Wand II:
- Unmut zu Arbeitsabläufen
- Frustrationen über Arbeitsergebnisse
- etc.

Im Unterricht kann regelmäßig Gelegenheit gegeben werden, die Aushänge kurz zu sichten. Meistens nehmen die S. die Mitteilungen der Mits. aber bereits vor Stundenbeginn oder in Pausen zur Kenntnis.

Didaktischer Hinweise
Vor der Einrichtung einer Ideen- und Klagemauer sollte mit den S. geklärt werden, dass Mits. nicht persönlich angegriffen werden sollen. Außerdem ist es sinnvoll, einen S. zu bestimmen, der allein befugt ist, bei Überfüllung der Mauern Notizen abzuhängen. Für S. haben solche Mauern eine Ventilfunktion; Lehrkräften bieten sie nonverbales Feedback.

Alternativen
- Stimmungsbarometer (S. 295)
- Votum-Ei (S. 297)

Hinweise zur Weiterarbeit
- Evaluationsgespräch im Plenum

9 EVALUATION kollektiv schriftlich einleiten

Koordinaten

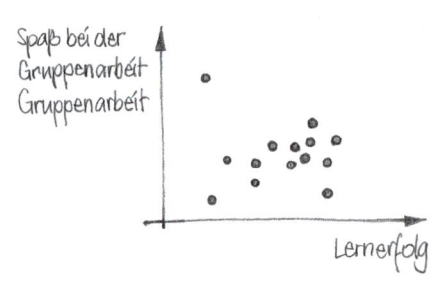

Sozialformen: Plenum
Dauer: 5–15 Min.
Medien: Tafel/Plakat und Klebepunkte
Klassen: ab Klasse 8
Fächer: alle

Didaktisches Potenzial
S. reflektieren und bewerten die Zusammenarbeit in der Klasse/im Kurs.
Diese Evaluationsform bietet die Möglichkeit, zwei Ebenen der Betrachtung miteinander zu verknüpfen und ein komplexeres Bewertungsgespräch einzuleiten.

Vorbereitungen und Ablauf
Gegen Ende einer Arbeitsphase zeichnet die Lehrperson ein Achsenkreuz an die Tafel und beschriftet die beiden Achsen mit Aspekten, die für den Erfolg einer Arbeitsphase wichtig sind. Besonders lohnend sind Aspektpaare, die konfligierende Interessen beinhalten. Dieses können z. B. sein:
- Spaß an der zurückliegenden Gruppenarbeit und Lernerfolg,
- Interesse am Stoff und verständliche Aufbereitung.

Für die Vergabe der Meinungspunkte gilt: Je weiter der Punkt nach rechts bzw. oben gesetzt wird, umso größer ist die Zustimmung zu der jeweiligen Aussage.
Jeder S. wird nun von der Lehrperson gebeten, an die Tafel zu kommen und seine Meinung im Achsenkreuz zu kennzeichnen.

Didaktische Hinweise
Die Durchführung der Methode auf einem Plakat hat den Vorteil, dass das Ergebnis festgehalten und auch in der darauffolgenden Stunde noch diskutiert werden kann.
Alternativ kann die Methode auch angewandt werden, um zu Beginn einer Unterrichtsreihe ein Stimmungsbild der S. einzuholen. Bei einem Thema mit zwei möglichen Schwerpunkten können die S. so über deren Gewichtung mitentscheiden und die Lehrperson kann ihren Unterricht besser auf die Interessen der S. abstimmen.

Alternativen
- Votum-Ei (S. 297)
- Stimmungsbarometer (S. 295)

Hinweise zur Weiterarbeit
- Diskussion des Ergebnisses

9 EVALUATION kollektiv schriftlich einleiten

Stimmungsbarometer

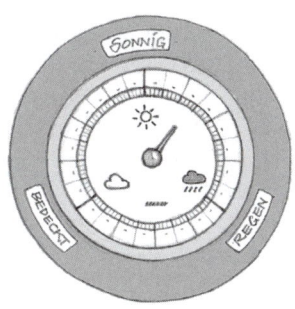

Sozialformen: Plenum
Dauer: 5–15 Min.
Medien: Wandplakat, Klebepunkte
Klassen: ab Klasse 5
Fächer: alle

Didaktisches Potenzial
S. reflektieren und bewerten die Zusammenarbeit in der Klasse/im Kurs.
Mittels eines Stimmungsbarometers wird die momentane Zufriedenheit der Klasse/des Kurses mit der zurückliegenden Arbeitsphase festgehalten. Dazu muss jeder S. diese zunächst für sich Revue passieren lassen.

Vorbereitungen und Ablauf
Gegen Ende einer Arbeitsphase wird in der Klasse/im Kurs ein von der Lehrperson vorbereitetes Plakat mit einem Stimmungsbarometer aufgehängt. Dabei kann die Einteilung der Skala beliebig vorgenommen werden: z. B. nach Schulnoten von 1 bis 6 oder mit Bezeichnungen wie „sehr zufrieden", „zufrieden", „eher unzufrieden" und „sehr unzufrieden". Bei jeder Einteilung sollte genügend Platz für die Stimmungspunkte der S. vorgesehen sein.
Die S. erhalten nun den Auftrag, kurz über die zurückliegende Arbeitsphase nachzudenken und sie dann zu beurteilen, indem sie ihre Einschätzung innerhalb der vorgegebenen Skala markieren. Dazu erhalten sie Klebepunkte, die sie, wenn sie möchten, für sich kennzeichnen können, um sie später wiederzufinden. Ersatzweise können auch Punkte mit dicken Filzstiften eingetragen werden.

Didaktische Hinweise
Das Stimmungsbarometer eignet sich z. B. auch sehr gut, um der Klasse/dem Kurs und der Lehrperson ein Feedback über eine zurückliegende Gruppenarbeitsphase zu geben.
Bei einer Gruppenarbeit, die sich über mehrere Unterrichtsstunden erstreckt, kann es interessant sein, nach jeder einzelnen Stunde ein Stimmungsbarometer erstellen zu lassen. So kann die Entwicklung der Stimmung in der Klasse/im Kurs festgehalten und besprochen werden.

Alternativen
- Votum-Ei (S. 297)

Hinweise zur Weiterarbeit
- Diskussion der Stimmungslage im Plenum

9 EVALUATION kollektiv schriftlich einleiten

Stimmungskurve

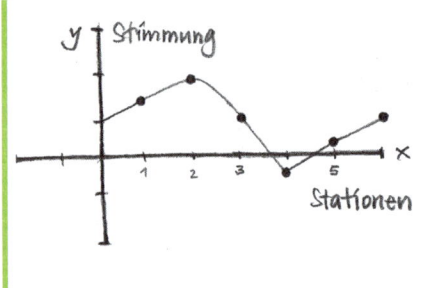

Sozialformen: Einzelarbeit, Plenum
Dauer: 10 Min. ohne Anschlussgespräch
Medien: Tafeln, Plakatpapier
Klassen: ab Klasse 5
Fächer: alle

Didaktisches Potenzial
S. drücken ihre Wahrnehmung einer Unterrichtsreihe grafisch aus.
Dieses kurze aktionale Verfahren fördert zutage, wie jeder einzelne S. den Ablauf einer Unterrichtseinheit wahrgenommen hat. Anschließend können die Prozesswahrnehmungen der S. verglichen werden.

Vorbereitungen und Ablauf
Auf Tafeln und Plakate im Klassen-/Kursraum (insgesamt an zwei bis vier Stellen im Raum) wird jeweils ein Koordinatenkreuz gezeichnet (nur bei der y-Achse mit Negativ-Bereich). Auf der waagerechten x-Achse, die sich in der Mitte der Tafel/Wandzeitung befindet, werden die wichtigsten Stationen der zu evaluierenden Unterrichtsreihe stichpunktartig notiert; diese Stationen sollten von den S. vorgeschlagen werden.
Anschließend kann jeder S. zu einem der Koordinatenkreuze gehen und seine persönliche Stimmungskurve zu der Unterrichtsreihe einzeichnen. Dabei sollen insbesondere Hoch- und Tiefpunkte festgehalten werden (mehrere Kurven können übereinander gezeichnet werden).
Anschließend werden die Kurven aller S. verglichen und es findet ein Auswertungsgespräch statt.

Didaktische Hinweise
Die Methode gibt Lehrpersonen eine differenzierte und breite Rückmeldung darüber, wann und wodurch die Adressaten erreicht worden sind, bevor die S. sich verbal äußern. Falls es in der Klasse/im Kurs Gruppierungen mit unterschiedlichen Interessen gibt (z. B. Jungen und Mädchen), können diese Gruppen ihre Kurven jeweils an einer gemeinsamen Tafel/Wandzeitung festhalten.

Alternativen
- Stimmungsbarometer (S. 295)
- Koordinaten (S. 294)

Hinweise zur Weiterarbeit
- Feedback-Gespräch (S. 306)
- Gruppenvertrag (S. 79)

9 EVALUATION kollektiv schriftlich einleiten

 **Votum-Ei**

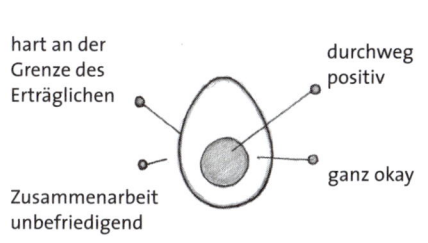

Sozialformen: Plenum
Dauer: 5 – 15 Min.
Medien: Tafel
Klassen: ab Klasse 5
Fächer: alle

Didaktisches Potenzial
S. geben eine zeichnerische Rückmeldung zu einem Arbeitsprozess.
Das Votum-Ei gibt den S. Rückmeldung darüber, wie der Ablauf einer Arbeitssitzung von der Klasse/dem Kurs wahrgenommen wurde. Bei einem sehr unterschiedlichen oder sogar schlechten Feedback sollte gemeinsam darüber beraten werden, was beim nächsten Mal besser gemacht werden kann.

Vorbereitungen und Ablauf
Kurz vor dem Ende einer Arbeitssitzung besteht für jeden S. die Möglichkeit, ein Votum-Ei zu beantragen, wenn er ein Feedback der gesamten Klasse/des gesamten Kurses zum Ablauf der Unterrichtsstunde einholen möchte. Auch die Lehrperson kann diese Art der Evaluation vorschlagen.
Nach einem solchen Antrag wird an die Tafel ein Ei gezeichnet (siehe Grafik). Jeder S. geht nun zur Tafel und macht in oder um das Ei herum ein Kreuz, um die Arbeitssitzung zu bewerten. Für die Anbringung der Kreuze gilt:
- Kreuze im Eigelb stehen für eine „durchweg positive" Arbeitssitzung,
- Kreuze im Eiweiß für eine Arbeitssitzung, die „ganz okay" war,
- Kreuze, die auf dem Rand des Eis gemacht werden, bedeuten, dass die Sitzung „hart an der Grenze des Erträglichen" war,
- Kreuze außerhalb des Eis stehen für eine „unbefriedigende Zusammenarbeit".

Didaktische Hinweise
Variante: Ein Votum-Ei kann auch auf ein großes Blatt Papier oder einen Karton gezeichnet werden. Dieser wird dann am Ausgang deponiert und die S. werden gebeten, ihre Beurteilung der Stunde beim Herausgehen abzugeben. Die Lehrperson kann die Resonanz der Klasse/des Kurses dann zu Hause reflektieren.

Alternativen
- Stimmungskurve (S. 296)
- Stimmungsbarometer (S. 295)

Hinweise zur Weiterarbeit
- Diskussion über die Arbeitsweise der Klasse/des Kurses

9 EVALUATION aktional einleiten

Gruppenbild

Sozialformen: Plenum
Dauer: 1–3 Min.
Medien: –
Klassen: ab Klasse 5
Fächer: alle

Didaktisches Potenzial
S. drücken ihre momentane Stimmung durch Körperhaltung aus.
Die S. stellen durch Körpersprache dar, wie sie sich selbst und den Zustand des Lernprozesses in der Klasse/im Kurs im Moment empfinden.

Vorbereitungen und Ablauf
An einer passenden Stelle der Unterrichtsstunde wird die inhaltliche Arbeit unterbrochen und alle S. werden aufgefordert, sich dazu zu äußern, wie sie ihre Stimmungslage im Moment einschätzen, und zwar indem sie entweder
- eine bestimmte Sitzposition und Körperhaltung auf dem Stuhl einnehmen und diese evtl. gestisch und mimisch untermalen oder
- eine symbolische Position im Raum (z. B. am Fenster, an der Tür, an der Tafel, unter einem Tisch) und eine bestimmte Körperposition einnehmen.

An dieses aktionale Feedback, das nicht unbedingt übertrieben ernst zur Kenntnis genommen werden muss, kann sich ein kurzes Auswertungsgespräch anschließen.

Didaktische Hinweise
Die Methode kann als eine – oft lustige und zugleich aufschlussreiche – Unterbrechung des Unterrichts genutzt werden, um die S. kurz über ihre aktuelle Lage nachdenken zu lassen und sie wieder auf die gemeinsame Arbeit zu konzentrieren.
Sobald das Gruppenbild fertig ist, sollte den S. Gelegenheit gegeben werden, sich kurz umzuschauen und die Positionen der anderen zur Kenntnis zu nehmen.

Alternative
- Gruppenplastik-Feedback (S. 299)

Hinweis zur Weiterarbeit
- Feedback-Gespräch (S. 306)

Literatur
Günther Gugel: 1000 neue Methoden. Weinheim 2007, S. 60

9 EVALUATION aktional einleiten

Gruppenplastik-Feedback *(Tableau as feedback)*

Sozialformen: Plenum
Dauer: 5–10 Min.
Medien: –
Klasse: ab Klasse 8
Fächer: alle

Didaktisches Potenzial
S. erstellen ein lebendes Soziogramm der Lerngruppe.
In handlungsorientierter Weise und mit Bewegungselementen werden problematische Aspekte des Gruppengefüges einer Klasse/eines Kurses einsichtig gemacht und für eine Diskussion aufbereitet.

Vorbereitungen und Ablauf
Zwei bis drei Mitglieder der Lerngruppe übernehmen die Rolle der „Bildhauer", die übrigen sind „Plastiken", die von den „Bildhauern" bearbeitet werden sollen. Die „Bildhauer" verteilen die „Plastiken" im Raum und drücken – durch unterschiedliche Abstände, Körperpositionen (Stehen, Sitzen, Liegen) etc. – deren Verhältnis zueinander aus. So entsteht eine Gesamtplastik der Klasse/des Kurses. Den „Plastiken" kann auch eine bestimmte Körperhaltung und Mimik verordnet werden. Wenn die drei „Bildhauer" ihre Gesamtplastik vollendet haben, können sie sich selbst ebenfalls ins „Bild" einfügen.
Alle können nun ihre Köpfe den anderen „Plastiken" zuwenden, um die von den „Bildhauern" hergestellte Konstellation möglichst genau zu erfassen; ihre Position, Lage und Körperhaltung sollen sie dabei aber beibehalten.

Didaktische Hinweise
Das Verfahren ist sinnvoll anzuwenden, wenn in einer Klasse/einem Kurs besondere gruppendynamische Störungen aufgetreten sind, die bearbeitet werden sollten, um wieder eine entspanntere Sacharbeit zu ermöglichen.
Nach Auflösung der Gruppenplastik kann in einem Auswertungsgespräch zunächst erörtert werden, was die „Bildhauer" mit ihrem „Kunstwerk" wohl ausdrücken wollten. Diese halten sich zunächst zurück und nehmen erst anschließend Stellung zu ihren Darstellungsabsichten. Angeregt durch die „Gruppenplastik" können unterschiedliche Wahrnehmungen realer Gruppendynamik diskutiert werden.

Alternativen
- Feedback-Interview (S. 78)

Hinweise zur Weiterarbeit
- Zukunftsgerichtete Diskussion über das Gruppenklima
- Gruppenvertrag (S. 79)

9 EVALUATION aktional einleiten

Punktwertung

Beispiel
Der Film war spannend.
Der Film war informativ.
Der Film hat mich zum Nachdenken gebracht.

Sozialformen: Plenum
Dauer: 2 – 5 Min.
Medien: Klebepunkte in zwei Farben (z. B. Rot und Blau)
Klassen: ab Klasse 5
Fächer: alle

Didaktisches Potenzial
S. dokumentieren aktional ihre Meinung.
Diese aktivierende Methode bezieht alle S. einer Lerngruppe – insbesondere auch die wenig redegewandten – in die Evaluation ein.

Vorbereitungen und Ablauf
Ähnlich wie beim → Bepunkten, mit dessen Hilfe Entscheidungen getroffen werden können, werden auch für die Punktwertung Klebepunkte in verschiedenen Farben benötigt. Mindestens acht wertende Aussagen zu einer Unterrichtsreihe, einer Lektüre, einem Film etc. werden auf einem großen Blatt zentriert aufgelistet (s. Beispiel und Hinweise). Das Blatt wird für alle leicht zugänglich ausgehängt (z. B. an der Tafel) und jeder bekommt drei rote (für Ablehnung) und drei blaue Punkte (für Zustimmung). Die S. können nun zweierlei Entscheidungen treffen:
- Sie wählen sechs der wertenden Äußerungen aus, die sie für besonders wichtig halten.
- In den entsprechenden Zeilen kleben sie entweder links je einen roten oder rechts je einen blauen Punkt. (Man kann auch mehrere Punkte einer Farbe in eine Zeile kleben, um eine sehr starke Zustimmung oder Ablehnung zu dokumentieren.)

Didaktische Hinweise
Aussagen zur Bewertung einer Unterrichtsreihe können z. B. sein:

Wir Schüler konnten uns gut einbringen.
Wir sind zügig vorangekommen.
Die Texte waren anregend.
Wir haben über alles gründlich nachgedacht.
Alles wurde gut zusammengefasst.
Für die Klassenarbeit/Klausur fühlte ich mich gut vorbereitet.
Das Thema interessiert mich weiterhin.

Alternativen
- Gruppenbild (S. 298)
- Feedback-Gespräch (S. 306)

Literatur
Günther Gugel: Methoden-Manual I: Neues Lernen. 4. Aufl., Weinheim 2004

Hinweise zur Weiterarbeit
- Vielredner – Wenigredner (S. 307)

9 EVALUATION aktional einleiten

Soziometrisches Feedback

Zitat
„Im Grunde gibt es den einzelnen Menschen gar nicht. (Er bildet sich's nur ein.)"
Christian Morgenstern

Sozialformen: Plenum, Gruppenarbeit
Dauer: 15 – 45 Min. (ohne Auswertungsgespräch)
Medien: Folien, Overheadprojektor
Klassen: ab Klasse 8
Fächer: alle

Didaktisches Potenzial
S. stellen Erfahrungen innerhalb der Lerngruppe als räumliche Konstellation dar.
Die S. erstellen aktional oder grafisch eine soziometrische Landkarte ihrer Lerngruppe. Dabei drücken sie die Intensität von Verhaltensweisen und Zusammenarbeit zwischen den einzelnen Gruppenmitgliedern durch unterschiedliche räumliche Abstände aus. Anschließend findet ein gründliches Auswertungsgespräch statt.

Vorbereitungen
Für die im Folgenden dargestellten Verfahren werden z. T. Overheadprojektor und Folien benötigt.

Ablauf
Folgende methodische Varianten sind vorstellbar:
- *Folienpuzzle:* Jeder erhält ein kleines rundes (weibliche S.) oder quadratisches (männliche S.) Stück Farbfolie, auf das der eigene Name geschrieben wird. Dann wird eine Overheadfolie aufgelegt, die konzentrische Kreise zeigt. Zu bestimmten Feedback-Fragen (s. u.) legen alle nach und nach ihre Folienteile auf, und zwar je nach Grad der Zustimmung in Richtung Mitte (trifft voll zu) oder Peripherie (trifft nicht zu). Die Folienteile können auch stellvertretend von den jeweiligen Nachbarn abgelegt werden.
- *Kreisbild:* Im Plenum – bei sehr großen Lerngruppen auch in Teilgruppen – stellt die Lehrperson in die Mitte eines Raumes/Raumteils einen Gegenstand. Zu den Feedback-Fragen (s. u.) gibt jeder stumm eine Antwort, indem er sich nah an den Gegenstand heran (trifft voll zu) oder weiter weg (trifft nicht zu) stellt. Haben sich alle positioniert, schaut man sich um und nimmt die Konstellation zur Kenntnis.
- *Gruppenbilder-Rundlauf:* Alle S. denken zwei Minuten gründlich darüber nach, wo ihr Standort in der Lerngruppe ist. Dann wird auf einem mit dem eigenen Namen versehenen Blatt die persönliche Sicht der Lerngruppe dokumentiert, und zwar mithilfe von räumlichen Abständen und Symbolen (z. B. Einkreisungen mehrerer S. zur Verdeutlichung von Gruppenbildungen, Pfeilen und Gegensatzpfeilen). Die Blätter werden dann in Umlauf gegeben, sodass jeder die Wahrnehmung der anderen zur Kenntnis nehmen kann.

Didaktischer Kommentar
Das Verfahren geht auf Jacob Moreno zurück, der Mitte des vergangenen Jahrhunderts soziometrische Techniken entwickelte, mit denen Mitglieder einer Gruppe angaben, wie sie über die anderen Gruppenmitglieder dachten, mit wem sie mehr und weniger gern zu-

sammenarbeiten wollten etc. Die Methode legte den wichtigen Einfluss emotionaler Beziehungen in Arbeitsgruppen offen und erleichterte die Erstellung von → Soziogrammen. Im schulischen Rahmen galten soziometrische Verfahren in den ursprünglichen Varianten als „hart", da sie die sozialen Probleme von S. in ihren Lerngruppen deutlich zutage treten ließen. Es war daher oft ein besonderer Zeitaufwand notwendig, um die auftretenden Betroffenheiten einzelner S. angemessen aufzufangen und Lösungen für die erkannten Probleme zu finden. Das Problem lässt sich entschärfen, wenn die S. nicht aufgefordert werden, mit soziometrischen Verfahren *Gesamtaussagen* über ihre Person oder über andere zu treffen, sondern wenn nur *einzelne Verhaltensweisen* dargestellt werden.

Ein soziometrisches Feedback fällt S. leichter, wenn sie schon einmal – z. B. bei der Analyse von sozialen Feldern, Filmen, Romanen – ein → Soziogramm erstellt haben.

Tipps zur Umsetzung
Mögliche *Feedback-Fragen* sind:
- Wer war in letzter Zeit im Kurs/in der Klasse besonders aktiv?
- Wer hat wie sehr auf andere Rücksicht genommen?
- Wer hat die Interessen der Gesamtgruppe wie stark vertreten?
- Wer hat unser gemeinsames Nachdenken wie stark vorangebracht?
- Wer hat das gemeinsame Lernen wie stark durch unnötige Unterbrechungen aufgehalten?
- Wer verbreitet im Kurs/in der Klasse oft eine gute Stimmung?

Variationen des Kreisbildes (s. o.) sind „Schuhsoziogramm" und „Stuhlsoziogramm": Die S. stellen die von ihnen wahrgenommenen Beziehungen in der Lerngruppe dar, indem sie auf einer freien Fläche einen ihrer Schuhe bzw. ihren Stuhl so positionieren, dass damit die Beziehung zu den anderen Mitgliedern der Lerngruppe ausgedrückt wird.

Alternativen
- Standogramm (S. 303)
- Gruppenbild (S. 298)
- Feedback-Brief (S. 287)

Hinweise zur Weiterarbeit
- Feedback-Gespräch (S. 306)
- Wandplakat mit Regeln für das Verhalten in der Lerngruppe

Literatur
Johannes Bastian u. a.: Feedback-Methoden. Weinheim u. a. 2003
Roger Schaller: Das große Rollenspiel-Buch. Grundtechniken, Anwendungsformen, Praxisbeispiele. Weinheim, Basel 2001, S. 30 ff.
Eberhard Stahl: Dynamik in Gruppen. Handbuch der Gruppenleitung. Weinheim u. a. 2002
Barbara Langmaack, Michael Braune-Krickau: Wie die Gruppe laufen lernt. Anmerkungen zum Planen und Leiten von Gruppen. 7. Aufl., Weinheim 2000
Jacob L. Moreno: Psychodrama und Soziometrie. Köln 1989

9 EVALUATION aktional einleiten

Standogramm

Sozialformen: Plenum
Dauer: 5 – 10 Min.
Medien: –
Klassen: ab Klasse 8
Fächer: alle

Didaktisches Potenzial
S. kommentieren Wertungen durch räumliche Distanzen.
Dieses Feedback-Verfahren gibt S. die Möglichkeit, sich kritisch über die Lerngruppe zu äußern und sofort von allen Mits. ein stummes Feedback zu erhalten.

Vorbereitungen und Ablauf
Ein S. erklärt sich bereit, die Situation in der Klasse/im Kurs bzw. den gegenwärtigen Arbeitsprozess kritisch zu kommentieren. Er stellt sich in einen (imaginären) Kreis. In etwa gleichem Abstand um ihn herum stellen sich alle anderen S.
Der kommentierende S. gliedert seine Äußerungen in mehrere Abschnitte und macht nach jedem Abschnitt eine Pause. Dann sind alle anderen S. aufgefordert, Zustimmung, neutrale Reaktion oder Ablehnung auszudrücken, indem sie
- sich auf den Vortragenden zu bewegen,
- von ihm wegrücken oder
- auf der Stelle verharren.

Didaktische Hinweise
Bei diesem Verfahren handelt es sich um eine besonders aktionale Form des Feedbacks, die jedem Teilnehmer laufend Entscheidungen abverlangt. Vor allem wenn man als Lehrperson im Feedback-Kreis mitagieren kann, ist dieses Verfahren interessant, da es ein differenziertes Bild der aktuellen Stimmungslage im Kurs ergibt.
Oft wird nach einem ersten Durchgang der Wunsch geäußert, dass auch andere S. ihre Einschätzung der Lage abgeben. Die Rollen werden dann getauscht: Ein weiterer S. tritt in die Mitte usw.

Alternativen
- Gruppenbild (S. 298)
- Punktwertung (S. 300)

Literatur
Ulrich Baer: 66 Spiele zur Bearbeitung von Themen. Seelze 1997, S. 60

9 EVALUATION aktional einleiten

Stumme Imitation

Sozialformen: Einzelarbeit, Plenum
Dauer: 5–10 Min. pro Durchgang
Medien: –
Klassen: 5–8
Fächer: alle (insbes. Klassenlehrerstunden)

Didaktisches Potenzial
S. geben durch stumme Nachahmung eine Rückmeldung zu ihrer Wahrnehmung eines Mits. Anders als beim → Standogramm, mit dem S. Rückmeldungen einer ganzen Lerngruppe zu eigenen Äußerungen erhalten, bringen bei der Stummen Imitation einzelne S. ihre Wahrnehmung eines Mits. zum Ausdruck.

Vorbereitungen und Ablauf
Ein S. imitiert vor der gesamten Lerngruppe stumm und ohne Namensnennung typische Körperbewegungen eines Mits. Dabei können ein typisches Verhalten im Raum, typische Gesten oder mimische Besonderheiten vorgeführt werden. Nach der Kurzvorführung (ca. 10 bis 20 Sekunden) sind die Mits. aufgefordert zu raten, welcher Mits. gemeint ist. Wer meint, die Lösung gefunden zu haben, kann schon während der Vorführung den Arm heben, sollte mit einer Namensnennung aber warten, bis die Mehrzahl der Gruppenmitglieder ebenfalls den Arm gehoben hat bzw. bis nach Beendigung der Vorführung 15 bis 20 Sekunden vergangen sind.
In einem Durchgang können nicht alle Mitglieder einer Lerngruppe dargestellt werden; weitere S. können in einer späteren Serie zum Zuge kommen.

Didaktische Hinweise
Das Verfahren informiert die Mitglieder einer Lerngruppe auf meist lustige Weise darüber, wie sie von anderen wahrgenommen werden. Das Feedback beschränkt sich allerdings auf die körperlich-aktionale Ausstrahlung.
Die Lehrperson sollte in das Spiel dann eingreifen, wenn S. von ihren Mits. erkennbar diffamiert oder lächerlich gemacht werden sollen.

Alternativen
- Standogramm (S. 303)

Hinweise zur Weiterarbeit
- Gespräch über den Beitrag der imitierten S. zum Gruppenprozess

Literatur
Ulrich Vohland: Stille Spiele für 7–12-Jährige. Mainz 2003, S. 88 f.

9 EVALUATION mündlich durchführen

Blitzlicht

Beispiele
- Gelernt habe ich heute, dass …
- Am interessantesten fand ich heute, dass …
- Meinen Beitrag zu dieser Stunde fand ich …

Sozialformen: Plenum
Dauer: 2 – 3 Min.
Medien: –
Klassen: alle
Fächer: alle

Didaktisches Potenzial
S. geben kurze wertende Statements zu einem Thema ab.
Durch kurze Äußerungen aller Mitglieder einer Lerngruppe sorgt das Blitzlicht dafür, dass in kurzer Zeit ihr gesamtes Meinungsspektrum zu einem bestimmten Thema abgerufen wird.

Vorbereitungen und Ablauf
Auf eine evaluierende Frage oder einen Satzanfang hin (s. u.) äußern sich nacheinander und möglichst zügig alle S. in der Reihenfolge der Sitzordnung. Es kann vereinbart werden, dass jeder nur ein Wort oder einen Satz/eine Satzergänzung sagt. Die Äußerungen werden von den anderen während der Blitzlicht-Runde nicht kommentiert. Statements von Vorrednern können wiederholt werden.
Beim Blitzlicht kann ein Gegenstand (z. B. ein kleiner Ball) weitergereicht werden, den jeweils die Person, die sich gerade äußert, in der Hand hält.
Soll die Kurzevaluation in mehrere Fragen unterteilt werden, können mehrere Runden nacheinander stattfinden. Die Blitzlicht-Einleitungen können von Unterrichtsstunde zu Unterrichtsstunde variiert werden.

Didaktische Hinweise
Das Blitzlicht ist besonders für Lerngruppen geeignet, in denen eine Reihe von „Schweigern" sitzt. Durch die Prozesslogik dieses spielerischen Verfahrens lassen sie sich oft dazu bewegen, sich ebenfalls zu äußern, da in diesem Fall ja nur eine ganz kurze Äußerung erwartet wird.
Mögliche weitere Satzanfänge (vgl. Beispiele):
- Was wir heute gemacht haben, das fand ich …
- Wie das Thema heute behandelt wurde, das fand ich …
- Gestört hat mich heute, dass …
- Interessant fand ich heute …

Alternativen
- Vielredner – Wenigredner (S. 307)
- Standogramm (S. 303)
- Punktwertung (S. 300)

Hinweise zur Weiterarbeit
- Gespräch über Stichwort-Äußerungen
- Feedback-Brief (S. 287)
- Brief in die Zukunft (S. 286)

9 EVALUATION mündlich durchführen

Feedback-Gespräch

Beispiel
Mich hat gestört, dass …
Ich habe nicht verstanden, warum du …

Sozialformen:	Plenum, evtl. Gruppenarbeit
Dauer:	15 – 45 Min.
Medien:	evtl. Poster mit Feedback-Regeln
Klassen:	ab Klasse 8
Fächer:	alle

Didaktisches Potenzial
S. geben sich wechselseitig Rückmeldungen.
Die S. finden und praktizieren Kommunikationsformen, die es ihnen erlauben, Gruppenprozesse konstruktiv zu reflektieren und Verbesserungen anzustreben.

Vorbereitungen und Ablauf
Mit verschiedenen vorbereitenden Verfahren haben die S. gemeinsame Regeln für ein Feedback-Gespräch erarbeitet (z. B. → Koordinaten, → Stimmungsbarometer, → Stimmungskurve oder → Votum-Ei).
Zu diesen Regeln zählen z. B.:
- Alle sind einverstanden, dass außer über Unterrichtsinhalte auch über persönliches Verhalten in der Lerngruppe gesprochen wird.
- Jeder hat das Recht, seine Äußerungen zu beenden, ohne unterbrochen zu werden.
- Die Kritik an anderen verfolgt nur das Ziel, die gemeinsame Arbeit zu verbessern. Daher sind beleidigende oder spöttische Äußerungen sowie Unterstellungen nicht angebracht.
- Kritisiert wird nicht pauschal eine Person, sondern eine besondere Verhaltensweise dieser Person, wobei auch positive Eigenschaften hervorgehoben werden sollen.

Ein Feedback-Gespräch, das eine Arbeitsphase reflektiert, wird am besten von der Lehrperson moderiert. Dabei kann ein Poster mit den Feedback-Regeln aushängen, auf das bei Regelverletzungen stumm verwiesen wird.

Didaktische Hinweise
Feedback-Gespräche können leicht aus dem Ruder laufen, weil viele S. es nicht gewohnt sind, bei der Diskussion persönlicher Verhaltensweisen offen zu bleiben und nicht voreilig Defensivstrategien anzuwenden. Eine Kultur der konstruktiven Kritik muss oft erst einmal entwickelt werden.

Alternativen
- Feedback-Brief (S. 287)
- Lernjournal (S. 288)

Hinweise zur Weiterarbeit
- Gruppenvertrag (S. 79)

9 EVALUATION mündlich durchführen

Vielredner–Wenigredner

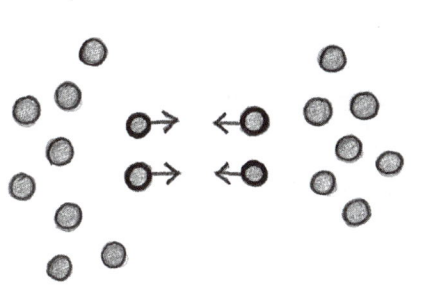

Sozialformen: Gruppenarbeit
Dauer: 20–30 Min.
Medien: –
Klassen: ab Klasse 8
Fächer: alle

Didaktisches Potenzial
S. reflektieren ihr Kommunikationsverhalten.
Das Verfahren macht ein Dauerproblem vieler Klassen und Kurse zugänglich: die oft sehr ungleichen Redeanteile der S. im Unterricht. S. mit gleichen bzw. ähnlichen Erfahrungen erhalten die Gelegenheit, sich über ihre jeweiligen Erfahrungen auszutauschen. Anschließend wird dafür gesorgt, dass beide – Viel- und Wenigredner – ihre Erfahrungen weitergeben können.

Vorbereitungen und Ablauf
Eine Ecke des Raumes wird zur Vielredner-Ecke, eine andere zur Wenigredner-Ecke erklärt. Alle S. werden dann aufgefordert, sich – bezogen auf die eigene Klasse/den eigenen Kurs – einer der beiden Ecken zuzuordnen. Die Gruppen sprechen unter sich über ihre jeweiligen Erfahrungen in der Klasse/im Kurs.
Anschließend entsendet jede Gruppe zwei Vertreter in die jeweils andere Gruppe. Diese berichten von den Überlegungen der eigenen Gruppe und hören stumm zu, was die Gastgebergruppe dazu sagt. Dann gehen sie in ihre eigene Gruppe zurück und berichten dies an ihre Gruppe.

Didaktische Hinweise
Bei der Wahl der Ecken kann es zu Ungleichgewichten kommen, wenn es in der Klasse/im Kurs einige wenige dominante S. gibt.
Das Verfahren aktiviert auch diejenigen, die ansonsten wenig reden, da sie nun unter sich sind und die Vielredner ihnen nicht zuvorkommen können.

Alternativen
- Feedback-Gespräch (S. 306)
- Feedback-Brief (S. 287)

Hinweise zur Weiterarbeit
- Erstellen eines Plakats mit gemeinsam vereinbarten Regeln zum kommunikativen Verhalten in der Klasse/im Kurs

9 EVALUATION mündlich durchführen

Vermutungen

Sozialformen: Partnerarbeit
Dauer: 3 – 5 Min.
Medien: –
Klassen: ab Klasse 8
Fächer: alle

Didaktisches Potenzial
S. hören sich wechselseitig persönliche Zuschreibungen an.
Die S. trainieren, Feedback nach einem entspannenden spielerischen Reglement entgegenzunehmen und damit Wahrnehmungen der eigenen Person zu akzeptieren, die über das Selbstbild hinausgehen.

Vorbereitungen und Ablauf
In der letzten Stunde eines Unterrichtstages setzen sich zwei S. zusammen und stellen Vermutungen übereinander an, ohne auf die Äußerungen des jeweiligen Gesprächspartners zu reagieren. Vielmehr soll zunächst nur abwechselnd im Reißverschlussverfahren eine Vermutung nach der anderen formuliert werden:
- „Ich vermute, dass du heute …"
- „Und ich vermute, dass dir heute … gar nicht gefallen hat."
- „Und ich vermute, dass du dich heute über … gefreut hast."
- …

Während die Partner wechselseitig die Vermutungen äußern, soll darauf in keiner Weise – auch nicht mimisch oder gestisch – geantwortet werden. Zum Schluss bittet jeder den anderen um die Präzisierung einer Vermutung, vermeidet aber erneut jede Rechtfertigung.

Didaktische Hinweise
Der Reiz des Verfahrens besteht u.a. darin, dass man sich nicht genötigt sieht, Vermutungen des Gesprächspartners richtigzustellen oder in einer anderen Weise zu kommentieren. Die S. trainieren damit zugleich eine wichtige Feedback-Grundregel: Man sollte sich durch Feedback-Äußerungen eines anderen nicht unmittelbar in eine Verteidigungsposition drängen lassen, sondern das Feedback (zunächst) auf sich wirken lassen.

Alternativen
- Blitzlicht (S. 305)
- Feedback-Gespräch (S. 306)

Hinweise zur Weiterarbeit
- Gruppenplastik-Feedback (S. 299)
- Standogramm (S. 303)

9 EVALUATION mündlich durchführen

Zuschreibung

Sozialformen: Plenum
Dauer: 10 Min.
Medien: –
Klassen: ab Klasse 7
Fächer: alle

Didaktisches Potenzial
S. konfrontieren durch Zuschreibungen Selbst- und Fremdbilder.
Die S. äußern sich zum Verhalten jedes Mits., indem sie dieses in einen anderen lebensweltlichen Bereich übertragen und damit auf kreative Weise charakterisieren. Zugleich erhält jeder S. die Gelegenheit, Selbst- und Fremdbild aufeinander zu beziehen.

Vorbereitungen und Ablauf
Das Verfahren läuft in drei Schritten ab:
- Zunächst überlegt sich jeder einen Beruf, der nach eigener Einschätzung im Moment zu ihm passt.
- Dann ordnet die Lerngruppe nach und nach jedem Mits. spontan einen Beruf zu, der seinem aktuellen Verhalten entspricht. Dabei können insbesondere auch Ereignisse des Tages oder der Woche mitberücksichtigt werden.
- Unmittelbar nach jeder Fremdzuschreibung nennt jeder den Beruf, den er selbst für sich ausgewählt hat, und sagt, warum er den zugeteilten Beruf akzeptiert oder ablehnt. (Eine Aussprache darüber findet nicht statt.)

Didaktische Hinweise
Die Zuteilung von Berufen gibt Feedback-Prozessen einen kreativ-spielerischen Charakter. Das Verfahren macht allen Beteiligten den Unterschied zwischen Selbstbild und Fremdbild bewusst und leitet so eine Reflexion über das eigene Verhalten ein. Die Lehrperson sollte darauf achten, dass die S. klamaukhafte Zuschreibungen vermeiden und sich darum bemühen, wirklich treffende Berufsbezeichnungen zuzuordnen.
Varianten: Statt der Berufe können z.B. auch historische Figuren oder aktuelle Prominente zugeordnet werden.

Alternativen
- Vermutungen (S. 308)
- Feedback-Gespräch (S. 306)

Hinweise zur Weiterarbeit
- Standogramm (S. 303)
- Feedback-Brief (S. 287)

Literatur

Asmussen, Martin: Lerntipps. Hilfen zur selbstständigen Verbesserung der Lern- und Arbeitstechniken, 5. bis 7. Klasse. Mannheim u. a. 2001

Baer, Ulrich: 66 Spiele zur Bearbeitung von Themen. Seelze 1997

Bastian, Johannes, u. a.: Feedback-Methoden. Weinheim u. a. 2003

Bauer, Roland (Hrsg.): Schülergerechtes Arbeiten in der Sekundarstufe I: Lernen an Stationen. Berlin 1997

Birkenbihl, Vera F.: Stroh im Kopf? Vom Gehirn-Besitzer zum Gehirn-Benutzer. Gebrauchsanleitung fürs Gehirn. 43. Aufl., Frankfurt/M. 2004

Boal, Augusto: Theater der Unterdrückten. Frankfurt/M. 1979

Boal, Augusto: Theater der Unterdrückten. Übungen und Spiele für Schauspieler und Nicht-Schauspieler. Frankfurt/M. 1989

Bornemann, Monika u. a.: Referate, Vorträge, Facharbeiten. Von der cleveren Vorbereitung zur wirkungsvollen Präsentation. Mannheim 2003

Bosse, Dorit: Das computergestützte Arbeitsjournal. Den eigenen Lernprozess steuern und präsentieren. In: Pädagogik, 12/2010, S. 26 – 29

Breilmann, Sybille, u. a. (Hrsg.): Computer, Internet & Co. im Deutsch-Unterricht. Berlin 2003

Breit, Gotthard/Eichner, Detlef/Frech, Siegfried/Lach, Kurt/Massing, Peter (Hrsg.): Methodentraining für den Politikunterricht II. Schwalbach 2007

Brenner, Gerd: Subjekt sein in der Schule. Zur Praxis eines schülerorientierten Unterrichts. München 1981

Brenner, Gerd: Die Facharbeit. Von der Planung zur Präsentation. Berlin 2002

Brenner, Gerd: Methodentraining: Projekt Medien und Meinungsbildung. Berlin 2002

Brenner, Gerd: Texte schreiben: Alles klar! Trainingskurs für die Oberstufe. Berlin 2004

Brenner, Gerd/Deggerich, Georg/Drews, Karen: Soforthilfe Englisch. Berlin 2011

Brinkmöller-Becker, Heinrich (Hrsg.): Die Fundgrube für Medienerziehung. Berlin 1997

Brüning, Ludger/Saum, Tobias: Erfolgreich unterrichten durch Kooperatives Lernen. Bd. 1., 5. überarb. Aufl., Essen 2009

Brüning, Ludger/Saum, Tobias: Sachtexte verstehen durch grafisches Strukturieren. In: Deutschunterricht, 4/2007, S. 30 – 32

Brunner, Ilse/Häcker, Thomas/Winter, Felix (Hrsg.): Das Handbuch Portfolioarbeit. 2. Aufl., Seelze 2008

Brunsing, Annette: Gedächtnistraining. Leichter lernen – sicher merken. Berlin 2006

Bundeszentrale für politische Bildung: Methodentraining für den Politikunterricht. Bonn 2004

Busch, Frank/Mayer, Thomas B.: Der Online-Coach. Wie Trainer virtuelles Lernen optimal fördern können. Weinheim, Basel 2002

Carle-Gladbach, Barbara, u. a.: Konzentration. Training von Gedächtnis, Wahrnehmung und logischem Denken, 4. bis 6. Klasse. Mannheim u. a. 2001

Cecil, Nancy Lee: Mit guten Fragen lernt man besser. Mülheim 2008

Cohn, Ruth C./Klein, Irene: Großgruppen gestalten mit Themenzentrierter Interaktion. Ein Weg zur lebendigen Balance zwischen Einzelnen, Aufgaben und Gruppe. Mainz 1993

Literatur

Deutsches PISA-Konsortium (Hrsg.): PISA 2000. Basiskompetenzen von Schülerinnen und Schülern im internationalen Vergleich. Opladen 2001

Diepold, Siga (Hrsg.): Fundgrube Klassenlehrer. Berlin 2004

Di Falco, Daniel/Bär, Peter/Pfister, Christian (Hrsg.): Bilder vom besseren Leben. Wie Werbung Geschichte erzählt. Bern 2002

Dreyer, Elke/Harder, Katrin: 99 Tipps Partner- und Gruppenarbeit. Berlin 2009

Dudenredaktion i. Zusammenarbeit mit Siegfried A. Huth: Reden gut und richtig halten! Ratgeber für wirkungsvolles und modernes Reden. Mannheim 2004

Easley, Shirley-Dale/Mitchell, Kay: Arbeiten mit Portfolios. Schüler fordern, fördern und fair beurteilen. Mülheim/Ruhr 2004

Edelmann, Walter: Lernpsychologie. 6. Aufl., Weinheim 2000

Eder, Sabine/Raboom, Susanne: Kinder und Jugendliche machen Rabatz. Intensivierung der medienpädagogischen Arbeit mit Kindern und Jugendlichen in Offenen Kanälen. München 2001

Emer, Wolfgang/Lenzen, Klaus-Dieter: Projektunterricht gestalten – Schule verändern. Baltmannsweiler 2002

Ewert, Friedrich: Themenzentrierte Interaktion (TZI) und pädagogische Professionalität von Lehrerinnen und Lehrern. Wiesbaden 2008

Fischer, Veronika, u. a.: Handbuch interkulturelle Gruppenarbeit. Schwalbach/Ts. 2001

Frey, Karl: Die Projektmethode. 11. Aufl., Weinheim, Basel 2010

Green, Norm/Green, Kathy: Kooperatives Lernen – im Klassenraum und im Kollegium, Seelze 2005

Grillmeyer, Siegfried/Wirtz, Peter (Hrsg.): Ortstermine. Politisches Lernen an historischen Orten. Bd. 1. Schwalbach/Ts. 2006

Groß, Engelbert (Hrsg.): Freies Arbeiten in weiterführenden Schulen. Donauwörth 1992

Gudjons, Herbert (Hrsg.): Die Moderationsmethode in Schule und Unterricht. Bielefeld 2000

Günther, Gugel: Methoden-Manual I: Neues Lernen. Tausend Vorschläge für Schule und Lehrerbildung. 4. Aufl., Weinheim 2004

Gugel, Günther: 1000 neue Methoden. Weinheim 2007

Hafeneger, Benno (Hrsg.): Subjektdiagnosen – Subjekt, Modernisierung und Bildung. Schwalbach/Ts. 2004

Hannaford, Carla: Bewegung – das Tor zum Lernen. 4. Aufl., Kirchzarten b. Freiburg 2001

Hartmann, Martin, u. a.: Zielgerichtet moderieren. Ein Handbuch für Führungskräfte, Berater und Trainer. Weinheim, Basel 1997

Hauk, Dietmar: Streitschlichtung in Schule und Jugendarbeit. Das Trainingsbuch für Mediationsausbildung. Mainz 2000

Hegele, Irmintraut: Lernziel: Stationenarbeit. Eine neue Form des offenen Unterrichts. 4. Aufl., Weinheim, Basel 1999

Henning, Hans-Jörg: Immer locker bleiben! 70 Wohlfühl-Übungen für Büro, Seminar und Schule. Weinheim, Basel 2001

Hillebrand, Melanie/Tunat, Silke: Berufliches Lernen in Schüler- und Juniorenfirmen. Frankfurt/M. u.a. 2006

Hoffmann, Cordula: Kooperatives Lernen | kooperativer Unterricht. Mülheim 2010

Literatur

Horst, Uwe/Ohly, Karl Peter (Hrsg.): Lernbox. Lernmethoden – Arbeitstechniken. 2. Aufl., Seelze 2001

Huf, Christina/Breidenstein, Georg: Schülerinnen und Schüler bei der Wochenplanarbeit. In: Pädagogik 4/2009, S. 20 – 23

Hug, Theo (Hrsg.): Wie kommt Wissenschaft zu Wissen? Bd. 1: Einführung in das wissenschaftliche Arbeiten. Bd. 2: Einführung in die Forschungsmethodik und Forschungspraxis. Bd. 3: Einführung in die Methodologie der Sozial- und Kulturwissenschaften. Baltmannsweiler 2001

Intel/Akademie Dillingen (Hrsg.): Lehren für die Zukunft. Baustein IX (Excel). Dillingen 2000

Kienitz, Günter W.: Deine eigene Homepage in 60 Minuten. Kempen 2002

Kilb, Rainer/Wiedner, Jens/Gall, Reiner: Konfrontative Pädagogik in der Schule. Anti-Aggressivitäts- und Coolnesstraining. Weinheim und München 2006

Kirchhoff, Sabine/Kuhnt, Sonja/Lipp, Peter/Schlawin, Siegfried: Der Fragebogen. Datenbasis, Konstruktion und Auswertung. 5. Aufl., Wiesbaden 2010

Klee, Katharina, u. a. (Hrsg.): Gewaltprävention. Praxismodelle aus Jugendhilfe und Schule. Weinheim, München 2003

Klein, Michael: Exkursionen. Eine Arbeitshilfe für Lehrer, Studenten und Dozenten. Baltmannsweiler 2007

Klippert, Heinz: Teamentwicklung im Klassenraum. Weinheim, Basel 2001

Klippert, Heinz: Methoden-Training. Weinheim 2004

Klippert, Heinz: Planspiele. 10 Spielvorlagen zum sozialen, politischen und methodischen Lernen in Gruppen. 5. Aufl., Weinheim 2008

Kneip, Winfried, u. a.: Lern-Landkarten. Ganzheitliches Lernen. Mülheim/Ruhr 1998

Knoll, Jörg: Kurs- und Seminarmethoden. 11. Aufl., Weinheim und Basel 2007

Kohler, Britta: Problemorientierte Gestaltung von Lernumgebungen. Weinheim 1998

Kötter, Engelbert/Schmolke, Philipp: Filmisches Erzählen: Muster und Motive. Berlin 2010

Krämer, Sabine U./Walter, Klaus D.: Arbeitstechniken von A – Z. Eibelstadt 2004

Krapp, Andreas/Weidemann, Bernd (Hrsg.): Pädagogische Psychologie. Ein Lehrbuch. 4. Aufl., Weinheim 2001

Krowatschek, Dieter: Entspannung für Jugendliche. 2. Aufl., Dortmund 2000

Krüger, Heinz-Hermann/Gruner, Cathleen (Hrsg.): Handbuch Kindheits- und Jugendforschung. Opladen 2002

Krüsmann, Gabriele, u. a.: LehrerInnen lernen Freie Arbeit. Mülheim/Ruhr 1991

Kürsteiner, Peter: 100 Tipps & Tricks für Reden, Vorträge und Präsentationen. Weinheim und Basel 2010

Kuhn, Hans Werner/Massing, Peter (Hrsg.): Lexikon der politischen Bildung, Bd. 3: Methoden und Arbeitstechniken. Schwalbach/Ts. 2000

Kuhnt, Beate/Müller, Norbert R.: Moderationsfibel Zukunftswerkstätten. Neu-Ulm 2006

Lange, Thomas/Lux, Thomas: Historisches Lernen im Archiv. Schwalbach/Ts. 2004

Langmaack, Barbara/Braune-Krickau, Michael: Wie die Gruppe laufen lernt. Anmerkungen zum Planen und Leiten von Gruppen. 7. Aufl., Weinheim 2000

Literatur

Lipp, Ulrich/Will, Hermann: Das große Workshop-Buch. Weinheim und Basel 2008

Löhmer, Cornelia/Standhardt, Rüdiger: TZI – Die Kunst, sich selbst und eine Gruppe zu leiten. 2. Aufl., Stuttgart 2008

Massing, Peter: Handlungsorientierter Politikunterricht. Schwalbach Ts. 1997

Mattes, Wolfgang: Methoden für den Unterricht. Paderborn 2002

Metzig, Werner/Schuster, Martin: Lernern zu lernen. Lernstrategien wirkungsvoll einsetzen. 8. Aufl., Berlin u. a. 2010

Meyer, Hilbert: Schulpädagogik, Bd. II. Berlin 1997

Meyer, Hilbert: Türklinkendidaktik. Aufsätze zur Didaktik, Methodik und Schulentwicklung. Berlin 2001

Meyer, Ruth: Lehren kompakt. Von der Fachperson zur Lehrperson. Bern 2004

Meyer, Ulrich, u. a. (Hrsg.): Handbuch Methoden im Geschichtsunterricht. Schwalbach/Ts. 2004

Moreno, Jacob L.: Psychodrama und Soziometrie. Köln 1989

Moser, Heinz: Abenteuer Internet. Lernen mitWeb-Quests. Zürich 2000

Müller, Frank: Lesetraining. Sinnentnehmendes Lesen in den Klassen 7–10. Weinheim und Basel 2009

Müller, Rudolf: Mehr Bewegung ins Lernen bringen. Energie aufbauen, Leistungsfähigkeit und Lernmotivation erhöhen, Lernstoff verankern. Weinheim, Basel 2003

Novak, Kaja: Lernstrategien anwenden. München 2004

Oppolzer, Ursula: Gehirntraining mit Phantasie und Spaß. 3. Aufl., Dortmund 2002

Oppolzer, Ursula: Bewegte Schüler lernen leichter. Ein Bewegungskonzept für die Primarstufe, Sekundarstufe I und II. Dortmund 2004

Pandel, Jürgen/Schneider, Gerhard (Hrsg.): Handbuch Medien im Geschichtsunterricht. Schwalbach/Ts. 1999

Paradies, Liane/Linser, Hans Jürgen: Üben, Wiederholen, Festigen. Berlin 2003

Paul, Gerhard: Bilder des Krieges – Krieg der Bilder. Die Visualisierung des modernen Krieges. Paderborn 2004

Peterßen, Wilhelm H.: Kleines Methoden-Lexikon. München 1999

Porst, Rolf: Fragebogen. Ein Arbeitsbuch. Wiesbaden 2007

Rankin, J. R. (Ed.): Handbook on Problem-based Learning. New York 1999

Realschule Enger (Hrsg.): Lernkompetenz: Deutsch. Berlin 2003

Reich, Kersten: Konstruktivistische Didaktik. Lehr- und Studienbuch mit Methodenpool. 4. Aufl., Weinheim und Basel 2008 (mit CD-ROM)

Rico, Gabriele L.: Garantiert schreiben lernen. Sprachliche Kreativität methodisch entwickeln – ein Intensivkurs. Sonderausgabe, Reinbek 2004

Rittelmeyer, Christian: Pädagogische Anthropologie des Leibes. Biologische Voraussetzungen der Erziehung und Bildung. Weinheim, München 2002

Rosenberg, Marshall B.: Gewaltfreie Kommunikation. Aufrichtig und einfühlsam miteinander sprechen. Neue Wege in der Mediation und im Umgang mit Konflikten. Paderborn 2001

Ruping, Bernd (Hrsg.): Gebraucht das Theater! Die Vorschläge von Augusto Boal. Remscheid 1991 (Bundesvereinigung Kulturelle Jugendbildung)

Sauer, Manfred: 99 Tipps für wirksame Medienpräsenz, Berlin 2006

Literatur

Schaller, Roger: Das große Rollenspiel-Buch. Grundtechniken, Anwendungsformen, Praxisbeispiele. Weinheim, Basel 2001

Schardt, Bettina/Schardt, Friedel: Referate und Facharbeiten. Effektive Arbeitstechniken für die Oberstufe. Freising 1999

Schlimme, Peter/Rauch, Katja: 100 und eine Methode zur Projektarbeit mit Mädchen und Jungen in Jugendarbeit und Schule. Groß-Gerau 2003

Schräder-Naef, Regula: Lerntraining in der Schule. Weinheim, Basel 2002

Schräder-Naef, Regula: Rationeller Lernen lernen. Ratschläge und Übungen für alle Wissbegierigen. 19. Aufl., Weinheim, Basel 2000

Schurf, Bernd/Wagener, Andrea (Hrsg.): Texte, Themen und Strukturen. Deutschbuch für die Oberstufe. Berlin 2009

Seel, Norbert M.: Psychologie des Lernens. Lehrbuch für Pädagogen und Psychologen. München, Basel 2000

Six, Ulrike/Gleich, Uli/Gimmler, Roland (Hrsg.): Kommunikationspsychologie – Medienpsychologie. Lehrbuch, Weinheim und Basel 2007

Stahl, Eberhard: Dynamik in Gruppen. Handbuch der Gruppenleitung. Weinheim u. a. 2002

Steiner, Verena: Exploratives Lernen. Der persönliche Weg zum Erfolg. Zürich, München 2000

Stewart, Jan: Wut-Workout. Produktiver Umgang mit Wut. Mülheim/Ruhr 2003

Thiesen, Peter: Das Kommunikationsspielebuch. Weinheim, Basel 2002

Vohland, Ulrich: Stille Spiele für 7–12-Jährige. Mainz 2003

Weber, Agnes: Problem-Based Learning. Ein Handbuch für die Ausbildung auf der Sekundarstufe II und der Tertiärstufe. Bern 2004

Weidenmann, Bernd: 100 Tipps & Tricks für Pinnwand und Flipchart. Weinheim 2003

Weidner, Margit: Kooperatives Lernen im Unterricht. Das Arbeitsbuch. Seelze-Velber 2003

Wieke, Thomas: Schule. Clever zum Erfolg. Würzburg 2002

Wienerl, Irmintraud/Fleischmann, Simone/Rotte, Ursula (Hrsg.): Das Methoden-Handbuch Grundschule. München 2007

Willms, Heiner/Willms, Ellen: Erwachsen werden. Life-Skills-Programm für Schülerinnen und Schüler der Sekundarstufe I. Hrsg. von Lions Clubs International, 2. Ausg., 7. Aufl., Wiesbaden 2004

Winter, Wolfgang: Wissenschaftliche Arbeiten schreiben. Frankfurt/M. und Wien 2004

Sachregister

Argumentation   204 ff.

Bewegungslernen   35, 64 – 70, 84 – 93, 216
Bewegungs-Feedback   298, 299, 303 – 305

Computer   105, 108, 118, 126 – 132, 151, 160, 163, 165, 169, 173, 196, 250, 252 – 255, 257

Datenaufbereitung   250 ff.
Diagramme   250, 252 ff., 257
Differenzierung   20, 31, 35, 40 – 46
Dokumentation   59 – 62, 150 – 156, 244 – 249

Einzelarbeit   31 ff., 230 ff., 260 ff., 286 ff.
Empathie/Zusehen/Zuhören   70, 71, 80, 81, 92, 95, 100, 122, 143, 145, 146, 149, 190, 216, 223
Entscheidungsfindung   75, 214, 217
Entspannung   21, 83, 141
Ergebnissicherung   150 ff., 226 ff.
Erörterung   164, 166, 199, 201, 204, 209, 213, 216, 235, 237
Evaluation   53, 77, 78, 226, 288 ff.

Facharbeit   30, 32, 41, 104, 107, 110, 116, 129, 166, 234
Filmanalyse   180 ff.

Gesprächsanlässe   194 ff., 226
Gesprächsbegleitung   222 ff.
Gesprächsformen   204 ff.
Gesprächsvorbereitung   194 ff.
Gruppenarbeit   42 ff., 50 ff., 102, 204 ff., 240 ff., 271 ff., 293 ff., 298 ff., 306 ff.
Gruppenauflösung   96 ff.
Gruppenbildung   64 ff.
Gruppendynamik   44, 53, 72, 75, 77 – 82, 93, 94, 100 – 103, 143 – 149
Gruppenprozessbegleitung   75, 77 – 82

Individualisierung   21, 31 – 41, 47, 59, 62, 102, 155, 286, 288
Informationsverarbeitung   55, 158 ff., 167 ff.
Internet   108, 126 ff., 151, 200, 242, 247, 248
Interpretationsaufsatz   178, 188
Irritation   80, 139

Kennenlernen   69 ff.
Klassenarbeit/Klausur   19, 22, 153, 263, 271, 272, 273, 276, 277, 283
Konfliktlösung   55, 60, 79, 80, 81, 144
Konzentration   21, 37, 81 ff., 141
Kreativität   45, 57, 69, 74, 78, 141, 149, 180, 183, 186, 190, 263, 266, 274

Lebenswelt   33, 49, 113, 117, 120, 124, 133 ff.
Lerndiagnostik   18, 23, 25, 77, 78
Lerndokumentation   59 ff.
Lernorganisation   17 ff., 62, 225
Lernplanung   26 ff.
Lernspiele   93, 274 ff.

Meinungsbildung   202 ff.
Modell   57, 175
Moderation   42, 223
Motivation   33, 44, 60, 88, 117

Portfolio   32, 34, 36, 41, 48, 116, 117, 125, 129, 154, 155, 166, 173, 240, 261
Präsentation   42, 118, 139, 230 ff.
Projekt   53
Projektwoche   53, 57

Recherche   104 ff.
Referat   129, 233

Selbstständigkeit   27, 31 – 43, 49, 52, 53, 62, 120, 220
Subjektivität   33, 47, 57, 59, 62, 73, 81, 135, 136, 141, 145, 148, 155

Sachregister

Themenentwicklung   100 ff.
Themenplanung   75, 76, 102, 107, 143
Themenspeicher   101, 225

Üben   45, 61, 260 ff.
Unterrichtseinstiege   26 ff., 64, 75, 100, 141, 143, 148, 194, 197, 198, 199, 200, 202, 203

Vertretungsstunde   31, 64, 69, 74, 86 – 93, 199, 200, 203, 274
Vokabeltest   280

Wertung   192

Zeitmanagement   26 – 30, 40, 53

Methodenregister

Abc-Analyse 26
Ablage 150
Action research 133
Advance Organizer 59
Advanced role-play 55
Aktionsforschung 133
Ampelspiel 194
Analogisierung 260
Anker-Ideen 59
Ankermethode 262
Ankreuzblatt 195
Aquarium 204
Archivarbeit 109
Area diagram 253
Ausatmen 83
Ausschreibung 27
Ausstellung 244

Backs to the screen 180
Balkendiagramm 250
Bar chart 257
Bar diagram 250
Baumdiagramm 158
Bebilderung 263
Befragung 111
Begriffshierarchie 159
Begriffspantomime 274
Begrüssungsrituale 69
Beobachtung 113
Beobachtungsbericht 60
Bepunkten 226
Bibliografieren 104
Bibliography 104
Bibliotheksrecherche 115
Bildausfall 180
Bilderbuffet 251
Bildverfremdung 196
Blasendiagramm 252
Blätterlawine 100
Blitzlicht 305
Brainstorming 101
Brief in die Zukunft 286

Broschüre/Magazin 246

Call for bids 27
Case study 120
Cast meeting 186
Chalk and talk 50
Charades 274
Cluster 167
Collaborative Learning/
  Cooperative Learning 84
Competition 38
Computersimulation 173
Computer simulation 173
Concept Map 159
Constellation of characters 187
Cross-examination 212

Debatte 205
Denk-Starter 86
Diagramme 250, 252 ff., 257
Diskussion 207
Diskussion mit Gruppenschutz 209
Domino 271
Double Circle 213
Dreier-Interview 143

Echo 222
Einzelarbeit 37
Entscheidungsspiel 210
Entscheidungstorte 75
Ergebnisprotokoll 227
Erkundung 117
Exhibition 244
Experiment 118
Experten-Methode/Gruppenpuzzle 44
Expertenpodium 211

Fallstudie 120
Falsche Freunde 264
False friends 264
Fantasiereise 141
Feedback-Bogen 77
Feedback-Brief 287

Methodenregister

Feedback-Gespräch 306
Feedback-Interview 78
Field trip 117
Figuren-Kommentar 185
Figuren-Konferenz 186
Figuren-Konstellation 187
Figuren-Soziogramm 188
Filing 150
Fill-in-the-blank text 281
Film-Exposition 181
Fishbowl 204
Flächendiagramm 253
Flow chart 160
Flussdiagramm 160
Forumtheater 144
Foto-Dokumentation 134
Four Corners 221
Fragebogen 105
Fragenbaum/Planungsbaum 197
Freiarbeit 31
Future workshop 57

Galeriegang/Museumsgang 240
Gespiegelte Vorstellung 70
Grid 169
Group work 42
Gruppenarbeit 42
Gruppenbild 298
Gruppenplastik-Feedback 299
Gruppenpuzzle/Experten-Methode 44
Gruppenvertrag 79
Guided phantasy 141

Heißer Stuhl 80
Hot seat 80
Hypernym 20
Hypothesenbildung 174

Ideen- und Klagemauer 293
Impulsreferat 230
In-/Out-Liste 198
Independent study 31
Index-Recherche 107

Initialenrätsel 275
Inneres Team 289
Internet-Präsentation 248
Internetrallye 126
Internet-Wissensdepot 151
Interview 122

Jigsaw 44
Juniorenfirma/Übungsfirma 49

Kartenabfrage/Metaplan 161
Klagemauer 293
Kompetenz-Konstruktion 33
Kooperatives Lernen 84
Koordinaten 294
Kreisdiagramm/Tortendiagramm 254
Kreuzverhör 212
Kugellager/Zwiebelgespräch 213
Kurvendiagramm/Liniendiagramm 255
Kurzthemen-Gruppen 64

Lawinengespräch 214
Learning by teaching 52
Learning log 288
Lecture 238
Lehrgespräch 50
Lernen an Stationen/Stationenlernen 35
Lernen durch Lehren 52
Lernhierarchie 265
Lernjournal/Lerntagebuch 288
Lernkartei 279
Lernplakat 61
Lerntagebuch/Lernjournal 288
Lerntypen-Test 18
Lesezeichen 127
Letter across the class 287
Letter to self later 286
Letzter Satz 95
Line graph 255
Liniendiagramm/Kurvendiagramm 255
Loci-Methode 266
Logische Netze 267
Lückentext 281

Methodenregister

Magazin/Broschüre   246
Magazinsendung   241
Matrix   169
Memory   276
Memory-Tausch   65
Merkzettel   256
Metaplan/Kartenabfrage   161
Methoden-Portfolio   62
Mindmap   163
Mirroring   81
Mitschrift   153
Mnemotechnische Verknüpfung   269
Modell   175
Moderation   223
Moleküle   66
Multiple-Choice-Test   290
Museumsgang/Galeriegang   240

Narratives Interview   135
Numerische/gemischte Gliederung   165

Oberbegriffe   20
Observation   113
Online-Bibliografie   108
Operatoren-Abfrage   128
Oral History/Spurensuche vor Ort   136

Partnerarbeit   45
Partnerinterview/Steckbrief   71
Partnerpuzzle   45
Passwort   72
Perspektivierung   282
Phrasensuche   130
Pie chart   254
Place mat   102
Planspiel   55
Planungsbaum/Fragenbaum   197
Playback-Theater   145
Plenumsdiskussion   215
Portfolio   155
Positionsspiel   216
Presentation   233
Prioritätenspiel   217

Problem-Based Learning   33
Progressive muscle relaxation   21
Progressive Muskelentspannung   21
Progressives Auswischen   284
Project work   53
Projekt   53
Pro-Kontra-Debatte   218
Pro-Kontra-Texte   199
Protokoll   227, 228
Provokationsbilder/Impulsbilder   200
Punktwertung   300

Quartett   277
Questioning   111
Questionnaire   105

Rede   231
Redekette   220
Referat   233
Research in a library   115
Research with a subject index   107
Role play   146
Rollenspiel   146
Round robin   100

Sachverständigenbefragung   124a
Sandwichvortrag   235
Säulendiagramm   257
Schattenriss-Porträt   73
Schedule   29
Schlüsselfragen   272
Schneeball/Wachsende Gruppe   76
Schnittmengen-Grafik   159, 175
Selbsteinschätzung   23
Seatwork   37
Self-assessment   23
Silhouette portrait   73
Sitz-Starter   88
Sociogram   177
Sonnenblume   96
Soziogramm   177
Soziometrisches Feedback   301
Speech   231

319

Methodenregister

Spiegeln   81
Spontangruppen   67
Sprechblasen   201
Sprechweisen   74
Spurensuche vor Ort/Oral History   136
Standogramm   303
Stärken-Schwächen-Profil   25
Stationenlernen/Lernen an Stationen   35
Steckbrief/Partnerinterview   71
Steh-Starter   90
Stillarbeit   37
Stimmungsbarometer   295
Stimmungskurve   296
Stop and go   92
Store   225
Stromunterbrechung   93
Stumme Imitation   304
Stumm-schriftlicher Dialog   100
Stummes Ruhesignal   94
Stumm-schriftlicher Dialog   189
Subtexte   190
Sukzessives Aufdecken   236
Summary minutes   227
Supported discussion   209
Survey   137
Symbolische Bilder   202

*T*ableau as feedback   299
Tabu   278
Talkshow   243
Tandem   45
Target   292
Test of hypothesis   174
Theme-centered Interaction   47
Themenspeicher   225
Themenzentrierte Interaktion (TZI)   47
Thesenvortrag   237
Think – Pair – Share   85, 214
Timeline   171
Tischset   102
Tonausfall   183

Tortendeckel   98
Tortendiagramm/Kreisdiagramm   254
Traffic lights   194
Trailer   192
Tree diagram   158
Trimino   273

Übungsfirma/Juniorenfirma   49
Umfrage   137

Verlaufsprotokoll   228
Vermutungen   308
Verstecktes Theater   139
Vielredner –Wenigredner   307
Vier-Ecken-Spiel   221
Vor-Film   191
Vortrag   238
Votum-Ei   297

Wachsende Gruppe/Schneeball   76
Wandzeitung   258
Watch without sound   183
WebQuest   131
Weekly target setting   40
Werteauktion   148
Wettbewerb   38
Whole class teaching   50
Wirklichkeitsbezug   184
Wochenplanarbeit   40
Written note   153

Zeitleiste   171
Zeitplan   29
Zeitungstheater   149
Zielscheibe   292
Zitat-Oppositionen   203
Zufallsgruppen   68
Zukunftswerkstatt   57
Zurückspulen   95
Zuschreibung   309
Zwiebelgespräch/Kugellager   213